国家级技工教育规划教材
全国技工院校医药类专业教材

中成药商品学

张　薇　吴应霞　主编

中国劳动社会保障出版社

图书在版编目（CIP）数据

中成药商品学/张薇，吴应霞主编．--北京：中国劳动社会保障出版社，2024．--（全国技工院校医药类专业教材）．--ISBN 978-7-5167-6383-4

Ⅰ．F762．2

中国国家版本馆 CIP 数据核字第 2024PS7280 号

中国劳动社会保障出版社出版发行

（北京市惠新东街 1 号　邮政编码：100029）

*

北京市科星印刷有限责任公司印刷装订　　新华书店经销

787 毫米×1092 毫米　16 开本　27.25 印张　588 千字

2024 年 6 月第 1 版　　2024 年 6 月第 1 次印刷

定价：58.00 元

营销中心电话：400-606-6496

出版社网址：http://www.class.com.cn

《中成药商品学》编审委员会

主　　编　张　薇　吴应霞

副主编　李　键　邵玉蓝　江　砚

编　　者　**（以姓氏笔画为序）**

江　砚（杭州市第一人民医院）

李　键（杭州第一技师学院）

吴应霞（杭州轻工技师学院）

张　薇（杭州轻工技师学院）

邵玉蓝（浙江大学医学院附属第一医院）

袁玉鲜（杭州第一技师学院）

徐晨阳（江西省医药技师学院）

主　　审　王彬辉（台州学院附属市立医院）

高秀清（山东医药技师学院）

总前言

为了深入贯彻党的二十大精神和习近平总书记关于大力发展技工教育的重要指示精神，落实中共中央办公厅、国务院办公厅印发的《关于推动现代职业教育高质量发展的意见》，推进技工教育高质量发展，全面推进技工院校工学一体化人才培养模式改革，适应技工院校教学模式改革创新，同时为更好地适应技工院校医药类专业的教学要求，全面提升教学质量，我们组织有关学校的一线教师和行业、企业专家，在充分调研企业生产和学校教学情况、广泛听取教师意见的基础上，吸收和借鉴各地技工院校教学改革的成功经验，组织编写了本套全国技工院校医药类专业教材。

总体来看，本套教材具有以下特色：

第一，坚持知识性、准确性、适用性、先进性，体现专业特点。教材编写过程中，努力做到以市场需求为导向，根据医药行业发展现状和趋势，合理选择教材内容，做到“适用、管用、够用”。同时，在严格执行国家有关技术标准的基础上，尽可能多地在教材中介绍医药行业的新知识、新技术、新工艺和新设备，突出教材的先进性。

第二，突出职业教育特色，重视实践能力的培养。以职业能力为本位，根据医药专业毕业生所从事职业的实际需要，适当调整专业知识的深度和难度，合理确定学生应具备的知识结构和能力结构。同时，进一步加强实践性教学的内容，以满足企业对技能型人才的要求。

第三，创新教材编写模式，激发学生学习兴趣。按照教学规律和学生的认知规律，合理安排教材内容，并注重利用图表、实物照片辅助讲解知识点和技能点，为学生营造生动、直观的学习环境。部分教材采用工作手册式、新型活页式，全流程体现产教融合、校企合作，实现理论知识与企业岗位标准、技能要求的高度融合。部分教材在印刷工艺上采用了四色印刷，增强了教材的表现力。

本套教材配有习题册和多媒体电子课件等教学资源，方便教师上课使用，可以通过技工教育网（http://jg.class.com.cn）下载。另外，在部分教材中针对教学重点和难点制作了演示视频、音频等多媒体素材，学生可扫描二维码在线观看或收听相应内容。

本套教材的编写工作得到了河南、浙江、山东、江苏、江西、四川、广西、广东等省（自治区）人力资源社会保障厅及有关学校的大力支持，教材编审人员做了大量的工作，在此我们表示诚挚的谢意。同时，恳切希望广大读者对教材提出宝贵的意见和建议。

本书前言

《中成药商品学》是技工院校中级工及以上层次医药类专业通用教材。本教材涵盖了初中起点和高中起点药学类专业基础课程内容，适用于技工院校、职业院校医药类专业师生及对中成药商品学感兴趣的读者使用。

本教材以药学类专业技术人员在药品购销、药学服务等岗位的工作内容为主线，根据能力本位、工学一体化课程教学改革精神，依据执业药师职业标准、医药购销员职业标准、《中华人民共和国药典（2020 年版）》等国家标准，以及《中华人民共和国药品管理法》《中华人民共和国中医药法》《药品经营质量管理规范》（GSP）等法律法规，按照商品学实务程序，以中成药商品购销专业代表性工作任务为分析对象，引出中成药商品的分类管理、质量检验、储存养护、陈列、运输等操作流程，以及销售管理对策，从而达到提升学生对中成药商品的认识与管理水平，打好中成药销售理论、实务基础的目的。

本教材分为中成药商品基础、中成药商品流通、常见中成药商品三大模块，主要内容包括：中成药商品的定义、研究对象，中成药商品的质量管理与标准，中成药商品的分类管理，中成药商品检验与质量认证，中成药商品的包装，中成药商品的储存养护，中成药商品的陈列，中成药商品的运输，中成药商品的销售管理等常用的中成药商品知识。

本教材的特色在于，从商品学的角度，遵循理论、实务、项目、任务体系，多环节、立体式地展现中成药商品学的工学一体化内容。特别是常见中成药商品部分，收录了常见中成药商品共 595 种，包括大型综合医院常用品种、职业技能类比赛品种、市场销量突出品种等具有代表性的品种，根据临床科室大类、功效小类、功效细目分类，将其逐一编号，按拼音、剂型索引，便于读者查阅与学习。

本教材编写团队为取得中药专业全日制硕士研究生学历的技工院校教师、教育工作者，知名医院的中药师、临床药师，具有扎实的专业知识与工作经验。具体分工为：张薇编写项目一、项目二、项目四部分内容及常见中成药商品 11 ~ 20 功效小类条目，并制定常见中成药商品的编号编排规则及相关索引；袁玉鲜编写项目三、常见中成药商品 42 ~ 52 功效小类条目；徐晨阳编写项目四部分内容、常见中成药商品 53 ~ 62 功效小类条目；李键编写项目五、常见中成药商品 21 ~ 34 功效小类条目；邵玉蓝编写项目六、常见中成药商品 1 ~ 10 功效小类条目，并制定常见中成药商品的具体品类；江砚编写项目七、常见中成药商品 35 ~ 41

功效小类条目；吴应霞负责常见中成药商品内容的校对。团队成员查阅最新的资料及文献，参考众多专业书籍，结合自身丰富的专业工作经验，为各位读者展现了较为完整的中成药商品学内容。在本教材编写过程中，咨询了较多业内专家，参考了历版中成药商品学及商品学、中成药、医药购销等相关的著作、教材文献，限于篇幅，无法一一致谢，在此一并表示感谢！

由于时间紧、任务重，在编写过程中难免会有一些不足之处，恳请诸位同仁及读者提出宝贵意见，以便再版时修订提高。

编者

2024 年 5 月

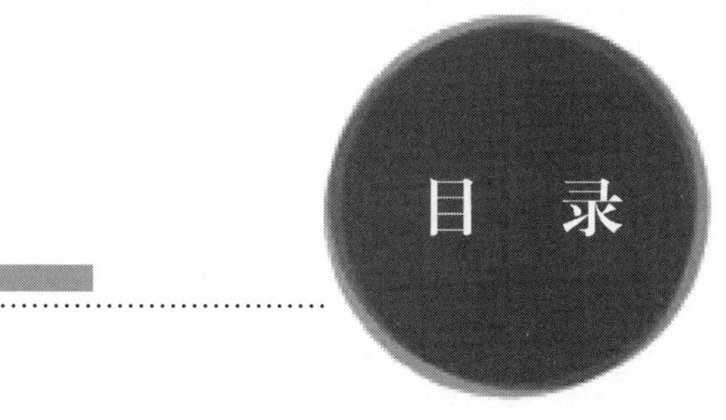

目 录

模块一 中成药商品基础

模块二　中成药商品流通

模块三　常见中成药商品

模块一

中成药商品基础

商品是人类社会生产力发展到一定历史阶段的产物，是用于交换的劳动产品。凡是商品都具有使用价值，即商品的有用性。商品有别于天然的物品，有使用价值但没有经过人类劳动加工的天然物品不能称为商品。商品本身是人类劳动的产物，凝结着一定量的一般人类劳动，即商品具有价值。一般意义上的商品都具有自然属性和社会属性这两重属性。

项目一

中成药商品及品类管理

【项目引入】

药店中成药商品组合分析

中成药商品组合是指一个以销售中成药商品为主要业务的零售药店的全部中成药商品结构，包括各种中成药商品线、商品项目和库存量的有机组成方式。在零售药店，吸引消费者的注意力、赢得消费者的青睐是营销人员的职责，确定商品种类与结构在其中发挥了很大的作用。一些具有代表性的零售药店做法如下：将商品进行分类、组合，以具有当季特点的中成药商品为主，配售适量选购品；以中档常用中成药商品为主，兼顾高档和低档商品；重视商品的高周转性。零售药店按中成药商品销售比重及其在药店销售中的作用，将中成药商品分为主力商品、辅助商品和刺激性商品。

（1）主力商品是指在药店经营中，无论是销售额还是销售量均占主要部分的中成药商品。主力商品的品种数量虽然在零售药店中一般只占20%，却能创造80%左右的销售额。

（2）辅助商品是对主力商品的补充，与主力商品有较强的关联性，是与主力商品同属一个类别的不同组方的中成药商品。例如，滋补功效为主的六味地黄丸、玉屏风口服液等。

（3）刺激性商品是对推动药店整体销售有重要意义的商品，品类不多，但有潜力，很可能成为主力商品。药店用于短期促销，容易引起顾客冲动型消费的中成药商品也属此类。例如，风油精、阿胶膏等。

对中成药商品种类和商品结构进行研究规划，可以使本零售药店在商品结构上与其他药店相比具有独到之处。

任务一　认识中成药商品

学习目标

1. 能描述什么是中成药；

2. 能表述什么是中成药商品；
3. 能明确药品是特殊商品，认识到治病救人是药师的首要职业素养。

任务引入

中成药作为中医药的重要组成部分，是我国历代医药学家经过长期医疗实践创造、总结的有效方剂的精华。几千年来，中成药为中华民族的繁荣昌盛做出了巨大的贡献。中成药商品是在中成药发展的基础上形成的，除了具有中成药的特殊属性外，它也跟普通商品一样有自然属性和社会属性。请收集至少一种中成药商品零售包装外盒及说明书，仔细观察它的特点。

相关知识

一、中成药的定义

1. 中成药的概念及特征

《食品药品监管信息化基础术语 第 2 部分：药品》（CFDAB/T 0102. 2—2014）规定，中成药是指在中医药理论指导下，以中医处方为依据，以中药材为原料，按照规定的炮制制剂方法制成一定剂型的成品药。中成药是经国家药品监督管理部门批准的商品化中药制剂，是质量可控、可直接供临床辨证使用的药品，常简称为成药。其处方既可是单方也可是复方，剂型有丸、散、膏、丹等传统剂型和胶囊剂、颗粒剂、片剂、气雾剂、注射剂等现代剂型。中成药具有功能主治明确、用法用量严格且便于储存、携带和服用等特点。

【知识链接】

食品药品监管信息化基础术语

国家食品药品监督管理总局（现为国家药品监督管理局）2014 年 2 月 14 日发布了《食品药品监管信息化基础术语（信息技术、药品、医疗器械部分）》《食品药品监管信息分类与编码规范》等 10 项标准。

其中，《食品药品监管信息化基础术语 第 2 部分：药品》（CFDAB/T 0102. 2—2014）规定了药品相关的一系列术语。

2. 中成药的处方来源及特点

（1）中成药的处方来源

中成药的处方有 3 个来源：经方、验方和新方。

1）经方，即经典方，又叫传统方，指来源于古典医籍（历代的医书、本草书及方书）的著名处方。此类处方在中成药中所占比例最大，约占总量的 3/5。经方组方严谨、药味较少、针对性强、疗效可靠。如宋代《小儿药证直诀》（钱乙著）所载六味地黄丸（熟地黄、酒萸肉、山药、牡丹皮、茯苓、泽泻）、金代《伤寒标本》（刘完素著）中的六一散（滑石粉、甘草）、元代《丹溪心法》（朱丹溪著）中的二妙散（黄柏、苍术），药味均较少，疗效亦佳，现在仍为著名中成药。

2）验方，即经验方，包括民间流传较广的有效经验方、名医的经验方、医院根据临床医师的经验由名家集体拟定的经验方。这类处方虽未被历代医药文献收载，但在民间流行较广，且均被证明确有疗效。

验方成药虽然有效，但处方庞杂，近似品多。如：小儿至宝丸（处方由 25 味药组成）、阿魏化痞膏（处方由 24 味药组成）及二十七味定坤丸、七十味珍珠丸等。源于验方的中成药多为妇科、儿科疾病用药及内科的胃肠疾病、虚证、季节性疾病用药。

3）新方，即新研制方，指中华人民共和国成立以来，通过现代医学、药学研制，由国家药品监督管理部门批准生产的中成药，约占中成药总量的 1/5，现呈现快速增长趋势。其特点是以医学、药学研究结果为指导；药味组成精炼，单味药者亦不少；临床应用时间相对不长，如穿心莲片、血脂康片、刺五加颗粒、人参蜂王浆胶囊、龙牡壮骨颗粒、生脉注射液等。新方成药中不乏优秀产品，如连花清瘟胶囊、急支糖浆、复方丹参滴丸等。新方中有些品种为中西药合用，其中，治疗感冒的药品最为突出，如感冒灵颗粒（胶囊）的组成有三叉苦、岗梅、金盏银盘、薄荷油、野菊花、马来酸氯苯那敏、咖啡因、对乙酰氨基酚，维 C 银翘片中含有山银花、连翘、荆芥、淡豆豉、淡竹叶、牛蒡子、芦根、桔梗、甘草、马来酸氯苯那敏、对乙酰氨基酚、维生素 C、薄荷素油等。

（2）中成药的处方特点

中成药的处方是在“辨证论治、理法方药”指导下，按照君、臣、佐、使的关系配伍而成的。《素问 · 至真要大论》曰：“主病之谓君，佐君之谓臣，应臣之谓使。”

【知识链接】

“理法方药”

“理法方药”是应用中医理论诊法、治法在临床实践中贯穿起来的思维方法，也指诊治全过程的 4 个基本内容。

理：中医的生理学与病理学，包括脏腑辨证、八纲辨证、六经辨证、卫气营血辨证、三焦辨证。法：临床具体的治疗方法，包括扶正祛邪、调理阴阳、三因制宜。方：治疗疾病的主要手段，即治疗方剂。药：组成方剂的基本元素。

“理法方药”是一个完整且完善的体系，可谓环环相扣、过渡自然、浑然一体，理、法是方、药之据，方、药是理、法之具。坚持“理法方药”的一体化原则，并做到原则性与灵活性相结合，是中医学的生存之道，也是实现中医学可持续发展的必由之路。

1）君药（主药），指针对主证或主病起主要治疗作用的药物。君药是处方中的主要药物，其药力居方中之首，是方中不可缺少的药物。一般来讲，君药在方中味数少，其用量与不作为君药时的自身常用量相比一般较大，但不一定是方中用量最大的药物。

2）臣药（辅药），指辅助君药加强治疗主证或主病的药物；也指针对兼证或兼病，起主要治疗作用的药物。

3）佐药，包括佐助药、佐制药和反佐药。佐助药是指协助君药、臣药以加强治疗作用，或直接治疗次要兼证的药物；佐制药是指用以消除或减缓君药、臣药的毒性与峻烈之性的药物；反佐药是指在病重邪甚，可能拒药时，使用的与君药性味相反而又能在治疗中起相成作用的药物，反佐是特定的用法，是依据“甚者从之”“从者反治”而进行运用的。

4）使药，包括引经药和调和药。引经药是指能引方中诸药以达病所的药物；调和药是指具有调和诸药作用的药物。

总之，中成药处方的构成应当包括君药（主药）、臣药（辅药）、佐药、使药 4 个部分。但由于病情不同，所用药物的功效也不同，并不是所有的处方都要求 4 个部分俱全。君药是处方必不可少的，而臣药、佐药、使药则不必求全。决定处方中药物的君、臣、佐、使，主要是以药物在处方中所起的作用为依据。一般情况下，无论何药，在作为君药时，其用量比作为臣药、佐药、使药时要大，与整个处方中其他药的用量相比，其用量应相对较大，臣药、佐药用量相对较小，使药更小。

【知识链接】

中成药的命名

1. 以处方来源命名

此种命名方法便于查找中成药处方的来源，如济生肾气丸出自《济生方》等。

2. 以药物组成命名

多以方中主要药物命名，若为单方制剂或药味较少的小复方则以全方组成命名，便于医师根据药物的组成合理选方，如板蓝根颗粒、双黄连胶囊等。

3. 以药味数目命名

以该中成药的组成药物的味数为命名依据，如四神丸、六味地黄丸、八珍颗粒、九味羌活丸等。

4. 以功能主治命名

此种命名方法比较直观，便于医师和患者选用，如养阴清肺丸、明目上清丸等。

5. 以其他方法命名

有以服用剂量命名的，如七厘散每次服用剂量为七厘等；还有以服用方法命名的，如川芎茶调散用清茶调服等。

二、中成药商品的定义

1. 中成药商品

中成药既可通过医师处方给患者使用，部分中成药（非处方药）也可由患者根据中医药基本知识直接购买使用。经国家药品监督管理部门批准，授以批准文号后生产和商品化的中成药就是中成药商品。

【知识链接】

商品

商品是用来交换的人类劳动产品，一般满足 3 个基本特征：①能够满足人们的某种需要；②是人类劳动的产物；③是用于交换的劳动产品。

商品都有自然属性和社会属性。自然属性包括组成商品的物质成分、结构、形态等，是与物理性质、化学性质、生物学性质、生态学性质等自然性质有关的属性；社会属性重点体现在商品交换背后存在的交换双方的地位、经济利益和其他社会关系。

商品是一个整体的概念，它不仅指一种有形的物体，也包括无形的服务，即购买商品时所得到的直接的和间接的、有形的和无形的利益和满足感。

2. 中成药商品学

以中成药商品为研究对象，按照商品学的研究方法，对中成药商品的基本信息、市场流通等环节进行研究的学科就是中成药商品学。

中成药商品学研究的内容包括中成药商品的品类管理、分类、包装、质量标准、采购入库、验收、储存养护、陈列、销售等。

【知识链接】

商品学

商品学是一门以自然科学为主，将社会科学、经济学融合起来的一门应用性学科，是研究商品价值与使用价值及其变化规律的科学。商品学的研究内容是由商品学的研究对象所决定的。

根据商品学的研究对象，其研究内容以商品体为基础，以商品－人－环境为系统，以商品使用价值在质和量上的表现形式——商品质量和商品品种为中心。

任务实施

一、任务准备

形式：本实训环节采用小组分组讨论的形式，每小组人数为 2～5 人。

材料：课前每小组自行收集至少 1 种中成药商品的零售包装外盒及说明书。

工具：教材、《中华人民共和国药典》、可获取网络数字信息的智能设备（可选）。

二、中成药商品分析

每小组根据自行收集到的中成药商品，分析并填写中成药商品分析表（见表 1－1－1）。

表 1－1－1　　中成药商品分析表

项目	内容	备注
中成药商品的名称		
品牌		
生产厂家		
剂型		

续表

项目	内容	备注
包装特点		
自然属性		
社会属性		
使用注意事项		

任务测评

根据本任务完成情况，填写表1－1－2。

表1－1－2 **任务测评表**

序号	考核内容	考核标准	配分	得分
1	记录基本信息	提前收集中成药商品包装及说明书4分，记录名称、品牌、生产厂家、剂型各4分。有错别字或记录不规范每处扣1分，没有提前收集则本项不得分	20	
2	描述包装特点、自然属性、社会属性	描述包装特点、自然属性、社会属性各10分。包装特点中应包含是否为非处方药等标示判断；自然属性应描述详尽；社会属性应体现中成药治病救人的特点。未提及上述内容或表述不完整酌情扣分	30	
3	表述注意事项	表述注意事项，应包括该中成药商品的主治功效、用法用量、药理作用、不良反应、特殊人群使用注意事项等。若没有体现药学服务特点，则酌情扣分	30	
4	课堂表现	按要求穿着白大褂；不违规使用手机；按时到岗，不无故缺岗；实训结束后，按要求整理实训物品，有序清场，每项5分	20	
合计			100	

思考与练习

一、名词解释

1. 中成药商品
2. 君药
3. 中成药商品学

二、多项选择题

1. 中成药是指（　　）的成品药。

A. 在中医药理论指导下　　　　B. 以中医处方为依据

C. 以中药材为原料　　D. 按照规定的炮制制剂方法

E. 制成一定剂型

2. 中成药的传统剂型有（　　）。

A. 丸　　B. 散　　C. 膏

D. 丹　　E. 胶囊剂

3. 中成药的现代剂型有（　　）。

A. 胶囊剂　　B. 颗粒剂　　C. 片剂

D. 气雾剂　　E. 注射剂

4. 中成药的特点包括（　　）。

A. 功能主治明确　　B. 用法用量严格

C. 便于储存　　D. 便于携带

E. 便于服用

5. 中成药的处方来源有（　　）。

A. 经方　　B. 验方　　C. 新方

D. 土方　　E. 理论方

6. 中成药的命名方法包括（　　）。

A. 以处方来源命名　　B. 以药物组成命名

C. 以药味数目命名　　D. 以功能主治命名

E. 以其他方法命名

注：本教材的思考与练习参考答案详见附录。

任务二　中成药商品学的发展

学习目标

1. 能讲述中成药商品学的发展概况；
2. 能描述中成药商品信息的查询方法；
3. 能运用中成药商品信息查询的一般方法查询中成药商品。

任务引入

中成药商品学的发展包含了中成药的发展（宋代以前）与中成药商品的发展（宋代以后）两部分，中成药商品的发展离不开中成药的发展。因此，查询中成药商品信息，也包含了查询中成药信息。本任务要求通过《中华人民共和国药典》《中华人民共和国药典临床用药须知》，或国家药品监督管理局网站等渠道对“炉甘石洗剂”的商品信息进行查询。

相关知识

一、中成药商品学的发展概况

1. 中成药的发展

（1）先秦时期（公元前221年以前）

中成药制作与应用的历史最早可追溯到战国时期。在长沙马王堆汉墓出土的《五十二病方》成书于战国晚期，是我国现存最古老的医方书，其记载的药物有240余种之多，医方283种，涉及临床各科病证100余种。

我国现存最早的医学典籍《黄帝内经》，也成书于战国时期，不仅总结了战国时期以前的医疗成就和治疗经验，奠定了我国中医学发展的理论基础，而且为中药、方剂、中成药的发展提供了理论依据，该书收载成方13种，其中汤剂4种，其余9种为成药。

（2）两汉时期（公元前206—公元220年）

现存最早的本草专著《神农本草经》记载了中药的基本理论以及丸、散、膏、丹等多种成药剂型，为中成药制剂的发展发挥了积极的作用。

东汉末年，“医圣”张仲景针对当时肆虐的伤寒病，在继承《黄帝内经》《神农本草经》等古典医籍基本理论的基础上，总结临床经验，著成《伤寒杂病论》，被后世誉为“方书之祖”。后世将该书改编成《伤寒论》和《金匮要略》两部书，确立了中医理、法、方、药的辨证论治体系。《伤寒论》收载成方113种，其中成药11种；《金匮要略》收载成方258种，其中成药50余种。这两部书的组方严谨、疗效确切，一些著名的中成药，如五苓散、麻子仁丸、四逆散等，至今临床仍广泛使用。《伤寒杂病论》还首次记载了用动物胶汁、炼蜜和淀粉糊为丸药的赋形剂，记载成药剂型10余种，包括了现代中成药的大部分常用剂型，同时对中成药的制法、服法、禁忌等也都有详细的说明。这对于临床安全、合理使用中成药发挥了积极作用，为中成药的发展奠定了基础。

（3）两晋、南北朝时期（公元265—581年）

两晋、南北朝时期，药物品种的丰富以及炮制方法的改进，全面推动了中成药的发展，尤其是中成药制剂学的发展。

晋代葛洪的著作《肘后备急方》，首次提出“成药剂”概念，最先把成药按章列为专卷，称“丸散膏诸方”。该书收载成药10余种，对推动中成药的剂型发展及临床应用做出了杰出的贡献。

晋末刘涓子的著作《刘涓子鬼遗方》，为我国现存的第一部外科专著。该书记载了治疗痈疽、疮疥、金疮的膏药方79种，多种外用成药，且目前仍在广泛应用。

南北朝刘宋时期雷敩的著作《雷公炮炙论》，为我国现存的第一部炮制学专著，该书系统地介绍了300种中药的炮制方法，提出药物经过炮制可以提高药效、降低毒性，便于储存、调剂、制剂等，对后世中成药及中药炮制的发展产生了极大的影响。

（4）隋唐时期（公元581—907年）

隋唐时期我国南北统一，经济文化繁荣，对外交流增多，外来药物不断传入。药物数量的增加，以及医学理论的日趋完善，为中成药的全面临床应用提供了丰富资源。唐代著名医家孙思邈的著作《备急千金要方》和《千金翼方》，集唐代以前医方之大成，分别收载医方5 300余种和2 200余种。其中著名的成药，如磁朱丸等至今仍沿用不衰。唐代王焘的著作《外台秘要》记有蜡丸、醋丸、煎丸、砂糖丸等多种丸剂剂型，首创用蜡壳封装丸剂；其所载成药苏合香丸、七宝美髯丹等为现代临床所常用。

2. 中成药商品的发展

宋代，是中国重要的商业变革时期，首次出现了商品经济。商品经济的发展，加快了商品流通，也促进了中成药商品的发展。

（1）宋、金元时期（公元960—1368年）

宋代，火药、指南针、活字印刷术的发明，使医药学的传播范围更广，药品数量进一步增加，功效认识不断深化，炮制技术不断提高，成药应用更为广泛。国家药局的设立是北宋的一大创举，由国家经营的熟药所，以及其后发展而来的修合药所（后改名为医药和剂局）和卖药所（后改名为惠民局），专门负责制售中成药。为保证用药安全有效，官府组织大量名医编撰了《太平惠民和剂局方》，这是我国历史上第一部由官方颁布刊行的成药药典，也是我国历史上第一部中药制剂规范，对中成药制作、普及推广及应用做出了卓越贡献。该书收载中成药788种，名方颇多，对后世影响很大。如纳气平喘的黑锡丹，开创了化学制剂的先例；又如解表化湿和中的藿香正气散等，至今仍在普遍使用。

宋代儿科名医钱乙的著作《小儿药证直诀》，收录儿科方剂114种，其中绝大多数是成药配方，该书记载的抱龙丸等，至今仍是儿科常用的著名成药，其还将《金匮要略》的肾气丸化裁而成的六味地黄丸用于儿科病证，后世医家在六味地黄丸的基础上加味衍生出不少成药，如杞菊地黄丸、麦味地黄丸、归芍地黄丸、明目地黄丸、七味都气丸等。严用和的著作《济生方》收载的归脾丸等都是著名中成药，许叔微的著作《普济本事方》记载的四神丸、玉真散等沿用至今。

金元时期各具特色的医学流派的出现，开创了中医学发展的新局面，其中比较著名的就是“金元四大家”（刘完素、张从正、李东垣、朱震亨），在促进中医学理论发展的同时，也为中成药品种的丰富提供了大量有效方剂，创制了各具特色的中成药。如六一散、木香槟榔丸、大补阴丸、越鞠丸等，至今仍是常用中成药。

（2）明朝时期（公元1368—1644年）

明代商品经济迅速发展，临床医学也飞速发展，名医、名家、名方层出不穷。李时珍的著作《本草纲目》收载方剂13 000余种，成药剂型有40余种。王肯堂的著作《证治准绳》，按证列方，其记载的小儿健脾丸、连翘败毒丸等成药至今仍在使用。张景岳的著作《景岳全书》记载的右归丸、左归丸等仍为当今临床常用的有效品种。陈实功的著作《外科正宗》记载的冰硼散、紫金锭等均为外科、五官科的常用中成药。龚信的著作《古今医鉴》记载的二母宁嗽丸等，龚云林的著作《寿世保元》记载的五福化毒丹、艾附暖宫丸等均为后世常用。

（3）清朝时期（公元1644—1911年）

明末清初，温病流行促使人们对温病的研究进一步深化，创造性地总结出了一套比较完整的辨证论治理论和方法。叶天士的著作《温热论》阐明了温病的发生发展规律，创立了卫气营血辨证论治理论，发展和丰富了温病的诊治方法，为后世研制治疗急性传染病及急性热病药物奠定了基础。吴鞠通在继承叶天士理论学说的基础上，创立三焦辨证理论，著《温病条辨》，创制了许多治疗温病的有效方，如银翘散、桑菊饮等；现代中成药银翘解毒丸即是在银翘散的基础上研制而成，桑菊感冒片则是在桑菊饮的基础上研制而成。吴鞠通还在万氏牛黄清心丸的基础上，加味制成安宫牛黄丸，其与至宝丹、紫雪散并称为“温病三宝”。此外，医家王孟英的著作《温热经纬》记载的神犀丹、甘露消毒丹等，也沿用至今。清末出现的“同仁堂”“万锦堂”等药店曾生产、出售数百种中成药。

（4）民国时期（公元1912—1949年）

民国时期，“改良中医药”“中医科学化”“中西医融合”等口号风行一时，形成了民国时期中医药学发展的一大特色。这一时期，中医药的发展受到了一定的冲击，但其以顽强的生命力，在吸收西方国家现代化工业技术的基础上，依然继续向前发展，中成药开始形成“前店后厂”的生产模式，并采用西药的制剂工艺，逐渐丰富中成药剂型品种，为促进近代中药制药产业发展奠定了基石。

（5）当代（公元1949年以后）

中华人民共和国成立以来，党和人民政府高度重视中医药事业的继承和发展，制定了一系列相应的政策与措施。全国各地相继建立了中成药科研、生产、经营的专门机构，中成药的挖掘、整理和科研工作取得了许多成果。

第一部《中华人民共和国药典》（本任务以下简称《中国药典》），即《中国药典（1953年版）》由卫生部编印发行。1963年，卫生部对《中国药典》进行了更新，形成了《中国药典（1963年版）》，收载了中成药197种，标志着中成药的发展开始走上了标准化、规范化、法制化的道路；之后，出版了《中国药典（1977年版）》；自1985年开始，《中国药典》每5年修订一版。现行的《中国药典（2020年版）》，收载了中成药达1 607种。《中国药典》的不断修订与完善，对指导临床安全合理用药、开展药品监督管理工作以及促进我国医药工业的健康发展产生巨大作用。《中国药典》系统配套丛书之一——《中华人民共和国药典临床用药须知·中药成方制剂卷》，将中医学的“证”和相应西医学的“病”紧密联系起来，为临床中医、西医医师准确地理解中成药的功能主治和合理用药提供了保障。

1962年出版的《全国中药成药处方集》对我国各地区的中成药配方进行了第一次大范围的收集整理工作，收载中成药2 623种。1991年出版的《实用中成药》收载了临床各科常用的1 400余种中成药，在突出辨证用药规律的同时，首次全面系统地介绍了中成药的配伍规律。1995年《中国商品大辞典》编辑委员会编写了《中国商品大辞典·中成药分册》，收载中成药2 209种，共计2 271条，按内科、外科、妇科、儿科、五官科等依次分成20门；其收载品种的处方来源，凡属《中国药典》收载的品种，按《中国药典》的处方；属卫生部部颁标准收载的品种，按部颁标准的处方，其余的品种按主要产地标准的处方。这是我国首次将中成药商品进行系统分类。

随着我国市场经济的发展，中成药的研制与生产逐渐走向规范化、法治化，国家药品监督管理部门发布了《药品注册管理办法》《中药注册分类及申报资料要求》《中药复方制剂生产工艺研究技术指导原则（试行）》《中药新药复方制剂中医药理论申报资料撰写指导原则（试行）》《古代经典名方中药复方制剂说明书撰写指导原则（试行）》《已上市中药药学变更研究技术指导原则（试行）》《中药新药质量研究技术指导原则（试行）》《中药新药毒理研究用样品研究技术指导原则（试行）》《中药新药临床试验用药品的制备研究技术指导原则（试行）》等法律法规和标准。中成药的研制得到了规范，并蓬勃发展。

为促进中医药事业高质量健康发展，2016 年国务院发布的《中医药发展战略规划纲要（2016—2030 年）》提出，到 2030 年，中医药充分发挥在治未病、重大疾病治疗、疾病康复中的重要作用，全方位、全周期保障人民健康。

如今，中成药商品发展日益成熟，已开展国际注册，走出国门，通过“一带一路”，逐渐打开国际市场。例如，连花清瘟胶囊（颗粒）以“植物药”“中成药”等身份，已在印度尼西亚、加拿大、莫桑比克、罗马尼亚、泰国、厄瓜多尔、新加坡、菲律宾、科威特、毛里求斯、乌干达等 20 多个国家注册获批上市。中成药商品学也因此有了更为丰富的内容。

二、中成药商品信息查询

1. 中成药商品信息来源

（1）国家药品监督管理局网站

国家药品监督管理局网站（www. nmpa. gov. cn）中的“药品查询”版块，能查询到中成药商品的相关信息。可供查询的目录包括国产药品、进口药品、进口药品商品名、境内生产药品备案信息公示、境外生产药品备案信息公示、药品生产企业、药品经营企业、全国药品抽检、药品生产质量管理规范（GMP）认证、药品经营质量管理规范（GSP）认证、中药保护品种、非处方药中药目录、药品注册相关专利信息公开公示、药品出口销售证明、麻醉药品和精神药品品种目录、国家基本药物（2018 年版）、互联网药品信息服务、药包材标准、药品补充检验方法、生物制品批签发产品公示情况汇总等。

（2）《中国药典》

现行的《中国药典》2022 年由中国医药科技出版社出版，由国家药典委员会编纂。《中国药典》自 1985 年起，每 5 年修订一版。中成药的相关内容收录在《中国药典》（一部）“成方制剂和单味制剂”内容中，可在此查询经国家批准的中成药信息。

（3）《中华人民共和国药典临床用药须知》

现行的《中华人民共和国药典临床用药须知》由中国医药科技出版社出版，由国家药典委员会编纂，随药典版本修订更新，现行版为 2020 年版。中成药商品相关信息可在《中华人民共和国药典临床用药须知·中药成方制剂卷》中查询。

2. 查询中成药商品信息

国家药品监督管理局网站“药品查询”版块的查询功能设置的较为便捷，只需在相应目录下输入中成药商品的关键词，便可以查询到相关信息。例如，在“国产药品”目录下查询相关中成药商品信息，能得到表1-2-1所列的相关内容。

表1-2-1　国家药品监督管理局网站的“国产药品”目录查询结果示例

国产药品 ——“国药准字 Z ********”基本信息	
批准文号	
产品名称	
英文名称	
商品名	
剂型	
规格	
上市许可持有人	
上市许可持有人地址	
生产单位	
批准日期	
生产地址	
产品类别	
原批准文号	
药品本位码	
药品本位码备注	
中药保护品种	

《中国药典》（一部）的“成方制剂和单味制剂”中也可查询中成药信息，可从《中国药典》对应目录，通过笔画或拼音索引查询。可查询的内容包括处方、制法、性状、鉴别、功能与主治、用法与用量、规格、贮藏等。

此外，还可通过《国家基本医疗保险、工伤保险和生育保险药品目录》《国家基本药物目录》中查询相关的中成药信息。

任务实施

一、任务准备

形式：本实训环节采用小组分组讨论的形式，每小组人数为2~6人。

材料：课前每小组通过各种渠道查询“炉甘石洗剂”的相关信息。

工具：教材、《中国药典》、药品零售外包装盒、药品说明书、可获取网络数字信息的智能设备。

二、中成药商品分析

每小组使用不同工具查询“炉甘石洗剂”的商品信息，记录不同工具查询到的信息，分析查询到的信息的差异，并思考这些信息的不同使用场景，填写表1－2－2。

表1－2－2　　中成药商品信息查询记录表

中成药商品名称：

查询工具	可查询到的信息内容（条目）记录	与其他工具查询到的信息的差异及使用场景
《中国药典》		
国家药品监督管理局网站“药品查询”板块		
《国家基本医疗保险、工伤保险和生育保险药品目录》		
《国家基本药物目录》		
药品零售外包装盒		
药品说明书		

任务测评

根据本任务完成情况，填写表1－2－3。

表1－2－3　　任务测评表

序号	考核内容	考核标准	配分	得分
1	记录基本信息	提前学习中成药商品信息2分，没有则扣分；记录使用不同工具查询到的信息（6种工具），每种3分。记录正确得分，错别字或记录不规范每处扣1分	20	
2	使用正确的查询方法	使用工具查询到正确的中成药商品信息，查询思路清晰，信息来源准确。不会使用工具，或用错误渠道查询到未经证实的信息，酌情扣分	40	
3	分析不同查询方式及适用场景	比较使用不同查询方式查询到的中成药商品相关信息，能指出不同查询方式的查询结果异同，并能基本表明适用场景。未能表述或表述不完整，酌情扣分	20	
4	课堂表现	按要求穿着白大褂；不违规使用手机；按时到岗，不无故缺岗；实训结束后，按要求整理实训物品，有序清场，每项5分	20	
合计			100	

思考与练习

一、单项选择题

1. 自1985年开始，《中国药典》每（　　）年修订一次。

A. 3　　B. 5　　C. 8　　D. 10

2.《中国药典（2020年版）》共收录（　　）种中成药。

A. 1 407　　B. 1 507　　C. 1 607　　D. 1 707

二、多项选择题

国家药品监督管理局网站的“药品查询”版块，可供查询的中成药商品目录包括（　　）。

A. 国产药品、进口药品

B. 药品生产、经营企业

C. 进口药品商品名

D. 境内生产药品备案信息公示

E. 中药保护品种

任务三　中成药商品品类管理

学习目标

1. 能讲述商品品类的含义；
2. 能描述中成药商品的品类管理方法；
3. 能运用品类管理方法对各季中成药销售进行品类管理策划。

任务引入

商品品类管理是从事中成药商品活动人员需要熟练掌握的管理方法。科学有效地管理中成药商品品类，能够使中成药商品发挥较大的社会效益与经济效益。为促进销售，某药店要求店员根据季节性、选购性、系列性等品类组合方式，对店内儿科中成药商品进行品类组合，并说明组合依据及预期的销售效果。

相关知识

一、商品品类的概念

品类的概念于20世纪90年代中期由外资零售商引入我国。国际知名的AC尼尔森公司给品类下的定义是：确定什么产品组成小组和类别。品类与消费者的感知有关，应根据消费者的需求驱动和购买行为来理解。由此，可以把商品品类理解为商品在消费者心目中具有的某种利益一致性的评价，即这种销售商品的组合方式应同时满足消费者多种购物的需要，方便购买。商品同属一个品类的前提，是消费者对商品特性认知的共同性或一致性。

二、商品品类的划分

商品品类是依据商品的某些特征对商品进行的分类管理，国家商品分类体系中的商品品类与商业经营中的商品品类在分类依据上有所不同，国家商品分类体系是国家从宏观管理的角度将工农业产品按门类划分，门类下设大类、中类、小类和单品，这种商品分类方式是对整个社会商品的系统分类管理。商业经营中的商品品类的划分，则侧重于消费者对商品的感知，即基于商品在消费者心目中所表现出的共同特性，把具有共同特性的不同种类的商品划归为同一品类。国家商品分类体系中，每一种商品都可以在分类体系中找到自己的位置，而且这个位置是固定的。商业经营中的商品品类划分则不严格规定某种商品在品类划分中的位置。

三、中成药商品品类管理

中成药商品的品类一般根据商品经营需要和消费者的选购要求进行管理，一般可按处方药与非处方药、医保与非医保、知名品牌与普通品牌等进行分类。

1. 处方药与非处方药

处方药指为了保证用药安全，由国家药品监督管理部门规定或审定的，需凭医师或其他有处方权的医疗专业人员开写的处方方可发售，在医师、药师或其他医疗专业人员监督或指导下方可使用的药品。非处方药（OTC）是不需要凭医师处方，可自行购买和按药品说明书使用的药品。经营中成药商品的零售单位，会将处方药与非处方药分区经营，方便消费者选购。

2. 医保与非医保

经营单位以价格为品类管理参数时，会将中成药商品按医保药品与非医保药品进行区分，医保药品又可细分为“甲类药品”与“乙类药品”。甲类药品与乙类药品较为明显的差异在于价格，一般甲类药品价格低廉，乙类药品价格稍高。按此品类，可引导对价格敏感的消费者达成销售。

【知识链接】

医保“甲类药品”与“乙类药品”

《基本医疗保险用药管理暂行办法》规定，《国家基本医疗保险、工伤保险和生育保险药品目录》中的中成药分为“甲类药品”和“乙类药品”。“甲类药品”是临床治疗必需、使用广泛、疗效确切、同类药品中价格或治疗费用较低的药品。“乙类药品”是可供临床治疗选择使用，疗效确切、同类药品中比“甲类药品”价格或治疗费用略高的药品。协议期内谈判药品纳入“乙类药品”管理。参保人使用“甲类药品”按基本医疗保险规定的支付标准及分担办法支付；使用“乙类药品”按基本医疗保险规定的支付标准，先由参保人自付一定比例后，再按基本医疗保险规定的分担办法支付。

3. 知名品牌与普通品牌

有的消费者在选购中成药商品时不考虑价格因素，其消费能力强，更信任知名品牌。因此，中成药商品零售单位会将品牌影响力较大的中成药商品按品牌进行品类管理，以便更好地达成销售。

此外，还可根据消费者的选购习惯、医师治疗某类疾病的用药习惯等对品类进行管理。

四、中成药商品组合方法

中成药商品组合的根本前提是用药安全有效。所有商品组合都应该基于中药学的基本原则。《药品经营质量管理规范现场检查指导原则》规定，药品应当按剂型、用途以及储存要求分类陈列。中成药商品有其作为药品的特殊性，切不可为了盈利而不顾消费者的生命安全组合商品。

1. 系列性组合

系列性组合在中成药商品组合中较为常见。可按剂型、用途，将中成药商品下的内服药与外用药组合，起到内外同治的协同疗效，如妇科千金片与洁尔阴洗液的组合。

2. 选购性组合

选购性组合一般在中成药商品零售单位较为常见。一方面，由于一些商品经常会被消费者一起选购，自然而然地出现了一些常见的选购性组合。这种由消费者选购习惯促生的商品组合，对于销售达成有十分重要的意义。另一方面，在中药学服务的基础上，会发现实际使用中，一些商品组合对于疾病预防与治疗有较为明显的效果，便可将此用药规律总结，形成有效的选购性组合，引导消费者选购。例如，针对上班族体虚外感风寒而出现的感冒，在引导选购上，可运用感冒清热颗粒和玉屏风胶囊的商品组合，达到固表、祛风寒的良好治疗效果。

3. 季节性组合

季节性组合在中成药商品零售单位也较为常见，一般作为促销的一种形式出现。由于一些常见疾病的发生与环境、季节有关，经营者会在相关季节将一些商品进行组合，用来防御或治疗季节性疾病。例如，夏季最常见的疾病为中暑，十滴水、藿香正气软胶囊、保济丸等组合，能化湿祛暑和胃，对夏季中暑有较好的疗效。

五、中成药商品的品种保护

《中药品种保护条例》规定，列入国家药品标准的中药品种，包括中成药、天然药物的提取物及其制剂和中药人工制成品，可申请保护，受保护的中药品种分为一级、二级。

【知识链接】

《中药品种保护条例》

国家为了提高中药品种的质量，保护中药生产企业的合法权益，促进中药事业的发展，制定了《中药品种保护条例》。该条例于 1992 年 10 月 14 日中华人民共和国国务院令第 106 号发布，根据 2018 年 9 月 18 日《国务院关于修改部分行政法规的决定》修订。

1. 一级保护

可申请一级保护的中药品种应符合以下条件：对特定疾病有特殊疗效的；相当于国家一级保护野生药材物种的人工制成品；用于预防和治疗特殊疾病的。

中药一级保护品种的处方组成、工艺制法，在保护期限内由获得中药保护品种证书的生产企业和有关的药品监督管理部门及有关单位和个人负责保密，不得公开。中药一级保护品种的保护期限分为 30 年、20 年、10 年，因特殊情况需要延长保护期限的，可按有关规定申报，但每次延长的保护期限不得超过第一次批准的保护期限。

2. 二级保护

可申请二级保护的中药品种应符合以下条件：符合一级保护规定的品种或者已经解除一级保护的品种；对特定疾病有显著疗效的；从天然药物中提取的有效物质及特殊制剂。中药二级保护品种的保护期限为 7 年，在保护期满后可以延长 7 年。

3. 专利保护

申请专利的中药品种，依照《中华人民共和国专利法》的规定办理。

任务实施

一、任务准备

形式：本实训环节采用小组分组讨论的形式，每小组人数为 2 ~6 人。

材料：课前每小组通过各种渠道查询儿科相关中成药商品，熟悉相关目录及信息，并摘录所需信息。

工具：教材、《中华人民共和国药典》、可获取网络数字信息的智能设备（可选）。

二、中成药商品分析

每小组使用工具查询儿科相关中成药商品信息，根据系列性、选购性、季节性等品类组合方式，组合儿科中成药商品品类，并说明组合依据及预期的销售效果。

任务测评

根据本任务完成情况，填写表 1 – 3 – 1。

表 1-3-1　任务测评表

序号	考核内容	考核标准	配分	得分
1	课前学习	提前学习儿科相关中成药商品信息 10 分，没有则不得分；有摘录笔记 10 分，没有则不得分	20	
2	品类组合	根据中成药商品品类组合原则组合品类，系列性、选购性、季节性每组 8 分，若提出另外的合理组合，每组 2 分，总分不超过 30 分。没有根据组合原则组合品类的，酌情扣分	30	
3	分析品类组合的依据及预期销售效果	正确描述每组品类组合的依据 6 分，正确表述每组预期销售效果 2 分，总分不超过 30 分，未能表述或表述不完整，酌情扣分	30	
4	课堂表现	按要求穿着白大褂；不违规使用手机；按时到岗，不无故缺岗；实训结束后，按要求整理实训物品，有序清场，每项 5 分	20	
合计			100	

思考与练习

一、名词解释

1. 商品品类
2. 处方药
3. 非处方药

二、单项选择题

1. 妇科千金片与洁尔阴洗液的品类组合属于（　　）。

A. 季节性组合　　B. 选购性组合
C. 系列性组合　　D. 品牌性组合

2. 藿香正气软胶囊与保济丸的品类组合属于（　　）。

A. 季节性组合　　B. 选购性组合
C. 系列性组合　　D. 习惯性组合

三、多项选择题

中药一级保护品种的保护期限分为（　　）。

A. 30 年　　B. 20 年　　C. 10 年
D. 7 年　　E. 5 年

项目二

中成药商品分类

【项目引入】

某技工院校高级工班学生小张，利用暑假分别去了自己家附近的医院、药房和连锁药店见习，学习中成药的调剂与销售工作内容。但是刚去实际工作岗位体验的她，却遇到了困惑：医院药房的中成药商品按照临床科室大类分类排列；而连锁药店的中成药商品按照处方药区域和非处方药区域摆放，再细分内科、外科排列。那么，中成药商品分类难道没有统一的标准吗?

任务一　常见中成药商品分类

学习目标

1. 能描述中成药商品的分类方法；
2. 能理解中成药商品分类的意义；
3. 能运用中成药商品的分类方法，对中成药商品进行科学分类。

任务引入

商品分类是研究商品及其使用价值和实施商品宏观、中观、微观科学管理的前提，也是商品学研究有别于其他学科的重要内容之一。中成药商品的分类对中成药商品的管理起至关重要的作用。中成药商品同时拥有商品属性与药品属性，需要兼顾社会效益与经济效益，必须时刻明确中成药商品的首要作用是维护人们的生命健康。本次任务要求运用中成药商品的分类方法，对维 C 银翘片、藿香正气软胶囊、保济丸、十滴水、清热银花糖浆、五苓散、骨通贴膏、川贝枇杷糖浆、保和丸、马应龙麝香痔疮膏等中成药商品进行科学分类。

相关知识

商品分类是在商品生产的发展过程中形成的。随着社会分工的不断发展，商品生产和流通的范围和领域不断扩大，商品的数量和种类不断增加。为了合理地组织商品生产和流通，需要对商品进行科学的分类，以提高社会生产的效率。商品分类是指为了满足商品生产、流通、经济管理及人们的生活等需要，选择适当的分类标志或特征，将商品科学地、系统地逐级划分为大类、中类、小类、品类、品种、细目直至最小单元的过程。

商品大类是根据商品生产和流通领域的行业来划分的，如食品、纺织品、日用品、工业品、建材等。商品品类是指若干具有共同性质和特征的商品种类的总称。商品品种是指具体商品名称。商品细目则是对商品品种的相近区分，包括商品的规格、花色、质量等级等，它更能具体地反映商品的外观和质量特征。

中成药商品的分类一般会根据不同的情景以不同的依据分类，主要分类方式有以下几种。

一、按科门分类

按科门分类是中成药商品较为传统的分类方法。

1995 年由中国商业出版社出版的《中国商品大辞典》对当时全国商品进行分类梳理，并专门梳理了当时的中成药商品，编写了《中国商品大辞典 · 中成药分册》。该分册共收载中成药 2 209 种，按内科、外科、妇科、儿科、五官科依次分为风痰门、补益门、痰嗽门、气滞门、时感瘟疫门、暑湿门、燥火门、脾胃门、血症门、外伤门、疮疡门、经带门、胎产门、小儿痰嗽门、小儿疳积门、小儿内热外感门、惊风门、眼目门、咽喉口齿门、耳鼻门共 20 门，列辞 2 271 条。

按科门分类便于中医药工作者根据证候问病给药，但分类粗略，概念含糊，剂型不明，对于库房管理和贮藏养护并不适用。

二、按功效分类

1. 按单一功效分类

按单一功效分类是经典的中成药分类方法。

王辉主编的《经典中成药》（2020 年出版），按照功效将中成药分为解表、泻下、和解、理气、理血、祛湿、祛痰等 18 类，共收载成药 138 种。詹锦岳主编的《实用中成药速查手册》（2021 年出版），收集整理常用中成药 500 余种，按药物的主要功效与用途分类编排，并介绍每种中成药的药物组成、剂型、规格、用法用量、功用主治和注意事项等内容。按单一功效分类便于学习和应用。

2. 按临床科室结合功效分类

还可将单一功效分类方法结合临床科室划分，一般先按临床疾病治疗科室划分，再按功效细分，从而提高临床中成药使用的效率。

宋金春等主编的《中成药合理应用手册》（2007 年出版），按内科、外科、皮肤科、妇科、儿科、眼科、耳科、鼻科、咽喉科、口腔科、骨伤科等临床科室分类，再按中成药主要功能细分，如：骨伤科用中成药分为疗伤止痛、接骨续筋、通络止痛、补肾壮骨、健骨抗痨等小类。杨静娴主编的《中成药用药指南》（2020 年出版），共分 8 章，内容包括中成药基本知识、内科常用中成药、外科常用中成药、妇产科常用中成药、儿科常用中成药、五官科常用中成药、骨伤科常用中成药、皮肤科常用中成药。按临床科室结合功效分类可使中成药功能与临床科目对应，能快速查询到对应中成药商品，较为实用，适合医药工作者使用。

按功效分类可使中成药的概念清楚而便于理解，也便于选用相应的中成药商品。虽然这样分类会有剂型不明、不便库房贮藏保管等缺点，但对于教学来说，还是很适用的。

三、按剂型分类

1. 按剂型管理分类

将中成药商品按丸剂、散剂、片剂等剂型分类，便于运输、流通、贮藏、养护，但由于功效不明、不便使用，多用于生产、经营、物流等部门的实际工作。单按剂型分类的中成药商品目录市面上没有特别列举，本书“模块三　常见中成药商品”设有按剂型索引，可供参考学习。

2. 按剂型与功效分类

国家统计局官方网站（www. stats. gov. cn）发布的“统计用产品分类目录”，将产品分为了 97 类，其中第 27 大类为医药（代码 27），中成药（代码 2704）为医药大类的 8 个中类之一，又分为了：中成药丸剂（代码 270401）、中成药冲剂（代码 270402）、中成药糖浆（代码 270403）、中成药片剂（代码 270404）、中成药针剂（代码 270405）、中成药注射液（代码 270406）、膏药（代码 270407）、中成药口服液（代码 270408）、中成药胶囊（代码 270409）、中成药散剂（代码 270410）、中成药栓剂（代码 270411）、药酒（代码 270412）、清凉油（代码 270413）、其他中成药（代码 2704990000）等 14 类，再在各剂型下按功效细分。如中成药栓剂（代码 270411）下分为解表栓剂（代码 2704110100）等 35 种，解表栓剂包括辛温解表、辛凉解表、扶正解表中成药栓剂。

此分类为统计标准分类，有固定编号，除常见剂型外，其他不太常用的剂型不再细分，只是放在其他中成药分类里，不具体展示出来。

3. 按疾病与剂型分类

程爵棠、程功文主编的《中国丸散膏丹方药全书》（2010 年出版）按疾病类型分为 21 本分册，每本分册再按剂型分类收录中成药，其中大部分为丸、散、膏、丹传统剂型，另外还收录了一些现代制剂，如口服液、胶囊、片剂、颗粒剂、饼剂、冲剂等，不但丰富了剂型，还可满足不同消费者的需要。具体分册包括：精神病、儿科病、皮肤病、糖尿病肥胖病高脂血症、关节炎、男科病、肝胆病、神经系统疾病、心脑血管疾病、骨伤科病、妇科病、眼病、耳鼻咽喉口腔病、传染病、脾胃病、血液与甲状腺疾病、肿瘤、呼吸系统疾病、泌尿系统疾病、疮疡痈疽病、美容美发与补益保健，共收录 14 763 余种方剂。

按剂型分类中成药商品，能使剂型清楚、功效明了、管理方便。

四、按临床疾病分类

冷方南等主编的《中国中成药优选》（2014 年出版）以西医病名列目，在内科、妇科、儿科、外科、五官科的 1 813 种疾病中，选介组方合理、疗效确切、使用安全的中成药1 736种。每种疾病中选介的中成药均考虑到了“证候”类型的全覆盖。此分类可供广大医药工作人员、医药专业学生及对医药有兴趣的人群在按病选药时使用。

中国标准化协会中医药标准化分会等组织编写的《中成药临床应用指南》（2015 年出版）以现代医学疾病分类，分为感染性疾病分册、肛肠疾病分册、肝胆疾病分册、心血管疾病分册、儿科疾病分册、妇科疾病分册、消化疾病分册、眼科疾病分册、糖尿病分册、风湿病分册等。

陈奇、张伯礼总主编的“中国中成药名方药效与应用丛书”（2021 年出版）共分为 8 卷，另有精华本与英文版。8 卷分别为：内分泌代谢、风湿免疫、泌尿男生殖卷；外科皮肤科卷；妇产科卷；肿瘤血液卷；五官科卷；儿科卷；心血管神经精神卷；呼吸消化卷。精华本共 16 篇，包括心血管系统疾病中成药、神经精神系统疾病中成药、呼吸系统疾病中成药、消化系统疾病中成药、内分泌代谢系统疾病中成药等。英文版的章节包括心血管神经精神、呼吸消化、内分泌代谢、风湿免疫、泌尿生殖、外科皮肤科、妇产科、五官科、肿瘤与血液、儿科等。

西医多辨病治疗，消费者一般对病名比较熟悉，将中成药商品按此分类，能在一定程度上利于消费者选购。

五、按疼痛科疾病分类

随着现代医学的发展，疼痛已被列为继呼吸、脉搏、血压、体温之后的第五大生命特征。二级以上医疗机构大多设置了疼痛科，专门治疗疼痛性疾病。中医药治疗疼痛性疾病疗效较好，且毒副作用低。针对疼痛科，中成药商品的分类随之做出调整，以适应市场，满足临床需求。此分类方法能拓展中成药应用的范围，方便医学工作者、消费者从不同的角度，快速按病用药。

梁华梓主编的《临床治痛外用中成药新编》（2007 年出版）汇集了临床治疗疼痛性疾病的外用中成药 992 种，分内科、外科、骨伤科、妇科、五官口腔科 5 科，重点突出与治疗疼痛相关，包括头痛、月经痛、心绞痛、关节痛、牙痛等多种常见痛症。

这种分类方法为从事中西医临床工作的医药工作者全面了解、合理使用外用中成药治疗疼痛性疾病提供了借鉴和帮助，有很好的指导意义；为从事治疗疼痛外用中成药制剂的研究开发者提供了丰富的信息和启迪，有较高的参考价值；对广大家庭和中医爱好者来说，也简明实用、通俗易懂。

六、按索引分类

一些工具书，如《中华人民共和国药典》等，由于收录的药品众多，为方便不同人群的使用，一般只按便捷的索引分类，如笔画索引、拼音索引等。而一些大型的医药机构，如综合型医院的药房，也会运用拼音索引分类中成药商品，方便药品的取用与发放。

随着数字信息技术的发展，数字化管理的中成药商品可以设置更多的分类关键词，根据使用者的需要，运用多种索引方式检索商品。这样可以提高中成药商品的使用和流通效率，加快中成药商品的发展。

任务实施

一、任务准备

形式：本实训环节采用小组分组讨论的形式，每小组人数为2～6人。

材料：课前每小组自学中成药商品的分类方法，有条件可实地去药店、药房观察中成药商品的分类情况。

工具：教材、《中华人民共和国药典》、可获取网络数字信息的智能设备（可选）。

二、中成药商品分类

每小组参考教材中本任务相关知识，运用相关工具，根据自己选择的中成药商品分类方法对拿到的中成药商品清单进行分类，并记录在表2－1－1中。

中成药商品清单：维C银翘片、藿香正气软胶囊、保济丸、十滴水、清热银花糖浆、五苓散、骨通贴膏、川贝枇杷糖浆、保和丸、马应龙麝香痔疮膏。

表2－1－1　　中成药商品分类记录表

序号	分类方式	分类小类	药品名称	分类特点描述

任务测评

根据本任务完成情况，填写表2－1－2。

表 2-1-2　任务测评表

序号	考核内容	考核标准	配分	得分
1	按照中成药商品分类方法分类	能按照一般中成药商品分类方法对清单中 10 种中成药商品进行分类，每种中成药商品的分类方法和分类小类两项均正确 4 分。分类错误每处扣 2 分	40	
2	对于分类特点的描述	能对分类好的中成药商品进行特点描述，说出适用场景、优缺点，每种 4 分，描述错误或不完整每处扣 2 分，扣完即止	40	
3	课堂表现	按要求穿着白大褂；不违规使用手机；按时到岗，不无故缺岗；实训结束后，按要求整理实训物品，有序清场，每项 5 分	20	
合计			100	

思考与练习

一、单项选择题

1. 《中国商品大辞典·中成药分册》中的中成药商品分类，按内科、外科、妇科、儿科、五官科依次分，共计（　　）门。

A. 10　　B. 12　　C. 15　　D. 20

2. 王辉编著的《经典中成药》，按照（　　）将中成药分为解表、泻下、和解、理气、理血、祛湿、祛痰等 18 类，共选成药 138 种。

A. 功效　　B. 临床科室　　C. 剂型

D. 主治　　E. 性状

3. 将中成药商品分为中成药丸剂、中成药冲剂、中成药糖浆等是按（　　）。

A. 中成药合理应用分类　　B. 剂型分类

C. 中成药制剂分类　　D. 临床疾病用药分类

二、多项选择题

1. 按剂型管理是将中成药商品按丸剂、散剂、片剂等剂型分类，这样分类能（　　）。

A. 便于运输　　B. 便于贮藏　　C. 便于养护

D. 便于流通　　E. 便于销售

2. 陈奇、张伯礼总主编的“中国中成药名方药效与应用丛书”于 2021 年出版，这套丛书一共分为 8 卷，另有（　　）。

A. 概述本　　B. 精华本　　C. 英文版

D. 综合版　　E. 总论版

任务二　中成药商品目录与编码

学习目标

1. 能列举中成药商品的相关目录；
2. 能简单描述中成药商品的编码规则；
3. 能讲出中成药商品编码的基本用途；
4. 能运用编码规则识别中成药商品编码的不同类型及运用场景。

任务引入

商品分类和编码是分别进行的，商品分类在先，编码在后。商品分类与编码共同构成了商品目录的完整内容。中成药商品为我国特有商品，因其特殊性，并不能直接对照国际组织编写的药品编码。国家对于中成药商品的编码及目录管理也在不断完善。本次任务要求从教材“模块三　常用中成药商品”中选择一种儿科中成药商品，了解该中成药商品信息，并查询它的编码与所在目录，分析这些编码信息的来源，思考该商品适用于哪些场景。

相关知识

一、中成药商品目录

1. 商品目录的概念

商品目录是指在商品分类和编码的基础上，用表格、文字、数字或字母等全面记录商品分类体系和编排顺序的文件形式。具体来说，商品目录就是由国际组织、国家、行业或企业依据商品编码的要求，对所管理的商品种类用一定的书面形式，经过一定程序固定下来的商品总明细表。商品目录一般包括商品名称及计量单位、商品代码（或编号）和商品分类体系三部分。

编制商品目录的工作也属于商品分类。在编制商品目录时，国家或有关部门按照一定的目的，首先将商品按一定的标志进行定组分类，再逐次制定和编排。也就是说，没有商品分类就没有商品目录，只有在商品科学分类的基础上，才能编制层次分明、科学、系统、标准的商品目录。

为了充分发挥商品目录在商品流通中的作用，还应随着商品生产的发展和商品经营的变化适时地对商品目录进行修订。中成药商品目录便是以提高中成药商品运用的效率为目的编制的。

2. 中成药商品目录的分类

商品目录种类繁多，按编制对象可分为工业生产目录、贸易商品目录和进出口商品目录。按商品用途可分为食品商品目录、纺织商品目录、家电商品目录、化工原料商品目录等；按管理权限可分为一类商品目录、二类商品目录、三类商品目录等；按适用范围可分为国际商品目录、国家商品目录、部门商品目录和企业商品目录等。

本教材项目二任务一的相关知识中介绍了国家统计用的中成药商品目录，由于中成药商品的特殊性，中成药商品目录还包括国家基本药物目录、国家医保药品目录等的中成药部分。

（1）基本药物目录

基本药物目录是医疗机构配备使用药品的依据。基本药物目录中的药品是适应基本医疗卫生需求，剂型适宜，价格合理，能够保障供应，公众可公平获得的药品。我国自 1979 年就开始了基本药物（中成药）遴选工作，现行的《国家基本药物目录》为 2018 年版，由国家卫生健康委员会与国家中医药管理局编制。

《国家基本药物目录》中的基本药物有以下特点：①兼顾临床必需，并考虑公共卫生必需，包括免疫规划疫苗、抗艾滋病和结核病等药品；②由国家对其保障，对患者来说更为经济；③是临床优先使用的一线药品。

《国家基本药物目录管理办法》明确规定，遴选国家基本药物时，要坚持中西药并重。因此中成药在国家基本药物里的比重将不断增加。

《国家基本药物目录》不是一成不变的。国家卫生健康委员会按照《国家基本药物目录管理办法》要求，参考世界卫生组织基本药物目录和相关国家（地区）药物名册遴选程序及原则，根据我国疾病谱和用药特点，并充分考虑不同阶段基本国情和保障能力，总结以往目录制定和调整的实践经验，明确调入和调出基本药物目录的标准。现行的《国家基本药物目录》品种数量为 685 种，其中西药 417 种、中成药 268 种（含民族药）。

1）药品调入的标准：①结合疾病谱顺位、发病率、疾病负担等，满足常见病、慢性病以及负担重、危害大疾病和危急重症、公共卫生等方面的基本用药需求，从已在我国境内上市的药品中，遴选出适当数量基本药物；②支持中医药事业发展，支持医药行业发展创新，向中药（含民族药）、国产创新药倾斜。

2）药品调出的标准：①药品标准被取代的；②国家药品监督管理部门撤销其药品批准证明文件的；③发生不良反应，经评估不宜再作为国家基本药物使用的；④根据药物经济学评价，可被风险效益比或者成本效益比更优的品种所替代；⑤国家基本药物工作委员会认为应当调出的其他情形。

（2）国家医保药品目录

《国家基本医疗保险、工伤保险和生育保险药品目录》由国家医疗保障局与人力资源和社会保障部编制发布，主要的目的是“保基本”，即更好地满足广大参保人的基本用药需求。现行的版本为 2023 年版，简称《2023 年药品目录》，收载西药和中成药共 3 088 种，其中西药 1 698 种，中成药 1 390 种。另外，还有医保基金可以支付的中药饮片 892 种。

医保药品目录有动态调整机制，将根据人民群众用药保障需求、医保基金和参保人支付能力、医药产业发展等情况动态调整药品目录范围。例如，《2023 年药品目录》较上一版，有 1 种即将撤市的药品被调出目录。另有 126 种新增药品，包括 21 种肿瘤用药，17 种新冠肺炎、抗感染用药，15 种糖尿病、精神病、风湿免疫等慢性病用药，15 种罕见病用药和 59 种其他领域用药。有 143 种目录外药品参加了谈判/竞价环节，121 种药品谈判/竞价成功。如此调整，能让患者受益水平稳步提升。

【知识链接】

医保基金

医保基金指的是基本医疗保险基金。基本医疗保险基金是国家为保障职工的基本医疗，由医疗保险经办机构按国家有关规定，向单位和个人筹集用于职工基本医疗保险的专项基金。基本医疗保险基金包括社会统筹基金和个人账户两部分，由用人单位和职工个人按一定比例共同缴纳。

二、中成药商品编码

1. 商品编码的含义

商品编码又称商品代码，或商品代号、货号，是在商品分类的基础上，赋予某种或某类商品以某种代表符号或代码的过程。对某一类商品赋予统一的符号系列称为商品代码化或者商品编码化。

科学统一的商品编码对搭建以物品编码管理为溯源手段的质量信用信息平台，推动行业质量信用建设，以及推动商品条码在流通领域的广泛应用，健全全国统一的物品编码体系有着现实意义。

我国负责物品编码工作的专门机构是中国物品编码中心（官方网站为：www. gs1cn. org），是统一组织、协调、管理我国商品条码、物品编码与自动识别技术的专门机构，隶属于国家市场监督管理总局。中国物品编码中心于 1988 年成立，1991 年 4 月代表我国加入国际物品编码组织（GS1）。

【知识链接】

国际物品编码组织

国际物品编码组织是一个中立的、非营利性国际组织，负责制定、管理和维护应用最为广泛的全球统一标识系统（GS1 系统），有效促进全球商贸流通和供应链效率提升。GS1 总部设在比利时布鲁塞尔，目前，全球 150 多个国家和地区的 116 个编码组织加入了 GS1，200 多万家企业注册使用 GS1 的厂商识别代码。GS1 系统在快消、零售、制造、物流、电子商务、食品安全追溯、医疗卫生、建材等 30 多个行业和领域得到广泛应用，是全球商业流通领域使用最为广泛的供应链标准和商贸语言。GS1 系统为供应链中的不同层级的贸易项目，包括产品与服务、物流单元、资产、位置、单据及其他特殊领域提供全球唯一的编码标识，同时为行业间信息交互和流程整合提供技术标准和信息共享技术支撑。

全球贸易项目代码（global trade item number，GTIN）是编码系统中应用最广泛的标识代码。贸易项目是指一项产品或服务。GTIN 是为全球贸易项目提供唯一标识的一种代码（代码结构）。GTIN 有 4 种不同的代码结构：GTIN－14、GTIN－13、GTIN－12 和 GTIN－8（见图 2－2－1）。这 4 种结构可以对不同包装形态的商品进行唯一编码。标识代码无论应用在哪个领域的贸易项目上，都必须以整体方式使用。完整的标识代码可以保证其在相关的应用领域内全球唯一。

对贸易项目进行编码并用符号表示，能够实现商品零售（POS）、进货、存补货、销售分析及其他业务运作的自动化。

GTIN-14代码结构

包装指示符	包装内含项目的GTIN（不含校验码）	校验码
N_1	N_2 N_3 N_4 N_5 N_6 N_7 N_8 N_9 N_{10} N_{11} N_{12} N_{13}	N_{14}

GTIN-13代码结构

厂商识别代码　项目代码	校验码
N_1 N_2 N_3 N_4 N_5 N_6 N_7 N_8 N_9 N_{10} N_{11} N_{12}	N_{13}

GTIN-12代码结构

厂商识别代码　项目代码	校验码
N_1 N_2 N_3 N_4 N_5 N_6 N_7 N_8 N_9 N_{10} N_{11}	N_{12}

GTIN-8代码结构

项目代码	校验码
N_1 N_2 N_3 N_4 N_5 N_6 N_7	N_8

图 2－2－1　GTIN 的 4 种代码结构

GTIN 管理标准旨在帮助使开放供应链中行业的贸易项目唯一标识保持一致。GTIN 为医疗产品提供了一个唯一标识的解决方案。当这个标识与产品的批号、有效期进行关联时，则可通过该标识实现产品从生产到使用的全程追溯。

需要强调的是，GS1 已经颁布规范来禁止将 GS1 全球厂商前缀码重新分配给生产和销售“规范化医疗卫生贸易项目”的企业（在受控环境下的药品或医疗器械销售方或分销方），此举将有效保证医疗卫生贸易的安全。

2. 药品本位码

药品本位码是国家药品编码的一种。药品本位码用于国家药品注册信息管理，药品首次注册登记时赋予本位码，是国家批准注册药品唯一的身份标识；国家药品编码包括本位码、监管码和分类码。

《国家药品编码本位码编制规则》规定了我国药品的本位码编制要求：

（1）国家药品编码本位码共 14 位，由药品国别码、药品类别码、药品本体码和校验码依次连接组成，不留空格。国家药品编码本位码示例如图 2－2－2 所示。

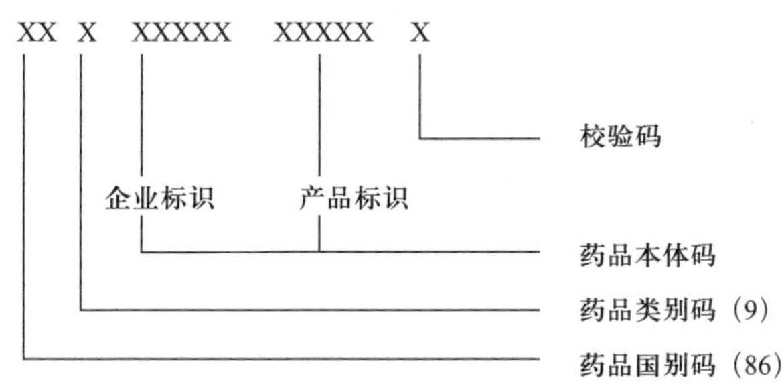

图 2－2－2　国家药品编码本位码示例

（2）国家药品编码本位码国别码为“86”，代表在我国境内生产、销售的所有药品；国家药品编码本位码类别码为“9”，代表药品；国家药品编码本位码本体码的前 5 位为药品企业标识，根据营业执照、药品生产许可证，遵循“一照一证”的原则，按照流水的方式编制；国家药品编码本位码本体码的后 5 位为药品产品标识，是指前 5 位确定的企业所拥有的所有药品产品。药品产品标识根据药品批准文号，依据药品名称、剂型、规格，遵循“一物一码”的原则，按照流水的方式编制。

（3）国家药品本体码由药品监督管理部门授权的维护管理机构统一编制赋码。

（4）校验码是国家药品编码本位码中的最后一个字符，通过特定的数学公式来检验国家药品编码本位码中前 13 位数字的正确性，计算方法按照相关规范执行。

3. 国家药品标识码

国家药品标识码是用于唯一标识与药品上市许可持有人、生产企业、药品通用名、剂型、制剂规格和包装规格对应药品的代码，由药品上市许可持有人、生产企业向药品追溯协同服务平台备案药品包装规格相关信息后产生，并在药品追溯协同服务平台上公开，供业界使用。国家药品识别码图解如图 2－2－3 所示。

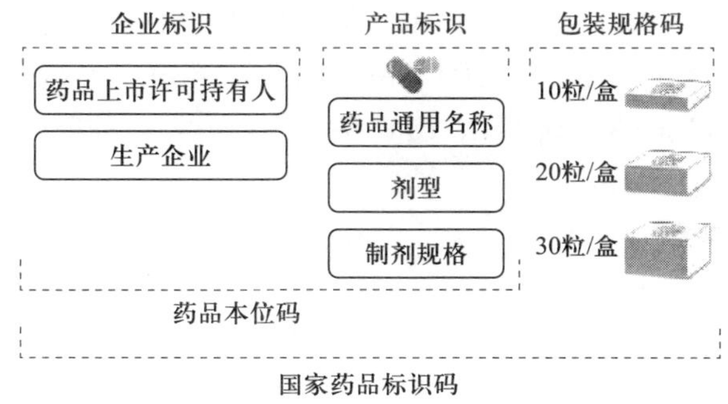

图 2－2－3　国家药品识别码图解

4. 药品追溯码

药品追溯码如同药品的电子身份证号码，是解锁药品对应追溯数据的“钥匙”，是实现“一物一码，物码同追”的必要前提和重要基础。药品追溯码是由一系列数字、字母和/或符号组成的代码，包含药品标识码和生产标识码，用于唯一标识药品销售包装单元，通过一定的载体（如一维码、二维码、电子标签等）附着在药品产品上，可被扫码设备和人眼识别。药品标识码为识别药品上市许可持有人、生产企业、药品通用名、剂型、制剂规格、包装规格和/或包装级别的唯一代码；生产标识码由药品生产过程相关信息的代码组成，应至少包含药品单品序列号，根据监管和实际应用需求，还可包含药品生产批号、生产日期、有效期等。药品追溯码图解如图 2－2－4 所示。

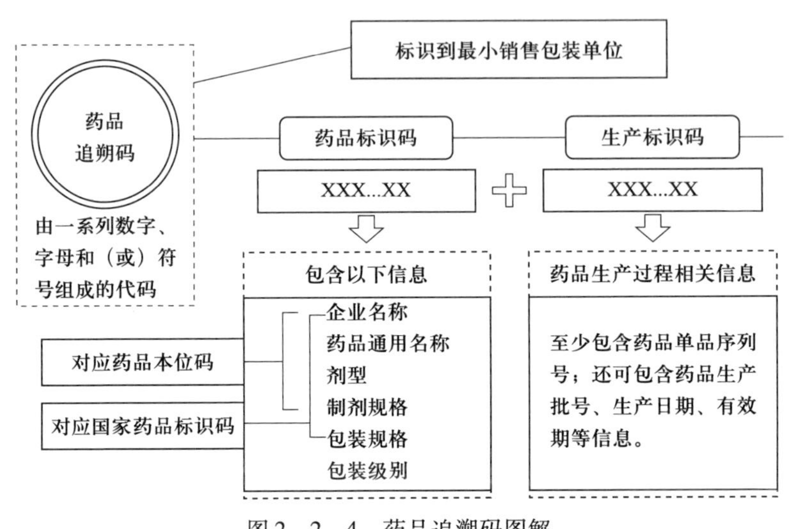

图 2－2－4　药品追溯码图解

5. 商品条码

商品条码由一组规则排列的条、空及其对应代码组成，是表示商品代码的条码符号，可用于零售商品、储运包装商品、物流单元、参与方位置等。

条码技术是 20 世纪中叶发展并广泛应用的集光、机、电和计算机技术为一体的技术。它解决了计算机应用中数据采集的“瓶颈”，实现了信息的快速、准确获取与传输，是信息管理系统和管理自动化的基础。条码技术具有操作简单、信息采集速度快、信息采集量大、可靠性高、成本低廉等特点。以商品条码为核心的 GS1 系统已经成为服务于全球供应链管理的国际标准。GS1 系统条码包括 EAN/UPC 条码、ITF－14 条码、UCC/EAN－128 条码、射频标签等。

（1）EAN/UPC 条码

通过零售渠道销售的贸易项目必须使用 EAN/UPC 条码进行标识。同时这些条码也可用于标识非零售的贸易项目。EAN/UPC 条码是长度固定的连续型条码，其字符集为数字 0～9。EAN 条码有两种类型，即 EAN－13 和 EAN－8。UPC 码起源于美国，有 UPC－A 和 UPC－E 两种类型。EAN/UPC 条码示例如图 2－2－5 所示。

中成药商品的条码，一般用的是 EAN－13 类型，线条下的数码通常由 13 位数组成，第 1～12 位为产品代码，其中前 3 位是国别码；中间 4 位为制造商，代表企业，具有唯一性；后 5 位是实际产品代码；第 13 位则为校验码。例如，广州白云山制药总厂为其产品感冒清

EAN-13　EAN-8　UPC-A　UPC-E

图 2－2－5　EAN/UPC 商品条码示例

制作的条码，其数码为 6902401920076，690 代表中国，2401 代表广州白云山制药总厂，92007 是该厂为感冒清编制的代码，6 为校验数码。

（2）ITF－14 条码

ITF－14 条码只用于标识非零售的商品（见图 2－2－6）。ITF－14 条码对印刷精度要求不高，比较适合直接印制（热转印或喷墨）在表面不够光滑、受力后易变形的包装材料上。因为这种条码符号较适合直接印在瓦楞纸包装箱上，所以也称“箱码”。关于 ITF－14 条码的具体说明，可查阅国家标准《商品条码　储运包装商品编码与条码表示》（GB/T 16830—2008）。

图 2－2－6　ITF－14 条码示例

（3）UCC/EAN－128 条码

UCC/EAN－128 条码（见图 2－2－7）由起始符号、数据字符、校验符、终止符、左（右）侧空白区及供人识读的字符组成，用以表示 GS1 系统应用标识符字符串。UCC/EAN－128 条码可表示可变数据，条码符号的长度依字符的数量、类型和放大系统的不同而变化，并且能将若干信息编码在一个条码符号中。该条码符号可编码的最大数据字数为 48 个，包括空白区在内的物理长度不能超过 165 mm。UCC/EAN－128 条码不用于零售结算，而是用于标识物流单元。关于 UCC/EAN－128 条码的具体说明，可查阅《商品条码　128 条码》（GB/T 15425—2014）及《商品条码　应用标识符》（GB/T 16986—2018）等国家标准。

（4）射频标签

无线射频识别技术（RFID）是 20 世纪中叶进入实际应用阶段的一种非接触式自动识别技术。射频识别系统包括射频标签和读写器两部分。射频标签是承载识别信息的载体，读写器是获取信息的装置。射频标签与读写器之间利用感应、无线电波或微波，进行双向通信，实现标签存储信息的识别和数据交换。射频识别技术的特点包括：①可非接触识读（识读

图 2－2－7　UCC/EAN－128 条码示例

距离可以从十几厘米至几十米）；②可识别快速运动物体；③抗恶劣环境，防水、防磁、耐高温，使用寿命长；④保密性强；⑤可同时识别多个对象。射频识别技术应用领域广阔，多用于移动车辆的自动收费、资产跟踪、物流、动物跟踪、生产过程控制等。由于射频标签较条码标签成本偏高，目前很少像条码那样用于消费品标识，多用于人员、车辆、物流等管理，如证件、停车场、可回收托盘、包装箱的标识。

我国商品条码现行的国家标准为《商品条码　零售商品编码与条码表示》（GB 12904—2008），由国家质量监督检验检疫总局、国家标准化管理委员会于 2008 年发布。

6. 商品二维码

二维码即二维条码，是商品条码的一种，是可在二维方向上表示信息的条码符号。商品二维码指用于标识商品及商品特征属性、商品相关网址等信息的二维码。商品二维码数据结构分为编码数据结构、国家统一网址数据结构、厂商自定义网址数据结构三种。我国商品二维码现行的国家标准为《商品二维码》（GB/T 33993—2017），由国家质量监督检验检疫总局、国家标准化管理委员会于 2017 年发布。

商品二维码的标准化保证了商品上应用二维码与全球统一编码标识系统的兼容性，同时实现了与二维码追溯、企业营销、线上线下互动等多种功能的结合。可实现一类（种）一码、一批一码、一物一码，编码结构灵活，行业或企业内部编码能够嵌入通用的数据结构中，从而满足不同行业、不同应用以及社会大众对商品二维码线上、线下追溯，以及营销、防伪等不同的应用场景需求，实现一码绑定多种服务。常见的二维码（示例）如图 2－2－8 所示。

图 2－2－8　常见的二维码（示例）

任务实施

一、任务准备

形式：本实训环节采用小组分组讨论的形式，每小组人数为2~6人。

材料：课前每小组从教材“模块三　常用中成药商品”中选择一种儿科中成药商品，了解该中成药商品信息，有条件可实地去药店、药房观察该中成药商品的包装与展示货架。

工具：教材、《中华人民共和国药典》、可获取网络数字信息的智能设备（可选）。

二、中成药商品分析

每小组查询一种儿科中成药的商品信息，得到有关内容并填写表2-2-1。

表2-2-1　中成药商品信息记录表

项目	内容	备注
中成药商品的名称		
是否属于国家基本药物目录		
是否属于国家医保药品目录		
药品本位码		
药品标识码		
药品追溯码		
商品条码（图片）		
商品二维码（图片）		
编码信息来源及适用场景		

任务测评

根据本任务完成情况，填写表2-2-2。

表2-2-2　任务测评表

序号	考核内容	考核标准	配分	得分
1	记录基本信息	提前学习中成药商品信息4分，没有则不得分；记录药品基本信息和条码信息（记录表中第1项~第8项），每项2分。记录正确得分，有错别字或记录不规范每处扣1分	20	
2	使用正确的查询方法	使用工具查询正确的中成药商品信息，查询思路清晰，信息来源准确。不会使用工具，或用错误渠道查询到未经证实的信息，酌情扣分	30	
3	分析编码信息分别适用于哪些场景	能指出各编码信息来源，并表明适用场景。未能表述或表述不完整，酌情扣分	30	

续表

序号	考核内容	考核标准	配分	得分
4	课堂表现	按要求穿着白大褂；不违规使用手机；按时到岗，不无故缺岗；实训结束后，按要求整理实训物品，有序清场，每项5分	20	
合计			100	

思考与练习

一、单项选择题

1. 《国家基本药物目录管理办法》明确规定，遴选国家基本药物时，要坚持中西药并重。因此中成药在国家基本药物里的比重将（　　）。

A. 不断增加　　B. 不断减少　　C. 维持不变　　D. 没有规定

2. 医保药品目录有（　　）机制，将根据人民群众用药保障需求、医保基金和参保人支付能力、医药产业发展等情况动态调整药品目录范围。

A. 定期调整　　B. 动态调整　　C. 周期调整　　D. 固定调整

二、多项选择题

1. 国家药品编码本位码共14位，由（　　）组成。

A. 药品国别码　　B. 药品类别码　　C. 药品本体码　　D. 校验码

2. GS1系统条码包括（　　）。

A. EAN/UPC条码　　B. ITF－14条码

C. UCC/EAN－128条码　　D. 射频标签

3. 商品二维码可实现（　　）。

A. 一类（种）一码　　B. 一批一码

C. 一物一码　　D. 一码多种用途

任务三　中成药商品分类管理

学习目标

1. 能理解不同场景下中成药商品分类管理的特点；

2. 能根据不同场景对中成药商品进行科学分类。

任务引入

对中成药商品实行分类管理，要特别注意运用的场景。在一个场景中适用的科学分类法，到了另一个场景，就会有些“水土不服”，需要重新调整。在不同场景中，如何运用中成药商品分类的技巧，并根据工作实际需要对中成药商品进行分类与管理，是中成药商品分类管理的核心技术。本次任务要求从教材“模块三　常用中成药商品”中选择一种外科中成药商品，了解该中成药商品信息，查询该中成药商品的分类特点。

相关知识

一、医疗机构的中成药商品分类管理

大多数医疗机构会设有药剂科，药剂科主要根据医师的处方发放药品给患者或医护人员使用。由于在医疗机构中，药剂科的药品发放依据较为单一，只有处方，所以在中成药商品分类管理时，无须对外陈列展示，只需内部管理，因此分类的第一要素就是取用便捷。当前，大多数医疗机构的药剂科已使用门诊发药系统，医师的处方通过电子系统发到药剂科，药师在接收处方后进行审方，确认处方合理、信息无误后，根据处方调配药品。

由于流程简单，药品可以按拼音首字母分类排列。随着智能取药机器人的出现，机器抓手可以根据药品名称定位抓取对应药品，完成配药、分药、检药、发药的步骤。因此，医疗机构对中成药商品的分类，一般只需考虑剂型差异，摆放到合适位置即可，如液体一般放在货架下层，且较为独立，防止包装破裂后液体流出而污染其他药品。

二、线下药店的中成药商品分类管理

线下药店是指传统的实体药店，尤其指零售实体药店。但随着科技的发展，线下药店也开始有了新的“装束”。例如，原本在夜间有人值守的 24 小时药店，不再安排人员留值药店，而是在药店门口放置一台专门出售常用药品的无人售药机；甚至还有全天无人看守的智能药店。

1. 零售实体药店

零售实体药店是指依法取得药品经营许可证的单一门店的药品零售经营企业，又称独立零售药店、零售药房，包括医保定点药店、零售连锁药店等。

零售药店是直接向消费者提供其所需药品和保健服务的机构，一般服务的对象为该店附近的居民，因此，药店的中成药商品分类会充分考虑附近居民的购药习惯，以附近人群常购品种为主营品类。例如，附近人群老龄化较为普遍，多有慢性病，则药店的中成药商品应主要为慢性病、老年病相关的品种，相对减少儿科等品种。药店还可以根据季节调整品类，按不同的季节将中成药商品分类进行管理。例如，玉屏风胶囊可用于表虚不固、自汗恶风、面

色白或体虚易感风邪者，在冬季，以突出益气功效，将其按冬季补益分类销售管理；在春季春风起时，以突出固表功效，按预防春季风寒感冒分类销售管理。

【知识链接】

药店与药房

在清朝之前，药店都是指售卖中药的店铺，也没有药房的说法。清末由于西方医学传播到国内，所以出现了专门售卖西药的店铺，为了区别西药店铺与中药店铺，便将售卖西药的叫药房，售卖中药的仍称为药店。后来，原来只售卖西药的店铺也开始卖中成药，只售卖中药的店铺也开始卖西药，药店与药房的概念也逐渐模糊起来。现在药店与药房原则上只是叫法不同，有部分人认为药房规模更大，药店则规模相对较小。

2. 无人售药机

无人售药机最先开设在零售实体药店门口，为了满足夜间零星应急购药的需求。由于无人售药机可以24小时不间断营业，能解决消费者突发性紧急用药的需求，之后便相继在火车站、机场等场所设置摆放。虽然无人售药机是实体机器，但是消费者选药时的界面与线上选购界面相似，因此其中成药商品分类管理方法与下文有关线上中成药商品分类管理的部分相似。

3. 无人智能药店

无人智能药店也叫无人智慧药房，是一种全新的购药场景，区别于前两种线下药店。无人智能药店的店内布局乍看之下与零售实体药店并无不同，但其没有店内药师，所有的售卖操作均由消费者自主完成。消费者进入智能药店后，可以在智能设备上搜索自己想要购买的中成药商品，然后按智能设备显示的位置（位置上会有亮灯提醒），前往货架上自助选药，还可以用店内的智能设备进行在线咨询。不过由于无人智能药店尚在起步阶段，上架的药品大多是非处方药，在线咨询连线的是提供远程服务的药师。

无人智能药店的中成药商品分类管理依赖的智能技术，能对消费者的选购信息进行分析，从而调整中成药品类的上架或下架。它与传统实体药店不同的是，要考虑消费者自助选取药品的便捷性，中成药商品的品类多集中为乙类非处方药，按功能分区摆放，主要满足一般的呼吸道疾病、胃肠道疾病、外伤等日常用药需求。

【知识链接】

在线、线上与线下

电子信息技术的发展，催生了很多互联网新词，“在线”“线上”“线下”便是应运而生的网络词汇。“在线”通常指终端处在网络连接状态，或叫联网状态；“线上”指的是在网络上以电子传递信息的状态；“线下”是相对于“线上”而言的，指的是没有连接互联网的、非虚拟的、真实发生的或面对面的实体状态。

三、线上药店的中成药商品分类管理

线上药店主要指互联网药店，又叫网络药房，指的是通过互联网进行网上药品交易的电子商务企业。线上药店是现代医药电子商务发展的产物，也是传统药店在数字化信息时代的新发展模式。线上药店与线下实体药店最大的区别在于，线上购药的消费者要线上下单，然后通过仓储与物流系统，经过一定的时间将中成药商品配送到消费者手上；而在线下实体药店购买的药品能在完成购买后立即到手。虽然线上药店发生的购买行为不再受地域与空间的限制，上架展示的品种信息也可以无限化，但是对如此多的中成药商品信息进行分类管理并不容易。不过随着人工智能技术的发展，“千人千面”技术等算法的出现，信息分类能更加个性化、智能化。

线上药店的中成药商品分类，主要以市场销量为依据，因为面向的是普通消费者，分类的描述也会更口语化、更商业化。例如，某线上药店将中成药商品分类为防疫专区、感冒发烧、肠胃用药、专业护肤、滋补保健、女性健康、专科用药、慢病好药、男性健康、皮肤用药、补益安神、五官用药、孝敬长辈等。

线上药店中成药商品分类管理的优势在于，可以根据市场动态对商品分类的信息页面随时调整，而不用摆货架或调整仓储系统中的中成药商品实物，仓储系统中的商品实物只需按照法律法规的要求进行管理即可。

【知识链接】

算法

算法是指解题方案的准确而完整的描述，是一系列解决问题的清晰指令，能够对一定规范的输入，在有限时间内获得所要求的输出。

“千人千面”技术

“千人千面”技术指的是互联网智能营销技术，即依靠大数据及云计算，从细分类目中抓取那些特征与买家兴趣点匹配的商品，展现在目标客户浏览的网页上，从而帮助卖家锁定真正的潜在买家，实现精准营销。通俗地讲，就是每个人看到的商品主页推荐的商品都不一样，都是根据本人特点筛选出的商品。

任务实施

一、任务准备

形式：本实训环节采用小组分组讨论的形式，每小组人数为2～6人。

材料：课前每小组从教材“模块三 常用中成药商品”中选择一种外科中成药商品，了解该中成药商品信息，有条件的可实地去药店、药房观察该中成药商品的包装与展示货架。

工具：教材、《中华人民共和国药典》、可获取网络数字信息的智能设备（可选）。

二、中成药商品分析

每小组使用工具查询一种外科中成药的商品信息，得到相关内容并填写表2-3-1。

表 2-3-1 中成药商品信息记录表

项目	内容	备注
中成药商品的名称		
线上药品销售平台上的分类位置		
本教材“模块三 常见中成药商品”中的分类位置		
国家药品监督管理局网站查询到的分类位置		
线下药店的分类位置		
不同设备、不同账号在同一线上平台查询到的信息及推荐信息界面比较		
在不同季节或疾病下，可与哪些药品联合推荐销售		
现代科技发展对中成药商品分类使用带来的改变		

任务测评

根据本任务完成情况，填写表 2-3-2。

表 2-3-2 任务测评表

序号	考核内容	考核标准	配分	得分
1	记录基本信息	提前学习中成药商品信息 4 分，没有则不得分；记录药品基本信息和分类位置（表格中第 1 项～第 5 项），每项 2 分，第 6 项、第 7 项每项 5 分。记录正确得分，有错别字或记录不规范每处扣 1 分	24	
2	使用正确的查询方法	使用工具查询到正确的中成药商品信息，查询思路清晰，信息来源准确。不会使用工具，或用错误渠道查询到未经证实的信息，酌情扣分	26	
3	分析现代科技发展对中成药商品分类使用带来的改变	能根据查询到的信息分析说明。未能正确分析或表述不完整，酌情扣分	30	
4	课堂表现	按要求穿着白大褂；不违规使用手机；按时到岗，不无故缺岗；实训结束后，按要求整理实训物品，有序清场，每项 5 分	20	
合计			100	

思考与练习

1. 医院药房中的中成药商品，需要按照处方药和非处方药分别陈列管理吗？为什么？
2. 简述线上与线下药品销售的异同，以及各自的优缺点。

项目三

中成药商品包装

【项目引入】

包装是医药商品的重要组成部分，是实现医药商品的价值并能增加其价值的一种手段。随着个性化消费时代的到来，市场竞争愈发激烈，售货方式不断变化，医药商品包装的功能已不仅局限在保护、容纳和宣传产品，更重要的是通过包装来提升医药商品的附加价值，进而提高医药商品的竞争力。

任务一　认识中成药商品包装

学习目标

1. 能识别中成药商品的包装；
2. 能查阅并讲述中成药商品包装的相关规定；
3. 能讲述中成药商品包装的作用。

任务引入

某药店新进一批货物，有药品也有非药品，质量管理部需根据包装对该批货物进行分类，然后入库存放。采购部门负责人请某实习生负责此项工作，仔细识别药品包装信息，填写包装识别记录，根据包装类别完成入库。

【知识链接】

涉及药品包装的法律法规

《中华人民共和国药品管理法实施条例》第四十三条规定，药品生产企业使用的直接接触药品的包装材料和容器，必须符合药用要求和保障人体健康、安全的标准。

直接接触药品的包装材料和容器的管理办法、产品目录和药用要求与标准，由国务院药品监督管理部门组织制定并公布。

第四十四条规定，生产中药饮片，应当选用与药品性质相适应的包装材料和容器；包装不符合规定的中药饮片，不得销售。中药饮片包装必须印有或者贴有标签。

中药饮片的标签必须注明品名、规格、产地、生产企业、产品批号、生产日期，实施批准文号管理的中药饮片还必须注明药品批准文号。

第四十五条规定，药品包装、标签、说明书必须依照《中华人民共和国药品管理法》第五十四条和国务院药品监督管理部门的规定印制。

药品商品名称应当符合国务院药品监督管理部门的规定。

第四十六条规定，医疗机构配制制剂所使用的直接接触药品的包装材料和容器、制剂的标签和说明书应当符合《中华人民共和国药品管理法》第六章和《中华人民共和国药品管理法实施条例》的有关规定，并经省、自治区、直辖市人民政府药品监督管理部门批准。

相关知识

一、医药商品包装的定义

医药商品包装是指流通过程中为保护医药商品、方便医药商品储运、促进医药商品销售，按一定技术方法使用的容器、材料及辅助物等的总称，也指为了达到上述目的而在使用容器、材料和辅助物的过程中施加一定技术方法的操作活动。

医药商品包装与一般物品的包装不同，医药商品包装受到药物固有性质的制约，即必须保持药物的效能，保障安全卫生，这就必须充分防止吸潮、漏气和光照等因素引起的分解变质。因此，医药商品包装是维持药物性质和药品正确使用的保障。合格的医药商品包装应具备密封、稳定、轻便、美观、规格适宜等特点，且包装标识应规范、清晰，满足药品流通、储存、使用的全过程保护。

二、中成药商品包装的意义与作用

1. 中成药商品包装的意义

中成药商品的包装是中成药生产的重要环节，是中成药商品进入流通领域的必要条件，是实现中成药商品价值和使用价值的一种必要手段。在购销、运输和储存等环节中，中成药商品包装的主要意义如下。

（1）保障中成药质量的安全和数量的完整

中成药商品在流通过程中要经过运输、装卸、储存、批发、零售等环节，在这些环节中难免会跌落、碰撞、摩擦，还会受到空气、光线、水分及微生物的作用。包装可以使其与上述外界条件有效地隔开，从而减少外界条件对其损害。

（2）便于中成药的计数、计量及使用

在中成药商品必须经过的环节中，买卖双方要对其进行计数、计量，合理的包装可以使其顺利地通过这些环节，也方便消费者的使用。

（3）促进中成药的销售

优良的包装是无声的广告，可以帮助企业建立良好的销售形象，起到促进销售的作用。尤其在国际市场上，各种商品竞争日益激烈，出口中成药商品的包装质量显得格外重要，直接关系我国商品在国际市场上的竞争力。

（4）增加中成药的价值

包装的精心构思与设计、装潢美术和精巧制作是一种复杂劳动，体现了很高的价值，当这些复杂劳动附加在中成药商品上时，会在销售时得到补偿，因而提高中成药商品的价值。优良的包装有利于发挥中成药商品的使用价值，甚至会对患者产生心理影响，从而影响疗效。

包装质量从侧面反映了一个国家科学技术和文化艺术的发展水平，反映出人民的生活与消费水平。随着人民物质和文化水平的提高，世界各国对包装的质量、类型、规格、式样及开启方法等，都提出了更高的要求，中成药商品的包装日益趋向式样美观，便于陈列、展销、携带及使用，趋向更加富于宣传效果、富于吸引力。

2. 中成药商品包装的作用

中成药商品从生产、流通到消费领域都离不开包装。良好的包装能增加商品的功能、扩大商品的效用，成为商品不可缺少的一部分。中成药商品的包装是沟通企业与消费者之间的直接桥梁，有着非常重要的作用，具体归纳如下。

（1）容纳功能及其延伸

容纳功能是指一定容积的包装所具有的容入和收纳商品的功能。有些商品本身没有单位形体，如液体、气体和粉状药品，需要利用包装的功能变成单位商品，如每桶、每箱、每盒等，以便于商品的运输、储存和销售。

此外，包装的容纳功能还可延伸为成组、配套、适量等功能。成组功能是将两个以上相同产品集合于一个包装内，以便于消费者购买、携带，并可促进销售。配套功能是将几种有关联的产品放置于同包装内。适量功能是将适量物品置于小包装供短期或一次性使用。具体来说，适量功能包括份额分配。消费者总是按自己的常规需要量来购买商品，一次购买量过多，不仅加重经济负担，而且使用不完也会造成商品变质损坏。生产厂家应根据消费者一次购买或使用的常量，将商品份额分配成小包装（或中包装），以方便销售人员的销售服务和消费者的购买使用。

（2）保护功能及其延伸

保护功能是指包装对商品施加保护的功能，主要目的是防止商品在生产、运输、储存、销售过程中因空间和时间的变化而损坏变质。在商品生产、销售过程中，商品主要靠销售包装来保护；在物流（运输、储存）过程中，商品的保护既靠销售包装，又靠运输包装，是由两者组合成运输包装件来完成的。商品包装的保护功能应包括防潮、防水、防挥发、防霉、防锈、防氧化、防高温、防低温、防光、保鲜、防污染、防震、防压、防冲击、防泄漏等。

商品包装的保护功能还可延伸为防盗、保险等功能。例如，为防止包装内的物品被盗走或更换，通常采用防盗盖或防盗密封包装；为防止儿童误食，有些药品包装采用保险盖等。

（3）传达功能及其延伸

传达功能是指包装所具有的传达商品信息的功能，包括商品品名、型号、特色、性能、成分、容量、使用方法、生产厂家等。在商品经济迅猛发展的今天，人们的消费能力不断提高，对商品质量、外观等的要求越来越高，商品包装需要传达的信息也越来越多。如运输包装的传达功能，可以传达物流管理中所需要的信息，以实现物流的有效管理。

销售包装的传达功能可延伸为广告宣传、装饰（美化）等功能。广告宣传功能是包装信息传达功能的拓展，能起到广告宣传的作用，通常叫作“包装广告”。包装是“无声的推销员”，好的包装本身就是很好的广告宣传。精美的包装，可起宣传商品的作用，提高市场竞争力。由广告宣传功能进一步发展而来的销售点导购（point of purchase，POP）包装，用销售包装配合商品实体进行宣传，能起到直接、生动的效果。装饰（美化）功能是指销售包装在传达信息的同时，能给人以一定的艺术享受，对商品、环境起到装饰作用。

（4）方便功能及其延伸

方便是商品包装的又一重要功能。商品包装必须方便装填、方便运输、方便装卸、方便堆码、方便陈列、方便销售、方便携带、方便开启、方便使用和方便处置。例如，包装主要通过文字说明和标示来指导消费者正确使用商品以充分发挥商品的功效，真正满足消费需求。合理的商品包装，其绘图、商标和文字说明等既展示了商品的内在品质，方便消费者识别，又介绍了商品成分、性质、用途和使用方法，可以指导消费者购买。

商品包装的方便功能可延伸为复用功能和改用功能。前者指商品包装用完以后，仍可重复使用；后者是指包装商品用完以后，可作其他用途。

（5）社会适应功能及其延伸

包装的社会适应功能是指其在满足全社会整体需要方面所具有的功能，包括卫生安全功能、节省资源功能、环境保护功能等。卫生安全功能主要指食品、药品的包装应能保证商品卫生安全，符合卫生法律法规。节省资源功能是指包装本身的原料及包装生产和应用的过程应有利于全社会资源的合理利用。环境保护功能是指包装应有利于环境保护，包括清洁生产、可回收利用，做到最终废弃物最少，并且在处理时不应造成公害等，包装要遵守目标市场的环境保护法律法规。

三、中成药商品包装的分类

1. 按包装形态层次分类

按包装形态层次可分为个包装、中包装、外包装。

（1）个包装

个包装是指一个商品为一个销售单位的包装形式。个包装直接与商品接触，在生产中与商品装配成一个整体。它以销售为主要目的，一般随同商品销售给顾客，因而又称为销售包装或小包装。个包装起着直接保护、美化、宣传和促进商品销售的作用。

（2）中包装

中包装（又称内包装）是指若干个单体商品或包装组成的一个小型整体包装，是介于个包装与外包装的中间包装，属于商品的内层包装。中包装在销售过程中，一部分随同商品出售，一部分则在销售中被消耗掉，因而也属于销售包装。在商品流通过程中，中包装起着进一步保护商品，以及方便使用和销售、方便商品分拨和销售过程中的点数和计量，方便包装组合等作用。

（3）外包装

外包装（又称储运包装或大包装）是指商品的最外层包装。在商品流通过程中，外包装起着保护商品，方便运输、装卸和储存等作用。

2. 按包装在流通中的作用分类

按包装在中成药商品流通中的作用分类，可分为储运包装和销售包装。

（1）储运包装

储运包装是用于安全运输、储存、保护商品的较大单元，又称为外包装或大包装，包括纸箱、木箱、桶等。储运包装一般体积较大，外形尺寸标准化程度高，坚固耐用，广泛采用集合包装，表面印有明显的识别标志，主要功能是保护商品及方便运输、装卸和储存。常见的储运包装形式包括压缩包装、拆装包装、套装包装、集合包装等。

医药商品在储运过程中，由于商品本身的某些自然属性和外界环境条件对商品质量的影响，要求在商品的储运包装上采取相应的防护措施，以保证医药商品在储运过程中的安全。医药商品包装的防护措施涵盖的范围很广，其中以防震动、防潮、防霉变、防光照、防污染等为主。

（2）销售包装

销售包装是指一个商品为一个销售单元的包装形式，或若干个单体商品组成的一个小型整体包装。销售包装的特点是包装件小，对包装的技术要求是美观、安全、卫生、新颖、易于携带，印刷装潢要求较高。销售包装一般随商品销售给顾客，起着直接保护商品以及宣传和促进商品销售的作用。同时，也起着保护优质名牌商品，防止假冒的作用。

常见的销售包装形式有：方便陈列和便于识别的堆叠式、可挂式、展开式、透明和“开窗”式、惯用式；方便消费者携带和使用的便携式、易开式、喷雾式、复用式、配套式、适量式和礼品式等。其中的陈列包装又叫 POP 包装，多陈列于医药商品销售点，利用商品包装盒盖或盒身部分进行特定结构形式的视觉传达设计，是有效的现场广告手段。从整体上看，医药销售包装正向着艺术性和实用性高度统一的方向发展。

3. 按包装材料分类

医药商品包装材料是指用来包装药品或医疗器械的包装材料，是可服用的、直接接触药品的或用作功能性（如防潮、阻隔、运输、装潢、印刷）外包装的包装材料和包装辅助材料的总称，既包括塑料、纸、玻璃、金属、陶瓷、食用淀粉、明胶、蜡、竹木与野生藤类、天然纤维与化学纤维、复合材料等，又包括缓冲材料、涂料、胶黏剂、装潢与印刷材料和其他辅助材料等。以下为 5 种常见的医药商品包装材料。

（1）玻璃

玻璃具有防潮、易密封、透明和化学性质较稳定、对环境的破坏性较小等优点，是目前使用最多的药用包装材料之一。但玻璃也有许多缺点，如较重、易碎等，给储存和运输带来不便，还可因受到溶液的侵蚀而释放出碱性物质和不溶性脱片。在国际标准中，药用玻璃按耐水性可分为Ⅰ、Ⅱ、Ⅲ类。Ⅰ类玻璃为硼硅酸盐玻璃，具有高耐水性和高抗热冲击性，一般来说包括高硼硅和中硼硅材质，是国际上药用玻璃的首选；Ⅱ类玻璃是经过内表面处理的钠钙玻璃，内表面耐水性符合药用要求；Ⅲ类玻璃是普通钠钙玻璃，耐水性较差，较少作为药用玻璃。

（2）塑料

近年来，我国药用塑料包装材料及制品市场快速增长，新材料、新工艺、新技术、新产品不断涌现。塑料包装正在大输液药品上取得突破性进展，我国鼓励生产和使用先进的非聚氯乙烯（PVC）输液软袋包装产品；在口服液上，软质塑料瓶已经部分获得应用，并逐渐扩大其应用范围；硬质塑料瓶也正在缓慢地替代玻璃用于包装糖浆等较大容积的液体药品。最常用的药用塑料包括高密度聚乙烯（HDPE）、聚丙烯（PP）、聚氯乙烯（PVC）及聚乙烯（PE）。药用塑料包装的主要形式有塑料瓶、铝塑泡罩包装、条包装、袋包装，这些已占到片剂总包装量的85%以上，其中，条包装约占15%，袋包装约占10%，塑料瓶与铝塑泡罩包装各占30%以上。塑料包装和复合材料包装是目前市场上的主流。

（3）纸制品

不管是发达国家还是发展中国家，纸类都是最重要的包装材料之一。全球纸和纸板占全部包装材料与容器总产值的36%，占总产量的35.6%，均高于塑料、金属和玻璃。在我国，纸包装占包装材料总量的50%左右。从发展趋势来看，纸包装的用量会越来越大。

（4）复合材料

复合材料是包装材料中的“新秀”，是用塑料、纸、铝箔等进行多层复合而制成的包装材料。常用的有纸－塑复合材料、铝箔－聚乙烯复合材料、铝箔－聚氯乙烯复合材料等。这些复合材料具有良好的机械强度、耐生物腐蚀性、耐高压性，以及保持真空的能力等。

（5）可服用的医药包装材料

这类包装材料主要是胶囊、微胶囊和辅料，常用的有食用淀粉、明胶、乙基纤维素、聚乙烯醇等。

从世界上药品工业比较发达的国家所用的包装材料来看，包装材料在向以纸代木、以塑代纸或向纸、塑料、铝箔等组成各种复合材料的方向发展。特种包装材料，如聚四氟乙烯塑料、有机硅树脂、聚酯复合板或发泡聚氨酯等的使用量都呈现上升趋势。

任务实施

一、任务准备

形式：本实训环节采用小组分组讨论，合作填写包装类型的形式进行。每小组 4 人，对包装进行讨论、分析、辨识，填写包装辨识记录。

材料：中成药、化学药、外用药、非药品的包装各5种。

工具：教材、可获取网络数字信息的智能设备（可选）。

二、药品包装辨识

1. 各小组分别对药品包装样本进行观察、分析，总结药品包装要素和识别方法。
2. 通过实际操作，识别不同药品包装，准确提供药品相关信息。

三、填写包装辨识记录

根据所学内容，填写表3－1－1。

表3－1－1　　包装辨识记录

填表小组：　　　　　　　　　　　　　　　　填表日期：

名称	包装材料	包装基本结构	包装设计要素	包装主要信息

任务测评

根据本任务完成情况，填写表3－1－2。

表3－1－2　　任务测评表

序号	考核内容	考核标准	配分	得分
1	药品包装材料及基本结构分析	准确识别不同类型的药品包装材料（如塑料、玻璃、纸质等），10分；说出药品包装的基本结构，如瓶盖、瓶身、标签、说明书等，10分；每处错误扣2分，扣完为止	20	
2	药品包装设计要素分析	准确分析不同颜色在药品包装中的作用，如区分不同药物类别、警示作用等，5分；准确识别药品包装上的常见图形，如药品类别、使用方法等，5分；准确分析药品包装上的文字信息，如药品名称、规格、生产日期等，5分；每处错误扣2分，扣完为止	15	
3	药品包装主要信息识别	通过外观特征，正确识别药品包装，如形状、颜色、尺寸等，5分；通过包装上的信息，正确识别药品，如药品名称、规格、生产厂家等，5分；能利用现代技术手段，如条形码扫描、App等识别药品包装，5分；每处错误扣2分，扣完为止	15	
4	总结药品包装要素和识别方法	表述准确、全面，30分。有错误或遗漏，酌情扣分	30	
5	课堂表现	按要求穿着白大褂；不违规使用手机；按时到岗，不无故缺岗；实训结束后，按要求整理实训物品，有序清场，每项5分	20	
合计			100	

思考与练习

一、单项选择题

1. 用于安全运输、储存、保护商品的较大单元是（　　）。

A. 储运包装　　B. 销售包装　　C. 生产包装　　D. 个包装

2. 中成药商品包装的主要意义不包括（　　）。

A. 保障中成药质量的安全和数量的完整

B. 便于中成药的计数、计量及使用

C. 促进中成药的生产

D. 增加中成药的价值

3. POP 包装又叫（　　）。

A. 储运包装　　B. 陈列包装　　C. 销售包装　　D. 个包装

4. 一个商品为一个销售单位的包装形式称为（　　）。

A. 个包装　　B. 中包装　　C. 大包装　　D. 外包装

5. 若干个单体商品或包装组成的一个小型整体包装称为（　　）。

A. 个包装　　B. 中包装　　C. 大包装　　D. 外包装

6. 包装的社会适应功能不包括（　　）。

A. 卫生安全功能　　B. 节省资源功能

C. 环境保护功能　　D. 便于贮藏功能

二、多项选择题

1. 医药商品包装的特点包括（　　）。

A. 医药商品包装必须保持药物的效能，保障安全卫生

B. 医药商品包装是维持药物性质和药品正确使用的保障

C. 合格的医药商品应具备密封、稳定、轻便、美观、规格适宜等特点，且包装标识规范、清晰

D. 医药商品包装应满足药品流通、储存、使用的全过程保护

E. 医药商品包装多采用玻璃材质

2. 医药商品包装材料包括（　　）。

A. 玻璃　　B. 塑料　　C. 纸制品　　D. 复合材料

E. 可服用的医疗包装材料

3. 中成药商品包装的功能有（　　）。

A. 容纳功能　　B. 保护功能　　C. 传达功能
D. 社会适应功能　　E. 提高药效的功能

任务二　中成药商品包装标志

学习目标

1. 能查阅并描述中成药商品包装标志的相关规定；
2. 能辨识中成药商品的包装标志。

任务引入

药店新进一批中成药，店长要求店员完整记录中成药包装标志，以便于对该批药品进行储藏与陈列。完成此项任务，需要先了解中成药商品包装标志的种类，根据不同包装标志进行记录。

【知识链接】

药品说明书与标签等的管理

说明书与标签是药品的重要包装内容之一，是介绍药品特性、指导合理用药和普及医药知识的媒介，也是药品信息的重要来源之一。世界各国对其要求都很严格，如美国、日本的药政法规明确规定了药品说明书是医疗上的重要文件，是医师开方和药师配方的依据，具有科学及法律上的意义。

药品说明书与标签的内容很多，包括法定通用名称、规格、装量、生产企业、批准文号、主要成分、适应证、用法与用量、注意事项、有效期及贮藏要求等。为规范管理，我国出台了专项规章对药品和医疗机械的说明书和标签作出规定，《药品说明书和标签管理规定》自2006年6月1日起施行；《医疗器械说明书和标签管理规定》自2014年10月1日起施行。

相关知识

一、商品包装标志的含义

商品包装标志是一种包装辅助物，是为了便于储运、装卸、销售及使用，在商品包装容器上用醒目的文字和图形做的特定记号和说明。如在运输包装上印制的记号和说明叫做运输包装标志，常见的有运输包装收发货标志、包装储运指示标志（操作标志）及危险品标志等；在销售包装上印制的图形和说明叫做销售包装标签，主要内容包括制造单位、产品名称、牌号、商标、成分、品质特点、使用方法、包装数量、贮藏和使用注意事项、警告标志、其他广告性的图案和文字等。

二、中成药商品包装的相关规定

《中华人民共和国药品管理法》规定，药品包装应当适合药品质量的要求，方便储存、运输和医疗使用。药品包装应当按照规定印有或者贴有标签并附有说明书。

药品的标签是指药品包装上印有或者贴有的内容，分为内标签和外标签。药品内标签指直接接触药品的包装的标签，外标签指内标签以外的其他包装的标签。

药品的内标签应当包含药品通用名称、适应证或者功能主治（中成药）、规格、用法用量、生产日期、产品批号、有效期、生产企业等内容。包装尺寸过小无法全部标明上述内容的，至少应当标注药品通用名称、规格、产品批号、有效期等内容。

药品外标签应当注明药品通用名称、成分、性状、适应证或者功能主治、规格、用法用量、不良反应、禁忌、注意事项、贮藏、生产日期、产品批号、有效期、批准文号、生产企业等内容。适应证或者功能主治、用法用量、不良反应、禁忌、注意事项不能全部注明的，应当标出主要内容并注明“详见说明书”字样。

用于运输、贮藏的包装的标签，至少应当注明药品通用名称、规格、贮藏、生产日期、产品批号、有效期、批准文号、生产企业，也可以根据需要注明包装数量、运输注意事项或者其他标记等必要内容。

对贮藏有特殊要求的药品，应当在标签的醒目位置注明。

药品的标签应当以说明书为依据，其内容不得超出说明书的范围。

药品说明书和标签中标注的药品名称必须符合国家药品监督管理部门公布的药品通用名称和商品名称的命名原则，并与药品批准证明文件的相应内容一致。

药品通用名称应当显著、突出，其字体、字号和颜色必须一致，并符合以下要求：①对于横版标签，必须在上三分之一范围内显著位置标出；对于竖版标签，必须在右三分之一范围内显著位置标出。②不得选用草书、篆书等不易识别的字体，不得使用斜体、中空、阴影等形式对字体进行修饰。③字体颜色应当使用黑色或者白色，与相应的浅色或者深色背景形成强烈反差。④除因包装尺寸的限制而无法同行书写的，不得分行书写。

药品商品名称不得与通用名称同行书写，其字体和颜色不得比通用名称更突出和显著，其字体以单字面积计不得大于通用名称所用字体的二分之一。

药品标签中的有效期应当按照年、月、日的顺序标注，年份用四位数字表示，月、日用两位数表示。其具体标注格式为“有效期至××××年××月”或者“有效期至××××年××月××日”；也可以用数字和其他符号表示为“有效期至××××.××”或者“有效期至××××/××/××”等。

有效期若标注到日，应当为起算日期对应年月日的前一天，若标注到月，应当为起算月份对应年月的前一月。

三、运输包装标志

1. 运输包装标志的含义

运输包装标志是在运输包装外部印刷的特定图形、文字、记号和说明。使用运输包装标志的目的有：①便于识别货物，避免差错事故，实现货物收发管理；②明确在运输、装卸过程中应采用的操作方法和防护措施；③标示危险品种类及其危险程度，标明应采用的防护措施，实现货物安全运输。

2. 运输包装标志的分类

运输包装标志根据作用不同可分为收发货标志、包装储运图示标志、危险货物包装标志及药品专用标志。

（1）收发货标志

外包装件上的商品分类图示标志、其他标志和文字说明、排列格式的总称为收发货标志，又叫识别标志。收发货标志包括分类标志（俗称唛头）、供货号、货号、品名、规格、数量、重量（毛量、净重）、生产日期、生产单位、体积、有效期、收货地点和单位、发货单位、运输号码、发运件数等。其中，分类标志必须有，其他各项合理选用。

（2）包装储运图示标志

包装储运图示标志是根据商品某些特性而确定的标志，目的在于引起运输、装卸、储存等人员的注意。包装储运图示标志应符合《包装储运图示标志》（GB/T 191—2008）的规定。

1）标志的使用。可采用印刷、粘贴、拴挂、钉附及喷涂等方法。印刷时，外框线及标志名称都要印上，喷涂时，外框线及标志名称可以省略。

2）标志的数目和位置。一个包装件上使用相同标志的数目，应根据包装件的尺寸和形状确定。

标志应标注在显著位置上，表 3 -2 -1 为包装储运图示标志名称及图形，其中部分标志的使用应按如下规定：①标志 1“易碎物品”应标在包装件所有 4 个侧面的左上角处（见表 3 -2 -1 标志 1 的说明及示例）。②标志 3“向上”应标在与标志 1 相同的位置[见表 3 -2 -1 标志 3 示例 a）所示]；当标志 1 和标志 3 同时使用时，标志 3 应更接近包装箱角[见表3 -2 -1 标志 3 示例 b）所示]。③标志 7“重心”应尽可能标在包装件所有六个面的重心位置上，否则至少也应标在包装件 2 个侧面和 2 个端面上（见表 3 -2 -1 标志 7 的说明及示例）。④标志 11“由此夹起”只能用于可夹持的包装件上，标注位置应为可夹持位置的两个相对面上，以确保作业时标志在作业人员的视线范围内。⑤标志 16“由此吊起”至少应标注在包装件的两个相对面上（见表 3 -2 -1标志 16 的说明及示例）。

表 3-2-1　　包装储运图示标志名称和图形

序号	标志名称	图形符号	标　志	含　义	说明及示例
1	易碎物品		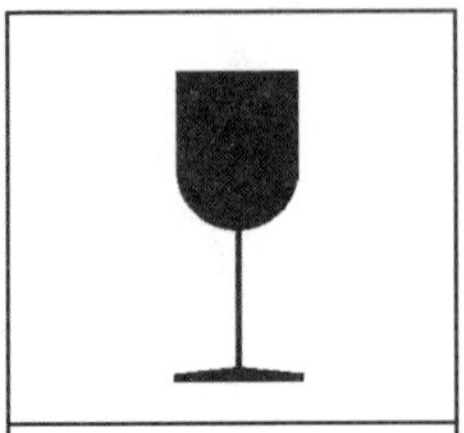 易碎物品	表明包装件内装易碎物品，搬运时应小心轻放	位置示例 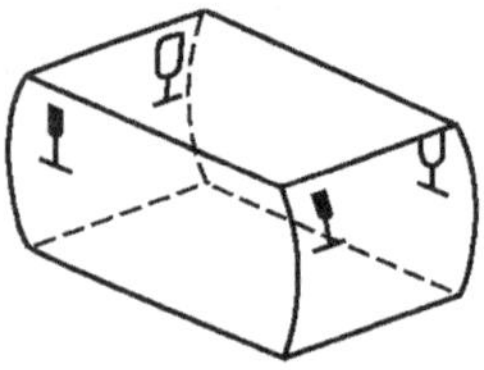
2	禁用手钩		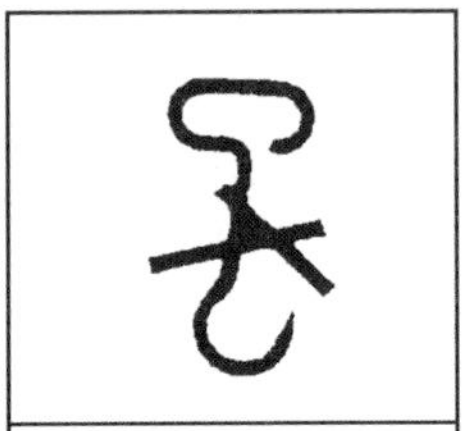 禁用手钩	表明搬包装件时禁用手钩	
3	向上		 向上	表明该包装件在运输时应竖直向上	位置示例 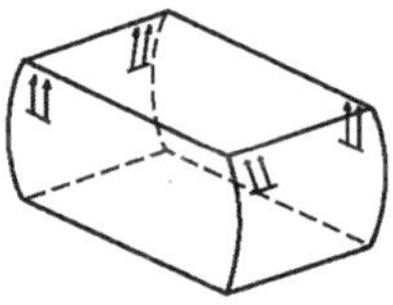 a) 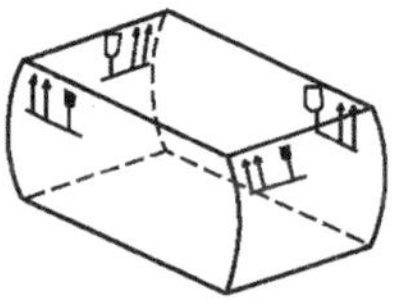　b) 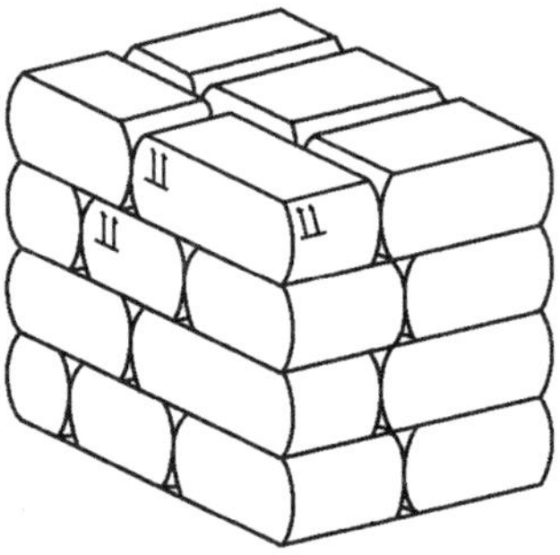 c)
4	怕晒		 怕晒	表明该包装件不能直接被阳光照晒	

续表

序号	标志名称	图形符号	标　志	含　义	说明及示例
5	怕辐射		怕辐射	表明该物品一旦受辐射会变质或损坏	
6	怕雨		怕雨	表明该包装件怕雨淋	
7	重心		重心	表明该包装件的重心位置，便于起吊	位置示例 该标志应标在实际位置上
8	禁止翻滚		禁止翻滚	表明搬运时不能翻滚该包装件	

续表

序号	标志名称	图形符号	标志	含义	说明及示例
9	此面禁用手推车		此面禁用手推车	表明搬运货物时此面禁止放在手推车上	
10	禁用叉车		禁用叉车	表明不能用升降叉车搬运的包装件	
11	由此夹起		由此夹起	表明搬运货物时可用夹持的面	
12	此处不能卡夹		此处不能卡夹	表明搬运货物时不能用夹持的面	
13	堆码质量极限	…kgmax	…kgmax 堆码质量极限	表明该包装件所能承受的最大质量极限	

续表

序号	标志名称	图形符号	标　志	含　义	说明及示例
14	堆码层数极限	n	n 堆码层数极限	表明可堆码相同包装件的最大层数	包含该包装件，*n* 表示从底层到顶层的总层数
15	禁用堆码		禁止堆码	表明该包装件只能单层放置	
16	由此吊起		由此吊起	表明起吊货物时挂绳索的位置	位置示例 应标在实际起吊位置上
17	温度极限		温度极限	表明该包装件应该保持的温度范围	…°Cmax …°Cmin a) …°Cmax …°Cmin b)

3）标志尺寸。标志外框为长方形，其中图形符号外框为正方形，尺寸一般分为4种，

见表3－2－2。如果包装尺寸过大或过小，可等比例放大或缩小。

表3－2－2　图形符号及标志外框尺寸

序号	图形符号外框尺寸（mm）	标志外框尺寸（mm）
1	50×50	50×70
2	100×100	100×140
3	150×150	150×210
4	200×200	200×280

（3）危险货物包装标志

危险货物包装标志是对爆炸品、有毒气体、易燃液体、易燃固体、放射性物质、腐蚀性物质等，在外包装上用图形符号等所作的明显标志。危险货物包装标志可分为标签和标记。常见的危险货物包装标签如图3－2－1所示。

图3－2－1　常见的危险货物包装标签

【知识链接】

危险货物包装标签内的数字

危险货物包装标签内的数字为危险货物的种类，共有9个编号：1为爆炸品；2为气体；3为易燃液体；4为易燃固体、易于自燃的物质、遇水放出易燃气体的物质；5为氧化性物质和有机过氧化物（5.1 为氧化性物质，5.2 为有机过氧化物）；6 为毒性物质和感染性物质；7 为放射性物质；8 为腐蚀性物质，9 为杂项危险物质和物品。

（4）药品专用标志

《中华人民共和国药品管理法》第四十九条规定，麻醉药品、精神药品、医疗用毒性药品、放射性药品、外用药品和非处方药的标签、说明书，应当印有规定的标志。因此，应该在这些药品的外包装、中包装、最小销售单元及标签上印有符合规定的专用标志。药品专用标志如图 3 -2 -2 所示。

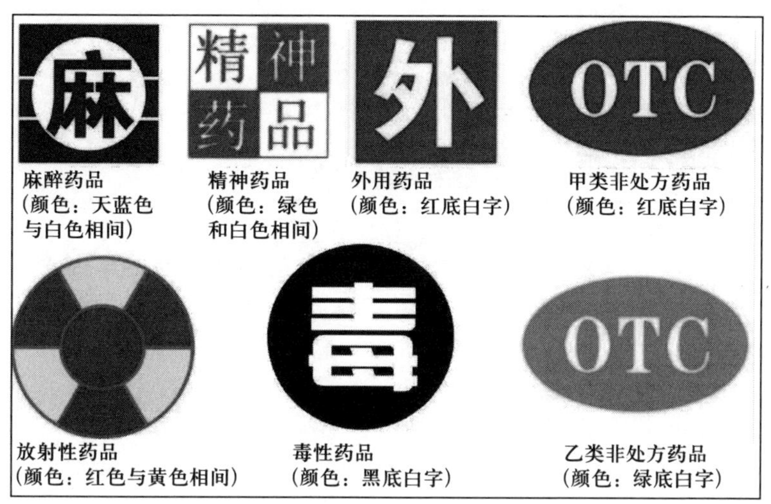

图 3 -2 -2　药品专用标志

任务实施

一、任务准备

形式：本实训环节采用纸质稿件现场审核和手工填写包装标志记录表的形式进行。分组合作进行实训，每小组 2 人。1 人扮演店员填写记录表，1 人扮演店长进行复核审查。

材料：20 种常见的中成药。

工具：教材、可获取网络数字信息的智能设备（可选）。

二、货品包装查验

1. 详细检查药品外观质量和标签。
2. 索取合法票据，做到票、账、物相符。

三、包装标志记录的填写

根据所学内容，填写表 3 -2 -3。

表 3－2－3　　**包装标志记录表**

记录人：　　　　　　记录时间：

中成药商品名称	条形码	收发货标志	包装储运图示标志	危险货物标志	药品专用标志

任务测评

根据本任务完成情况，填写表 3－2－4。

表 3－2－4　　**任务测评表**

序号	考核内容	考核标准	配分	得分
1	外观质量包装审核	包装是否完整无破损，是否有污渍，标签是否完整，对于包装、标签有损坏的药品应拒绝收货	10	
2	索取合法票据	票、账、物应与进货物品相符合	10	
3	包装标志记录表的填写	表格中每处填写错误扣 2 分，扣完即止。存在的错误，若店长复核出来，则该项目不扣分，没有复核出，扣分标准同上	60	
4	课堂表现	按要求穿着白大褂；不违规使用手机；按时到岗，不无故缺岗；实训结束后，按要求整理实训物品，有序清场，每项 5 分	20	
合计			100	

思考与练习

一、单项选择题

1. 在商品运输包装标志中，习惯上称为“唛头”的是（　　）。

A. 收发货标志　　B. 包装储运图示标志

C. 警告性标志　　D. 危险货物包装标志

2. 药品包装应当适合（　　）的要求。

A. 快递质量　　B. 食品质量　　C. 药品质量　　D. 生物学

3. 商品名称字体以单字面积计不得大于通用名称所用字体的（　　）。

A. 二分之一　　B. 三分之一　　C. 四分之一　　D. 五分之一

4. 有效期若标注到日，应当为起算日期对应年月日的（　　）。

A. 当天　　B. 前一天　　C. 当月底　　D. 当月前一天

5. 外包装件上的商品分类图示标志、其他标志和文字说明、排列格式的总称为（　　）。

A. 收发货标志　　B. 储运图示标志　　C. 危险品标志　　D. 专用标志

6. 甲类非处方药标志颜色描述正确的是（　　）。

A. 红底白字　　B. 白底红字　　C. 绿底白字　　D. 白底绿字

二、多项选择题

1. 使用运输包装标志的目的是（　　）。

A. 便于识别货物，避免差错事故，实现货物收发管理

B. 明确在运输、装卸过程中应采用的操作方法和防护措施

C. 标示危险品种类及其危险程度，标明应采用的防护措施，实现货物安全运输

D. 便于货物的储存与养护

E. 能提高质量管理人员的检查效率

2. （　　）的标签，必须印有规定的标志。

A. 麻醉药品　　B. 精神药品　　C. 医疗用毒性药品

D. 放射性药品　　E. 处方药

3. 用于运输、贮藏的包装的标签，至少应当注明（　　）。

A. 药品通用名称、规格、贮藏　　B. 生产日期

C. 产品批号　　D. 有效期、批准文号

E. 生产企业

任务三　中成药商品商标识别

学习目标

1. 能描述中成药商品商标的特征、作用；
2. 能描述中成药商品商标的分类；
3. 能识别中成药商品的品牌与商标。

任务引入

某药厂生产出一种新的中成药，想要对该中成药的品牌与商标进行设计，于是安排采购部收集市面上常见中成药的品牌与商标，并将收集的信息交给设计部，最终确定该中成药的品牌与商标。

相关知识

一、品牌与商标

1. 品牌的定义

广义的“品牌”是具有经济价值的无形资产，用抽象化的、特有的、能识别的心智概念来表现其差异性，从而在人们意识当中占据一定位置的综合反映。品牌建设具有长期性。

狭义的“品牌”是一种拥有对内和对外两面性的标准或规则，是通过对理念、行为、视觉、听觉四方面进行标准化、规则化，使之具备特有性、价值性、长期性、认知性的一种识别系统总称。这套系统也被称为企业识别系统（corporate identity system，CIS）。

现代著名营销学家科特勒在《市场营销学》中将品牌定义为：销售者向购买者长期提供的一组特定的特点、利益和服务。

品牌是给拥有者带来溢价、产生增值的一种无形的资产，它的载体是用于和其他竞争者的产品或服务相区分的名称、术语、象征、记号或者设计及其组合，增值的源泉是消费者心中形成的关于其载体的印象。品牌承载的更多是一部分人对其产品以及服务的认可，是一种品牌拥有者与消费者购买行为间相互磨合衍生出的产物。

2. 商标的定义

商品的销售包装上都有区别不同企业同类商品的专用标志，这就是商标。商标是商品生产者或经营者为把自己生产或经营的商品与其他企业的同类商品显著地区别开来，而使用在一定商品、商品包装和其他宣传品上的专用标记。商标是商品销售包装上的重要标志，代表商品来源、质量特色和企业信誉，是无形的财产。它一般由文字、图形或者二者组合而成。商标经过市场监督管理部门注册并予以公布，禁止他人仿效使用，享有专用权，并受到法律保护。商标也是商品包装装潢的重要组成部分，是商品质量信誉的识别标记。

二、中成药商品商标的特征

商标作为商品的标志，一般具有如下特征。

1. 从属商品经济的属性

商标是商品经济发展的产物，是随着商品生产、交换的产生而出现的商业性标记。商标的使用者是商品生产者或经营者，而不是消费者。标志物是商品，而不是物品，其目的是出售商品。

2. 显著性

商标必须具有能够与其他商品相区别的显著特征，使不同企业的商品能够区别、比较和鉴定。商标是商品生产者或经营者的独特标记，是企业名声、商品信誉和评价的象征。

3. 专用性

商标不能与他人注册的商标混同。经过注册的商标使用在一定范围和质量的商品上，第三者不得冒用和侵权。“专用”“排他”是注册商标最本质的含义。

4. 竞争性

商标在消费者心目中形成的形象，反映了商品生产者或经营者的信誉，标志着商品质量。在市场竞争中，商标可以起到广告和推销的作用，使消费者根据商标选购。

三、中成药商品商标的作用

商标是商品的记号，在商品交易过程中起到方便购销的作用。商标可以代表消费者心目中的商品质量，是商品交换中生产者或经营者信誉的一种特定象征。在市场经济的发展中，商标具有以下作用。

1. 区别商品的不同生产者和经营者

“区别”是商标的本质作用。商标是生产者和经营者所生产或经营的商品的标志。通过商标可以了解商品的来源和出处，对创立企业信誉、追究商品的生产者和经营者的产品责任、维护消费者的利益具有重要意义。

2. 提供平等的市场竞争机会

商标经过注册后，获得专用权，假冒、仿造都是侵权行为。这样有利于保护市场中的商品竞争。商品质量是商标信誉的基础，生产者或经营者为了在市场竞争中打开销路，必然不断提高商品质量，改善售后服务，这种正当的竞争手段，可以通过商标得到保护。

3. 促进商品的生产者或经营者保证商品质量

商品质量是商标信誉的基础，信誉卓著的商标又为消费者购买商品提供了安全感。作为消费者，通常愿意购买名牌商品，因为名牌是优质的象征。名牌商品正是通过其高质量而赢得消费者信任的。一个名牌商品，一旦在消费者心目中确定了形象，其生产者或经营者就要千方百计保证商品质量，维护商品信誉。因此，商标在保证和提高商品质量方面具有重要作用。

4. 便于广告宣传

商标是连接消费者与生产者或经营者的纽带，可以引导消费者选购商品。优质的商品，商标信誉好，商品在市场中的竞争力强，以商标作广告可以使消费者对商品产生好感，促进商品销售。商标信誉好的商品，常常是通过消费者主动介绍而广为人知的，商标本身也就起到了广告作用。

5. 促进商品经济发展

商标是信誉的标志，往往成为消费者选择商品的重要依据。商标有助于保证商品质量，也便于市场管理。商标的确定可以使市场监督管理部门和消费者对商品质量、价格进行监督和管理，有利于建立正常的商品经济秩序。

商标的信誉决定了商品的竞争力。优胜劣败的市场竞争规则保证了优质商品的市场占有率。国家通过驰名商标的评定，使市场更加健康繁荣发展。生产者或经营者可以通过商标进行广告宣传，促进消费者对商品的认识。商标的实施使国家、企业、个人三者利益得到合理的维护，有利于市场经济蓬勃发展。

四、中成药商品商标的分类

中成药商品商标可以按其结构、用途、使用者、管理及注册与否等进行分类。

1. 按照商标结构分类

可以分为文字商标、图形商标、组合商标和立体商标。

（1）文字商标

文字商标是指以文字组成的商标。商标使用者可以根据自己的意愿选择文字作为商标，可以使用汉字、汉语拼音，也可以使用外国文字。文字商标的文字使用，必须具有显著的特征，不允许以商品的通用名称的文字作为商标。

（2）图形商标

图形商标是指以各种各样的图形、图案，如花木虫鱼、亭台楼阁等构成的商标。其特点是生动形象，便于记忆，可以给人留下深刻的印象。但图形设计零乱，内容复杂，不具有显著特征的，不能作为商标。

（3）组合商标

组合商标是指用文字、字母、记号和图形任意组合的商标。组合商标常用的是文字、图形组合，要求文字、图形组合协调，图文一致。

（4）立体商标

立体商标是指用商品外形或商品包装作为商标。如“可口可乐”的弧形饮料瓶就是一种立体商标。

2. 按照商标用途分类

可以分为商业商标、商品商标、保证商标、服务商标、集体商标。

（1）商业商标

商业商标是指以生产或经营企业的名称、标记作为商标，即用商号或厂标作为商标，如“同仁堂”。

（2）商品商标

商品商标又名个别商标，是指为了将一定规格、品种的商品与其他规格、品种的商品区别开来，在个别商品上使用的商标。

（3）保证商标

保证商标又称证明商标，是指某一权威机构认证质量而使用的商标。《中华人民共和国商标法》（以下简称《商标法》）规定，证明商标是指由对某种商品或者服务具有监督能力的组织所控制，而由该组织以外的单位或者个人使用于其商品或者服务，用以证明该商品或者服务的原产地、原料、制造方法、质量或者其他特定品质的标志。

（4）服务商标

服务商标是指金融、运输、广播、建筑、旅游等服务行业为把自己的“服务”同别的服务业务相区别而使用的商标。

（5）集体商标

《商标法》规定，集体商标是指以团体、协会或者其他组织名义注册，供该组织成员在商事活动中使用，以表明使用者在该组织中的成员资格的标志。

3. 按照商标使用者分类

可以分为制造商标、销售商标。

（1）制造商标

制造商标是指表示商品制造者的商标，又称生产商标。这种商标往往与厂标一致，使用这种商标是为了区别制造者。

（2）销售商标

销售商标又称商业商标，是指经营者销售商品而使用的商标，是宣传商业经营的标记。这种商标常在生产者实力较弱，销售者享有盛誉的时候使用。

4. 按照商标管理分类

可以分为防御商标、备用商标、驰名商标等。

（1）防御商标

防御商标又称联合商标，是指为了防止他人侵权而申请使用的一些相近似的商标。此种商标不一定全部使用，其目的是防止他人冒牌影射，保护自己的商品。按照国际惯例，此种商标一般难以注册；但一经注册，则不会因其闲置不用而被有关部门撤销。由于防御商标相互近似的整体作用，因此，防御商标不得跨类分割使用或转让。

（2）备用商标

备用商标是指已经注册但实际上并未使用，只是为了适应某些变化而储备的商标。

（3）驰名商标

驰名商标又名周知商标，是指在我国为相关公众所熟知并享有较高声誉的商标。“相关公众”包括与使用商标所标示的某类商品或者服务有关的消费者，生产该商品或者提供服务的其他经营者以及经销渠道中所涉及的销售者和相关人员等。为相关公众所熟知的商标，持有人认为其权利受到侵害时，可以依照《商标法》请求驰名商标保护。驰名商标不能由注册人自封，而要经过相关权威机构组织调查，按一定程序认定。认定我国驰名商标的机构是国家知识产权局商标局或商标评审委员会（行政认定）或人民法院（司法认定）。

生产、经营者不得将“驰名商标”字样用于商品、商品包装或者容器上，或者用于广告宣传、展览以及其他商业活动中。

认定驰名商标主要应考虑以下因素：相关公众对该商标的知晓程度；该商标使用的持续时间；该商标的任何宣传工作的持续时间、程度和地理范围；该商标作为驰名商标受保护的记录；该商标驰名的其他因素。

5. 按照商标注册与否分类

可以分为注册商标和非注册商标。

（1）注册商标

注册商标是指商标注册申请人向国家知识产权局商标局提出商标注册申请并获得核准的文字、图形或其组合标志。注册商标在其有效期限内，注册人享有该注册商标的专用权，严禁任何组织或个人仿冒、抄袭，未经注册人许可，他人不得使用该注册商标，其专用权受到法律保护。注册商标所有人可将自己注册的商标有偿转让或许可他人使用。使用注册商标应在商品或其包装、说明书或者其他附着物上标明“注册商标”字样或标明注册标记（㊟或®）。

注册商标的有效期是指商标注册具有法律效力的时间界限，也称注册商标专用权的期限。《商标法》规定，注册商标的有效期为10年。注册商标有效期满，需要继续使用的，商标注册人可提出续展申请，每次续展注册的有效期为10年。

（2）非注册商标

非注册商标是指未经注册而正在使用的商标。非注册商标不享有法律赋予的商标专用权，当非注册商标与注册商标相同或相似，并用于相同或相似的商品上时，非注册商标应立即停止使用。

对于国家规定必须使用注册商标的商品，如烟草制品等，必须申请商标注册，未经商标注册的，不得在市场销售。

任务实施

一、任务准备

形式：本实训环节采用纸质统计表和绘制设计图的形式进行。分组合作进行实训，每小组5人，2人扮演采购员，3人扮演设计师。

材料：20种常见的中成药。

工具：教材、可获取网络数字信息的智能设备（可选）。

二、中成药商品商标统计表

根据所学内容，填写表3-3-1。

表3-3-1　　中成药商品商标统计表

序号	中成药名称	商标结构类别	商标用途类别	商标使用者类别	商标标识（简易绘制）

三、中成药商品商标设计

根据教师给出的中成药商品，设计一个商标。

任务测评

根据本任务完成情况，填写表 3－3－2。

表 3－3－2　　**任务测评表**

序号	考核内容	考核标准	配分	得分
1	中成药商品商标统计表	对商标内容分析准确，表格信息填写正确、完整，每处填写错误扣 2 分，扣完即止	40	
2	中成药商品商标设计图	符合《商标法》规定；造型美观，构思新颖；能表现企业和产品特色；简单明了；适合消费心理；具有稳定性	40	
3	课堂表现	按要求穿着白大褂；不违规使用手机；按时到岗，不无故缺岗；实训结束后，按要求整理实训物品，有序清场，每项 5 分	20	
合计			100	

思考与练习

一、单项选择题

1. 商标不能与他人注册的商标混同，体现了商标的（　　）。

A. 经济型　　B. 显著性　　C. 专用性　　D. 竞争性

2. 商标可以起到广告和推销的作用，使消费者根据商标选购，体现了商标的（　　）。

A. 经济型　　B. 显著性　　C. 专用性　　D. 竞争性

3. 用文字、字母、记号和图形任意组合的商标是（　　）。

A. 文字商标　　B. 图形商标　　C. 组合商标　　D. 立体商标

4. 联合商标即（　　）。

A. 防御商标　　B. 备用商标　　C. 驰名商标　　D. 服务商标

5. 以生产或经营企业的名称、标记作为商标的是（　　）。

A. 商业商标　　B. 商品商标　　C. 保证商标　　D. 服务商标

6. 为了将一定规格、品种的商品与其他规格、品种的商品区别开来，在个别商品上使用的商标是（　　）。

A. 商业商标　　B. 商品商标　　C. 保证商标　　D. 服务商标

二、多项选择题

1. 中成药商品商标的特征包括（　　）。

A. 从属商品经济的属性　B. 显著性

C. 专用性　D. 竞争性

E. 平等性

2. 中成药商品商标的作用有（　　）。

A. 区别商品的不同生产者和经营者

B. 提供平等的市场竞争机会

C. 促进商品的生产者或经营者保证商品质量

D. 便于广告宣传

E. 促进商品经济发展

3. 按照商标用途可分为（　　）。

A. 商业商标　B. 商品商标　C. 保证商标

D. 文字商标　E. 集体商标

项目四

中成药商品质量管理

【项目引入】

中成药商品的质量问题涉及中药材种植、饮片炮制和流通、药品生产和贮藏等诸多环节，其质量直接关系人民用药安全。随着中成药商品的广泛应用，中成药商品从研制、生产到使用等环节中都存在着一些有待改进之处，而这些有待改进之处给中医药的发展带来了很大的负面影响，会导致中成药商品质量出现问题，不仅使人们对中医药的信任度降低，还影响其疗效并造成资源浪费，加重医疗负担，故加强对中成药商品的质量管理尤为重要。质量管理是指为了确保满足规定的质量要求，对商品、生产过程或体系的状态进行连续的监测和记录，并对记录进行分析，是确保中成药安全、有效的重要手段之一。在质量管理过程中，必须遵守《中华人民共和国药品管理法》和《药品经营质量管理规范》的相关规定，按照规定的程序和要求对中成药商品进行质量管理，确保中成药商品质量符合相关标准。

任务一　中成药商品质量监督

学习目标

1. 能讲述中成药商品质量监督的意义；
2. 能查阅并讲述中成药商品质量监督的相关法律法规；
3. 能根据中成药商品质量监督的相关法律法规进行药品质量管理。

任务引入

阿胶补血膏主要成分为阿胶，是驴的皮去毛后熬制而成的胶块。但有消费者反映，市场上有些阿胶疑似有牛皮源成分，也就是说可能有用牛皮替代驴皮，以假充真，以次充好的现象。

因此，药品监督管理部门组织抽样工作组，要到某药店对正在销售的阿胶补血膏进行抽检。

相关知识

一、中成药商品的质量监督

1. 药品质量监督检验的概念与性质

（1）药品质量监督检验

药品质量监督检验是指国家药品监督检验机构按照国家药品标准对需要进行质量监督的药品进行抽样、检查和验证，并发出相关质量结果报告的质量监督过程。药品质量监督检验是药品监督管理的重要组成部分，是依法应用检验的方法客观地评价接受监督管理的药品是否符合国家药品标准，确保上市药品质量的活动。其技术必须可靠，数据必须真实。

（2）药品质量监督检验的性质

国家对药品质量监督管理的手段之一就是监督检验，这种监督检验与药品生产检验、药品验收检验的性质不同。药品监督检验具有第三方检验的公正性，因为它不涉及买卖双方的经济利益，不以营利为目的。药品监督检验是代表国家对研制、生产、经营、使用的药品质量进行的检验，具有比生产或验收检验更高的权威性。

2. 药品质量监督检验机构

根据《中华人民共和国药品管理法》及相关规定，药品检验机构是执行国家对药品监督检验的法定技术监督机构，承担依法实施药品质量监督检查所需的药品检验工作。国家依法设置的药品检验机构分为四级：①中国食品药品检定研究院；②省级药品检验所；③市级药品检验所；④县级药品检验所。省级和省级以下各级药品检验机构受同级药品监督管理部门领导，业务上由上一级药品检验机构指导。

3. 中成药商品质量监督的意义

质量监督是指为了确保商品能满足规定的质量要求，对中成药商品的生产过程或体系的状态进行连续的监测和记录，并对记录进行分析。中成药商品质量直接关系人的健康与生命，使用者自身很难判断药品的质量，发生问题后也很难挽救和弥补，故必须加强中成药商品质量的监督管理工作，确保中成药商品质量可靠。

二、中成药商品质量监督的相关法律法规

1. 中成药商品监督管理的法律体系

法律体系通常是指一个国家全部现行法律规范分类组合为不同的法律部门而形成有机联系的统一整体。简单地说，法律体系就是部门法体系。法律部门是根据一定标准、原则所制定的同类规范的总称。药品监督管理法律体系包括法律、行政法规、地方性法规、部门规章、地方政府规章及我国政府承认或加入的相关国际条约。

（1）法律

目前，我国与中成药商品监督管理密切相关的法律主要包括《中华人民共和国药品管

理法》《中华人民共和国中医药法》《中华人民共和国基本医疗卫生与健康促进法》《中华人民共和国禁毒法》等，以下对其中的核心法律进行简单介绍。

1）《中华人民共和国药品管理法》是我国药品监督管理的基本法律依据，也是中成药商品监督管理的基本法律依据。现行《中华人民共和国药品管理法》共155条，分为总则、药品研制和注册、药品上市许可持有人、药品生产、药品经营、医疗机构药事管理、药品上市后管理、药品价格和广告、药品储备和供应、监督管理、法律责任和附则，共12章。涵盖了中成药商品监督管理的方方面面。

2）《中华人民共和国中医药法》是国家为继承和弘扬中医药，保障和促进中医药事业发展，保护人民健康而制定的法律。中成药商品研制的指导理论便是中医药学体系，因此《中华人民共和国中医药法》对于中成药商品监督管理而言，意义重大。现行《中华人民共和国中医药法》共63条，分为总则、中医药服务、中药保护与发展、中医药人才培养、中医药科学研究、中医药传承与文化传播、保障措施、法律责任、附则，共9章。

（2）行政法规

国务院制定、发布的药品监督管理行政法规主要有包括《中华人民共和国药品管理法实施条例》《中药品种保护条例》《麻醉药品和精神药品管理条例》《野生药材资源保护管理条例》等。中成药商品在研制与经营时，必须遵守相关行政法规的规定。

（3）地方性法规

各省、自治区、直辖市已出台的药品监督管理地方性法规包括《山东省药品使用条例》《湖北省药品管理条例》《湖南省药品和医疗器械流通监督管理条例》《云南省药品管理条例》等。由于各地有各自的用药习惯，在中成药商品的流通和监督管理中，要考虑当地的地方性法规，确保用药安全。

（4）部门规章

药品监督管理现行有效的主要部门规章有包括《药品经营质量管理规范》《处方药与非处方药分类管理办法（试行）》《药品不良反应报告和监测管理办法》《互联网药品信息服务管理办法》《药品召回管理办法》《药品经营和使用质量监督管理办法》等。其中，与中成药商品流通密切的相关的部门规章为《药品经营质量管理规范》（GSP），诸多中成药商品流通活动的规定均来自GSP。

《药品经营和使用质量监督管理办法》是国家为了加强药品经营和药品使用质量监督管理，规范药品经营和药品使用质量管理活动而制定的，由国家市场监督管理总局于2023年9月发布，自2024年1月起施行。该办法共7章79条，内容包括药品经营许可、经营管理、使用质量管理、监督检查、法律责任等。

（5）地方政府规章

各省、自治区、直辖市已出台的与药品监督管理相关的地方政府规章包括《浙江省医疗机构药品和医疗器械使用监督管理办法》《福建省药品和医疗器械流通监督管理办法》《湖北省药品使用质量管理规定》等。规章较法规而言，更具有操作性，中成药商品在地方进行流通活动时，可依据地方政府规章进行监督管理。

（6）我国政府承认或加入的相关国际条约

主要包括1985年我国加入的《1961年麻醉品单一公约》和《1971年精神药物公约》等。这些国际条约，可作为中成药商品国际贸易监督管理的依据。

2. 中成药商品的标准

药品质量标准是指对药品的质量指标、生产工艺和检验方法等所作的技术要求和规范。中成药商品的标准项目内容包括通用名称、成分或处方组成、制法、性状、鉴别、检查、含量测定，以及功能与主治、用法用量、注意事项、规格、贮藏方法等。药品标准是鉴别药品真伪，控制药品质量的主要依据。对中成药商品各种检查的项目、指标、限度、范围、方法和设备条件等所作的规定，均为药品标准，这些规定能够反映药品质量特性的各种技术参数和指标，大多以技术文件的形式体现。

（1）《中华人民共和国药典》由国家药典委员会组织编纂，国家药品监督管理部门批准并颁布。《中华人民共和国药典》是国家药品标准的核心，是具有法律地位的药品标准，拥有最高的权威性，是法定标准。

（2）国家药品监督管理部门颁布的其他药品标准，如国家药品监督管理局颁布的国家药品系列标准（简称“局颁药品标准”，或“局颁标准”），收载了国内正在生产、疗效较好，需要统一标准但尚未载入药典的品种的质量标准。国家药品监督管理部门颁布的国家中成药标准汇编（中成药地方标准升国家标准部分）等标准的性质与《中华人民共和国药典》相似，也具有法律约束力、同样是检验药品质量的法定依据。

三、中成药商品质量监督的基本方法

1. 中成药商品质量监督检验的类型

药品质量监督检验根据其目的和处理方法不同，可以分为抽查检验、注册检验、指定检验和复验等类型。

（1）抽查检验

抽查检验简称抽验，是国家有目的地依法对生产、经营和使用的药品的质量进行调查和检查的过程，是药品监督管理部门通过技术方法对药品质量合格与否作出判断的一种重要手段。根据《药品质量抽查检验管理办法》，药品质量抽查检验根据监管目的一般可分为监督抽检和评价抽检。监督抽检是指药品监督管理部门根据监督管理需要对质量可疑药品进行的抽查检验，评价抽检是指药品监督管理部门为评价某类或一定区域药品质量状况而开展的抽查检验。药品监督管理部门可自行完成抽样工作，也可委托具有相应工作能力的药品监督管理技术机构进行抽样。

【知识链接】

《药品质量抽查检验管理办法》第十一条规定，药品监督管理部门制订药品质量抽查检验计划，可以将下列药品作为抽查检验重点：

（1）本行政区域内生产企业生产的。

（2）既往抽查检验不符合规定的。

（3）日常监督管理发现问题的。

（4）不良反应报告较为集中的。

（5）投诉举报较多、舆情关注度高的。

（6）临床用量较大、使用范围较广的。

（7）质量标准发生重大变更的。

（8）储存要求高、效期短、有效成分易变化的。

（9）新批准注册、投入生产的。

（10）其他认为有必要列入抽查检验计划的。

（2）注册检验

注册检验包括标准复核和样品检验。标准复核是指对申请人申报药品标准中设定项目的科学性、检验方法的可行性、质控指标的合理性等进行的实验室评估。样品检验是指按照申请人申报或者国家药品监督管理局药品审评中心核定的药品质量标准对样品进行的实验室检验。国家药品监督管理局药品审评中心可以基于风险提出质量标准单项复核。与国家药品标准收载的同品种药品使用的检验项目和检验方法一致的，可不进行标准复核，只进行样品检验。其他情形应当进行标准复核和样品检验。

（3）指定检验

指定检验是指法律法规或国务院药品监督管理部门规定某些药品在销售前或者进口时，必须经过指定药品检验机构检验，检验合格的，才准予销售的强制性药品检验。《中华人民共和国药品管理法》规定下列药品在销售前或者进口时，应当指定药品检验机构进行检验，未经检验或检验不合格的，不得销售或者进口：①首次在中国境内销售的药品；②国务院药品监督管理部门规定的生物制品；③国务院规定的其他药品。对于这些药品，即使已经取得药品生产批准证明文件，并经药品生产企业检验合格，但是如果在销售前没有经过药品检验机构的检验，该销售行为仍然会被认定是违法行为。

（4）复验

当事人对药品检验结果有异议的，可以自收到药品检验结果之日起 7 日内向原药品检验机构或者上一级药品监督管理部门设置或者指定的药品检验机构申请复验，也可以直接向国务院药品监督管理部门设置或者指定的药品检验机构申请复验。受理复验的药品检验机构应当在国务院药品监督管理部门规定的时间内作出复验结论。

2. 中成药商品检验的基本方法

中成药商品检验的基本方法包括抽样原则及程序，以及调查与评估。

（1）抽样原则及程序

2019 年，国家药品监督管理局印发了《药品质量抽查检验管理办法》，并组织制定了《药品抽样原则及程序》，对样品封签、药品抽样记录及凭证、药品抽样告知及反馈单、现场抽样的有关参考方法、取样方法与最终样品的制作等内容作出了规定。每个抽样工作组的人员应不得少于2人。原则上同一人不应同时承担当次抽样和检验工作。现场抽样一般用随机抽取法，如采取抽签、掷骰子、查阅随机数表或者用计算机发随机数等简单随机方法确定抽样批次。

【知识链接】

《药品抽样原则及程序》规定，最小包装是指直接接触药品的最小包装单位，对于20 ml以下（含20 ml）安瓿、口服液、小瓶固体注射剂等，可将放置此类包装的包装单位（如：盒）视为“最小包装”。抽样量一般应为检验需求的2倍量，按1∶0.5∶0.5的比例分装为3份。

对于均质性和正常非均质性原料药，当一批药品的包装件数（N）不多于100件时，抽样单元数（n）按表4－1－1确定。

表4－1－1　药品抽样件数与单元数

N	1	2～5	6～10	11～20	21～30	31～40	41～50	51～70	71～90	91～100
n	1	2	3	4	5	6	7	8	9	10

当一批药品的包装件数（N）超过100件时，抽样单元数（n）按下式计算确定：$n=\sqrt{N}$。

（2）调查与评估

根据《药品召回管理办法》，药品上市许可持有人应当主动收集、记录药品的质量问题、药品不良反应/事件、其他安全风险信息，对可能存在的质量问题或者其他安全隐患进行调查和评估。药品生产企业、药品经营企业、药品使用单位应当配合持有人对有关药品质量问题或者其他安全隐患进行调查，并提供有关资料。中成药商品上市许可人应根据调查与评估的内容及时召回有安全隐患的中成药商品。

【知识链接】

《药品召回管理办法》第十一条规定，对可能存在质量问题或者其他安全隐患的药品进行调查，应当根据实际情况确定调查内容，可以包括：

（1）已发生药品不良反应/事件的种类、范围及原因。

（2）药品处方、生产工艺等是否符合相应药品标准、核准的生产工艺要求。

（3）药品生产过程是否符合药品生产质量管理规范；生产过程中的变更是否符合药品注册管理和相关变更技术指导原则等规定。

（4）药品储存、运输等是否符合药品经营质量管理规范。

（5）药品使用是否符合药品临床应用指导原则、临床诊疗指南和药品说明书、标签规定等。

（6）药品主要使用人群的构成及比例。

（7）可能存在质量问题或者其他安全隐患的药品批次、数量及流通区域和范围。

（8）其他可能影响药品质量和安全的因素。

第十二条规定，对存在质量问题或者其他安全隐患药品评估的主要内容包括：

（1）该药品引发危害的可能性，以及是否已经对人体健康造成了危害。

（2）对主要使用人群的危害影响。

（3）对特殊人群，尤其是高危人群的危害影响，如老年人、儿童、孕妇、肝肾功能不全者、外科手术病人等。

（4）危害的严重与紧急程度。

（5）危害导致的后果。

任务实施

一、任务准备

形式：本实训环节采用手工填写纸质表格的形式进行。采取分组实训，每小组 4 人，2 人扮演药店工作人员，2 人扮演抽样组工作人员。

材料：阿胶补血膏样品或外包装、药品抽样记录及凭证（一式三份）、药品抽样告知及反馈单。

工具：教材（有条件的可在模拟药店、模拟药房进行教学）、可获取网络数字信息的智能设备（可选）。

二、填写记录表

根据所学内容，填写表 4－1－2 和表 4－1－3。

表 4－1－2　　药品抽样记录及凭证

抽样任务：	抽样编号：	
抽样单位：	抽样单位联系电话：	
抽样日期：年　月　日	承检机构：	
药品通用名：	药品商品名：	
药品上市许可持有人（含配制单位或产地）：		
药品上市许可持有人地址：		所属省份：
是否委托生产：	受委托单位：	
被委托单位地址：		被委托单位所属省份：
剂型：	包装规格：	制剂规格：
批号：	效期：	批准文号：
生产日期：	有效期至：　　年　月	药品标示贮藏条件：
被抽样单位：		
被抽样单位地址：		
被抽样单位社会信用代码/组织机构代码：		
被抽样单位联系人：	被抽样单位电话：	

药品类别包括：①中药材、中药饮片；②药品制剂：化学药、抗生素、生化药、中成

药、生物制品；③特殊药品：放射性药品、麻醉药品、医疗用毒性药品、精神药品；④其他。

抽样地点包括：①生产单位（车间，成品仓库，原料、辅料或包装材料仓库）；②经营单位（药品仓库、营业场所）；③使用单位（药品库房）；④互联网（与线上一致的线下药品仓库）；⑤其他。

样品存放现场温度（℃）：　　　　　　　　样品存放现场湿度（%）：

样品内包装：

抽样数量：

抽样说明：

抽样时，样品外包装无霉变、无破损、无水迹、无虫蛀、无污染。以上信息经双方确认填写无误。

注：本凭证一式三份，第一份抽样单位留存，第二份被抽样单位留存，第三份随检品送承检机构。（实际工作中还有第二页收款信息，并要一式五份，还要给支付、收款单位各一份。）

表 4-1-3　　药品抽样告知及反馈单

编号：＿＿＿＿＿＿＿＿

<table>
<tr><td>抽样产品名称</td><td></td><td>抽样日期</td><td>年　月　日</td></tr>
<tr><td>抽样单位名称</td><td colspan="3"></td></tr>
<tr><td>抽样人员姓名</td><td colspan="3"></td></tr>
<tr><td>对抽样单位抽样工作的评价</td><td colspan="3">1.（□是　□否）抽样人员抽样前，是否出示有效证件（文件）？
2.（□是　□否）抽样人员是否对所抽取的样品当场进行封样，并对样品采取了防拆封措施？
3.（□是　□否）抽样人员是否按抽样样品说明书规定的贮藏条件对所抽取的样品进行贮藏？
4.（□是　□否）抽样人员在抽样过程中是否廉洁公正？
上述选项中填写“否”的，请简要描述抽样人员的违规行为（本处填写不下的，可另附书面说明）：</td></tr>
<tr><td colspan="4">（□是 □否）对抽样工作无异议，认同抽样工作符合法律法规要求。如勾选“是”，填写下面内容</td></tr>
<tr><td>被抽样单位信息和印章</td><td colspan="3">电话：　　　　　　E-Mail：
传真：
被抽样单位经手人签字：
（加盖印章或指模）
填表日期：　　年　月　日</td></tr>
</table>

任务测评

根据本任务完成情况，填写表 4－1－4。

表 4－1－4　　任务测评表

序号	考核内容	考核标准	配分	得分
1	质量监督管理情况说明	组员根据自身角色完成任务：抽样组工作人员，应按照规定向药店工作人员说明工作内容，并依据有关规定正确购买样品，10 分；药店工作人员应请抽样组工作人员出示工作证件，并说明在售商品情况，10 分；双方应对流畅，程序合理，10 分；以上若有不符合规定的部分，每一小点扣 2 分，扣完即止	30	
2	抽样方法及原则	根据药店提供的在售商品情况及商品质地，抽样组工作人员应提出抽样办法，依据正确、标准明确、操作正确，20 分；药店工作人员应配合到位，10 分。以上若有不符合规定的部分，每一小点扣 2 分，扣完即止	30	
3	填写记录表及反馈单	将表格内容填写完整，每处填写错误扣 2 分，扣完即止	20	
4	课堂表现	按要求穿着白大褂；不违规使用手机；按时到岗，不无故缺岗；实训结束后，按要求整理实训物品，有序清场，每项 5 分	20	
合计			100	

思考与练习

一、单项选择题

1. 国家对药品质量监督管理的手段之一是（　　）。

A. 生产检验　　B. 监督检查　　C. 验收检查　　D. 入库检查

2. 以下哪项不是质量监督的意义（　　）。

A. 确保商品能满足规定的质量要求

B. 对监督记录进行分析

C. 对中成药商品的产品状态进行连续的监视和验证

D. 对中成药商品的库存情况进行连续的监视和验证

3. 主要内容包括药品经营许可、经营管理、使用质量管理、监督检查、法律责任等相关内容的法律或规定是（　　）。

A. 《中华人民共和国药品管理法》

B. 《中华人民共和国中医药法》

C.《药品经营和使用质量管理办法》

D.《中华人民共和国基本医疗卫生与健康促进法》

二、多项选择题

1. 药品质量监督检验是指国家药品检验机构按照国家药品标准对需要进行质量监督的药品进行（　　），并发出相关质量结果报告的质量监督过程。

A. 抽样　　B. 检查　　C. 验证

D. 存档　　E. 加工

2. 国家依法设置的药品检验机构包括（　　）。

A. 县级药品检验所　　B. 市级药品检验所

C. 省级药品检验所　　D. 中国食品药品检验所

E. 中国食品药品检定研究院

3. 中成药商品质量监督检验类型包括（　　）。

A. 抽查检验　　B. 注册检验　　C. 指定检验

D. 复验　　E. 特殊检验

任务二　中成药商品信息化追溯

学习目标

1. 能描述中成药商品信息化追溯的意义；
2. 能查阅并讲述中成药商品信息化追溯的相关规定；
3. 能使用追溯码进行药品信息追溯。

任务引入

2022 年 1 月，某省药品监督管理局根据投诉举报线索在检查中发现，某大药房连锁有限公司存在严重违反《药品经营质量管理规范》的行为。经查，该公司存在未从药品上市许可持有人或者具有药品生产、经营资格的企业购进“静灵口服液”药品，并存在药品采购储存配送信息不可追溯的违法行为。针对此次事件，省药品监督管理局的工作人员可采取什么措施或方法强化辖区内中成药的市场信息监控，降低非法药品流入市场的可能性？

【知识链接】

药品追溯码

药品追溯码是实现药品“一物一码、物码同追”的必要前提和重要基础。药品追溯码的规范标识是确保药品追溯信息正确传递的重要因素。因此，加强对药品追溯码标识的规范和引导，对促进药品追溯体系建设和落实药品追溯制度具有重要意义。

相关知识

药品追溯制度是《中华人民共和国药品管理法》中规定的一项重要制度，指的是利用信息化手段保障药品生产经营质量的安全，防止假药、劣药进入市场，并且能够实现药品风险控制，精准召回。药品上市许可持有人、药品生产企业、药品经营企业和医疗机构应当建立并实施药品追溯制度，按照规定提供追溯信息，保证药品可追溯。国务院药品监督管理部门应当制定统一的药品追溯标准和规范，推进药品追溯信息互通互享，实现药品可追溯。药品追溯制度要求实现药品最小包装单元可追溯、可核查。

一、药品信息化追溯的意义

1. 提供了药品的追溯与查询功能

药品追溯系统提供了药品的追溯与查询功能，从而使药品监督管理部门可以对药品的市场信息进行全方位监控，为辨别票据真伪以及进货渠道是否规范提供了参考依据，有效降低了非法药品流入市场的可能性，保障药品在生产、流通、使用环节的安全，最快捷地实现问题药品的追溯和召回，真正做到了药品流向追溯，解决了药品追溯难题，让监督管理的效率得以提升。

2. 建立了事件的倒查机制

药品追溯体系实际上是一种事件的倒查机制，在药品出现质量问题时，能够通过健全的药品追溯体系反映出生产以及流通过程中出现的问题，便于问题的查找和原因的分析。同时在药品召回工作中，药品追溯体系的建立也很关键，它是药品召回落实到位的根本保证，可以有效防止药品安全问题对社会造成的不良影响，维护企业形象。

3. 保障了消费者的权益

药品追溯体系首先保障了消费者的权益。当出现药品安全事件时，可以通过追溯体系及时锁定责任人，让维权不再艰难。与此同时，也能够让消费者参与到药品安全的监督中来，做到信息的全面透明化，使消费者获得更多的知情权和选择权，保障消费者用药安全。

二、药品信息化追溯的具体内容

2015 年，国家便提出要加快推出重要产品追溯体系的建设意见。2022 年，国家药品监督管理局在《药品信息化追溯体系建设导则》等 10 个药品追溯标准规范的基础上，组织编制了《药品追溯码标识规范》《药品追溯消费者查询结果显示规范》2 个标准，从技术实施角度指导药品上市许可持有人和生产企业开展药品追溯相关工作。

1. 药品信息化追溯体系

药品信息化追溯体系是指药品上市许可持有人、生产企业、经营企业、使用单位、监管部门、消费者等药品追溯参与方，通过信息化手段，对药品生产、流通、使用等各环节的信息进行追踪、溯源的有机整体。药品追溯系统应包含药品在生产、流通及使用等全过程追溯信息，并具有对追溯信息的采集、存储和共享功能，可分为企业自建追溯系统和第三方机构提供的追溯系统两大类。

药品追溯系统的通用要求包括以下6点：①应包含药品在生产、流通及使用等全过程的追溯信息，并具有对追溯数据的采集、存储、管理和共享功能，满足药品信息化追溯体系各参与方的不同追溯业务需求；②应对接药品追溯协同服务平台，实现药品相关信息备案、追溯数据上报、追溯信息查询等功能；③应支持界面输入、系统对接、文件导入、物联网终端设备读取等多种追溯信息采集方式；④应对接药品追溯监管系统，满足监管数据交换要求；⑤应建立追溯数据存储和管理机制，确保数据完整、有效、不可篡改和可追溯；⑥应建立数据授权使用和安全监测机制，有效地保护数据安全，防止追溯数据被非法使用。

2. 药品追溯监管系统

药品追溯监管系统包括国家和各省药品追溯监管系统，根据各自监管需求采集数据，监控药品流向，应包含追溯数据获取、数据统计、数据分析、智能预警、召回管理、信息发布等功能。

3. 药品追溯协同服务平台

通过提供不同药品追溯系统的访问地址解析、药品追溯码编码规则的备案和管理，以及药品、企业基础数据分发等服务，辅助实现药品追溯相关信息系统互联互通的信息服务系统。

药品追溯系统、协同平台、药品追溯监管系统之间的数据交换应符合国家药品监督管理部门制定的数据交换相关技术标准。

在赋码前，应向协同平台备案，服从协同平台统筹，保证药品追溯码的唯一性。备案的内容主要包括：①药品追溯码发码机构基本信息；②编码规则；③药品标识码及其相关信息（生产企业、药品通用名、剂型、制剂规格、包装规格及该药品对应的药品追溯系统服务地址等）。在销售药品时，应向下游企业或医疗机构提供相关追溯信息，以便下游企业或医疗机构验证反馈。应能及时、准确获得所生产药品的流通、使用等全过程信息，并应按照监管要求，向监管部门提供相关数据。应通过药品追溯系统为消费者提供药品追溯信息查询，查询内容应符合药品追溯消费者查询信息基本数据集相关标准要求。

4. 药品追溯码

药品追溯码是用于唯一标识药品各级销售包装单元的代码，由一列数字、字母和/或符号组成。编码原则包括以下4点：①实用性，药品追溯码应保证其科学合理，满足药品追溯业务实际需求和监管要求。②唯一性，药品追溯码的唯一性应指向单个药品销售包装单元；

药品标识码的唯一性应指向特定于某种与药品上市许可持有人、生产企业、药品通用名、剂型、制剂规格、包装规格和/或包装级别对应的药物。③可扩充性，药品追溯码应可根据实际使用需求进行容量扩充。④通用性，药品追溯码应基于药品上市许可持有人、生产企业、经营企业、使用单位广泛使用的编码规则进行设计或选择，并充分考虑与之相关的上下游企业、第三方或监管部门信息系统对接的技术需求。

药品追溯码的构成应满足以下要求：①药品追溯码可由数字、字母和/或符号组成，包括《信息技术 信息交换用七位编码字符集》（GB/T 1988—1998）表 2 中的所有字符；②药品追溯码应包含药品标识码，并确保药品标识码在各级别的药品销售包装上保持唯一；③药品追溯码应包含生产标识码，生产标识码应包含单品序列号，并可根据实际需求，包含药品生产批号、生产日期、有效期或失效期等；④药品追溯码应包含校验位，以验证药品追溯码的正确性。如图 4－2－1 和图 4－2－2 所示分别为药品追溯码的条形码和二维码示意图。

图 4－2－1　药品追溯码（条形码）示意图

药品追溯码

药品标识码：XXXXXXXXXXXX
序列号：XXXXXXXXXXXX
批号：XXXXXX
有效期至：XXXXXXXX

请到 XXXX 扫码查询

图 4－2－2　药品追溯码（二维码）示意图

三、药品信息化追溯的方法

1. 中成药商品经营企业

中成药商品经营企业分为批发企业和零售企业，两者在采购中成药商品时，均应向上游企业索取相关追溯信息，在药品验收时进行核对，并将核对信息反馈上游企业；在销售中成药商品时略有差异：批发企业应向下游企业或使用单位提供相关追溯信息；零售企业应保存销售记录明细，并及时更新售出药品的状态。

2. 中成药商品使用单位

使用单位主要指医院药房、药店等。中成药商品使用单位在采购药品时，应向上游企业索取相关追溯信息，在药品验收时进行核对，并将核对信息反馈上游企业；在销售药品时，应保存销售记录明细，并及时更新售出药品的状态。

3. 消费者

消费者可以使用第三方平台扫码，查询到中成药商品的追溯信息。查询结果示意图如图 4－2－3 所示。

药品追溯信息	
本追溯信息由XXXX授权本追溯系统提供	
药品追溯码	XXXXXXXXXXXXXXXXXXXX
药品通用名称	XXXXXXXX
药品生产日期	XXXXXXXX
药品有效期截止日期	XXXXXXXX
药品有效期	XX
药品生产批号	XXXXXX
剂型	XXXX
包装规格	XXXX
药品批准文号	XXXXXXXXXXXXXX
药品批准文号有效期	XXXXXXXX
境内药品上市许可持有人名称	XXXXXXXX
统一社会信用代码（境内药品上市许可持有人）	XXXXXXXXXXXXXXXXXX
境内药品生产企业名称	XXXXXXXX
统一社会信用代码（境内药品生产企业）	XXXXXXXXXXXXXXXXXX
……	……

图 4－2－3　消费者查询药品追溯信息结果示意图

任务实施

一、任务准备

形式：本实训环节采用手工填写纸质表格的形式进行。分组合作进行实训，每小组 3 人，1 人扮演执行人，1 人扮演查询人，1 人扮演复查人，对特定药品的信息进行溯源。

材料：企业药品追溯信息记录等相关资料（如有条件，可邀请企业专业技术人员参与）、相关药品追溯实际案例、药品追溯记录表、药品质量问题查询追踪记录表。

工具：教材、《中华人民共和国药典》、可获取网络数字信息的智能设备（可选）。

二、填写记录表

根据所写内容，填写表 4－2－1 和表 4－2－2。

表 4－2－1　　药品追溯记录表

药品名称	规格	生产厂家	生产批号	有效期	追溯时间	追溯数量	追溯理由	执行人	备注

表 4－2－2　　药品质量问题查询追踪记录表

<table>
<tr><td>查询人</td><td></td><td>查询
单位</td><td colspan="3"></td><td>查询
日期</td><td></td><td>购买
日期</td><td></td></tr>
<tr><td>品名</td><td></td><td>规格
剂型</td><td></td><td>批号</td><td></td><td>数量</td><td></td><td>有效期</td><td></td></tr>
<tr><td>生产厂家</td><td colspan="3"></td><td colspan="2">供货单位</td><td colspan="4"></td></tr>
<tr><td>查询追
踪原因</td><td colspan="9">签字：　　年　　月　　日</td></tr>
<tr><td>查核情况</td><td colspan="9">签字：　　年　　月　　日</td></tr>
<tr><td>处理结果</td><td colspan="9">签字：　　年　　月　　日</td></tr>
</table>

任务测评

根据本任务完成情况，填写表 4－2－3。

表 4-2-3 任务测评表

序号	考核内容	考核标准	配分	得分
1	说明药品追溯的意义及主要内容	查询人要向执行人说明药品追溯的意义及追溯的主要名容，20 分；执行人应向查询人说明现有药品信息的追溯情况，20 分	40	
2	追溯内容全面性	复查人要检查追溯内容是否完整，信息是否真实可信，追溯环节是否有漏洞，20 分	20	
3	表格数据填写	将表格填写完整；若有错误的地方，每处扣 2 分，扣完即止	20	
4	课堂表现	按要求穿着白大褂；不违规使用手机；按时到岗，不无故缺岗；实训结束后，按要求整理实训物品，有序清场，每项 5 分	20	
合计			100	

思考与练习

一、单项选择题

1. 药品信息化追溯体系可分为（　　）。

A. 企业自建追溯系统和第三方机构提供的追溯系统

B. 企业自建追溯系统和国家强制要求的追溯系统

C. 个人自建追溯系统和第三方机构提供的追溯系统

D. 个人自建追溯系统和国家强制的追溯系统

2. 以下不属于药品追溯码组成内容的是（　　）。

A. 数字　　B. 字母　　C. 符号　　D. 标点符号

3. 消费者在药品信息化追溯时，可以（　　）查询到该中成药商品的追溯信息。

A. 打电话给药品生产企业　　B. 使用第三方平台扫码

C. 通过药品监督管理局网站　　D. 通过药品说明书

二、多项选择题

1. 药品信息化追溯的意义包括（　　）。

A. 提供了药品的追溯功能　　B. 提供了药品的查询功能

C. 建立了事件的倒查机制　　D. 保障了消费者的权益

E. 宣传了药企的产品

2. 药品追溯监管系统包括（　　）及信息发布等功能。

A. 追溯数据获取　　B. 数据统计　　C. 数据分析

D. 智能预警　　E. 召回管理

3. 药品追溯码应具有（　　）及通用性。

A. 实用性　　B. 唯一性　　C. 安全性

D. 可扩充性　　E. 简明性

任务三　中成药商品不良反应监测

学习目标

1. 能描述中成药商品不良反应监测的意义；
2. 能描述中成药商品不良反应监测的方法；
3. 能对药品不良反应进行监测。

任务引入

老李已经 50 岁了，因感染新冠病毒，出现发烧、喉咙痛、咳嗽、腹泻等症状，自己服用了连花清瘟胶囊，因为听说连花清瘟胶囊吃了容易腹泻，所以又加服了保济丸。服用 2 天后，退了烧，喉咙痛也有所缓解，并没有腹泻，但是自用药次日起，出现了较为严重的皮肤瘙痒，痒到晚上睡不好，涂抹了复方地塞米松乳膏后也没有缓解。他觉得是药的问题，前来药店咨询。

【知识链接】

《国家药品不良反应监测年度报告（2023 年）》

2023 年药品不良反应/事件报告中，涉及怀疑药品 262.7 万例次，其中中药占 12.6%；2023 年严重不良反应/事件报告涉及怀疑药品 47.9 万例次，其中中药占 5.4%。

2023 年药品不良反应/事件报告涉及的中药中，例次数排名前 5 位的类别分别是理血剂中活血化瘀药（20.3%）、清热剂中清热解毒药（13.0%）、祛湿剂中清热除湿药（7.0%）、祛湿剂中祛风胜湿药（4.3%）、补益剂中益气养阴药（3.9%）。2023 年中药严重不良反应/事件报告的例次数排名前 5 位的类别分别是理血剂中活血化瘀药（31.2%）、清热剂中清热解毒药（11.5%）、补益剂中益气养阴药（8.3%）、开窍剂中凉开药（7.1%）、祛湿剂中清热除湿药（4.6%）。

从总体情况看，2023 年中药占总体不良反应/事件报告比例呈下降趋势。

相关知识

建立有效、畅通的疑似药品不良反应信息收集途径是国家药物警戒质量管理工作的重点内容，中成药商品的本质是药品，若使用不当会给人的生命健康带来风险。有效检测药品不良反应，识别安全风险，能确保中成药商品的安全有效。

【知识链接】

药物警戒

药物警戒是指对药品不良反应及其他与用药有关的有害反应进行监测、识别、评估和控制的相关活动。2021 年，国家药品监督管理局为规范药品全生命周期药物警戒活动，制定了《药物警戒质量管理规范》，2022 年印发了《药物警戒检查指导原则》。

药物警戒常规检查中，关于药品特征重点考虑因素包括：①药品的安全性特性；②药品不良反应监测数据及药品不良反应聚集性事件发生情况；③销售量大或替代药品有限的药品；④批准上市时有附加安全性条件的药品；⑤创新药、改良型新药，以及针对儿童、孕产妇等特殊群体使用的药品；⑥社会关注度较高的药品。

一、药品不良反应的概念

1. 药品不良反应定义

（1）世界卫生组织国际药物监测合作中心对药品不良反应（ADR）的定义是：为了预防、诊断或治疗人的疾病，改善人的生理功能而给予正常剂量的药品时所出现的任何有害且非预期的反应。

（2）2011 年卫生部公布的《药品不良反应报告和监测管理办法》规定的药品不良反应的含义为：合格药品在正常用法用量下出现的与用药目的无关的有害反应。对于已上市的医药产品，药品不良反应是指用正常剂量在预防、诊断及治疗疾病或调节人体生理功能时发生的有害或不期望的药物反应。药品不良反应主要包括副作用、毒性作用、变态反应、后遗作用、特异质反应、药物依赖性，以及致癌、致突变、致畸作用等。中成药商品的不良反应不包括因药物滥用、超量误用、不按规定方法使用及中成药本身质量问题等情况引起的有害反应。

2. 药品不良事件定义

药品不良事件是指药品治疗过程中出现的不利临床事件，但该事件未必与药物有因果关系。药品不良事件包括临床新出现的偶然事件及药品不良反应，如在使用某种药物期间出现的病情恶化、并发症，实验室检验结果异常，各种原因的死亡等。在新药临床试验中，不良事件是指患者或临床试验受试者接受一种药品后出现的不良医学事件，但并不一定与治疗有因果关系。

二、中药不良反应的基本类型与发生机制

1. 中药不良反应的基本类型

中药不良反应是指在中医药理论指导下预防、诊断、治疗疾病或调节生理功能过程中，

患者接受正常剂量的药物时出现的有害的且与用药目的无关的反应。引发不良反应的药物既可以是中药饮片，也可以是中成药。中药不良反应的基本类型根据分类方法的不同而有所不同。

（1）病因学分类

1）与药物剂量有关的中药不良反应。此类不良反应由药物本身或其代谢物所引起，使固有药理作用延长和增强。由于不同个体在药物吸收、代谢等方面的差异，导致单位时间内药物浓度异常升高，引起有关组织器官的不良反应。其不良反应包括药物的副作用、毒性作用，以及继发反应、首剂效应、后遗作用等。此类不良反应具有剂量依赖性和可预测性，个体易感性差异大，并受年龄、性别、病理状态等因素影响，一旦发生，后果十分严重，甚至可导致死亡。例如，具有止咳平喘作用的苦杏仁，主要成分苦杏仁苷的含量约为3.0%，治疗量的苦杏仁苷在体内消化分解后会产生少量的氢氰酸，对呼吸中枢有轻度的抑制作用，从而达到止咳平喘的疗效，但是当大剂量服用时，产生的大量氢氰酸能够抑制细胞内的呼吸循环，使细胞内的氧化反应停止，形成“细胞内窒息”组织缺氧，由于中枢神经系统对缺氧最为敏感，故脑部首先受到损害，引起呼吸中枢麻痹甚至导致死亡。

2）与药物剂量无关的中药不良反应。此类不良反应与药物固有的正常药理作用无关，而与药物变性（如药物有效成分降解产生有害物质）和人体特异体质（指患者的特殊遗传因素）有关。此类不良反应与用药剂量无关，难以预测，常规的毒理学筛选也很难发现，发生率虽较低，但危险性大，致死率较高。例如，青黛有清热解毒、凉血消斑、泻火定惊的功效，用量一般为1～3 g，其不良反应不严重，仅少量患者用药后有轻度恶心、呕吐、腹痛、腹泻、腹胀等胃肠道刺激症状，但仍有极少数的高敏患者会出现严重的不良反应，如转氨酶升高、头痛、水肿、红细胞减少、血小板减少，甚至出现骨髓严重抑制等症状。此类不良反应又可分为两种：一是特异质反应，指由于遗传因素产生的不良反应，是患者先天性代谢紊乱表现的特殊形式，即只有在接触某种药物后才表现出来的先天性代谢异常。二是变态反应，亦称药物过敏反应，本质上是病理性免疫反应，由抗原与抗体的相互作用引起，与药物的药理作用无关。变态反应对机体的危害程度不一，轻者停药后可恢复，重者可致死亡。从接触抗原至出现症状，时间差异很大，反应持续时间也不相同。

（2）病理学分类

1）功能性改变。功能性改变系指药物引起人体的器官或组织功能发生改变。这种改变多为暂时性，停药后可以恢复正常，无病理组织的变化。但有些功能性改变如肝功能异常、肾功能损害等也可十分严重，甚至引起器质性改变，常需住院治疗。

2）器质性改变。器质性改变是指药物引起人体器官或组织出现病理性器质改变。药品不良反应引起的器质性改变，与疾病本身引起的器质性改变无明显区别，因此鉴别诊断时不能仅依靠组织病理检查，还应根据药品不良反应判断。器质性改变又可细分为炎症型、增生型、发育不全型、萎缩坏死型等。

2. 中药不良反应的发生机制

中药不良反应的发生机制既与药物本身的药理作用有关，也与机体的生理功能和对药物的敏感程度有关。不良反应既可能是由单一因素引起的，也可能是多种因素相互作用的结果。具体可归纳为以下9方面。

（1）副作用

副作用是药物的固有反应，其发生机制往往是因为一种药物具有多种功效，治病时通常只利用其中一两种功效，而其他的功效就会成为副作用。例如，临床利用大黄逐瘀通经的功效治疗瘀血肿痛，其泻下攻积的功效就会导致腹泻；利用麻黄宣肺平喘的功效治疗哮喘，其所含的麻黄碱具有升压作用，因而在用药过程中就可能导致患者血压出现波动。通常来说，药物的治疗范围越广，选择性越低，其副作用就越多。

（2）毒性作用

药物毒性作用的发生机制可能与用药剂量过大或用药时间过长有关，也可能因患者对该种药物的敏感性较高导致。毒性反应可能在用药后立即发生，即急性毒性。例如，大量服用乌头、附子，可即刻出现口舌及全身麻木、呕吐、头晕、神志不清、手足抽搐、呼吸困难或衰竭、心律失常、血压下降和中枢神经系统功能紊乱等症状。也可能出现长期用药蓄积中毒，即慢性毒性。例如，长期服用朱砂、雄黄等中药，可导致汞、砷等重金属蓄积中毒，出现恶心、呕吐、腹痛、腹泻等胃肠道症状及血尿、蛋白尿等肾损害。

（3）变态反应

药物的变态反应（即过敏反应）本质上是一种病理性免疫反应，其发生机制往往与药物的药理作用和剂量大小无关，因而难以预料。变态反应在所有中药药源性疾病中发病率最高，其发生机制可能与中药成分复杂，往往含有大量大分子半抗原物质，且大多为复方制剂等因素有关。中药引起的变态反应包括多种类型，例如，五味子、白芍、当归、丹参等可引起荨麻疹；虎杖、两面针等可引起药疹；蟾酥、苍耳子、蓖麻子可引起剥脱性皮炎；槐花、南沙参可引起丘状皮疹；黄柏、天花粉、大黄等可引起湿疹样药疹；清开灵注射液、双黄连注射液、参麦注射液、生脉注射液、香丹注射液、喜炎平注射液、丹参注射液、柴胡注射液等中药注射液可引起皮疹、过敏性哮喘、过敏性休克等。

（4）后遗作用

药物的后遗作用指停止用药后遗留下来的生物学效应。遗留的效应分可逆和不可逆两种情况，例如，长期大量服用关木通造成的肾损害，就是不可逆的、无法恢复的；服用小金丸、西黄丸等引起的皮肤红肿、瘙痒等，停药后即可逐渐消失。后遗作用持续时间的长短也不同，有些很短暂，如服用熊胆粉、大黄、番泻叶、黄连等苦寒泻火药物后，患者仅会在短期内出现食欲减退等消化道不适症状；有些后遗作用则较为持久，如长期大量服用甘草出现的假性醛固酮增多症。

（5）特异质反应

药物的特异质反应指少数患者服用某些药物后出现的与一般人群不同的反应。药物特异质反应发生的机制往往和药物的剂量大小及药理作用无关，而与患者的特殊体质和先天遗传有关。例如，某些患者在遗传性葡萄糖－6－磷酸脱氢酶缺陷的情况下，食用新鲜蚕豆后可突然发生急性血管内溶血。

（6）药物依赖性

药物依赖性可根据发生机制分为精神依赖性和生理依赖性。如部分患者长期服用番泻叶可产生生理依赖性，主要症状包括焦虑不安、全身疼痛、失眠、面热潮红、厌食、体温上升、呼吸频率加快、心率加快、呕吐、腹痛等。连续服用罂粟壳及含有罂粟壳的中成药易致成瘾，出现的症状兼有生理依赖性和精神依赖性。

（7）致癌作用

部分中药具有致癌作用，其发生机制与所含成分有关，例如，细辛、土槿皮、桂皮、八角茴香中含有黄樟醛和细辛醚等致癌物质；槟榔中含有的槟榔碱和水解槟榔碱也是致癌物质。还有部分中药本身没有直接的致癌作用，但当它与有致癌作用的药物合用时，可使致癌作用增强，如巴豆中含有的巴豆油就有明显的辅助致癌活性。

（8）致畸作用

药物的致畸作用主要指某些药物可影响胚胎的正常生长发育，导致胎儿畸形。药物致畸作用的发生机制包括两个方面：一是导致胚胎的生长发育停止，引起胚胎死亡；二是影响胚胎的正常生长发育，导致畸形。近年来中药的致畸作用越来越受到关注，例如，有研究发现含砷和砷化物的药物可致动物畸胎及增加死胎率。

（9）致突变作用

药物的致突变作用的发生机制主要是引起人体细胞内染色体及脱氧核糖核酸的构成和排列顺序发生变化，进而使某些器官在形态、功能上发生病变。例如，有研究发现雄黄、千里光等可使雄性小鼠的微核率显著高于阴性对照，显示其具有潜在致突变作用。

三、中成药商品不良反应监测的方法

为加强药品的上市后监管，规范药品不良反应报告和监测，及时、有效控制药品风险，保障公众用药安全，2011 年卫生部发布了《药品不良反应报告和监测管理办法》。目前，国家药品不良反应监测中心已经上线了国家药品不良反应监测系统（www. adrs. org. cn），系统中的药品不良反应报告与管理模块，可供药品上市许可持有人、医疗机构/经营企业及时上报不良反应，并由监测机构管理。

1. 个体药品不良反应

药品生产、经营企业和医疗机构应当主动收集药品不良反应，获知或者发现药品不良反应后应当详细记录、分析和处理，填写药品不良反应/事件报告表并报告。

（1）药品生产、经营企业和医疗机构发现或者获知新的、严重的药品不良反应应当在 15 日内报告，其中死亡病例须立即报告；其他药品不良反应应当在 30 日内报告。有随访信息的，应当及时报告。

（2）药品生产企业应当对获知的死亡病例进行调查，详细了解死亡病例的基本信息、药品使用情况、不良反应发生及诊治情况等，并在 15 日内完成调查报告，报药品生产企业所在地的省级药品不良反应监测机构。

（3）个人发现新的或者严重的药品不良反应，可以向经治医师报告，也可以向药品生产、经营企业或者当地的药品不良反应监测机构报告，必要时提供相关的病历资料。设区的市级、县级药品不良反应监测机构应当对死亡病例进行调查，并向上一级药品不良反应监测机构报告。国家药品不良反应监测中心接到省级药品不良反应监测机构报告后，应当及时对死亡病例进行分析、评价，并将评价结果报国家药品监督管理局和国家卫生健康委员会。

2. 药品群体不良事件

药品生产、经营企业和医疗机构获知或者发现药品群体不良事件后，应当立即通过电话或者传真等方式报所在地的县级药品监督管理部门、卫生健康行政部门和药品不良反应监测机构，必要时可以越级报告；同时填写药品群体不良事件基本信息表，对每一病例还应当及时填写药品不良反应/事件报告表，通过国家药品不良反应监测信息网络报告。

3. 不良反应报告解释

（1）严重药品不良反应

严重药品不良反应是指因使用药品引起以下损害情形之一的反应：①导致死亡；②危及生命；③致癌、致畸、致出生缺陷；④导致显著的或者永久的人体伤残或者器官功能的损伤；⑤导致住院或者住院时间延长；⑥导致其他重要医学事件，如不进行治疗可能出现上述所列情况的。

（2）新的药品不良反应

新的药品不良反应是指药品说明书中未载明的不良反应。说明书中已有描述，但不良反应发生的性质、程度、后果或者频率与说明书描述不一致或者更严重的，按照新的药品不良反应处理。

（3）报告时限

新的、严重的药品不良反应应于发现或者获知之日起 15 日内报告，其中死亡病例须立即报告，其他药品不良反应 30 日内报告。有随访信息的，应当及时报告。

（4）怀疑药品

怀疑药品是指患者使用的怀疑与不良反应发生有关的药品。

（5）并用药品

并用药品是指发生此药品不良反应时患者除怀疑药品外的其他用药情况，包括患者自行购买的药品或中草药等。

（6）用法用量

包括每次用药剂量、给药途径、每日给药次数，例如，5 mg，口服，每日 2 次。

（7）报告的处理

所有的报告将会录入数据库，专业人员会分析药品和不良反应/事件之间的关系。根据药品风险的普遍性或者严重程度，决定是否需要采取相关措施，如在药品说明书中加入警示信息，更新药品如何安全使用的信息等。在极少数情况下，当认为药品的风险大于效益时，药品也会被要求撤市。

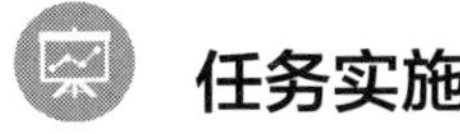

任务实施

一、任务准备

形式：本实训环节采取真实情景模拟的方式进行，每小组 3 人，1 人扮演患者，1 人扮演药店工作人员，1 人扮演药店主管。

材料：连花清瘟胶囊销售包装及说明书、保济丸销售包装及说明书，药品不良反应/事件报告表。

工具：教材、《中华人民共和国药典》、可获取网络数字信息的智能设备（可选）。

二、药品不良反应/事件报告表

根据所学内容，填写表 4－3－1。

表 4－3－1　　　　药品不良反应/事件报告表

<table>
<tr><td colspan="9">首次报告□　　跟踪报告□　　　　编码：________
报告类型：新的□ 严重□ 一般□　报告单位类别：医疗机构□ 经营企业□ 生产企业□ 个人□ 其他□ ______</td></tr>
<tr><td colspan="2">患者姓名：</td><td colspan="2">性别：男□女□</td><td>出生日期：年　月　日
或年龄：</td><td>民族：</td><td>体重（kg）：</td><td colspan="2">联系方式：</td></tr>
<tr><td colspan="3">原患疾病：</td><td colspan="2">医院名称：
病历号/门诊号：</td><td colspan="4">既往药品不良反应/事件：有□ 无□ 不详□
家族药品不良反应/事件：有□ 无□ 不详□</td></tr>
<tr><td colspan="9">相关重要信息：吸烟史□　饮酒史□　妊娠期□　肝病史□　肾病史□　过敏史□　其他□</td></tr>
<tr><td>药品</td><td>批准文号</td><td>商品名称</td><td>通用名称
（含剂型）</td><td>生产厂家</td><td>生产批号</td><td>用法用量
（次剂量、途径、日次数）</td><td>用药起止时间</td><td>用药原因</td></tr>
<tr><td rowspan="3">怀疑药品</td><td></td><td></td><td></td><td></td><td></td><td></td><td></td><td></td></tr>
<tr><td></td><td></td><td></td><td></td><td></td><td></td><td></td><td></td></tr>
<tr><td></td><td></td><td></td><td></td><td></td><td></td><td></td><td></td></tr>
<tr><td rowspan="3">并用药品</td><td></td><td></td><td></td><td></td><td></td><td></td><td></td><td></td></tr>
<tr><td></td><td></td><td></td><td></td><td></td><td></td><td></td><td></td></tr>
<tr><td></td><td></td><td></td><td></td><td></td><td></td><td></td><td></td></tr>
<tr><td colspan="5">不良反应/事件名称：</td><td colspan="4">不良反应/事件发生时间：　　年　　月　　日</td></tr>
<tr><td colspan="9">不良反应/事件过程描述（包括症状、体征、临床检验等）及处理情况（可附页）：</td></tr>
</table>

续表

不良反应/事件的结果：痊愈□　好转□　未好转□　不详□　有后遗症□　表现：________ 死亡□　直接死因：________　死亡时间：　年　月　日	
停药或减量后，反应/事件是否消失或减轻？　是□　否□　不明□　未停药或未减量□ 再次使用可疑药品后是否再次出现同样反应/事件？　是□　否□　不明□　未再使用□	
对原患疾病的影响：不明显□　病程延长□　病情加重□　导致后遗症□　导致死亡□	
关联性评价	报告人评价：　肯定□　很可能□　可能□　可能无关□　待评价□　无法评价□　签名： 报告单位评价：肯定□　很可能□　可能□　可能无关□　待评价□　无法评价□　签名：
报告人信息	联系电话：　职业：医师□　药师□　护士□　其他□ 电子邮箱：　签名：
报告单位信息	单位名称：　联系人：　电话：　报告日期：　年　月　日
生产企业请填写信息来源	医疗机构□　经营企业□　个人□　文献报道□　上市后研究□　其他□
备　注	

任务测评

根据本任务完成情况，填写表4－3－2。

表4－3－2　任务测评表

序号	考核内容	考核标准	配分	得分
1	描述不良反应	患者充分说明自己用药情况，10分；药店工作人员对患者进行有效询问，做出判断，10分；工作人员报告给主管并说明情况，10分	30	
2	记录不良反应并上报	工作人员根据药品不良反应/事件报告要求，填写表格，15分；主管审核并说明不良反应上报及处理情况，15分。每错一处扣2分，扣完为止	30	
3	后续处理	在记录不良反应后，对患者的情况进行后续处理，要体现人文关怀，20分	20	
4	课堂表现	按要求穿着白大褂；不违规使用手机；按时到岗，不无故缺岗；实训结束后，按要求整理实训物品，有序清场，每项5分	20	
合　计			100	

思考与练习

一、单项选择题

1. 临床利用大黄逐瘀通经的功效治疗瘀血肿痛，其泻下攻积的功效就会导致患者出现腹泻，这种情况属于药品的（　　）。

A. 副作用　　B. 毒性作用　　C. 特异质反应　　D. 变态反应

2. 生活中说的“药物过敏反应”是指药品的（　　）。

A. 副作用　　B. 致癌作用　　C. 致突变作用　　D. 变态反应

3. 药品生产、经营企业和医疗机构发现或者获知新的、严重的药品不良反应应当在（　　）日内报告。

A. 1　　B. 7　　C. 15　　D. 30

二、多项选择题

1. 药品不良反应包括（　　）。

A. 副作用　　B. 毒性作用　　C. 特异质反应

D. 药物依赖性　　E. 变态反应

2. 个人发现新的或者严重的药品不良反应，可以向（　　）报告。

A. 经治医师　　B. 药品生产企业　　C. 药品经营企业

D. 当地的药品不良反应监测机构　　E. 新闻媒体

3. 严重药品不良反应包括（　　）。

A. 导致死亡

B. 致癌、致畸、致出生缺陷

C. 导致显著的或者永久的人体伤残或者器官功能的损伤

D. 导致住院或者住院时间延长

E. 危及生命

模块二

中成药商品流通

中成药商品流通主要包括采购、储存、销售等环节。切实的管理制度、合理的操作规程、有效的质量控制措施，是确保中成药商品质量和安全的重要保障，也是保障企业合法、合规以及高质量经营的前提。

项目五

中成药商品采购与入库

【项目引入】

中成药商品经营企业的采购是指取得合法资格的药品经营企业从药品生产企业或其他药品经营企业获取相应的药品，以保证药品经营活动正常开展的过程。采购是中成药商品经营企业经营活动的起点，也是经营质量管理控制的第一关。入库主要包括收货与验收环节，是保证入库药品数量准确、质量完好的重要措施，收货和验收能有效防止不合格药品和不符合包装规定的药品入库。鉴于中成药商品的品类繁多、剂型多样、规格不同、性质复杂，经营企业必须遵守《中华人民共和国药品管理法》和《药品经营质量管理规范》的相关规定，按照规定的程序和要求对到货药品进行收货与验收，确保入库药品质量符合相关标准。

任务一　中成药商品采购

学习目标

1. 能根据首营企业审核内容索取资料并审核，填写首营企业审批表；
2. 能根据首营品种审核内容索取资料并审核，填写首营品种审批表；
3. 能描述首营审核内容和审核程序；
4. 能描述质量保证协议的签订内容及中成药商品购进程序。

任务引入

小李在某医药公司担任采购员，药品生产企业的业务员小王初次来到该医药公司销售中成药“××胶囊”，双方经过多次洽谈，达成初步合作意向，药品生产企业是医药公司的首营企业，“××胶囊”是首营品种。小李需要向小王索取哪些资料供审核？小王按需提供后，小李应如何进行初步审核并填写首营企业审批表和首营品种审批表？

【知识链接】

《药品经营质量管理规范》第六十一条规定，企业的采购活动应当符合以下要求：

（1）确定供货单位的合法资格；

（2）确定所购入药品的合法性；

（3）核实供货单位销售人员的合法资格；

（4）与供货单位签订质量保证协议。

相关知识

一、首营企业审核

首营企业是指采购药品时，与本企业首次发生供货关系的药品生产或者经营企业。药品经营企业采购前应对首营企业进行审核，收集首营企业的相关资料，全面了解首营企业，确认其合法资质和质量保证能力，这样能够有效降低药品在流通环节中的质量风险。

首营企业的审批流程如图5－1－1所示。

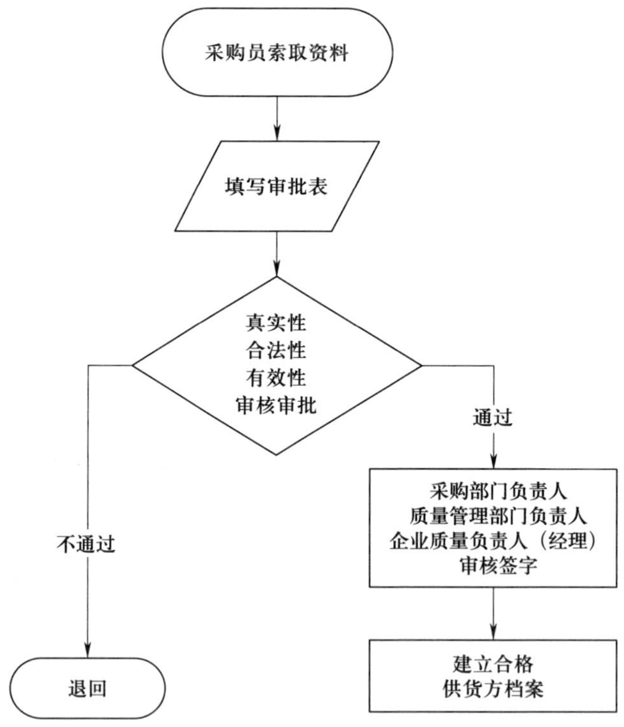

图5－1－1　首营企业审批流程

步骤一：材料索取及初步审核

1. 首营企业相关许可证和认证证书

首营企业提供的相关资料可通过国家药品监督管理部门官方网站（www. nmpa. gov. cn）

以及各省药品监督管理部门官方网站进行查询核实。生产企业要有药品生产许可证、药品生产质量管理规范（GMP）认证证书，经营企业要提供药品经营许可证、药品经营质量管理规范（GSP）认证证书。国家药品监督管理局发布的《关于贯彻实施〈中华人民共和国药品管理法〉有关事项的公告》提出，自 2019 年 12 月 1 日起，取消药品 GMP、GSP 认证，不再受理 GMP、GSP 认证申请，不再发放药品 GMP、GSP 证书。2019 年 12 月 1 日以后开办或申请许可延续的企业无须提供 GMP、GSP 认证证书。核对时应关注以下方面：①所提供的证件和国家药品监督管理局公布的内容是否相符，具体包括许可证上的企业名称、法定代表人、注册地址、生产范围或者经营范围等是否与国家药品监督管理局网站查询到的内容相符，如有不符，是否有变更证明；②证件是否在有效期内；③所提供的药品目录中的药品是否在其生产或经营许可范围内。

2. 首营企业营业执照

（1）核对营业执照的真实性。可在“国家企业信用信息公示系统”（www. gsxt. gov. cn）以及企业所在地的市场监督管理局网站进行企业信息查询。主要检查企业是否存续，执照是否有效，以及是否按时填报年度报告等方面的信息。

（2）核对营业执照中的名称、法定代表人、住所等信息是否与许可证相关信息一致。

（3）核对营业执照是否在有效期内，是否加盖公章原印章等。

3. 首营企业相关印章、随货同行单（票）等资料

印章至少包括企业公章、财务专用章、发票专用章、质量管理专用章、合同专用章、出库专用章、法人印章（或签字）等，所有印章应为原尺寸、原规格的原印章。随货同行单（票）样式须为加盖企业公章及出库专用章的原件，不得使用复印件加盖公章的样式。

4. 首营企业开户户名、开户银行及账号等开票资料

首营企业需提供本单位开设基本账户的开户许可证复印件和汇款账户的相关信息进行备案，包括企业名称、统一社会信用代码（纳税人识别号）、联系方式、开户银行名称及账号等，变更账户的需要重新进行审核备案。

5. 供货单位销售人员合法资格的审核

为保证供货单位销售人员身份真实可靠，以防假冒身份、挂靠经营、超委托权限从事销售活动，应要求供货单位销售人员提供身份证复印件及法人授权委托书，以审核其身份的真实性。审核时重点关注以下方面。

（1）授权委托书和身份证复印件是否加盖企业公章；

（2）授权委托书内容是否全面；

（3）授权委托书被授权人姓名、身份证号码与身份证原件内容是否一致；

（4）授权委托书法人盖章或签字是否与备案的样式一致；

（5）授权委托书是否在授权期限内（授权委托书会载明有效期，一般不超过 12 个月）；

（6）销售人员所销售的药品应当在授权的品种范围内，本企业应在授权委托书的授权区域内；

（7）供货单位名称变更、企业法定代表人变更等，应重新提交授权委托书；

（8）实行药品销售人员网上备案登记的区域，可登录供货单位所在地药品监督管理部门官方网站，核实销售人员备案情况。

对销售人员资料有疑问，或者有其他不能确定的情况时，应向供货单位进行核实并记录。审核通过的销售人员资料应及时归档管理；供货单位变更销售人员时，应按要求重新提交销售人员的相关资料，本企业应重新审批、归档。

6. 签订质量保证协议书

质量保证协议是为了明确供货单位与本企业的质量责任的证明文件，是药品供货单位对药品的质量承诺，具有与合同相同的法律效力。若与供货单位签订了质量保证协议，则不必在每份合同上都写明质量条款，但需说明按双方另行签订的质量保证协议执行。质量保证协议应当至少按年度签订，约定有效期限，注明签订日期。

【知识链接】

《药品经营质量管理规范》第六十五条规定，企业与供货单位签订的质量保证协议至少包括以下内容：

（1）明确双方质量责任；

（2）供货单位应当提供符合规定的资料且对其真实性、有效性负责；

（3）供货单位应当按照国家规定开具发票；

（4）药品质量符合药品标准等有关要求；

（5）药品包装、标签、说明书符合有关规定；

（6）药品运输的质量保证及责任；

（7）质量保证协议的有效期限。

步骤二：填写首营企业审批表

采购员将资料收齐后，填写首营企业审批表（目前多在计算机系统中完成审批表填报），进行合法性审批。

步骤三：合法性审批

采购中若涉及首营企业，采购部门应当填写相关申请表格，经过质量管理部门负责人和企业质量负责人审核批准。必要时应当组织实地考察，对供货单位质量管理体系进行评价。

步骤四：建立合格供货方档案

对审核合格的首营企业，采购部门或者质量管理部门在计算机管理系统中录入合格供货方（供应商）信息，列入合格供货方列表，建立质量档案。质量管理部门应将首营企业审批表、药品销售人员资料及质量保证协议等有关资料存档。

采购部门采购药品时，只能选择合格供货方列表上的供货方进行采购。计算机系统应设有预警机制，能够在供货方（供应商）资质临近到期前，向采购部门发出资质到期提醒，避免采购行为发生时供货方资质已经过期无效，影响企业正常经营活动。

二、首营品种审核

首营品种是指本企业向某一药品供货单位（包括药品生产企业、经营企业）首次购进的药品，包括新品种、新规格、新剂型的药品，以及从不同的供货单位购进的同种药品等。本企业应对首营品种进行质量审核，确保供货单位所生产、经营药品的合法性，避免假药、劣药进入流通领域。

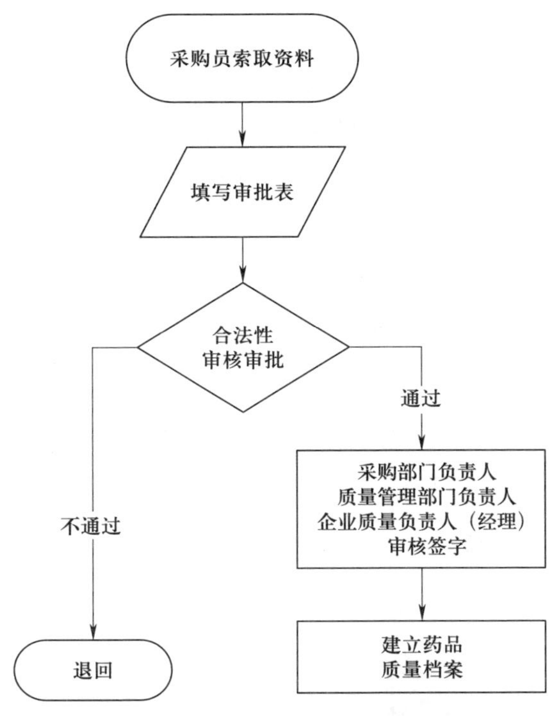

图5－1－2　首营品种审批流程

首营品种的审批流程如图5－1－2所示，以下主要对采购员岗位的资料索取及首营品种审批表的填写做简要说明。

1. 首营品种属于国产药品

（1）加盖供货单位公章原印章的药品注册批件或者再注册批件、药品补充申请批件复印件；

（2）药品质量标准复印件；

（3）检验机构或药品生产企业的检验报告书；

（4）药品的包装、标签、说明书实样或复印件（供货单位为生产企业的必须要实样，经营企业则实样、复印件均可）；

（5）该药品生产企业的证明文件，包括药品生产许可证和营业执照复印件。

2. 首营品种属于进口药品

（1）加盖供货单位公章原印章的进口药品注册证或医药产品注册证，或者进口药品批件（进口药品批件为国家药品监督管理局核发的允许临床急需药品、捐赠药品、新药研究和药品注册所需样品或者对照药品等进口的一次性批准文件）复印件，以及药品包装、标签、说明书实样等资料；

（2）进口麻醉药品、精神药品除提供上述资料外，还应提供进口准许证。

3. 填写首营品种审批表

采购员将资料收齐后，填写首营品种审批表（目前多在计算机系统中完成审批表填报），进行合法性审批。

三、采购流程

中成药商品经营企业在采购过程中，应参考《药品经营质量管理规范》（GSP）要求，制定能够确保购进药品符合质量要求的采购程序，采购流程如图 5－1－3 所示。

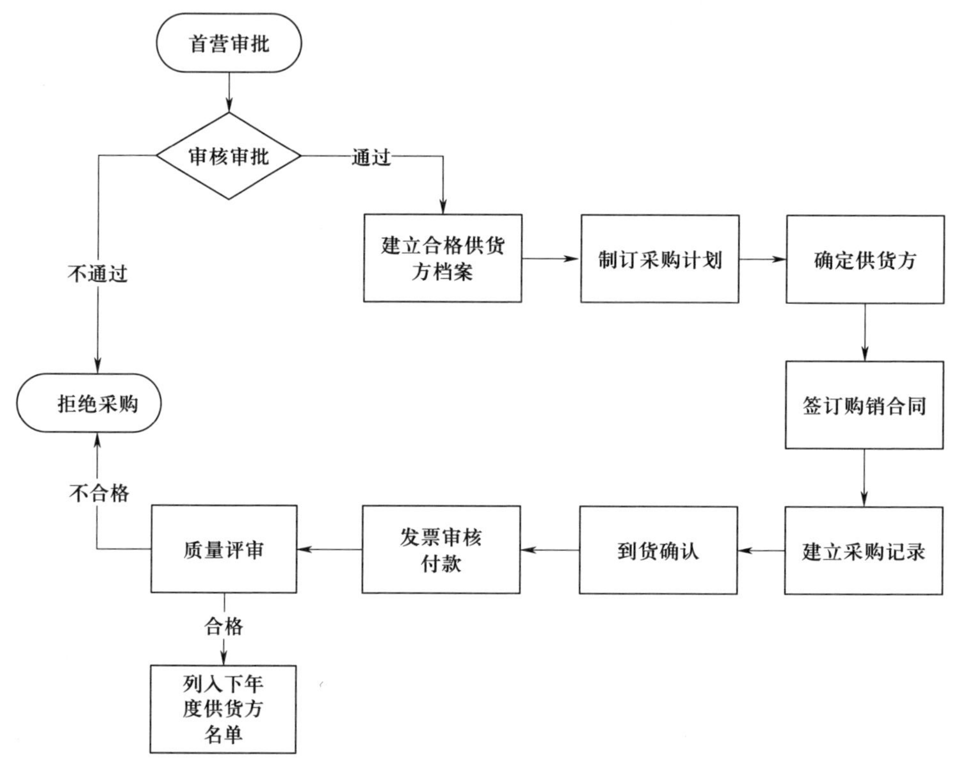

图 5－1－3　采购流程

对于零售连锁经营企业，药品零售连锁总部应当建立健全质量管理体系，统一企业标识、规章制度、计算机系统、人员培训、采购配送、票据管理、药学服务标准规范等，对所属零售门店的经营活动履行管理责任。药品零售连锁总部所属零售门店应当按照总部统一质量管理体系要求开展药品零售活动。药品零售连锁总部应当加强对所属零售门店的管理，保证其持续符合药品经营质量管理规范和统一的质量管理体系要求。药品零售连锁门店的经营范围不得超过药品零售连锁总部的经营范围。以下重点针对采购计划、采购记录和发票审核做相应介绍。

1. 采购计划

采购计划按照企业经营管理需要，一般可分为年度采购计划、季度采购计划、月份采购计划和临时采购计划。采购部门可以粗略制订年度和季度采购计划，作为编制月份采购计划的参考。月份采购计划和临时采购计划需要精准制订，一般在计算机管理系统中编制。下面以月份采购计划制订为例，说明大致流程。

（1）采购员根据计算机管理系统提供的前 3 个月药品的购进和销售数量、当月销售数量以及药品库存数量，从计算机管理系统的药品目录中确定拟采购的药品品种和采购数量。

（2）通过对供货单位质量保证能力、供货能力、价格竞争能力、售后服务能力等方面综合评价分析，从合格供货方档案列表中选择合适的供货单位，确定采购药品的价格。

（3）采购员对采购的药品信息审核无误后，填写采购计划表（见表 5－1－1）并在采购计划表上签字，采购计划表将通过计算机管理系统自动生成采购订单。

表 5－1－1　　采购计划表样例

制表人：　　　　　　　　　　　　　　　　　　　　　制表日期：

序号	药品名称	规格	剂型	生产厂商	供货单位	采购数量	采购价格	合计金额

2. 采购记录

采购记录是企业自身和药品监督管理部门对采购药品的质量追踪和溯源的重要证据，也是企业仓储部门收货的主要依据。因此，药品经营企业必须对所有采购药品建立完整的记录。

采购记录是采购订单提交后，计算机系统自动生成的，不得随意修改，以保证数据的真实性和可追溯性。记录应包括药品的通用名称、规格、剂型、生产厂商、供货单位、采购数量、采购价格等内容。记录应按日备份，至少保存 5 年。

3. 发票审核

采购药品时，企业应当向供货单位索取发票。发票应当列明药品的通用名称、规格、单位、数量、单价、金额等；不能全部列明的，应当附销售货物清单或者提供应税劳务清单，并加盖供货单位发票专用章原印章、注明税票号码。

发票上的购销单位名称及金额、品名应当与付款流向及金额、品名一致，并与财务账目内容相对应。发票按有关规定保存。

任务实施

一、任务准备

形式：本实训环节采用纸质稿件现场审核和手工填写首营企业、品种审批表的形式进行。分组合作进行实训，每小组 4 人，1 人扮演采购员，1 人扮演采购部门负责人，1 人扮演质量管理部门负责人，1 人扮演企业质量负责人，进行复核审查。

材料：首营企业资料和“××胶囊”的首营品种资料（部分小组所用资料合规，部分小组所用资料在完整性、有效性和合法性上存在漏洞），首营企业、首营品种审批表。

工具：教材、相关法律法规文件、可获取网络数字信息的智能设备（可选）。

二、资料索取和审核

根据所学内容，填写表 5－1－2 和表 5－1－3。

表 5－1－2　首营企业资料

资料内容	是否符合要求	存在的问题描述

表 5－1－3　首营品种资料

资料内容	是否符合要求	存在的问题描述

三、首营审批表的填写

根据所学内容，填写表 5－1－4 和表 5－1－5。

表 5－1－4　首营企业审批表

编号：　　　　　　　　　　　　　　　　　　　　填表日期：

<table>
<tr><td colspan="2">供货单位名称</td><td></td><td>详细地址</td><td></td></tr>
<tr><td colspan="2">供货单位类型</td><td>药品生产企业□
药品经营企业□</td><td>传真</td><td></td></tr>
<tr><td colspan="2">供货单位销售人员</td><td></td><td>联系电话</td><td></td></tr>
<tr><td rowspan="2">许可证</td><td>许可证号</td><td></td><td>有效期</td><td></td></tr>
<tr><td>负责人</td><td></td><td>生产（经营）范围</td><td></td></tr>
<tr><td rowspan="3">营业执照</td><td>统一社会信用代码</td><td></td><td>有效期</td><td></td></tr>
<tr><td>法定代表人</td><td></td><td>注册资金</td><td></td></tr>
<tr><td>生产（经营）范围</td><td colspan="3"></td></tr>
<tr><td colspan="2">质量认证证书编号</td><td></td><td>有效期</td><td></td></tr>
<tr><td colspan="2">供货单位销售人员资质</td><td colspan="3">1. 身份证复印件□　2. 法人授权委托书原件□　3. 其他资料：</td></tr>
<tr><td colspan="2">采购员意见</td><td colspan="3">采购员：　　　　年　月　日</td></tr>
<tr><td colspan="2">采购部门意见</td><td colspan="3">部门负责人：　　　　年　月　日</td></tr>
<tr><td colspan="2">质量管理部门审核意见</td><td colspan="3">审核人：　　　部门负责人：
年　月　日</td></tr>
<tr><td colspan="2">经理审批意见</td><td colspan="3">企业质量负责人：
年　月　日</td></tr>
</table>

表 5－1－5　　　　　　　　　　　　**首营品种审批表**

编号：　　　　　　　　　　　　　　　　　　　　　　　　　　　　填表日期：

药品通用名称				商品名	
剂型		规格		单位	
包装规格				储存条件	
生产企业				有效期	
主要成分与功能主治					
批准文号				有效期	
价格	购进价：　　含税批发价：　　最高零售价：				
采购员申请理由	申请人：　　　　年　月　日				
采购部门意见	部门负责人：　　　　年　月　日				
质量管理部门审核意见	审核人：　　　　部门负责人：　　　　年　月　日				
经理审批意见	企业质量负责人：　　　　年　月　日				

任务测评

根据本任务完成情况，填写表 5－1－6。

表 5－1－6　　　　　　　　　　　　**任务测评表**

序号	考核内容	考核标准	配分	得分
1	首营企业资料审核	五大类项目（企业相关许可证和认证证书；企业营业执照；企业相关印章、随货同行单（票）等资料；企业开户户名、开户银行及账号等开票资料；供货单位销售人员合法资格），每类 6 分，判断是否符合要求 2 分，存在的问题描述 4 分（没有问题则应填写无）	30	
2	首营品种资料审核	六大类项目（注册批件；药品质量标准；检验报告书；包装、标签、说明书文件；生产企业证明性文件；注册商标批件），每类 5 分，判断是否符合要求 1 分，存在的问题描述 4 分（没有问题则应填写无）	30	
3	首营企业、首营品种审批表填写	表格中每处填写错误扣 1 分，扣完即止。填写错误，若采购、质量管理部门负责人或企业质量负责人复核出来，则该项目不扣分，没有复核出，扣分标准同上	20	
4	课堂表现	按要求穿着白大褂；不违规使用手机；按时到岗，不无故缺岗；实训结束后，按要求整理实训物品，有序清场，每项 5 分	20	
合计			100	

思考与练习

一、单项选择题

1. 首营品种是指（　　）的药品。

A. 中国境内首次上市销售　　B. 本企业首次从药品生产企业采购

C. 本企业首次从药品经营企业采购　　D. 本企业首次采购

2. 采购记录应按（　　）备份，至少保存（　　）年。

A. 日，2　　B. 月，2　　C. 日，5　　D. 月，3

3. 药品经营企业采购部门采购药品，只能选择（　　）进行采购。

A. 取得药品生产许可证的企业

B. 取得药品经营许可证的企业

C. 企业合格供货方列表上的供货方

D. 具有药品质量保证能力和供应能力的企业

4. 下列对首营企业审核中随货同行单（票）资料的要求正确的是（　　）。

A. 随货同行单（票）须为加盖企业公章的复印件

B. 随货同行单（票）须为加盖出库专用章的复印件

C. 随货同行单（票）样式须为加盖企业公章及出库专用章的原件，不得使用复印件加盖公章的样式

D. 随货同行单（票）样式须为加盖企业公章及出库专用章的复印件

5. 进口药品首营审核需要提供（　　）。

A. 进口药品注册证　　B. 药品注册批件

C. 再注册批件　　D. 药品补充申请批件

6. 企业核实、留存供货单位销售人员资料时，下列不符合要求的是（　　）。

A. 授权委托书和身份证复印件加盖企业公章原印章

B. 销售人员所销售的药品在授权的品种范围内，本企业在授权委托书的授权区域内

C. 由于企业法定代表人变更，所以授权委托书上的法人盖章或签字与备案的样式不一致

D. 授权委托书被授权人姓名、身份证号码与身份证原件内容一致

二、多项选择题

1. 首营企业的审核，应检查的资料包括（　　）。

A. 加盖企业公章的营业执照复印件

B. 加盖企业公章的药品经营许可证或药品生产许可证复印件

C. 相关印章、随货同行单（票）样式
D. 开户户名、开户行及银行账号
E. 供应商的年销售额
2. 企业应核实、留存的供货单位销售人员资料包括（　　）。
A. 加盖供货单位公章原印章的销售人员身份证复印件
B. 加盖供货单位公章原印章的授权委托书
C. 销售业绩证明材料
D. 所销售药品的相关资料
E. 销售人员学历证书复印件
3. 以下需要做首营品种审核的是（　　）。
A. 向某一药品生产企业或经营企业首次购进的新品种药品
B. 向某一药品生产企业或经营企业首次购进的某一药品的新规格
C. 向某一药品生产企业或经营企业首次购进的某一药品的新剂型
D. 从不同上游企业购进同一药品
E. 向某一药品生产企业或经营企业首次购进的某一药品的新批次

任务二　中成药商品收货

学习目标

1. 能描述一般药品、冷链药品的收货流程；
2. 能描述销后退回药品的收货要求；
3. 能根据收货流程要求完成一般药品、冷链药品的收货。

任务引入

小张是某医药公司的一名收货员，公司有一批采购药品到货，包括一般药品和冷链药品若干，需要小张进行收货，并填写相关表格。

【知识链接】

《药品经营质量管理规范》第七十三条规定，药品到货时，收货人员应当核实运输方式是否符合要求，并对照随货同行单（票）和采购记录核对药品，做到票、账、货相符。

随货同行单（票）应当包括供货单位、生产厂商、药品的通用名称、剂型、规格、批号、数量、收货单位、收货地址、发货日期等内容，并加盖供货单位药品出库专用章原印章。

相关知识

企业应当按照规定的程序和要求对到货药品逐批进行收货、验收，防止不合格药品入库。根据收货药品来源，可以分为采购到货收货和销后退回收货两种。根据药品管理要求的不同，可以分为一般药品收货、冷链药品收货、特殊管理药品收货。采购到货收货一般是指药品经营企业基于销售而采购的药品，由供货单位或委托物流企业送货至指定地点时的收货。销后退回收货是指已销售出去的药品因某种原因（如采购失误、产品召回、质量问题等）退货至供货单位的收货，药品零售连锁部门门店将药品退回连锁总部仓库的收货也属销后退回收货。

一、药品常规收货流程

1. 一般药品收货

一般药品的收货流程如图 5－2－1 所示。

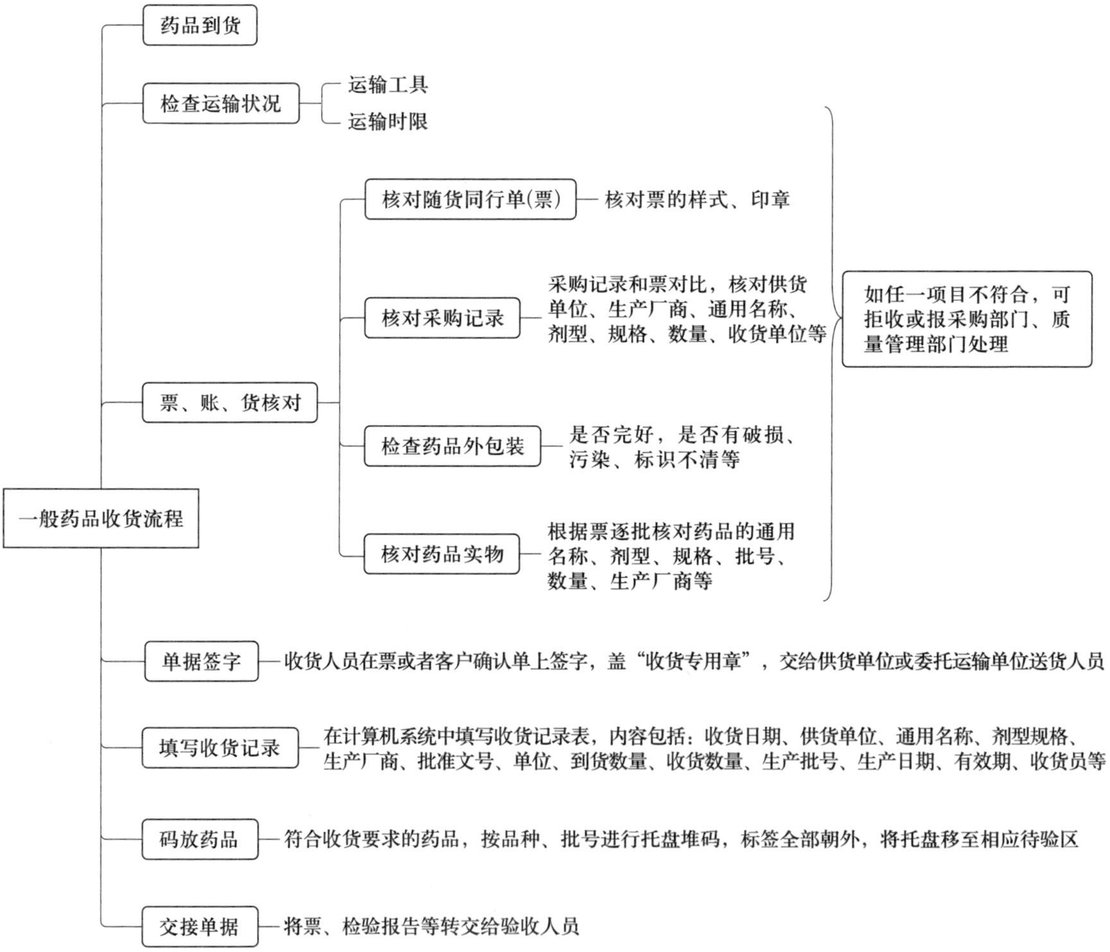

- 一般药品收货流程
  - 药品到货
  - 检查运输状况
    - 运输工具
    - 运输时限
  - 票、账、货核对
    - 核对随货同行单(票)——核对票的样式、印章
    - 核对采购记录——采购记录和票对比，核对供货单位、生产厂商、通用名称、剂型、规格、数量、收货单位等
    - 检查药品外包装——是否完好，是否有破损、污染、标识不清等
    - 核对药品实物——根据票逐批核对药品的通用名称、剂型、规格、批号、数量、生产厂商等
    - （运输时限至核对药品实物各项）如任一项目不符合，可拒收或报采购部门、质量管理部门处理
  - 单据签字——收货人员在票或者客户确认单上签字，盖“收货专用章”，交给供货单位或委托运输单位送货人员
  - 填写收货记录——在计算机系统中填写收货记录表，内容包括：收货日期、供货单位、通用名称、剂型规格、生产厂商、批准文号、单位、到货数量、收货数量、生产批号、生产日期、有效期、收货员等
  - 码放药品——符合收货要求的药品，按品种、批号进行托盘堆码，标签全部朝外，将托盘移至相应待验区
  - 交接单据——将票、检验报告等转交给验收人员

图 5－2－1　一般药品的收货流程

（1）检查运输状况

1）检查运输工具。药品到货时，收货人员需要检查运输工具是否密闭，运输工具内是否有雨淋、腐蚀、污染等可能影响药品质量的现象。

2）检查运输时限。收货人员根据运输单据所载的启运时间，计算出在途时间，检查是否符合协议约定的在途时限。供货方委托运输药品的，企业采购部门要提前向供货单位索要承运方式、承运单位、启运时间等信息，并将上述信息提前通知收货人员；收货人员在药品到货后，要逐一核对相关内容。

（2）票、账、货核对

1）核对随货同行单（票）样式及印章或印模。检查到货票据是否加盖供货单位药品出库专用章原印章，并与备案的票据、印章（系统中的扫描件或纸制留存）进行对比。

2）核对采购记录（账）。查询计算机系统中的采购记录表（见表5－2－1），并与随货同行单（票）（见表5－2－2）进行对比，核对内容包括供货单位、生产厂商、药品通用名称、剂型、规格、数量、收货单位等。

3）检查药品外包装。收货人员检查药品外包装是否完好，是否有破损、污染、标识不清等情况。

4）核对药品实物。收货人员依据随货同行单（票）逐批核对药品实物，核对内容包括药品通用名称、剂型、规格、批号、数量、生产厂商等。

（3）单据签字

确认收货后，收货人员在随货同行单（票）上或客户确认单上签字，并盖“收货专用章”，交给供货单位或委托运输单位送货人员。

（4）填写收货记录

收货人员根据收货检查情况，在计算机系统中填写收货记录表（见表5－2－3）。内容包括：收货日期、供货单位、通用名称、剂型、规格、生产厂商、批准文号、单位、到货数量、收货数量、生产批号、生产日期、有效期、收货员等。

表5－2－1　　药品采购记录表样例

＊＊＊＊＊公司 药品采购记录

序号	购货日期	供货单位	通用名称	商品名称	剂型	规格	生产厂商	批准文号	数量	单位	单价	金额	采购人	采购审核	备注

表 5－2－2　　药品随货同行单（票）样例

＊＊＊＊＊公司 随货同行单（销售清单）

收货单位：　　　　发货日期：　　　　编号：

收货地址：

<table>
<tr><th>商品编码</th><th>通用名称</th><th>剂型</th><th>规格</th><th>生产厂商</th><th>数量</th><th>单位</th><th>含税批价</th><th>扣率</th><th>销售价</th><th>金额</th><th>零售价</th><th colspan="2">提货仓库</th><th colspan="2">生产批号及有效期</th></tr>
<tr><td rowspan="3"></td><td rowspan="3"></td><td rowspan="3"></td><td rowspan="3"></td><td rowspan="3"></td><td rowspan="3"></td><td rowspan="3"></td><td rowspan="3"></td><td rowspan="3"></td><td rowspan="3"></td><td rowspan="3"></td><td rowspan="3"></td><td rowspan="2">每件内装</td><td rowspan="2"></td><td>生产批号</td><td></td></tr>
<tr><td>有效期</td><td></td></tr>
<tr><td>件数</td><td></td><td>批准文号</td><td></td></tr>
<tr><td rowspan="3"></td><td rowspan="3"></td><td rowspan="3"></td><td rowspan="3"></td><td rowspan="3"></td><td rowspan="3"></td><td rowspan="3"></td><td rowspan="3"></td><td rowspan="3"></td><td rowspan="3"></td><td rowspan="3"></td><td rowspan="3"></td><td rowspan="2">每件内装</td><td rowspan="2"></td><td>生产批号</td><td></td></tr>
<tr><td>有效期</td><td></td></tr>
<tr><td>件数</td><td></td><td>批准文号</td><td></td></tr>
<tr><td colspan="9">合计人民币（大写）：</td><td colspan="2">收款方式</td><td colspan="2"></td><td>备注</td><td colspan="2"></td></tr>
</table>

开票员：　　　　售货员：　　　　业务员：　　　　发货员：　　　　复核员：

表 5－2－3　　一般药品收货记录表样例

＊＊＊＊＊公司 一般药品收货记录

收货记录编号：

序号	收货日期	供货单位	通用名称	商品名称	剂型	规格	生产厂商	批准文号	单位	到货数量	收货数量	生产批号	生产日期	有效期	收货员

（5）码放药品

对符合收货要求的药品，收货人员按品种、批号进行托盘堆码，需将标签全部朝外，便于验收、入库上架、出库下架时对药品信息进行识别。堆码完成后，将托盘转移至符合药品储存条件的待验区内，或设置黄色待验状态标志。

（6）交接单据

收货人员将随货同行单（票）、检验报告单等相关证明文件转交给验收人员。

2. 冷链药品收货

根据《药品经营质量管理规范》，冷藏、冷冻药品到货时，应当对其运输方式及运输过程的温度记录、运输时间等质量控制状况进行重点检查并记录。不符合温度要求的应当拒收。收货人员对符合收货要求的药品，应当按品种特性要求放于相应待验区域，或者设置状态标志，通知验收。冷藏、冷冻药品应当在冷库内待验。因此，冷链药品收货应在一般药品收货流程的基础上，增加相应内容。冷链药品收货流程如图 5－2－2 所示。以下对冷链药品不同于一般药品的收货流程进行简要介绍。

【知识链接】

何为冷链药品？

冷链药品是指对贮藏、运输有冷藏、冷冻等温度要求的药品。

冷藏药品在贮藏、运输过程中，温度应保持在2～10 ℃。冷藏药品一般包括疫苗、血液制品、抗毒素、干扰素及体外诊断试剂等生物制品。

冷冻药品在贮藏、运输过程中的温度要求为－25～－10 ℃。如注射用牛肺表面活性剂应在－10 ℃以下保存。

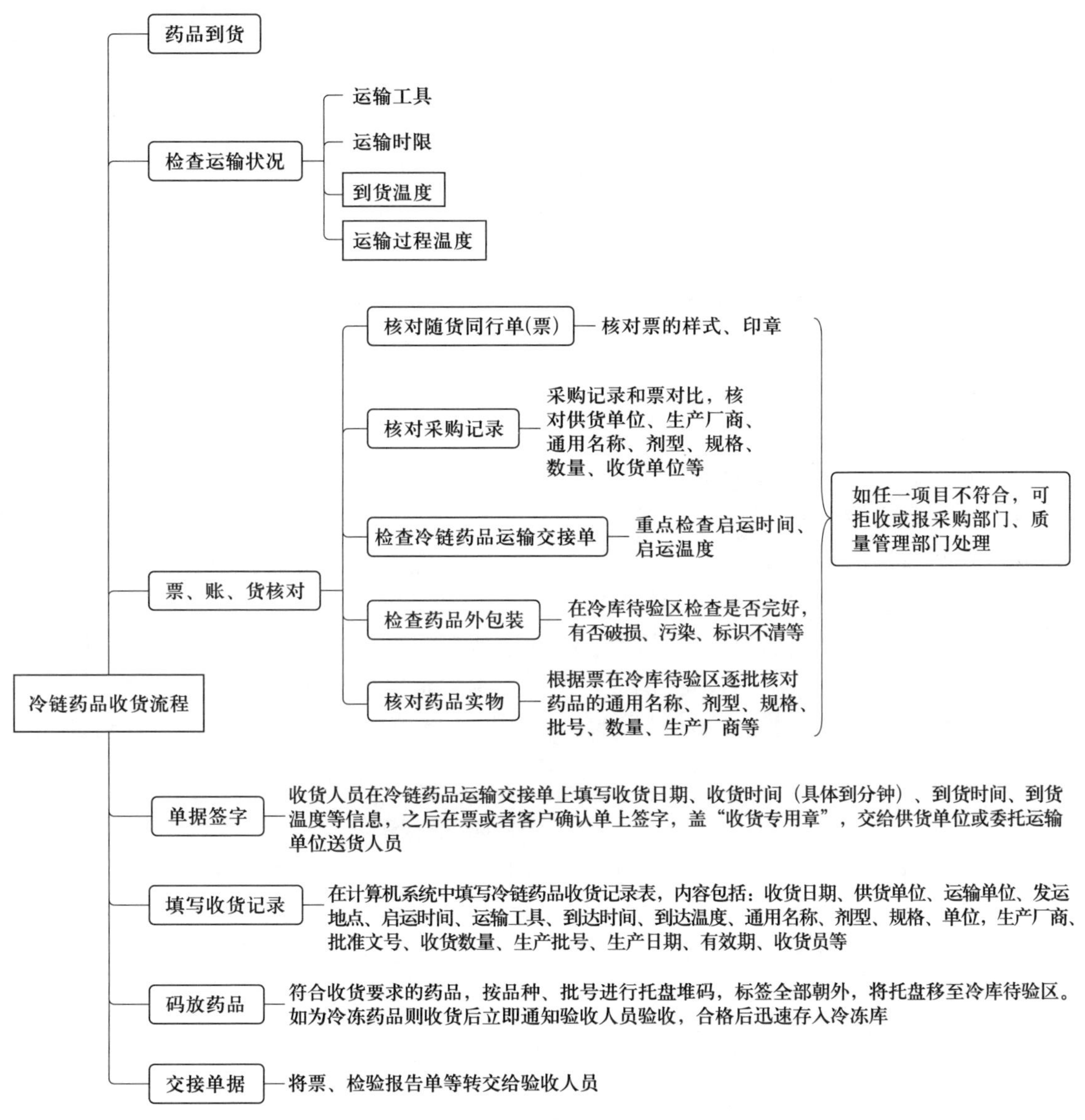

图5－2－2　冷链药品收货流程

（1）检查运输方式、工具和温度

冷藏、冷冻药品到货时，应当查验冷藏车、车载冷藏箱或保温箱的温度状况，检查并留存运输过程和到货时的温度记录。

1）检查运输工具。检查运输工具是否为冷藏车，或使用冷藏箱或保温箱送货。

2）查验到货温度。查看冷藏车，或冷藏箱或保温箱到货时温度数据并记录。使用冷藏车运输的，要多点测量货物外表温度、车厢温度，还要抽样开箱测量货物内部温度，防止出现药品外冷内热现象。使用冷藏箱或保温箱运输的，要查看蓄冷剂是否直接接触药品，温度监测记录系统的温度探头是否在药品附近等。

3）查验运输过程温度。使用冷藏车运输的，应向运输人员了解在途温度，当场打印温度记录；采用冷藏箱或保温箱运输的，收货人员应立即将其转移到冷库待验区，打开冷藏箱或保温箱，取出温度记录仪，导出温度记录仪中的在途温度记录，并打印保存，查验运输全过程温度状况是否符合规定。

（2）核对冷链药品运输交接单和药品实物

1）核对冷链药品运输交接单。冷链药品收货除随货同行单（票）外，还应提供冷链药品运输交接单（见表5－2－4），收货人员应检查冷链药品运输交接单，并重点检查启运时间、启运温度。

2）核对实物、检查药品外包装。药品实物、外包装的核对均应在冷库待验区进行，核对无误后，将冷链药品取出，将空冷藏箱移出冷库，交还给送货人员。

（3）单据签字

确认收货后，收货人员在冷链药品运输交接单上填写收货日期、收货时间（具体到分钟）、到达时间、到货温度等信息，然后在随货同行单（票）或客户确认单上签字，并盖“收货专用章”，交给送货人员。

（4）填写收货记录

收货人员根据收货检查情况，在计算机系统中填写冷链药品收货记录表（见表5－2－5）。内容包括：收货日期、供货单位、运输单位、发运地点、启运时间、运输工具、到达时间、到达温度、通用名称、剂型、规格、单位、生产厂商、批准文号、收货数量、生产批号、生产日期、有效期、收货员等。

表5－2－4　　冷链药品运输交接单样例

＊＊＊＊＊公司 冷链药品运输交接单

发货日期：　　　　编号：

<table>
<tr><td>供货单位</td><td colspan="5"></td></tr>
<tr><td>购货单位</td><td colspan="5"></td></tr>
<tr><td rowspan="2">药品简要信息（应与随货同行单相对应）</td><td>药品名称</td><td>规格</td><td>生产厂商</td><td>批号</td><td>数量</td></tr>
<tr><td></td><td></td><td></td><td></td><td></td></tr>
<tr><td>温度控制要求</td><td colspan="2"></td><td>温度控制设备</td><td colspan="2"></td></tr>
</table>

续表

运输方式		运输工具	
启运时间		启运温度	
保温期限		随货同行单编号	
发货人签字		送货人签字	
备注			
以上信息发运时填写			
以下信息收货时填写			
收货日期		收货时间	
到达时间		在途温度	
到达温度		接收人签字	
备注			

表 5－2－5　　冷链药品收货记录表样例

＊＊＊＊＊公司 冷链药品收货记录

收货记录编号：

序号	收货日期	供货单位	通用名称	商品名称	剂型	规格	生产厂商	批准文号	单位	到货数量	收货数量	生产批号	生产日期	有效期	收货员
备注	是否冷链：□是　　□否							在途温度记录：□有　　□无							
	运输单位：							发运地点：							
	启运温度：							到达温度：							
	启运时间：							到达时间：							
	运输工具：														

（5）码放药品

对符合收货要求的药品，收货人员应将其码放在冷库的待验区，通知验收人员进行验收。如为冷冻药品，应在冷库内收货，并立即通知验收人员进行验收。

3. 特殊管理药品收货

特殊管理药品包括麻醉药品、精神药品、医疗用毒性药品和放射性药品，收货时应在一般药品收货流程的基础上，额外注意以下要求。

（1）特殊管理药品应在规定的区域内双人完成收货工作，托运或自行运输麻醉药品和第一类精神药品的，到货时，收货人员应向承运单位索取其所在省、自治区、直辖市药品监督管理部门发放的麻醉药品、第一类精神药品运输证明（以下简称运输证明）副本，检查运输证明的有效期（有效期为 1 年，不跨年度），并在收货后 1 个月内将运输证明副本交还发货单位。

（2）麻醉药品和第一类精神药品到货时，承运单位与收货单位应共同对货物进行现场检查，现场交接药品及资料。

（3）收货人员在检查运输工具和运输情况时，应重点检查是否符合“道路运输麻醉药品和第一类精神药品必须采用封闭式车辆，有专人押运，中途不应停车过夜”的规定。

（4）对符合收货要求的特殊管理药品，收货人员应将药品转移至特殊管理药品专库待验区。

4. 销后退回药品收货

销后退回的药品，由于经过流通环节的周转，其质量已经脱离本企业质量体系的监控，在外部运输储存环节面临巨大的质量风险，因此在退回过程中，应该严格按照销后退回程序进行申请和审批，并在退回收货环节严格按照收货流程操作。收货人员除按照一般药品收货流程进行检查运输工具和运输情况、核对随货同行单（票）、检查药品外包装并核对药品实物、单据签字、码放药品、交接单据等操作外，还应填写销后退回药品收货记录表（见表5-2-6），并应做到如下要求。

（1）销后退回药品来源的核实

收货人员应依据销售部门确认的销后退回药品通知单对销后退回药品进行核对，确认是否为本企业销售的药品。

（2）冷链药品销后退回的收货要求

收货人员应先检查运输方式和到达温度，核实退货方提供的温度控制说明文件和销售期间温度控制的相关数据，确认是否符合规定的条件，然后再按销后退回药品和冷链药品收货的相关规定进行收货。

（3）特殊管理药品销后退回的收货要求

若销后退回的是特殊管理药品，除应符合销后退回药品收货操作要求，还应遵守特殊管理药品的收货规定。

（4）销后退回药品收货后的存放

符合收货要求的销后退回药品，收货人员应将其暂存于符合药品储存条件的待验区，做好标示，待验收合格后再入库。

表5-2-6　销后退回药品收货记录表样例

＊＊＊＊＊公司 销后退回药品收货记录

收货记录编号：

<table>
<tr><th>序号</th><th>到货日期</th><th>退货单位</th><th>通用名称</th><th>商品名称</th><th>剂型</th><th>规格</th><th>生产厂商</th><th>批准文号</th><th>单位</th><th>到货数量</th><th>收货数量</th><th>拒收数量</th><th>生产批号</th><th>生产日期</th><th>有效期</th></tr>
<tr><td></td><td></td><td></td><td></td><td></td><td></td><td></td><td></td><td></td><td></td><td></td><td></td><td></td><td></td><td></td><td></td></tr>
<tr><td></td><td></td><td></td><td></td><td></td><td></td><td></td><td></td><td></td><td></td><td></td><td></td><td></td><td></td><td></td><td></td></tr>
<tr><td></td><td></td><td></td><td></td><td></td><td></td><td></td><td></td><td></td><td></td><td></td><td></td><td></td><td></td><td></td><td></td></tr>
<tr><td rowspan="6">备注</td><td colspan="15">退货原因：</td></tr>
<tr><td colspan="7">退货凭证：□有　　□无</td><td colspan="8">售出期间温度控制数据：□有　　□无</td></tr>
<tr><td colspan="7">是否冷链：□是　　□否</td><td colspan="8">在途温度记录：□有　　□无</td></tr>
<tr><td colspan="7">启运温度：</td><td colspan="8">到达温度：</td></tr>
<tr><td colspan="7">启运时间：</td><td colspan="8">到达时间：</td></tr>
<tr><td colspan="7">运输工具：</td><td colspan="8">收货员：</td></tr>
</table>

二、收货异常情况与处理措施

1. 票、账、货不符

随货同行单（票）与采购记录或药品实物不相符的，通知采购部门，由采购部门负责与供货单位核实情况，处理方法如图 5－2－3 所示。

（1）随货同行单（票）中，除数量以外的其他内容与采购记录或药品实物不符的，经供货单位确认并提供正确的随货同行单（票）后，方可收货。

（2）对于随货同行单（票）与采购记录或药品实物数量不符的，经供货单位确认后，应当由采购部门确定并调整采购数量后，方可收货。

（3）供货单位对随货同行单（票）与采购记录或药品实物不相符的内容，不予确认的，应当拒收；存在异常情况的，报质量管理部门处理。

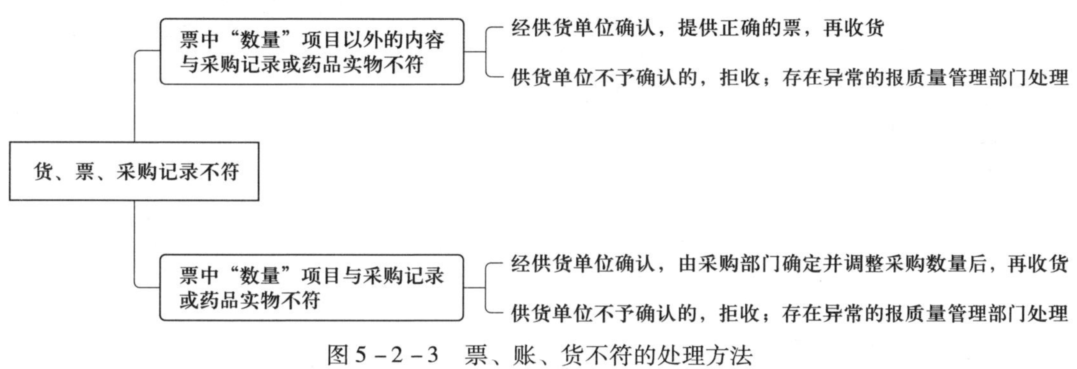

图 5－2－3　票、账、货不符的处理方法

2. 资料不全

资料不全的处理方法如图 5－2－4 所示。

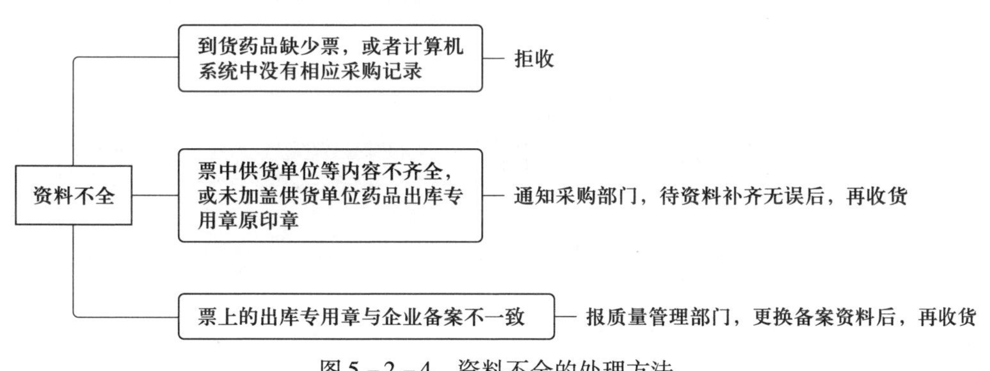

图 5－2－4　资料不全的处理方法

（1）对于到货药品无随货同行单（票）的，或在计算机系统中无与随货同行单（票）相关的采购记录的，应当拒收。

（2）随货同行单（票）中供货单位、生产厂商、通用名称、剂型、规格、批号、数量、收货单位、收货地址、发货日期等内容不齐全，或未加盖供货单位药品出库专用章原印章，收货人员应通知采购部门处理，资料补齐无误后方可收货。

（3）随货同行单（票）上的出库专用章与企业备案的样式不一致，报质量管理部门处理，更换备案资料后方可收货。

3. 运输条件不符

运输条件不符的处理方法如图 3－2－5 所示。

（1）发现运输工具内有雨淋、腐蚀、污染等可能影响药品质量的现象，应及时通知采购部门并报质量管理部门处理。

（2）根据运输单据所载明的启运时间计算出的在途时间不符合协议约定的，报质量管理部门处理。

（3）药品的承运方式、承运单位、启运时间等信息，与企业采购部门事先通知的不一致，收货人员应通知采购部门并报质量管理部门处理。

（4）冷链药品未使用规定的冷藏或冷冻设备运输或温度不符合要求的，应当拒收，同时对药品进行控制管理，将药品隔离存放于符合温度要求的环境中，做好记录并报质量管理部门处理。

（5）对销后退回的冷链药品，退货方不能提供温度控制说明文件和销售期间温度控制的相关数据，或温度控制不符合规定的，应当拒收，做好记录并报质量管理部门处理。

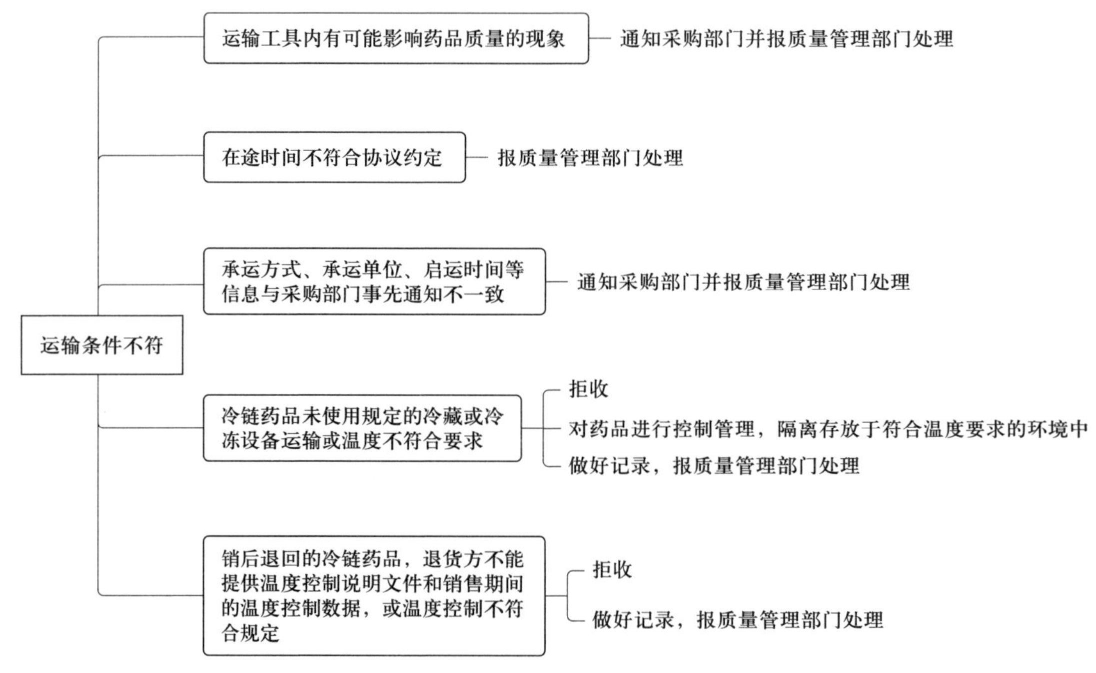

图 5－2－5　运输条件不符的处理方法

4. 外包装异常

对外包装出现破损、污染、标识不清等情况的药品，应当拒收。

发现上述异常情况时，收货人员应填写到货异常记录表（见表 5－2－7）。拒收药品应及时填写药品拒收通知单（见表 5－2－8）。

表 5－2－7　到货异常记录表样例

＊＊＊＊＊公司 到货异常记录表

记录编号：

到货时间		供货单位	
品名、规格		生产厂商	
储存要求		到货温度	
运输方式		温度控制方式	

异常情况：1. 无采购记录（　　）
2. 无随货同行单（　　）
3. 无药检单（　　）
4. 随货同行单不符合要求（　　）
5. 随货同行单与实物不符（　　）
6. 随货同行单与物流凭证不一致或异常（　　）
7. 其他（　　）

批号	装箱规格	单位数量	生产日期	有效期

收货员：

表 5－2－8　药品拒收通知单样例

＊＊＊＊＊公司 药品拒收通知单

单据编号：　　退货单位：

收货记录编号：　　打印时间：

序号	拒收日期	供货单位	通用名称	商品名称	剂型	规格	生产厂商	批准文号	单位	拒收数量	拒收原因	生产批号	生产日期	有效期	签字
质量管理部门审批意见	审批人：　　审批日期：														

任务实施

一、任务准备

形式：本实训环节需要模拟设置常规和冷链收货区域。分组合作进行实训，每小组 4 人，组内成员轮换负责不同流程。教师担任质量管理部门负责人。

材料：一般药品和冷链药品实物若干，运输工具的内外视频或图片资料，温度记录数据、采购记录、冷链药品运输交接单、随货同行单（票）、收货专用章、印章备案表、收货记录、到货异常记录、药品拒收通知单等实物和资料（部分小组所用资料合规，部分小组所用资料在完整性、有效性和合法性上存在漏洞）。

工具：教材、相关法律法规文件、可获取网络数字信息的智能设备（可选）。

二、收货流程

根据所学内容，填写表5－2－9。

表5－2－9　　收货表

序号	流程	结果	流程负责人签字
1	运输状况检查		
2	核对随货同行单		
3	核对药品外包装和药品实物		
4	单据签字、盖章		
5	填写相关记录	提交收货记录或到货异常记录或药品拒收通知单	
6	码放药品，设置待验标识		
7	交接单据	交接给教师	

任务测评

根据本任务完成情况，填写表5－2－10。

表5－2－10　　任务测评表

序号	考核内容	考核标准	配分	得分
1	运输状况检查	根据提供的视频、图片和温度记录数据等资料，核查运输工具、运输时限（冷链药品还要核查到货和在途温度），并如实填写检查结果，少一条扣3分，扣完即止	10	
2	核对随货同行单	随货同行单（票）样式、印章印模检查正确，3分；票、账核对无误，7分	10	
3	核对药品外包装和药品实物	检查药品外包装，5分；药品实物和随货同行单核对，10分，少一点扣2分，扣完即止	15	
4	单据签字、盖章	收货签字，2分；盖收货专用章，3分	5	
5	填写相关记录	选择相应的表格并正确填写，15分，每处填写错误扣1分，扣完即止。选错表格不得分	15	
6	码放药品	按品种、批号码放正确，4分；标签朝外，3分；码放完成后移入正确的待验区或者设置黄色的待验标志，3分	10	
7	交接单据	交给教师扮演的验收员即可，不记入考核分	0	
8	异常情况处理	异常情况处理正确，15分	15	
9	课堂表现	按要求穿着白大褂；不违规使用手机；按时到岗，不无故缺岗；实训结束后，按要求整理实训物品，有序清场，每项5分	20	
合计			100	

思考与练习

一、单项选择题

1. 符合收货要求的销后退回药品，药品收货人员应将其暂存于符合药品储存条件的（　　）。

A. 待验区　　B. 退货区　　C. 合格品区　　D. 不合格品区

2. 药品到货时，应当对照（　　）和（　　）核对药品。

A. 随货同行单（票），相关的采购记录　　B. 发货单，销售记录

C. 发货单，采购记录　　D. 药品说明书，药品外包装

3. 冷藏药品的运输温度要求是（　　）。

A. 2～10 ℃　　B. 0～10 ℃　　C. －25～－10 ℃　　D. 10～30 ℃

4. 随货同行单（票）应加盖供货单位（　　）。

A. 单位公章原印章　　B. 药品出库专用章原印章

C. 法人代表章原印章　　D. 财务章原印章

二、多项选择题

1. 药品收货检查中，应拒收的情况有（　　）。

A. 供货单位对随货同行单（票）与采购记录、药品不相符的内容，不予确认

B. 到货药品在计算机系统中没有与随货同行单（票）相关的采购记录

C. 冷链药品未采用规定的冷藏设备运输或温度不符合要求

D. 到货药品无随货同行单（票）等相关证明文件

E. 药品外包装出现破损、污染、标识不清等情况

2. 随货同行单（票）记载的内容包括（　　）。

A. 供货单位、生产厂商

B. 药品通用名称、剂型

C. 收货单位、收货地址

D. 发货日期

E. 药品规格、生产批号、数量

3. 供货方委托运输药品的，企业采购部门应当提前向供货单位索要相关的承运信息，包括（　　），并将上述信息提前告知收货人员。

A. 承运方式　　B. 承运单位　　C. 到货温度

D. 启运时间　　E. 运输人员

4. 对销后退回的冷藏、冷冻药品，退货方应提供内容包括（　　）。

A. 温度控制说明文件

B. 在途温度数据

C. 销售期间温度控制的相关数据

D. 检验报告书

E. 随货同行单（票）

三、判断题（正确的填“√”，错误的填“×”）

（　　）1. 待验区域不需要符合待验药品的储存温度要求。

（　　）2. 收货人员应当检查运输工具是否密闭，如发现运输工具内有雨淋、腐蚀、污染等可能影响药品质量的现象，应当先在随货同行单（票）上签字，再等待采购部门处理。

（　　）3. 收货人员应当将核对无误的药品放置于相应的待验区域内，不需要在随货同行单（票）上签字，直接移交验收人员。

（　　）4. 收货人员应当拆除检查药品外包装是否完好，对出现破损、污染、标识不清等情况的药品，应当拒收。

任务三　中成药商品验收

学习目标

1. 能讲述一般药品、冷链药品的验收流程；
2. 能讲述销后退回药品的验收方法；
3. 能根据验收流程要求完成一般药品、冷链药品的验收。

任务引入

小王在医药公司担任验收员，公司有一批采购药品到货，包括一般药品和冷链药品若干，收货人员已经完成收货检查，现在需要小王在相应的验收区域对三种药品进行质量验收。

【知识链接】

《药品经营质量管理规范》第七十六条规定，验收药品应当按照药品批号查验同批号的检验报告书。供货单位为批发企业的，检验报告书应当加盖其质量管理专用章原印章。检验报告书的传递和保存可以采用电子数据形式，但应当保证其合法性和有效性。

第七十七条规定，企业应当按照验收规定，对每次到货药品进行逐批抽样验收，抽取的样品应当具有代表性：

（1）同一批号的药品应当至少检查一个最小包装，但生产企业有特殊质量控制要求或者打开最小包装可能影响药品质量的，可不打开最小包装；

（2）破损、污染、渗液、封条损坏等包装异常以及零货、拼箱的，应当开箱检查至最小包装；

（3）外包装及封签完整的原料药、实施批签发管理的生物制品，可不开箱检查。

第七十八条规定，验收人员应当对抽样药品的外观、包装、标签、说明书以及相关的证明文件等逐一进行检查、核对；验收结束后，应当将抽取的完好样品放回原包装箱，加封并标示。

相关知识

药品验收指验收人员依据《中华人民共和国药典》、相关法律法规以及企业验收标准对采购药品的质量状况进行检查的过程，包括查验检验报告书、抽样查验药品质量状况并记录等，以确保购进药品质量符合相关药品标准，有效防止假药、劣药入库。

根据药品购销方式不同，药品验收分为普通购销验收和直调药品验收；根据药品来源不同，药品验收分为采购到货验收和销后退回验收；根据采购药品的性质和管理要求不同，药品验收分为一般药品验收、冷链药品验收、特殊管理药品验收。

《药品经营质量管理规范》附录4《药品收货与验收》中规定，企业应当根据不同类别和特性的药品，明确待验药品的验收时限，待验药品要在规定时限内验收，验收合格的药品，应当及时入库，验收中发现的问题应当尽快处理，防止对药品质量造成影响。

一、药品验收流程

药品验收由质量管理部门的专职验收人员负责，一般药品的验收流程包括核对药品、查验合格证明文件、抽取样品、检查样品、填写验收记录等环节，具体如图5－3－1所示。

1. 一般药品验收

（1）核对药品

验收人员按照随货同行单（票）再次核对药品实物。核对内容包括：通用名称、规格、生产批号、有效期、数量、生产厂商等，并检查随货同行单（票）是否加盖供货单位药品出库专用章原印章。

（2）查验合格证明文件

药品验收人员应按照生产批号逐批查验药品合格证明文件是否齐全，是否符合规定的要求，查验要点如图5－3－2所示。

1）查验检验报告书。按照药品生产批号查验同批号的检验报告书，药品检验报告书需

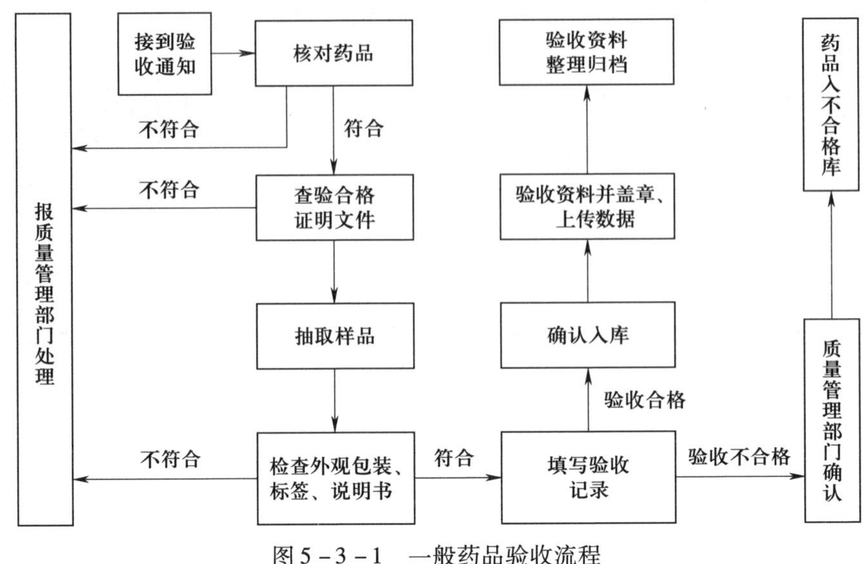

图 5-3-1　一般药品验收流程

加盖供货单位药品检验专用章或质量管理专用章原印章；从批发企业采购药品的，检验报告书的传递和保存，可以采用电子数据的形式，但要保证其合法性和有效性。印章应与备案样章一致。对实施批签发管理的生物制品，还应查验生物制品批签发合格证复印件（此项中成药商品不涉及，因此不展开说明）。

2）查验进口中成药的相关证明文件。对进口药品进行验收时，需查验是否有加盖供货单位质量管理专用章原印章的相关证明文件，具体包括：①进口药品注册证或医药产品注册证；②进口麻醉药品、精神药品需有进口准许证；③进口药品检验报告书或注明“已抽样”字样的进口药品通关单。

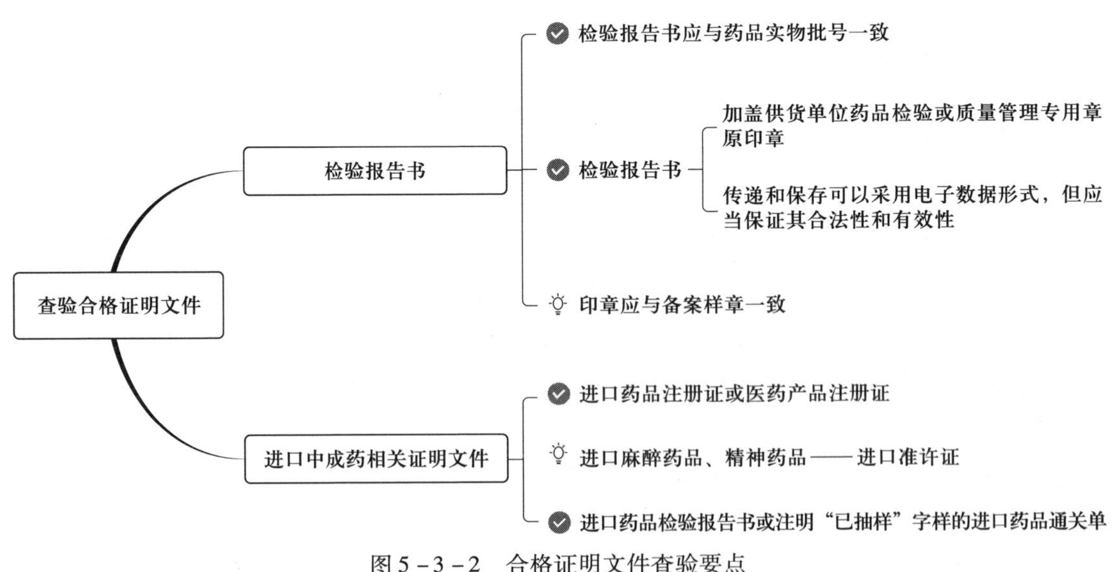

图 5-3-2　合格证明文件查验要点

(3) 抽取样品

药品验收人员应按照验收规定的方法，对每次到货药品进行逐批抽样验收，抽取的样品应该具有代表性，能准确地反映被验收药品的总体质量情况。验收柚样原则与方法如下。

1) 对同一批号的整件药品，按照堆码情况随机抽取样品，抽样数量见表5-3-1。整件数量在2件及以下的，要全部抽样检查；整件数量在2件以上至50件及以下的，至少抽样检查3件；整件数量在50件以上的，每增加50件，至少增加抽样检查1件，不足50件的，按50件计。

表5-3-1　　整件药品的抽样件数

整件数量（N）	抽取件数
$N\leqslant 2$	全部抽样检查
$50\geqslant N>2$	至少抽样检查3件
$N>50$	每增加50件，至少增加抽样检查1件；不足50件的，按50件计

2) 对抽取的整件药品需开箱抽样检查，从每整件的上、中、下不同位置随机抽取3个最小包装进行检查，对存在封口不牢、标签污损、有明显重量差异或外观异常等情况的，至少再增加一倍抽样数量，进行再检查。

3) 对整件药品存在破损、污染、渗液、封条损坏等包装异常的，要开箱检查至最小包装。

4) 到货的非整件药品要逐箱检查，对同一批号的药品，至少随机抽取一个最小包装进行检查。

(4) 检查样品

药品验收人员应对抽样药品的包装、标签、说明书、外观等逐一进行检查、核对，确认是否符合规定的验收标准。样品检查流程如图5-3-3所示。

1) 检查药品运输储存包装和最小包装。①药品验收人员应检查运输储存包装的封条有无损坏，包装上是否清晰注明药品通用名称、规格、生产厂商、生产批号、生产日期、有效期、批准文号、贮藏、包装规格及储运图示标志，以及特殊管理药品、外用药品、非处方药的标识等标记；②药品验收人员应检查最小包装的封口是否严密、牢固，有无破损、污染或渗液，包装及标签印字是否清晰，标签粘贴是否牢固；③检查运输储存包装上标识的药品信息与最小包装上标识的药品信息是否一致；④整件药品的每件包装中，均应有产品合格证。

2) 检查药品标签和说明书。药品验收人员应检查每一最小包装的标签、说明书是否符合以下规定。①标签有药品通用名称、成分、性状、适应证或者功能主治、规格、用法用量、不良反应、禁忌、注意事项、贮藏、生产日期、产品批号、有效期、批准文号、生产企业等内容；对注射剂瓶、滴眼剂瓶等因标签尺寸限制无法全部注明上述内容的，至少标明药品通用名称、规格、产品批号、有效期等内容；中药蜜丸蜡壳至少注明药品通用名称。②中药说明书列有以下内容：药品名称（通用名称、汉语拼音）、成分、性状、功能主治、规格、用法用量、不良反应、禁忌、注意事项、药物相互作用、贮藏、包装、有效期、执行标准、批准文号、说明书修订日期、生产企业（企业名称、生产地址、邮政编码、电话和传真）。③处方药和非处方的标签和说明书上有相应的忠告语，非处方药的忠告语是“请仔细阅读说明书并按说明使用或请在药师指导下购买和使用”，处方药的忠告语是“请仔细阅读说明书并在医师指导下使用”，非处方药的包装有国家规定的专有标识；特殊管理药品、外用药品的包装、标签及说明书上均有规定的标识和警示说明。④进口药品的包装、标签以中文注明药品通用名称、主要成分以及注册证号，并有中文说明书。

3）检查药品外观性状。药品验收人员应按有关标准与规定进行非破坏性的外观检查，通过观察药品有无变色、沉淀、分层、吸潮、结块、熔化、挥发、风化、霉变、虫蛀、异臭、污染等情况，判断药品质量是否符合规定。具体见本教材的项目六中“任务三 中成药商品养护”相关内容。

4）抽样药品封箱复原。验收结束后，药品验收人员将抽样检查后的完好样品放回原包装，用专用封箱带和封签进行封箱，并在抽验的整件包装上贴抽验标志。

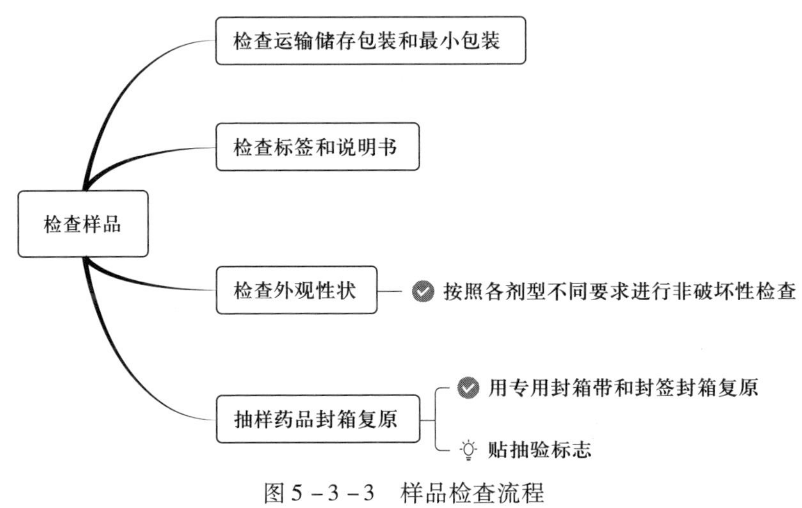

图5－3－3　样品检查流程

（5）填写验收记录

药品验收人员对照药品实物在计算机系统中录入药品的批号、生产日期、有效期、到货数量、验收合格数量、验收结果等内容，确认后系统自动形成药品验收记录表（见表5－3－2），验收记录包括药品的通用名称、剂型、规格、批准文号、生产批号、生产日期、有效期、生产厂商、供货单位、到货数量、验收合格数量、验收结果和验收时间等内容。

表5－3－2　　药品验收记录表样例

＊＊＊＊＊公司 药品验收记录表

收货记录编号：

序号	验收时间	通用名称	生产厂商	供货单位	批准文号	生产批号	剂型	规格	到货数量	生产日期	有效期	验收合格数量	验收结果	验收不合格数量	处置措施	验收员签字

（6）确认入库

1）对已经验收完毕的药品，验收人员应当及时调整药品质量状态标识。

2）在计算机系统中输入药品验收信息后，计算机系统按照药品的管理类别，自动分配库位，仓库保管员根据计算机系统的提示，经复核确认后将验收合格药品入库至指定位置。

（7）扫描上传

药品验收人员在检验报告书等合格证明文件上加盖本企业质量管理章，并扫描上传到计算机系统。

（8）资料整理

药品验收人员将每日收到的随货同行单（票）和检验报告书等合格证明文件分别进行整理，按月装订，存档。

2. 冷链药品验收

冷链药品验收应在一般药品验收流程的基础上，额外关注以下内容：冷链药品的待验区必须设置在冷库内，药品验收人员应在冷库内完成冷链药品的验收。

3. 特殊管理药品验收

特殊管理药品验收应在一般药品验收流程的基础上额外关注的内容如图 5－3－4 所示。

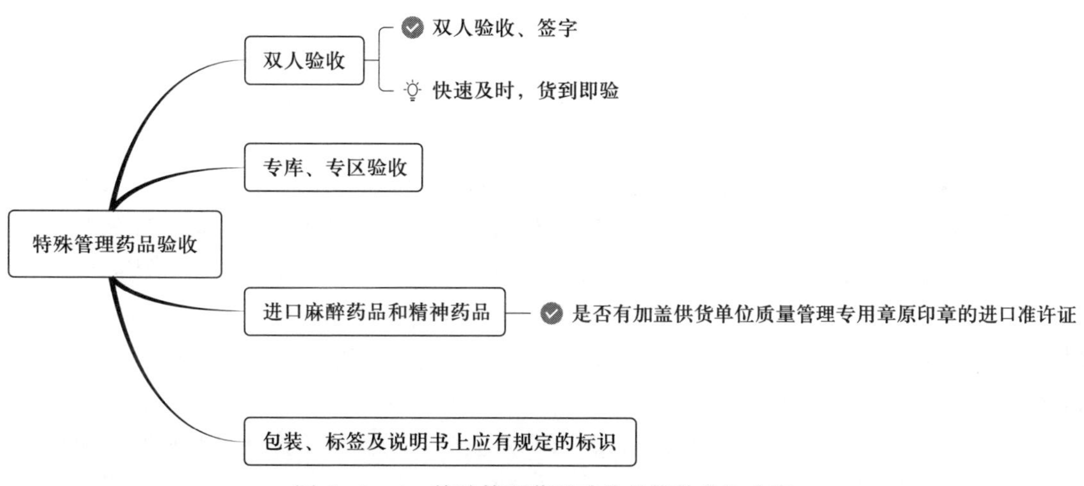

图 5－3－4　特殊管理药品验收的额外关注内容

4. 销后退回药品验收

销后退回药品的验收除按照一般药品验收流程操作外，还需注意以下内容。

（1）销后退回药品验收的抽样原则与方法

药品验收人员应逐批检查验收销后退回药品，并开箱进行抽样检查。抽样方法可参照本任务前文所述相关内容。

（2）核实退货原因

药品验收人员应根据销售部门确认的销后退回药品通知单进行验收，对于质量原因的退货，应查看药品实物是否与审批的退货原因相符。

（3）冷链药品销后退回的验收

药品验收人员应按销后退回药品和冷链药品验收的相关规定进行药品验收。

（4）特殊管理药品销后退回验收

除应符合销后退回药品验收的要求外，还应遵守特殊管理药品的验收规定。

（5）销后退回药品验收记录

药品验收人员应按规定填写专门的销后退回药品验收记录表（见表5－3－3），包括退货单位、退货日期、通用名称、规格、批准文号、生产批号、生产厂商（或产地）、有效期、数量、验收日期、退货原因、验收结果和验收人等内容。

表5－3－3　　销后退回药品验收记录表样例

＊＊＊＊公司 销后退回药品验收记录表

收货记录编号：

序号	验收日期	退货日期	通用名称	生产厂商	退货单位	批准文号	生产批号	剂型	规格	数量	生产日期	有效期	退货原因	验收结果	验收人

5. 直调药品验收

药品经营企业在发生灾情、疫情、突发事件或者临床紧急救治等特殊情况，以及其他符合国家有关规定的情形，可以采用直调方式购销药品，将已采购的药品不入本企业仓库，直接从供货单位发送到购货单位。直调药品分为厂商直调和商商直调两种。厂商直调即药品经营企业将本企业经营范围内的药品从药品生产企业直接发运至药品购货单位的经营形式；商商直调即药品经营企业将本企业经营范围内的药品从其他药品经营企业直接发运至药品购货单位的经营形式。直调药品的供货单位，必须是列入本企业合格供货方名单的药品生产企业或药品经营企业。购货单位应是具备合法资格的药品经营、使用单位。直调药品出库时，由供货单位开具两份随货同行单（票），分别发往直调企业和购货单位，随货同行单（票）的内容还应当标明直调企业名称。

直调药品的验收可委托购货单位进行。直调企业应当与购货单位签订委托验收协议，明确质量责任；购货单位应当严格按照GSP的要求验收药品，并填写专门的直调药品验收记录表（见表5－3－4）。验收当日应当将验收记录相关信息发送给直调企业。

表5－3－4　　直调药品验收记录表样例

＊＊＊＊＊公司 直调药品验收记录表

收货记录编号：

序号	验收时间	通用名称	生产厂商	供货单位	批准文号	生产批号	规格	数量	生产日期	有效期	验收合格数量	验收结果	购货单位	验收人

二、验收异常情况处理

药品验收中通常会存在异常情况，常见异常情况的处理如图 5－3－5 所示。

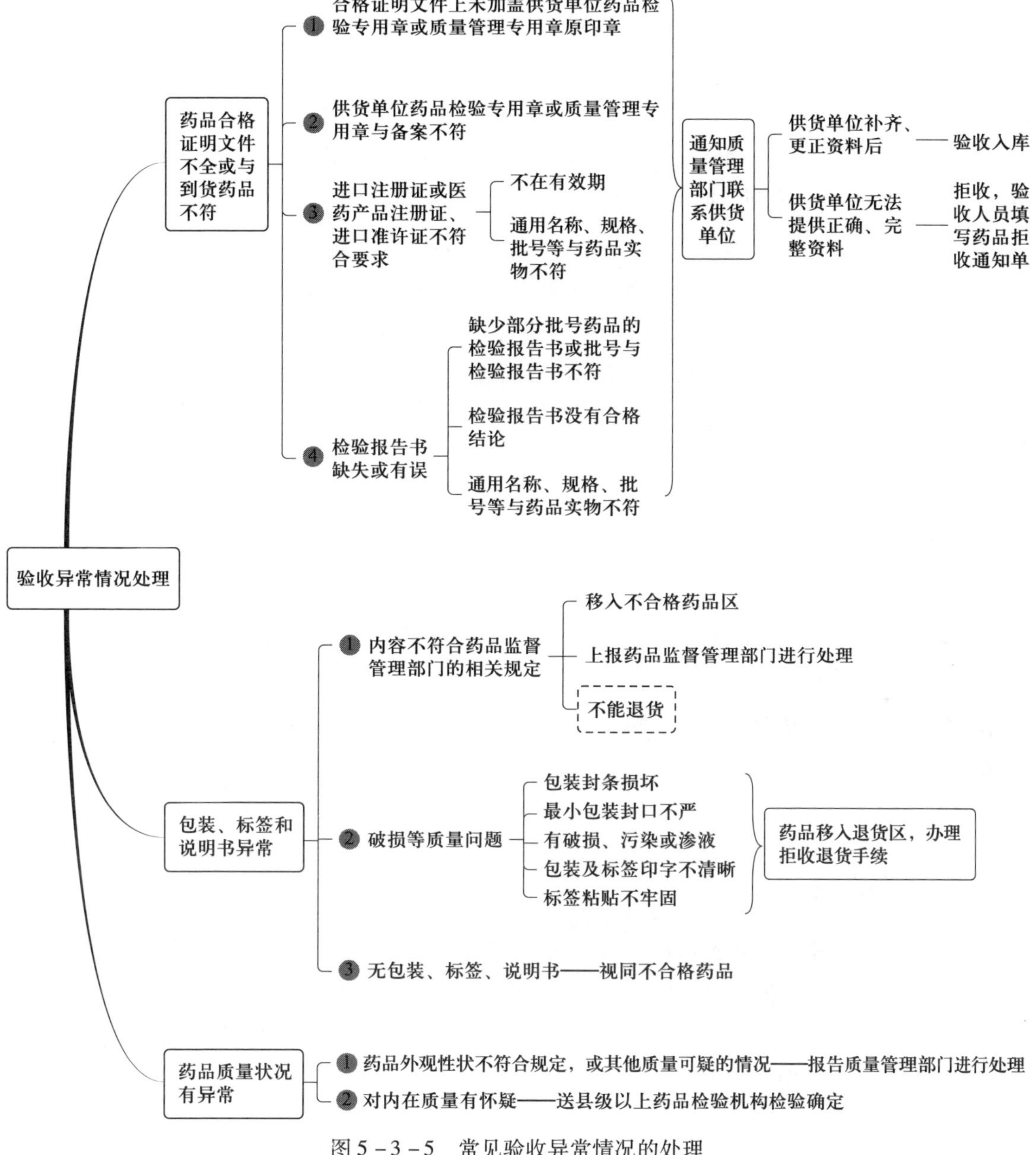

图 5－3－5　常见验收异常情况的处理

1．药品合格证明文件不全或与到货药品不符

（1）药品合格证明文件不全包括以下情况：合格证明文件上未加盖供货单位药品检验专用章或质量管理专用章原印章，或印章与备案不符；进口药品的进口注册证或医药产品注

册证、进口准许证不在有效期内；缺少部分批号药品的检验报告书或批号与检验报告书不符；检验报告书没有合格结论。

（2）到货药品不符主要指合格证明文件上的信息如通用名称、规格、批号等与药品实物不符。

（3）对于上述合格证明文件不全或与到货药品不符的情况，药品验收人员不得确认验收，需报告质量管理部门处理。由质量管理部门通知供货单位，补全补对相关资料后方可验收入库。如无法提供正确、完整资料的，按拒收处理，由验收人员填写药品拒收通知单（药品拒收通知单样例见表5－2－8），经质量管理部门审核确认后，通知供货单位，将拒收药品退给供货单位。未退货前，拒收药品可暂存于待处理区。

2. 包装、标签和说明书异常

（1）药品包装、标签、说明书等内容不符合药品监督管理部门的相关规定，将药品移入不合格药品区，不能退货，需上报药品监督管理部门进行处理。

（2）包装封条损坏，最小包装封口不严，有破损、污染或渗液，包装及标签印字不清晰，标签粘贴不牢固等情况，属于供货方质量违约责任，将药品移入退货区，办理拒收退货手续。

（3）无包装、标签、说明书的药品，视同不合格药品。

3. 药品质量状况有异常

根据药品各剂型的外观性状检查标准，药品验收人员在验收过程中发现药品外观性状不符合规定的，或其他质量可疑的情况，应报告质量管理部门进行处理。如对内在质量有怀疑时，还可送县级以上药品检验机构检验确定。经质量管理部门复检确认为不合格药品的，应拒收并按不合格药品处理。

任务实施

一、任务准备

形式：本实训环节需要模拟设置一般药品和冷链药品验收区域。分组合作进行实训，每小组4人，组内成员轮换负责不同流程。教师担任质量管理部门负责人。

材料：一般药品和冷链药品实物若干，以及相关药品的合格证明文件、验收记录等实物和资料（部分小组所用资料合规，部分小组所用资料在完整性、有效性和合法性上存在漏洞）。

工具：教材、相关法律法规文件、可获取网络数字信息的智能设备（可选）。

二、验收流程

根据所学内容，填写表5－3－5。

表 5-3-5　　验收表

序号	流程	结果	流程负责人签字
1	核对药品		
2	查验合格证明文件		
3	抽取样品		
4	检查样品		
5	填写验收记录		
6	验收药品处置①		
7	扫描上传②		
8	资料整理		

注：①没有计算机系统的可以只完成调整药品质量状态标识；②没有计算机系统的可省略。

任务测评

根据本任务完成情况，填写表 5-3-6。

表 5-3-6　　任务测评表

序号	考核内容	考核标准	配分	得分
1	核对药品	核对票、货相关信息是否一致，8 分，错误一项扣 2 分，扣完即止；审核票上的出库专用章是否符合要求，2 分（没有问题则应填写无）	10	
2	查验合格证明文件	正确填写检查结果，10 分（没有问题则应填写无）	10	
3	抽取样品	抽样正确，5 分；抽样记录填写正确，5 分	10	
4	检查样品	四类项目，每类 5 分。判断是否符合要求，1 分；存在的问题描述，4 分（没有问题就应填写无）	20	
5	填写验收记录	错误一项扣 1 分，扣完即止	10	
6	验收药品处置	处置正确，5 分	5	
7	扫描上传	盖章正确，3 分，扫描正确，2 分（没有计算机系统的则将盖章分值调整为 5 分）	5	
8	资料整理	整理分类清楚，10 分	10	
9	课堂表现	按要求穿着白大褂；不违规使用手机；按时到岗，不无故缺岗；实训结束后，按要求整理实训物品，有序清场，每项 5 分	20	
合计			100	

思考与练习

一、单项选择题

1. 对到货的同一批号的整件药品，整件数量为 80，应抽样检查的件数是（　　）。

A. 3　　B. 4　　C. 5　　D. 6

2. 下列情况中，除（　　）外，均应开箱检查至最小包装。

A. 外包装及封签完整的原料药和实施批签发管理的生物制品

B. 破损、污染、渗液、封条损坏等包装异常药品

C. 零货、拼箱药品

D. 无完好外包装的销后退回药品

二、多项选择题

1. 药品抽样验收时应检查的内容包括（　　）。

A. 药品合格证明文件

B. 药品的外观性状

C. 药品的运输储存包装和最小包装

D. 药品的标签

E. 药品的说明书

2. 验收进口中成药时，应当加盖供货单位质量管理专用章原印章的相关证明文件有（　　）。

A. 进口药品注册证

B. 医药产品注册证

C. 进口准许证

D. 进口药材批件

E. 进口药品检验报告书或注明“已抽样”字样的进口药品通关单

3. 一般药品到货时，关于样品的抽取说法正确的是（　　）。

A. 整件数量在2件及以下的应当全部抽样检查

B. 整件数量在2件以上至50件及以下的至少抽样检查3件

C. 每整件的上、中、下不同位置随机抽样检查至最小包装；每整件药品中至少抽取3个最小包装

D. 到货的非整件药品应当逐箱检查

E. 对存在封口不牢、标签污损、有明显重量差异或外观异常等情况的，应当加倍抽样检查。

4. 以下验收药品运输储存包装时应检查的内容说法正确的是（　　）。

A. 清晰注明药品通用名称、规格、生产厂商、生产批号、生产日期、有效期、批准文号、贮藏、包装规格

B. 不需注明储运图示标志

C. 应检查包装的封条有无损坏

D. 应检查特殊管理的药品、外用药品、非处方药的标识等标记

E. 应检查药品说明书

5. 验收药品最小包装时应检查的内容包括（　　）。

A. 标签粘贴是否牢固

B. 包装及标签印字是否清晰

C. 有无破损、污染或渗液

D. 封口是否严密、牢固

E. 标识的药品信息和运输储存包装上的药品信息是否一致

6. 对注射剂瓶、滴眼剂瓶等因标签尺寸限制无法全部注明规定的内容的，至少应标明（　　）。

A. 药品通用名称　　B. 产品批号　　C. 生产日期

D. 有效期　　E. 规格

7. 进口药品的包装、标签应以中文注明项目有（　　）。

A. 药品通用名称　　B. 主要成分　　C. 注册证号

D. 说明书　　E. 商品名

项目六

中成药商品储存与养护

【项目引入】

中成药商品储存是指中成药商品的储备和存放。它是中成药商品离开生产领域后，在流通的过程中需经过多次停留形成的，是中成药商品流通过程中不可缺少的重要环节，也是保证中成药商品流通的必要条件。如果没有一定数量的中成药商品储存作为缓冲，中成药商品的流通就容易中断。

中成药商品养护是指在中成药的购、销、存、运过程中，对储存的中成药商品进行科学的保养和维护，保障中成药商品的安全性和有效性。

中成药商品储存与养护是研究中成药商品在储存、养护过程中的质量变化规律与管理规律，应用科学的方法与措施防止中成药商品出现质量问题，保证中成药商品安全、有效。在继承中成药商品传统的储存与养护经验基础上，运用现代科学技术和质量控制与管理的理论与方法，研究中成药的储存与养护方法及质量变化现象和管理规律，保证用药安全，促进中成药商品产、供、销、用的发展。

任务一　中成药商品储存与养护期间的质量变化

学习目标

1. 能描述中成药商品储存与养护对于药品安全保障的意义；
2. 能描述中成功药商品储存与养护期间的质量变化现象；
3. 能识别中成药商品的质量变化现象。

任务引入

张大哥年初在药店买了一些大山楂丸。他本想隔三岔五吃一点帮助消化，结果买来半年左右，大山楂丸就出现了酸腐味。张大哥很困惑，明明把大山楂丸存放在罐子里了，结果拿出来就变质了。于是，他想问问店里的药师，这药出现什么问题了？这样的药还能不能吃？

相关知识

一、中成药商品储存与养护的意义

中成药商品是治病救人的特殊商品，中成药商品储存与养护的目的是调节中成药商品从生产到消费的过程中，时间、地域、供需间的差异，为销售前的准备工作提供场所和条件，满足预防公共卫生事件、自然灾害等特殊用药需求。

1. 保障中成药安全有效

一是严格实施入库中成药商品的质量检验，防止伪劣及不符合储存要求的中成药商品进入仓库或流入市场，起到质量监督作用。二是中成药商品来源广泛、所含成分各不相同，在储存过程中，必须采取一定的养护技术，确保中成药商品不发生质量变化，不发生燃烧、爆炸、污损等现象，切实防止虫蛀、鼠食、霉变等现象的发生，减少商品损耗，节省保管费用。

2. 平衡购销，保证市场供应

中成药商品储存起着积蓄与调节作用。一方面有利于购进活动，形成保证中成药商品市场供应的物质基础；另一方面又有利于批发、零售活动，将中成药商品输送出去，保证市场供应，满足人们的医疗保健的需要。

3. 消除地区和时间差异

中成药商品的生产与消费在地区和时间上存在差异。进行中成药商品储存，可将中成药从产地运往销地，进行地区间的调剂。同时，有的中成药是常年生产、季节消费的中成药，如藿香正气软胶囊，进行中成药商品储存，可以保证药品在旺季的供应。此外，进行中成药商品储存，保存一定量的中成药商品，可使中成药经营企业在突发公共卫生事件和自然灾害等特殊情况下，具备应急供应能力，使药品流通顺畅迅速，满足人们的用药需求。

4. 提高效益

促进中成药商品储存与养护企业改善经营管理，健全制度，提高管理水平。通过加强核算分析，研究库存结构、商品储存情况，及时发现问题，采取必要措施，适应市场，运用新技术提高仓库容量及使用效率，降低损耗，从而提高企业的经济效益。

二、中成药商品储存与养护期间的质量变化

生产中成药的原料药大多来源于动植物，而且是多药组合配方，因此，中成药的成分十分复杂，其质量易受到多种因素影响。如果某些环节控制不当，中成药商品就会发生各种质量变化，使药效降低或失效而不能使用，甚至会延误病情或者导致药源性感染。所以研究中成药商品储存与养护期间的质量变化，对保证用药安全有重要意义。

1. 物理变化

物理变化指的是中成药商品只改变物理性状而不改变其化学性质，即没有新的物质生成的变化。栓剂受热熔化变形，片剂吸潮崩解，散剂吸潮结块，甘油吸收空气中水分而稀释等都属于物理变化。中成药商品的物理变化一般有熔化、挥发、吸湿、潮解、结块、稀释、风化、升华、凝固、变形、分层、干裂、返砂等。一般来说，药物的物理变化不会引起化学变化，而化学变化必然伴随着物理变化。因此，应该辩证地对待药物的物理变化，例如，药品色泽变深、出现臭味或黏度改变等现象时，就不能单纯地认为是一种物理变化，因为上述外观性状改变绝大多数是由于化学变化而引起的。

2. 机械变化

机械变化指中成药商品在受到外力作用后，所表现出来的药品包装形态、结构上的改变。外力对中成药商品产生的影响大小取决于中成药商品的性质、状态以及包装强度等，后果一般有破碎、变形、渗漏等。例如，固体制剂在外力碾压下破碎、变形等。

3. 化学变化

化学变化是指中成药商品的内在化学性质发生变化，并生成新的物质，一般都伴有外观性状改变。中成药商品的化学变化主要包括水解、氧化、碳酸化、变旋、聚合等。

药品与药品、药品与溶剂，以及药品与附加剂、赋形剂、容器、外界物质（空气、光线、水分）、杂质（夹杂在药品或附加剂等辅料之中的金属离子、副产物等）都能发生化学反应而导致质量发生变化。

4. 生物学变化

生物学变化是指中成药商品因受到温度、湿度、时间等外界因素的影响，致使微生物滋长而发生虫蛀、泛油、霉变、腐败、发酵、分解等变化，导致药物变质。生物学变化实际上也属于化学变化。生物学变化主要包括：酵母粉霉变、生虫；乳酶产生腐败臭味；蜜丸、煎膏剂、片剂等中成药商品外表或内部产生霉菌；含糖、淀粉的中成药商品，如蜜丸、水丸、散剂等因为污染或封口不善而出现虫蛀，进而产生蛀粉及害虫分泌物；一些中成药商品因受热、受潮，在酵母菌的作用下膨胀发酵，易发酵的中成药商品剂型有合剂、酒剂、煎膏剂、糖浆剂等。

任务实施

一、任务准备

形式：本实训环节采用小组分组讨论的形式，每小组 2～6 人。

材料：课前每小组须自行查阅资料，学习中成药商品 4 种质量变化现象。

工具：教材、《中华人民共和国药典》、可获取网络数字信息的智能设备（可选）。

二、中成药商品质量变化现象分析

每小组通过查阅资料，分析得出以下内容：

1. 选择一种中成药商品（如大山楂丸），根据本任务所学内容，说明该中成药商品的4种质量变化类型；

2. 记录这4种质量变化的特点，并通过图片展示及文字描述的方式进行说明；

3. 简要分析发生这4种质量变化的原因；

4. 填写表6－1－1。

表6－1－1　　中成药商品质量变化分析表

中成药商品名称					备注
质量变化的类型					
质量变化的特点（图片及文字）					
发生质量变化的原因					

任务测评

根据本任务完成情况，填写表6－1－2。

表6－1－2　　任务测评表

序号	考核内容	考核标准	配分	得分
1	选择中成药商品	选择一种中成药商品，4分；说明该中成药品的4种质量变化类型，每种4分	20	
2	描述质量变化特点	用图片及文字描述4种质量变化的特点，描述具体且正确的得分，每种8分，总分不超过30分。未描述清楚或不完整或错误的酌情扣分	30	
3	分析发生质量变化的主要原因	分析4种质量变化发生的原因，分析正确的得分，每种8分，总分不超过30分。分析错误的酌情扣分	30	
4	课堂表现	按要求穿着白大褂；不违规使用手机；按时到岗，不无故缺岗；实训结束后，按要求整理实训物品，有序清场，每项5分	20	
合计			100	

思考与练习

一、单项选择题

1. 益母草膏返砂属于（　　）。

A. 物理变化　　B. 化学变化

C. 生物学变化　　D. 机械变化

2. 强力枇杷露出现酸败味，属于（　　）。

A. 物理变化　　B. 化学变化

C. 生物学变化　　D. 机械变化

二、多项选择题

中成药商品储存与养护的意义包括（　　）。

A. 保障中成药安全有效　　B. 平衡购销，保证市场供应

C. 消除地区和时间差异　　D. 提高效益

任务二　中成药商品质量变化因素与分析

学习目标

1. 能描述中成药商品质量变化的因素；
2. 能分析中成药商品发生质量变化的原因。

任务引入

影响中成药商品质量变化的因素主要包括内在因素和外在因素，不同的因素会导致中成药商品发生不同的质量变化。通过观察质量变化现象并分析影响因素，能为中成药商品的合理储存、安全使用提供科学依据。

相关知识

一、影响中成药商品质量变化的内在因素

内在因素是指中成药自身的因素，包括中成药的化学成分及其性质、中成药的含水量等。

1. 中成药商品的化学成分与变异

中成药由多种中药材组方而成，成分极为复杂，通常可分为水溶性物质和非水溶性物质两大类。属于水溶性物质的有糖、果胶、有机酸、鞣质、水溶性维生素、水溶性生物碱、色素、苷类及大部分无机盐类；属于非水溶性物质的有纤维素、半纤维素、原果胶、脂肪、脂溶性维生素、挥发油、树脂、蛋白质、淀粉、非水溶性生物碱、不溶性矿物质等。

在中成药的提取、加工、干燥、成型以及储存过程中，其化学成分不断发生变化，化学性质也不断改变，进而会使药效随之变化。中成药商品储存与养护的目的，就在于控制中成药的质量变化，使其达到应有的疗效。因此，只有了解中成药化学成分的特性及其变化规

律，才能创造良好的储存条件，达到防止中成药性质发生改变的目的。对中成药商品储存与养护影响较大的化学成分主要有6类。

（1）生物碱

含有生物碱的中成药，常因干燥的方法不适宜，导致其生物碱含量降低。同时，含有此类成分的中成药，常因长时间与空气和日光接触，发生部分氧化、分解而变质。因此，含有生物碱的中成药应避光保存，避免其成分发生变化。

（2）苷类

由于分解酶的影响，含有苷类的中成药必须用适当的温度迅速干燥。多数含有苷类的中成药可在55～60 ℃下干燥，在此温度下酶会被破坏而失去作用，从而保证药效。因此，此类中成药要避免水分的侵入，否则会因其含水量增多，导致未被破坏的酶将其含有的苷类分解，影响药效。不过，在没有水分存在的情况下，苷类一般是不会被分解的。

（3）鞣质

因鞣质易氧化和聚合，将含鞣质的中成药露置在空气及日光中，会使其逐渐变成棕黑色；在碱性溶液中，此类中成药更易氧化变色。减少与氧气的接触，破坏或抑制氧化酶的活性，是防止鞣质氧化变色的有效方法。

（4）油脂

含油脂的中成药在日光或微生物的作用下易发生氧化，并分解生成甘油和脂肪酸，产生臭味。这种现象称为油脂的“酸败”。光线、温度、水分以及油脂中的杂质等均能加快油脂的酸败，因此含有大量油脂的中成药需要严防水分的侵入，避免日光直射。将其储存在温度低、隔绝氧气的环境中可以避免“酸败”。

（5）挥发油

含有挥发油的中成药与空气、光线接触会逐渐氧化变质，使挥发油比重增加，黏度增大，颜色变深，气味也会发生改变，甚至会形成树脂样物质。在夏季强烈的日光照射下，过高的温度会使挥发油散失或走油。此类中成药在加工过程中，一般采用低温干燥，温度不宜超过35 ℃，以免挥发油散失。

（6）色素

色素广泛存在于中成药中，根据其溶解性可分为水溶性色素和脂溶性色素两大类。水溶性色素主要包括黄酮类色素、蒽醌类色素等；脂溶性色素主要包括叶绿素、胡萝卜素等。色素受热易分解、褪色，在日光或氧气的影响下，会发生色泽变化。控制温度和湿度，防止日光照射及接触氧气，可使含有色素的中成药保持其固有的色泽。

2. 中成药商品的含水量与变异

中成药的品种繁多，成分复杂，大多数中成药都含有一定量的水分。中成药内所含水分占重量的百分数，称为含水量或水分含量，与中成药商品的储存与养护有着极密切的关系。

（1）水分与虫蛀的关系

虫蛀主要与原材料的性质有关。蜜丸、水丸、散剂等剂型的中成药，若含有糖、淀粉、蛋白质、油脂等，在温度湿度适宜的情况下，害虫便会加速繁殖，进而发生虫蛀。一般温度为18～27 ℃，相对湿度为70%～80%时，害虫的繁殖能力最强。虫蛀往往从出现蛀口、蛀粉、害虫的分泌物和排泄物开始，直至变质。

（2）水分与霉变的关系

霉菌生长的重要条件是所附着的中成药中含有必需的营养物质，如淀粉、蛋白质、纤维素等。水分越高，霉菌的新陈代谢越强，其生长繁殖也越快。大多数中成药商品本身含有一定的水分，而且具有从空气中吸收水分的能力。因此，在适宜的条件下，寄生或附着在中成药表面的霉菌孢子能很快地生长，产生霉变。

（3）水分与潮解的关系

含盐的固体中成药能够不断地吸收潮湿空气中的水分，当含水量达到一定程度时，便会慢慢溶化成液体状态，失去药用价值，如七厘散、冰硼散等。空气的相对湿度越大，就越容易潮解。

（4）水分与风化的关系

一些中成药含有一定的结晶水，由于过分干燥或经风吹日晒而逐渐失去这部分水分时，其质量也随之发生变化。如芒硝风化失水，成为风化硝。通常情况下，空气中的相对湿度和中成药的风化速度成反比，即空气中相对湿度越低，风化越快，而温度起着间接推动作用。风化后的中成药形状和质量都会发生明显变化。

（5）水分与散失气味的关系

中成药本身含有多种成分，各自有着不同的气味。受湿度、温度和空气的影响，某些成分挥发散失或被稀释，中成药的气味随之发生变化，质量也会受到影响。如含芳香性挥发油的中成药，含水量较高时易霉烂，导致芳香性气味散失。

（6）水分与泛油的关系

富含糖类及油脂的中成药，在储存过程中若含水量过高，在温度、日光和空气的作用下，会因酶的催化作用而使油脂被水解为游离脂肪酸，并透过细胞和组织溢出表面，这种现象叫“泛油”，又称“走油”，表现为质地返软、发黏、表面泛出油样物质。一般来说，中成药含水量越高，越易泛油。

（7）水分与软化的关系

中成药所含的成分不同，发生软化的原因也各不相同。有些中成药的软化是温度造成的，有些则是湿度造成的。含亲水基团的动物胶质，如阿胶、龟甲胶、鹿角胶等，大量吸收空气中的水分后，会逐渐开始软化，严重时会造成质量的变化。

此外，水分与其他质量变化现象，如腐烂、失润、干裂等也有着密切的关系。由此可见，中成药的含水量直接影响其质量，对含水量的控制和测定，是中成药商品养护过程中的主要任务。一般来说，在空气湿度不超过70%，温度低于25 ℃的条件下，中成药商品的含水量越低越有利于安全储存。

【知识链接】

水分测定方法

中成药的含水量可按《中华人民共和国药典（2020年版）》的规定取样及测定，另外也可用快速水分测定仪测定。《中华人民共和国药典（2020 年版）》规定的水分测定方法有 5 种，即费休氏法、烘干法、甲苯法、减压干燥法和气相色谱法。其中烘干法适用于不含或少含挥发性成分的中成药；甲苯法适用于含挥发性成分的中成药；减压干燥法适用于含挥发性成分的贵重中成药。

二、影响中成药商品质量变化的外在因素

引起中成药商品质量变化的外在因素主要有自然因素、生物因素、时间因素、包装容器因素等。这些外在因素能使中成药成分产生复杂的物理、化学和生物学的变化。变化程度的大小、速度的快慢与中成药同这些外在因素接触的时间的长短、储存的方法有着直接的关系，并且各因素之间又存在着相互促进或相互抑制的作用。

1. 自然因素

自然因素包括温度、湿度、空气、日光等。

（1）温度

温度对中成药商品的储存影响最大。在常温（15 ~ 20 ℃）下，中成药成分基本稳定，利于储存。但随着温度的升高，霉菌和害虫更容易滋生繁殖，中成药自身的氧化、水解反应也会加快，促使中成药产生霉变、虫蛀、泛油、气味散失、变色、潮解、溶化、糖质分解等现象。因此，在储存时要根据中成药所含成分的性质选择适宜的温度。

（2）湿度

湿度是指空气中水蒸气含量的多少，即空气潮湿程度。空气湿度也是影响中成药质量的一个重要因素，与中成药的含水量有密切关系。湿度过高或过低可引起中成药的潮解、酸败、霉变、腐烂、干枯、风化等质量变化。一般中成药商品储存的相对湿度以35% ~ 75%为宜。

（3）空气

通常情况下，中成药商品的包装都是密封的。未密封的中成药商品在储存过程中难免会与空气接触。空气中含有氮气、氧气、二氧化碳、臭氧等气体，暴露在空气中的中成药发生的质量变化大多是空气中的氧气和臭氧引起的。

1）氧气会影响中成药的颜色。例如，含鞣质的中成药与空气接触后，表面极易氧化为棕红色。

2）氧气和臭氧会导致中成药泛油。臭氧作为一种强氧化剂，和氧气一样，可以加快中成药中的有机物质，特别是油脂的变质，出现泛油现象。例如，干性油的主要成分是亚麻酸、亚油酸等不饱和脂肪酸的甘油酯，其中的不饱和物容易氧化而结成块状；含有不饱和成分的油脂与空气接触能缓慢发生氧化而酸败；挥发油易发生氧化而引起树脂化。这些泛油现象，在强光和高热的条件下，会发生得更快。

3）空气会引发霉变。空气中飘散着大量的霉菌孢子，这些孢子落在中成药表面后，在温度和湿度适宜的条件下，萌发成菌丝，分泌酵素，溶蚀药材组织，使中成药腐烂变质，产

生霉变，失去药效。多数霉菌属于喜氧性微生物，只能在有分子态氧存在时才能生存。因此，在潮湿且空气流通的情况下，霉菌的生长会更快。

4）空气会引发虫蛀。虫蛀现象与空气中的氧气有着关联性。害虫同其他生命体一样，在生长、发育及繁殖过程中都离不开氧气。在氧气不足的情况下，害虫生长发育受到抑制乃至死亡。气调养护就是根据这一原理调整密封环境内氧气或二氧化碳等气体的浓度来抑制或杀灭害虫的。

此外，中成药商品的变味、腐烂、气味散失等现象的产生都与空气有着密切的关系。

（4）日光

光是一种电磁波，根据波长的不同可分为紫外光、可见光和红外光等。日光能引起或促进中成药中的许多有机物和无机物发生化学变化，从而影响中成药商品的质量。

中成药在日光的直接照射下，所含成分会发生氧化、分解、聚合等反应，如油脂的酸败、苷类及维生素的分解、色素的破坏等。

日光中的紫外线有较强的杀菌作用，可以通过日光暴晒来杀灭中成药中的微生物和害虫，防止霉变和虫蛀。但日光暴晒会使温度升高，导致一些中成药商品出现气味散失、泛油、粘连、干枯等现象。因此，含有挥发油及不耐热成分的中成药应避免日光的直接照射。

2. 生物因素

霉菌和害虫是引起中成药商品质量变化的常见生物因素，必须从中成药商品的生产、储运等各个环节严加控制。生产中成药不得用霉变、虫蛀的原料和辅料，注意车间卫生、设备卫生、工艺卫生和个人卫生，并严格消毒灭菌。流通环节，尤其是购进时要严格检查验收，不允许有霉变、虫蛀迹象的中成药商品入库，不得将中成药商品与其他物料混放于同一库房，以切断污染源，避免交叉感染。在储存过程中，要注意库房环境卫生，严格控制库内温度、湿度，创造和保持有利于中成药商品安全而不利于微生物和害虫滋生的条件，方可有效防止霉变、虫蛀等现象的发生。

3. 时间因素

时间因素主要包括中成药商品在储存过程出现的物理及化学性质上的陈化变异。有的中成药商品经过长时间储存，外观虽无变化，但内在质量已发生改变，有的则本身性质不稳定，只能储存很短的时间，因此，必须规定其有效期，按生产批号、有效期分别进行保管，勤加检查，以防储存时间过长而导致变质。

【知识链接】

有效期、生产批号

药品必须注明有效期或生产批号。有效期是指药品在规定的储存条件下，能够保持安全、有效的期限。《中华人民共和国药品管理法》规定，未标明有效期或者更改有效期的，以及超过有效期的药品按劣药论处。生产批号是指用于识别“批”的一组数字或字母加数字，主要用于追溯和审查该批药品生产的历史。

4. 包装容器因素

包装容器是直接盛装和保护药品的器具。合理选择适当的包装容器，不仅可以保护中成药的完整和清洁，更重要的是能防止霉菌及害虫等的侵蚀，以及避免外界温度、湿度、有害气体、日光等的影响，保证药品质量。药品包装容器常用的材料有玻璃、金属、纸及硬纸、塑料等。

三、常见中成药商品的质量变化

中成药商品的质量变化是指中成药商品在储存与养护过程中因处理不当，在外界因素和自身性质的相互作用下，发生虫蛀、霉变、变色、泛油、挥发、发硬、粘连、发酵、返砂、沉淀、开裂等变异现象。因此，采取有效措施防止这些变异现象的产生，是中成药商品储存与养护工作的主要内容。

1. 虫蛀

虫蛀是指中成药商品被害虫蛀食的现象，是中成药商品储存过程中常出现的变异现象之一。其原因是多方面的，既与原材料的性质有关，又与生产和运输过程中的污染以及包装封口不善等因素有关，一旦温度、湿度适宜害虫滋生，害虫就会大量繁殖，蛀食中成药，使中成药出现孔洞，甚至变成粉末等。这种变异现象往往从出现蛀口、蛀粉、害虫的分泌物和排泄物开始，直至变质，服用后会给人体健康带来危害，多发生于含淀粉、糖、脂肪、蛋白质等成分较多的蜜丸、水丸、散剂等。

2. 霉变

霉变又称发霉，是指中成药受潮后，在适宜的温度下造成霉菌的滋生和繁殖，在表面或内部布满菌丝，产生毛状物、线状物、网状物或霉斑，并分泌酵素，破坏中成药的有效成分，产生霉臭气味而不能药用的现象。霉变是中成药商品储存过程中较为常见的变异现象。严重的霉变，会使中成药失效甚至产生有毒物质和致癌物质，如黄曲霉菌所产生的黄曲霉毒素就是一种强致癌物质，危害极大。引起霉变的主要因素包括：许多中成药本身含有蛋白质、脂肪、淀粉、黏液质及糖等成分，给霉菌的生长、繁殖提供了丰富的营养物质；一定的温度和湿度是霉菌生长、繁殖的必要条件，通常温度为 20 ~ 35 ℃、相对湿度在 75% 以上或药材含水量超过 15%，是霉菌生长的有利条件。外界环境的不清洁、制作过程不规范、包装灭菌不严等也是产生霉菌的主要原因。

3. 变色

变色是指中成药商品自身的固有颜色发生了变化，或失去原来色泽。颜色是中成药品质的重要标志，各种中成药都具有其固有的颜色，颜色的改变标志着中成药质量的改变，甚至会导致中成药失去疗效。引起中成药商品变色的主要原因如下。

（1）酶引起的变色

含有黄酮苷、羟基蒽醌以及鞣质的中成药，在酶的作用下，会发生氧化、聚合等化学反应，形成大分子的有色化合物，从而使中成药的颜色加深。温度在 50 ℃以下时，随着温度和湿度的增加，酶的活性也会增大，中成药变色更加显著。故易变色的中成药商品应置于低温、干燥处储存。

（2）非酶引起的变色

非酶引起中成药变色的因素较多，有的是因中成药所含蛋白质中的氨基酸与还原糖作用，生成大分子棕色化合物而使中成药变色；有的是因中成药所含的糖及糖酸类物质，分解产生糖醛或其他类似的化合物，这些化合物含有活泼的羟基，能与含氮的化合物发生缩合、环合等化学反应，形成棕色色素或其他的色素，而导致中成药变色。此外，含有鲜艳色素的中成药，在日光的直接照射下，会导致部分不稳定色素被破坏而褪色。此外，空气中的氧气对色素具有氧化作用，长期与空气接触也会使中成药变色。

4. 泛油

泛油又称走油，是指某些中成药所含的油脂泛于包衣表面，或因受潮、变色、变质后表面泛出油样物质的现象。中成药出现泛油后，除油脂有所损失外，药物的成分也已经发生了变化，同时伴随着变色、变质等现象。因此，已经泛油的中药材不能用来加工中成药，而泛油的中成药也不能使用。引起中成药泛油的主要原因如下。

（1）所含的化学成分

含油脂较多的植物类中成药，在外界因素的作用下，加上酶的催化作用，会导致油脂被水解为游离脂肪酸，从而透过细胞和组织，溢出表面。含黏液质、糖较多的中成药，其所含糖及糖酸类物质会被分解，产生糖醛或其他类似化合物，从而出现颜色变深，质地变软，糖分外渗的现象。含脂肪、蛋白质较多的中成药，其所含脂肪、蛋白质被氧化后，生成的氧化物会再分解生成有异味的醛酮类物质，而产生质变。

（2）温度与湿度

含有上述成分的中成药在温度高、湿度高且有空气和日光作用的情况下，油性物质很容易外溢。

（3）加工与储存养护

含油脂、黏液质、糖较多的中成药及含脂肪、蛋白质的中成药，由于加工与储存养护方法不当，或储存过久，容易导致泛油。

5. 挥发

挥发是指在高温下，中成药所含的挥发油或乙醇散失，如芳香水剂、酊剂等。这类中成药在储存过程中，由于密封不严，或敞口放置时间过长，温度升高或库房内相对湿度太低，往往容易出现挥发现象，致使有效成分含量降低，失去疗效。

6. 发硬

蜜丸剂型的中成药，若长期储存，可能会使其失去的水分过多，导致失润变硬。此外，外用膏药储存过久也可干枯变硬、失去黏性而不能使用。

7. 粘连

粘连是中成药商品因受潮、受热而变形粘在一起的现象，多见于含有阿胶、龟板胶的中成药，或颗粒剂、糖衣片等剂型的中成药。原呈块状、片状或颗粒状的药物，一经粘连即失去原来的形状，结块成饼，影响质量。

8. 发酵

发酵是指中成药因受热、受潮，在酵母菌的作用下膨胀发酵。易发酵的中成药剂型有合剂、酒剂、煎剂、糖浆剂、膏剂等。

9. 返砂

返砂又称返糖。一般是指煎膏剂等剂型的中成药由于蔗糖转化不够而使结晶析出，影响质量的现象。导致中成药返砂的原因比较复杂，有温度、湿度的原因，但主要是炼糖时质量标准掌握不当，蔗糖转化率低所致。

10. 沉淀

沉淀是液体制剂的一种常见变异现象。由于灭菌操作不严、过滤不清、储存过久、酸碱度影响等因素，使药物产生絮状沉淀而变质，多见于酒剂、口服液、注射剂等剂型的中成药。

11. 开裂

开裂一般是指各类片剂、丸剂等剂型的中成药，如牛黄解毒片等。由于环境湿度、温度和日光的影响，或储存时间过长而开裂，进而影响质量的现象。

任务实施

一、任务准备

形式：本实训环节采用小组分组讨论的形式，每小组 2 ~6 人。

材料：课前每小组须自行查阅资料，学习中成药商品的质量变化影响因素。

工具：教材、《中华人民共和国药典》，可获取网络数字信息的智能设备（可选）。

二、中成药商品质量变化现象分析

每小组通过查阅资料，分析得出以下内容：

1. 通过查阅资料，选择一种中成药商品，并记录 5 种该中成药商品的质量变化现象（质量变化现象应包括内在影响因素、外在影响因素）；
2. 记录这 5 种质量变化的特点，并通过图片展示及文字描述的方式进行说明；
3. 分析发生这 5 种质量变化的原因；
4. 给出防止发生这 5 种质量变化的措施；
5. 填写表 6 -2 -1。

表 6 -2 -1　　中成药商品质量变化现象分析表

中成药商品名称						备注
质量变化现象						
质量变化的特点（图片及文字）						
发生质量变化的原因						
防止发生质量变化的措施						

任务测评

根据本任务完成情况，填写表 6－2－2。

表 6－2－2　任务测评表

序号	考核内容	考核标准	配分	得分
1	选择中成药商品并记录质量变化现象	选择一种中成药商品，5 分；记录该中成药商品的质量变化现象，每种 3 分	20	
2	描述质量变化特点	用图片和文字描述质量变化的特点，描述具体且正确的得分，每种 6 分；未描述清楚或表述不完整或错误的酌情扣分	30	
3	分析发生质量变化的原因及防止措施	分析发生质量变化的原因，每种 3 分；给出防止发生质量变化的具体措施，每种 3 分。分析错误或给出的措施错误的酌情扣分	30	
4	课堂表现	按要求穿着白大褂；不违规使用手机；按时到岗，不无故缺岗；实训结束后，按要求整理实训物品，有序清场。每项目 5 分	20	
合计			100	

思考与练习

一、名词解释

1. 走油
2. 返砂
3. 发酵

二、多项选择题

1. 中成药商品的含水量与（　　）现象有关。

A. 虫蛀　　B. 霉变　　C. 潮解　　D. 风化

2. 影响中成药商品质量变化的自然因素包括（　　）。

A. 温度　　B. 湿度　　C. 空气　　D. 日光

3. 影响中成药商品质量变化的外在因素包括（　　）。

A. 自然因素　　B. 生物因素　　C. 时间因素　　D. 包装容器因素

任务三　中成药商品养护

学习目标

1. 能描述中成药商品的特殊性；

2. 能描述中成药商品的贮藏要求；

3. 能根据药品养护特点进行可持续贮藏。

任务引入

小李在某医药公司的仓库保管员岗位实习，现有一批中成药商品到货需要进行养护。在操作程序上，小李需要先熟悉仓库保管制度和操作规程，然后再根据各中成药商品的剂型特点进行养护。不同的剂型有不同的养护要求，需要区别养护。小李该如何开展工作呢？

相关知识

一、中成药商品的特殊性

中成药是治病救人的特殊商品，其特殊性如下。

1. 中成药商品必须坚持质量第一

中成药商品的质量是关系用药安全、有效的大事，只有合格品和不合格品，不允许有次品或等外品（质量差，不能列入等级的产品）。对中成药商品而言，没有质量就没有使用价值，不合格品不但没有临床疗效，反而会危害人们的健康，因此必须坚持质量第一的原则。

2. 中成药商品具有治疗作用和不良反应双重性

我国自古就有“是药三分毒”的说法，就是说药物在起治疗作用的同时，又存在着毒副作用。如维C银翘片、感冒清片因加入了马来酸氯苯那敏（扑尔敏），服用后常见嗜睡等副作用；长期或过量内服小活络丸有引起严重心律失常的可能性等。

3. 使用的季节性和时间性

由于疾病的发生常带有季节性，因此中成药商品的产销和使用也具有一定的季节性。同时，中成药商品还有一定的时间性，主要包括两方面：一是指中成药商品都应规定有效期，若储存时间过长，会导致中成药变质，失去药用价值甚至产生毒副作用，故超过有效期的药不能再用；二是指使用时间的紧迫性，尤其是急救用药，只能“药等病”不能“病等药”。

4. 化学成分复杂性

中成药多为复方，由几味甚至几十味中药材及其他辅料组成，每一味药材又含多种成分。因此，对于中成药而言，其所含成分的复杂，给科研和质量检验工作增加了很大难度。

二、中成药商品的贮藏要求

正确地贮藏中成药商品是保证用药安全、有效的重要环节。中成药商品剂型较多，所含成分复杂，制作方法不同，性质各异，因此成品质量受外界条件影响较大。例如，受热后，部分中成药所含的挥发油及芳香挥发性成分容易挥发、散失，导致疗效降低。受潮后，含糖、淀粉多的中成药容易潮解、霉变；含树脂、浸膏多的中成药容易粘连。日光或空气中的氧气等，会使部分中成药变色。这些变化不仅影响中成药商品的外观，还可引起其有效成分的改变或散失，直接影响中成药商品的质量。

首先要弄清楚药品说明书、标签中不同的贮藏条件的含义。以下为《中华人民共和国药典（2020 年版）》凡例的“项目与要求”中对贮藏内容的统一规定。

药品〔贮藏〕项下的规定，系对药品贮藏与保管的基本要求，除矿物药应置干燥洁净处不作具体规定外，一般以下列名词术语表示。

1. 遮光：系指用不透光的容器包装，例如棕色容器或黑色包装材料包裹的无色透明、半透明容器。

2. 避光：系指避免日光直射。

3. 密闭：系指将容器密闭，以防止尘土及异物进入。

4. 密封：系指将容器密封，以防止风化、吸潮、挥发或异物进入。

5. 熔封或严封：系指将容器熔封或用适宜的材料严封，以防止空气与水分的侵入并防止污染。

6. 阴凉处：系指不超过 20 ℃。

7. 凉暗处：系指避光并不超过 20 ℃。

8. 冷处：系指 2 ~ 10 ℃。

9. 常温：系指 10 ~ 30 ℃。

除另有规定外，〔贮藏〕项未规定贮藏温度的一般系指常温。

《药品经营质量管理规范》（GSP）规定，储存药品相对湿度为 35% ~ 75%；储存药品应当按照要求采取避光、遮光、通风、防潮、防虫、防鼠等措施。

中成药商品的贮藏温度要求主要是常温、阴凉处或凉暗处，暂无要求冷处贮藏的品种。应按照《药品经营质量管理规范》的规定及中成药说明书、标签的贮藏项下的描述对中成药商品进行正确的存放。

中成药商品的堆码要求主要是需要符合《药品经营质量管理规范》的规定。根据药品储存要求，搬运和堆码药品应当严格按照外包装标示要求规范操作，堆码高度符合包装图示要求，避免损坏药品包装；药品按批号堆码，不同批号的药品不得混垛，垛间距不小于 5 cm，与库房内墙、顶、温度调控设备及管道等设施间距不小于30 cm，与地面间距不小于 10 cm；药品与非药品、外用药与其他药品分开存放。堆码应充分利用货位空间，并做到货垛整齐、稳固、美观，便于中成药储存与养护作业。

三、不同剂型的中成药商品养护特点及贮藏

中药制剂的发明与应用在我国有着悠久的历史，早在夏商时期，甲骨文中就有制造药酒的记载，并出现了“伊尹造汤液”的传说；《黄帝内经》《神农本草经》收载了汤剂、丸剂、散剂、膏剂、酒剂等不同剂型。随着现代科学技术的发展，中成药的剂型日益丰富，新剂型层出不穷，中成药已从普通制剂发展到缓释制剂和靶向制剂时代。中成药的剂型选择必须遵循速效、高效、长效（“三效”），剂量小、副作用小、毒性小（“三小”），生产、运输、贮藏、携带、使用方便（“五方便”）的原则。

中成药商品的储存与养护工作应贯彻预防为主的原则，在质量管理部门的技术指导下，依照分类储存的要求合理存放，实行色标管理。做好库内温度、湿度的监测、记录工作，当温度、湿度超出规定范围时，应采取降温、保温、除湿、增湿等措施。每年应对库房内中成药商品进行1~2次全面质量检查。平时应定期进行循环质量检查，一般品种每季度检查1次，易变品种酌情增加检查次数。认真填写库存中药养护记录，建立中成药养护档案。

中成药商品的剂型很多，在此将常见剂型参照《中华人民共和国药典临床用药须知·中药成方制剂卷（2020版）》和《中华人民共和国药典（2020版）》的制剂通则介绍如下：

1. 丸剂

丸剂系指药材细粉或提取物加适宜的黏合剂或其他辅料制成的球形或类球形制剂，分为蜜丸、水蜜丸、水丸、糊丸、蜡丸和浓缩丸等类型。其主要特点是在胃肠道内降解缓慢，药效缓和持久。某些剧毒药物或有刺激性的药物制成丸剂，可降低毒副作用和刺激性，能掩盖某些药物的不良气味，分剂量较准确，贮藏、运输、服用和携带较方便。但服用剂量一般较大（除浓缩丸外），儿童服用不便，制备技术不良易导致溶散时限不合格。丸剂容易潮解、霉变、虫蛀、失润、气味散失或粘连成块、干枯变形等，凡出现上述情况不可药用。各种丸剂具体如下。

（1）蜜丸

蜜丸系指药材细粉以蜂蜜为黏合剂制成的丸剂。其中每丸重量在0.5 g（含0.5 g）以上的称大蜜丸，每丸重量在0.5 g以下的称小蜜丸。与其他丸剂相比具有崩解、吸收缓慢，作用缓和，口感好，成本较高等特点。多用于治疗慢性疾病和需要滋补的疾病，如疏风活络丸、天麻丸、妙济丸等。

【成品性状】蜜丸外观应圆整均匀，色泽一致，细腻滋润，软硬适中。色泽呈原辅料的混合物色泽，多为黄棕色或棕黑色，包衣丸显衣料色泽，如包朱砂衣者呈红色等。

【贮藏养护】蜜丸是最不易保存的剂型之一，若制备工艺不当、保管不善或用含糖、黏液质多的药材制成，一旦贮藏过程中受湿、热空气影响，易吸水潮解、霉变或发黏、发酵，且易虫蛀。故多用塑料薄膜包裹装盒或用蜡壳封装，宜密封贮藏于阴凉干燥处，并注意防潮、防热，有效期一般为1.5年左右。

（2）水蜜丸

水蜜丸系指药材细粉以蜂蜜和水为黏合剂制成的丸剂。与蜜丸比较，水蜜丸具有丸粒小，光滑圆整，比较坚硬，易于吞服的特点，但吸湿性仍然较强，如清肺化痰丸、麻仁丸、清宁丸等。

水蜜丸的变异现象与蜜丸近似，可参照蜜丸贮藏养护，有效期通常为2年左右。

（3）水丸

水丸又称水泛丸，系指药材细粉以水（或根据制法用黄酒、醋、稀药汁、糖液等）为黏合剂制成的丸剂。与其他丸剂相比具有体积较小、颗粒较疏松、崩解快、显效快、成本低等优点，如防风通圣丸、正天丸、牛黄清心丸、四神丸等。

【成品性状】水丸外观色泽应一致，大小均匀、圆整、坚硬，分素丸和包衣丸。素丸外观多呈原料药的混合色泽，多为黄绿色或棕黑色。一般 500 粒重 31 g，微丸一般 160～300 粒重 1 g。包衣丸外观呈衣料色泽，如包滑石衣者呈白色等。

【贮藏养护】霉变是水丸的主要变异现象，水丸若用含糖、黏液质较多的药材制成，一旦入库时含水量过高或环境相对湿度较高，易霉变、虫蛀。同时，水丸还因制备工艺、药物性质、贮藏环境等原因，易出现掉衣、泛油、变色、破碎等变异现象。因此，水丸入库时应着重检查有无霉变、虫蛀、气味散失、松碎等。水丸大多采用袋装或者瓶装，除另有规定外，水丸应密封贮藏。有效期通常为 2 年左右。

（4）糊丸

糊丸系指药材细粉以米糊或者面糊等为黏合剂制成的丸剂。与其他丸剂相比具有质地硬、体积小、崩解慢、作用持久等特点。多将剧毒药物或刺激性强的药物的处方制成糊丸，如黎峒丸、西黄丸等。近年来为简化操作，也有将部分糊丸改制成水丸（如一粒珠、白金丸）或蜜丸（如控涎丸等）。

【成品性状】糊丸外观应大小均匀，色泽一致，表面光滑，无破裂碎丸。

【贮藏养护】糊丸许多性质近似水丸，但更易虫蛀，也较易泛油、气味散失。除另有规定外，糊丸应密封贮藏，注意防虫。

（5）蜡丸

蜡丸系指药材细粉以蜂蜡为黏合剂制成的丸剂。与其他丸剂相比具有溶化缓慢、疗效持久的特点。多将解毒消肿、散瘀止痛类处方制成蜡丸。

【成品性状】蜡丸表面应光滑无裂纹，色泽一致，内外均匀。丸内不应有蜡点或颗粒。

【贮藏养护】大蜡丸单独分装，小蜡丸袋装或瓶装。贮藏中遇热易软化变性，熔化流失等。除另有规定外，蜡丸应置阴凉干燥处贮藏，注意防热，不能烘烤。

（6）浓缩丸（药膏丸、浸膏丸）

浓缩丸系指药材或者部分药材提取浓缩后，与适宜的辅料或其余药材细粉，以水、蜂蜜或者蜂蜜和水为黏合剂制成的丸剂。根据所用的黏合剂不同，分为浓缩水丸、浓缩蜜丸和浓缩水蜜丸。与其他丸剂相比具有体积小、含药浓度高、服用剂量小等特点，但因含清膏或浸膏量大、黏性强而崩解较慢，多用于水丸改型，如养血清脑丸、百合固金丸等。

【成品性状】浓缩丸应圆整坚硬，色泽一致，大小均匀。

【贮藏养护】浓缩丸多为瓶装或塑料袋装，贮藏养护可分别参照水丸和蜜丸，但因其吸湿性强，更易霉变、虫蛀，应注意密封、防潮。

（7）滴丸

滴丸系指药材经适宜的方法提取、纯化后与适宜的基质加热熔融，滴入不相溶的冷凝介质中制成的球形或类球形制剂。滴丸具有疗效迅速、生物利用度高、质量易控制、重差小、含药量准、质量稳定等优点。滴丸易服用，在体内溶化快，奏效迅速，可以含化或吞服，如复方丹参滴丸、银杏叶滴丸等。滴丸可以含化吞服，对口腔咽喉疾病治疗有一定的优势，如清咽滴丸。此外，用于耳腔内局部治疗的药物，制成滴丸具有长效作用。

【成品性状】滴丸应圆整均匀，色泽一致，无粘连现象，表面无冷凝介质附着。

【贮藏养护】除另有规定外，滴丸应密封贮藏，以防受潮、发霉、变质。

2. 散剂

散剂系指药材或药材提取物经粉碎，均匀混合制成的粉末状制剂，如六一散、益元散、冰硼散、虎力散等。散剂可分为内服散剂和外用散剂。由于散剂有效表面积大，服用后仅受到胃肠液的浸润、溶出速度的限制，故生物利用度高于胶囊剂、片剂、丸剂，奏效迅速。散剂还有制作简单、携带方便等优点，也有口感不良、易引起呛咳、易吸湿、挥发成分易散失等缺点。现有将部分散剂改制成胶囊剂，以克服上述缺点。

【成品性状】散剂应干燥、疏松、混合均匀、色泽一致，其色泽因原料药而异。

【贮藏养护】散剂表面积大，与空气接触面广，化学活性也随之增加，故常出现气味散失、结块、虫蛀、霉变等变异现象。例如，含芳香挥发性药材的散剂易气味散失，富含淀粉、黏液质、糖的散剂易虫蛀，含树脂、油性药材的散剂易粘结成块等。散剂多用袋、玻璃瓶、铝塑等包装。入库时主要检查均匀度、气味、干燥度、卫生情况等，平时应定期检查吸潮情况。除另有规定外，散剂应密闭贮藏，多以严格防潮为主要养护手段。此外，含挥发性药物的散剂，如冰硼散、避瘟散等含有冰片、薄荷脑等成分，应密封阴凉贮藏防止有效成分挥发和气味散失；特殊臭味散剂应与其他药物隔离存放，以防串味；内服散剂与外用散剂分开存放；含毒性药物、麻醉药物的散剂要专柜、专库存放。

【知识链接】

冰硼散的贮藏养护

冰硼散为粉红色的粉末，气芳香，味辛凉。冰硼散易吸潮变质，因其含挥发性成分冰片，也易出现气味散失，因此包装要求密封，宜置阴凉干燥处。冰硼散在入库前以及贮藏过程中应注意检查包装是否完整，有无破漏的痕迹，贮藏期间应注意检查库房温湿度。

3. 颗粒剂

颗粒剂系指药材提取物与适宜的辅料或药材细粉制成具有一定粒度的颗粒状制剂。按其溶解性能可分为可溶型颗粒剂、混悬型和泡腾型，按辅料不同可分为有糖型和无糖型等。颗粒剂具有口感好、体积小、服用和携带方便、疗效快、性质稳定的优点，如清开灵颗粒、金钱草颗粒、泌淋颗粒、气滞胃痛颗粒等。

【成品性状】颗粒剂应干燥、颗粒均匀、色泽一致，无软化、结块、潮解等现象。色泽受浸膏和药材干湿度影响较大，多为黑褐色或黄棕色。

【贮藏养护】颗粒剂多用塑料薄膜包装，近几年开始用铝塑复合膜、铝箔包装。颗粒剂因含浸膏，且多数含蔗糖、淀粉等辅料，因此容易潮解、软化、结块、霉变。除另有规定外，颗粒剂宜密封，置干燥阴凉处贮藏，注意防潮、防高温。

4. 片剂

片剂系指药材提取物、药材提取物加药材细粉或药材细粉与适宜辅料混匀压制或用其他适宜方法制成的圆片状或异形片状的制剂，可分为浸膏片、半浸膏片和全粉片等。片剂以口服普通片（可分为裸片和包衣片，包衣片又可分为糖衣片和粉衣片）为主，另有含片、咀嚼片、泡腾片、阴道片、阴道泡腾片和肠溶片等。片剂在制备时加入的黏合剂或药物本身有较强的黏性，压制时又受到撞击加压的作用，减少了药物的有效面积，服用后在胃内的崩解过程较慢，从而减慢了药物从片剂中释放、溶出到胃肠液的速度，如瘰清片、苦参片、雷公藤多苷片等。糖衣片如维 C 银翘片、三金片、护肝片等，由于在包衣过程中加入了胶浆、糖浆、滑石粉等材料，经过层层干燥，形成了牢固的衣层，使崩解时间进一步延长，故糖衣片的生物利用度相对较低，药效发挥较慢。

片剂具有质量稳定，疗效比丸剂快，服用、携带、运输、贮藏方便，机械化生产成本低等优点，但也有儿童、昏迷者不易吞服，少数片剂服用量较大等缺点。

【成品性状】片剂外观应完整光洁，色泽均匀，应有适宜的硬度，以免在包装、运输过程中发生破碎。

【贮藏养护】裸片在贮藏过程中易霉变、虫蛀、变色、气味散失、裂片等，糖衣片易出现粘连结块、变色、裂片、透色等变异现象。透色是指糖衣片因糖衣或内含药物发生变异而在片剂表面出现内含药物色泽的一种变异现象。

片剂宜用玻璃瓶、塑料瓶、铝塑复合膜等包装。除另有规定外，片剂应密封贮藏于阴凉干燥处，库温 30 ℃以下，保持空气相对湿度为 60% ~70% 。在贮藏过程中，裸片以防潮为主，糖衣片应注意防热、避光等。

5. 煎膏剂

煎膏剂系指药材用水煎煮，取煎煮液浓缩，加炼蜜或糖（或转化糖）制成的半流体制剂。有含药量较高、服用量小、作用缓和、服用方便、易于贮藏等优点，尤其适合于儿童、老人、需长期服药的慢性病患者使用，如养阴清肺膏、川贝雪梨膏、阿胶补血膏等。

【成品性状】煎膏剂应无焦臭、异味，无糖的结晶析出。多为黑褐色稠厚状半流体。

【贮藏养护】煎膏剂的常见变异现象是霉变、发酵、变味、返砂等，尤其是在制备工艺不当、浓度低、炼蜜太嫩、容器污染或装瓶时沾了生水的情况下，更易变异。煎膏剂宜用无菌大口瓶包装，除另有规定外，煎膏剂应密封，置阴凉处贮藏。常以防潮、防热、防冻为养护手段。

6. 贴膏剂

贴膏剂系指药材提取物、药材和（或）化学药物与适宜的基质或基材制成的供皮肤贴敷，可产生局部或全身作用的一类片状外用制剂，包括橡胶膏剂、贴剂等。

【成品性状】贴膏剂膏料应涂布均匀，膏面应光洁、色泽一致，无脱膏、失黏现象，背衬布面应平整、洁净、无漏膏现象。涂布中使用有机溶剂的，必要时应检查溶剂残留。

【贮藏养护】受潮、受热或贮藏时间过久，会使贴膏剂失去黏附力，香气散失。贴膏剂所含挥发性成分易散失，贮藏中因受热、受冻或贮藏时间过久，膏质易渗透，出现漏膏、熔化现象，或膏质黏性下降甚至失黏、脱膏，有的也会出现霉变、酸败等变异现象。除另有规定外，贴膏剂应密封贮藏于阴凉干燥处，注意防潮、防热、防冻、避风。

（1）橡胶膏剂

橡胶膏剂系指药材提取物和（或）化学药物与橡胶等基质混匀后，涂布于背衬材料上制成的贴膏剂，如消痛贴膏、消炎止痛膏等。

（2）贴剂

贴剂系指药材提取物和（或）化学药物与适宜的高分子材料制成的一种薄片状贴膏剂。贴膏剂具有不需预热软化，不沾污皮肤和衣服，美观且使用、携带方便等优点，但没有膏药药力持久，如小儿健脾贴膏等。

7. 胶囊剂

胶囊剂系指药材用适宜的方法加工后，加入适宜的辅料填充于空心胶囊或密封于软质囊材中的制剂，可分为硬胶囊、软胶囊（胶丸）和肠溶胶囊等，主要供口服用。

胶囊剂具有分散快，吸收好，生物利用度高，稳定性好，可掩盖药物不良气味，外形美观，服用、携带方便等优点。

【成品性状】胶囊剂应整洁，不得有粘连、变形、渗漏或囊材破裂现象，并应无异臭。

【贮藏养护】胶囊剂易受湿度、温度影响，湿度较高（相对湿度大于60%）易使包装不良的胶囊剂变软、发黏、膨胀并有利于微生物生长，故宜用玻璃瓶或铝箔包装。除另有规定外，胶囊剂应密封，贮藏于阴凉干燥处，温度控制在10～20 ℃，相对湿度控制在35%～75%，注意防潮、防热，不能太过干燥，以免胶囊中水分过少而脆裂。

（1）硬胶囊

硬胶囊系指药材提取物、药材提取物加药材细粉或药材细粉与适宜辅料制成的均匀粉末、细小颗粒、小丸、半固体或液体等，填充于空心胶囊中的胶囊剂。胶囊剂携带、运输、服用都比较方便，临床上应用较多。但相对于片剂来说，胶囊不能包衣，在防潮性上没有优势，而且容量小，药物服用量也相对较小。为了制成胶囊，往往辅料加得不够，内容物易吸潮而结成棒状。另外，对于有胃病（胃炎、胃溃疡）的患者来说，胶囊崩解后常有大片的胶囊皮会在胃中存留一定时间，对胃有刺激作用，这在临床使用时应注意。如玉屏风胶囊、血脂康胶囊等。

（2）软胶囊

软胶囊系指将药材提取物、液体药物或与适宜辅料混匀后用滴制法或压制法密封于软质囊材中的胶囊剂。软胶囊一般适宜于油性或油溶性药物，因为胶囊皮是由明胶、甘油和水组成的，基质一般用植物油。但现在批准上市的中药软胶囊大多是将水提干膏粉和植物油用胶体研磨匀后制成软胶囊，由于水提物与胶囊皮有亲和性，时间长了有可能吸去胶囊皮的水分使胶囊干裂或水提物含水量高使胶囊皮软化粘连，临床使用时应予以充分注意。另外，有以聚乙二醇为基质的软胶囊，也可能有上述问题，如藿香正气软胶囊、鸦胆子油软胶囊、都梁软胶囊等。

（3）肠溶胶囊

肠溶胶囊系指不溶于胃液，但能在肠液中分解或释放的胶囊剂。肠溶胶囊适宜于对胃有刺激或在胃中不稳定的药物。特别适宜于治疗肠道疾病，可以直达病所，不在胃中消耗药物，如消栓肠溶胶囊等。还有一种结肠定位胶囊，仅在结肠崩解，对便秘、结肠炎具有靶向治疗作用。

8. 糖浆剂

糖浆剂系指含有药材提取物的浓蔗糖水溶液，含蔗糖量应不低于45%（g/ml）。它是在传统汤剂、煎膏剂的基础上，吸取西药糖浆的优点而发展起来的一种中成药剂型。因含有糖，可以掩盖某些药物的不适气味，便于服用，口感好、吸收快，适用于儿童及虚弱病人服用，多见于儿童用药，但不宜用于糖尿病患者，如急支糖浆、小儿止咳糖浆、五味子糖浆等。

【成品性状】除另有规定外，糖浆剂应澄清。在贮藏期间不得有霉变、酸败、产生气体或其他变异现象，允许有少量摇之易散的沉淀。

【贮藏养护】糖浆剂若含蔗糖量不够，原料或生产过程中被酵母菌、霉菌污染，极易发酵、酸败、霉变、沉淀、浑浊，故宜瓶装。堆码时注意不要倒置、重压。除另有规定外，糖浆剂应密封，置阴凉处贮藏，避免日光直射，糖浆剂养护的关键在于防止糖浆酸败，主要措施以防热、防污染为主。

【知识链接】

糖浆剂出现浑浊或沉淀还可以使用吗?

含浸出制剂的中成药糖浆剂，在储存过程中往往会出现浑浊或沉淀。可通过具体分析后进行处理：如仅有少量沉淀，摇匀后能均匀分散，则仍可药用；如沉淀系无效物，可以过滤除去，但操作中应注意清洁卫生，严防微生物污染；如糖浆出现因酸败产生的浑浊、沉淀，则不可药用。

9. 合剂

合剂系指药材用水或其他溶剂，采用适宜方法提取，经浓缩制成的口服液体制剂（单剂量灌装者也可称口服液）。合剂若以蔗糖作为附加剂，其含蔗糖量不得高于20%（g/ml）。合剂具有汤剂吸收快、奏效迅速的优点，又克服了汤剂用量大及服用、携带、贮藏不便的缺点，如厚朴排气合剂、八正合剂等。口服液的浓度更高，常加入矫味剂，因此用量小，口感好，作用快，质量稳定，携带方便，易保存，如蓝芩口服液、双黄连口服液、苁蓉通便口服液等。

【成品性状】除另有规定外，合剂应澄清。贮藏期间不得有霉变、酸败、变色、产生气体或异物等变异现象，允许有少量摇之易散的沉淀。

【贮藏养护】合剂中常含有糖、蛋白质等，易滋长微生物，久贮会发酵、霉变，故宜瓶装。除另有规定外，合剂应密封，置阴凉处避光贮藏，冬季应注意防冻，并掌握“先产先出”原则，贮藏时间不宜过长。

10. 酒剂（药酒）

酒剂系指药材用蒸馏酒提取制成的澄清液体制剂。酒剂具有使用方便，易于保存，能通血脉、行药势等优点。常见于跌打损伤类、祛风湿类、补益类成药，如金钱白花蛇药酒、神农药酒等。

【成品性状】酒剂外观为不同颜色的澄清液体，有较浓的酒香气。

【贮藏养护】酒剂所含乙醇有抑菌作用，但若包装不严或保管不善，乙醇易挥发而产生沉淀，故酒剂宜瓶装，在贮藏期间允许有少量摇之易散的沉淀。对于酒剂，应根据乙醇易挥发、易燃烧的特性加强保管，具体如下：①防受热挥发。应密封，在阴凉处保存。夏季注意防热，不宜堆码过高，应适当留出顶距。贮藏过程中应经常检查有无挥发性减量，若有挥发性减量应及时加固包装。②防火。含乙醇制剂易燃烧，故贮藏地点应杜绝火源、火种，并防止与易燃物品共存一处，以防引起火灾。③避光。许多含乙醇制剂的有效成分遇光易变质，受日光照射后能发生沉淀、变色、效价降低等变化。所以含乙醇制剂一般都应密封在遮光容器内，在阴凉处保存。

11. 酊剂

酊剂系指药材用规定浓度的乙醇提取或溶解而制成的澄清液体制剂，亦可用流浸膏稀释制成，分内服和外用两种。酊剂具有有效成分含量高、服用剂量小，吸收迅速、易保存等优点，如十滴水、藿香正气水、消肿止痛酊等。

【成品性状】酊剂外观为澄清液体，有较浓的乙醇气味。酊剂久置产生沉淀时，在乙醇含量和有效成分含量符合各品种项下规定的情况下，可滤过除去沉淀。

【贮藏养护】除另有规定外，酊剂应置遮光容器内密封，置阴凉处贮藏，贮藏养护方法同酒剂。

12. 凝胶剂

凝胶剂系指药材提取物与适宜基质制成的、具凝胶特性的半固体或稠厚液体制剂。按基质不同，凝胶剂可分为水性凝胶与油性凝胶。凝胶剂使用、携带较方便，用于烧伤及各种创伤效果较好。

【成品性状】凝胶剂应均匀、细腻，在常温时保持凝胶状，不干涸或液化。

【贮藏养护】除另有规定外，凝胶剂应避光，密闭贮藏，注意防冻。

13. 注射剂

注射剂系指药材经提取、纯化后制成的供注入体内的溶液、乳状液及供临用前配制成溶液的粉末或浓溶液的无菌制剂。注射剂可分为注射液（包括溶液型、浮状液型、混悬型等）、注射用无菌粉末和注射用浓溶液。注射剂具有吸收快、显效快、剂量准等优点。缺点是使用不便，注射部位疼痛，反复使用易致皮下硬结，有时可产生过敏反应等。多属于急救类或治疗危重病症的成药。如生脉注射液、丹参注射液、注射用血栓通（冻干）等。

注射剂由于成分复杂，可能含有没有除净的蛋白质、鞣质、无机盐等，安全问题较为突出，临床上应引起足够的重视。

【成品性状】溶液型注射液应澄明。乳状液型注射液应稳定，不得有相分离现象，不得用于椎管内注射。静脉用乳状液型注射液中 90% 的乳滴粒径应在 1 μm 以下，不得有大于

5 μm的乳滴。除另有规定外，输液应尽可能与血液等渗。

【贮藏养护】注射剂多用玻璃安瓿、玻璃瓶、塑料安瓿、塑料瓶（袋）灌装。除另有规定外，容器应足够透明，以便内容物的检视。注射剂应遮光贮藏，日光中的紫外线能加速药品的氧化分解。贮藏过程中应注意温度变化，温度过高会使某些高分子化合物的胶体状态受到破坏而出现凝聚现象；温度过低则会使某些成分的溶解性和稳定性降低，发生沉淀、浑浊等。因此，注射剂应置于室内阴凉干燥处，以室温 10～20 ℃为宜，注意防冻，有效期约为 2 年。

（1）注射液

注射液可用于肌内注射、静脉注射或静脉滴注等，其中，供静脉滴注用的大容量（除另有规定外，一般不小于 100 ml）注射液也称输液。

（2）注射用无菌粉末

注射用无菌粉末系指临用前用适宜的无菌溶液配制成注射液的无菌粉末或无菌块状物。可用适宜的注射用溶剂配制后注射，也可用静脉输液配制后静脉滴注。

（3）注射用浓溶液

注射用浓溶液系指临用前稀释后注射的无菌浓溶液。

14. 眼用制剂

眼用制剂系指由药材提取物、药材制成的直接用于眼部发挥治疗作用的制剂。眼用制剂在启用后最多可使用 4 周。眼用制剂可分为眼用液体制剂（滴眼剂、洗眼剂、眼内注射溶液等）、眼用半固体制剂（眼膏剂、眼用乳膏剂、眼用凝胶剂等）、眼用固体制剂（眼膜剂、眼丸剂、眼内插入剂等）。眼用液体制剂也可以固态形式包装，另备溶剂，在临用前配成溶液或混悬液，如障翳散、拨云眼膏、熊胆滴眼液、珍珠明目滴眼液等。

【成品性状】眼膏剂、眼用乳膏剂、眼用凝胶剂应均匀、细腻、无刺激性，并易涂布于眼部，便于原料药物分散和吸收。除另有规定外，滴眼剂每个容器的装量应不超过 10 ml；洗眼剂每个容器的装量应不超过 200 ml；眼用半固体制剂每个容器的装量应不超过 5 g。包装容器应无菌、不易破裂，其透明度应不影响可见异物检查。

【贮藏养护】除另有规定外，眼用制剂应遮光，置于阴凉处密封贮藏，冬季应防冻，注意“先产先出，近期先出”，以防失效。

【知识链接】

眼用制剂的细分

（1）滴眼剂系指由原料药物与适宜辅料制成的供滴入眼内的无菌液体制剂。可分为溶液、混悬液或乳状液。

（2）洗眼剂系指由原料药物制成的无菌澄明水溶液，供冲洗眼部异物或分泌液、中和外来化学物质的眼用液体制剂。

（3）眼内注射溶液系指由原料药物与适宜辅料制成的无菌液体，供眼周围组织（包括球结膜下、筋膜下及球后）或眼内注射（包括前房注射、前房冲洗、玻璃体内注射、玻璃体内灌注等）的无菌眼用液体制剂。

（4）眼膏剂系指由原料药物与适宜基质均匀混合，制成溶液型或混悬型膏状的无菌眼用半固体制剂。

（5）眼用乳膏剂系指由原料药物与适宜基质均匀混合，制成乳膏状的无菌眼用半固体制剂。

（6）眼用凝胶剂系指原料药物与适宜辅料制成的凝胶状无菌眼用半固体制剂。

（7）眼膜剂系指原料药物与高分子聚合物制成的无菌药膜，可置于结膜囊内缓慢释放药物的眼用固体制剂。

（8）眼丸剂系指原料药物与适宜辅料制成的球形、类球形的无菌眼用固体制剂。

（9）眼内插入剂系指原料药物与适宜辅料制成的适当大小和形状、供插入结膜囊内缓慢释放药物的无菌眼用固体制剂。

---

15. 搽剂、洗剂和涂膜剂

（1）搽剂

搽剂系指药材用乙醇、油或其他适宜的溶剂制成的供无破损患处揉擦用的液体制剂。其中以油为溶剂的又称油剂。搽剂溶媒有水、乙醇和油，含乙醇制剂有一定的刺激性，一般不用于破损皮肤或创伤，如麝香祛痛搽剂、骨质宁搽剂、生发搽剂等。

【贮藏养护】为了避免溶剂蒸发，可采用非渗透的容器或包装材料。聚苯乙烯制成的塑料容器，不适合搽剂。除另有规定外，应避光、密封贮藏。

（2）洗剂

洗剂系指药材经适宜的方法提取制成的供皮肤或腔道涂抹或清洗的液体制剂，包括溶液型、乳状液型和混悬型洗剂。洗剂一般具有清洁、消毒、止痒、收敛和保护的作用，如洁尔阴洗液等。洗剂应无毒、无局部刺激性，性质稳定。

【贮藏养护】除另有规定外，洗剂应密闭贮藏。

（3）涂膜剂

涂膜剂系指药材经适宜溶剂和方法提取或溶解，与成膜材料制成的供外用涂抹，能形成薄膜的液体制剂。其优点是作用时间长，且可以在创口形成一层保护膜，对创口具有保护作用。涂膜剂可经口腔、眼结膜、阴道、皮肤等途径局部给药，用于治疗口腔溃疡、眼科疾病、鼻腔疾病、妇科疾病、烧烫伤、皮肤炎症等，如雪山金罗汉止痛涂膜剂等。

【贮藏养护】除另有规定外，应采用非渗透性容器和包装，避光、密闭贮藏。

16. 气雾剂、喷雾剂

气雾剂系指药材提取物、药材细粉与适宜的抛射剂共同封装在具有特制阀门装置的耐压容器中，使用时借助抛射剂的压力将内容物喷出呈雾状、泡沫状或其他形态的制剂。其中，以泡沫形态喷出的可称泡沫剂，不含抛射剂，借助手动泵的压力或其他方法将内容物以雾状等形态喷出的制剂称为喷雾剂。气雾剂和喷雾剂按内容物组成分为溶液型、乳状液型或混悬型，可用于呼吸道吸入、皮肤、黏膜或腔道给药等，其主要优点是使用、携带较方便，易吸收，显效快，如云南白药气雾剂等。

【成品性状】溶液型气雾剂和喷雾剂的药液应澄清；乳状液型气雾剂和喷雾剂的液滴在液体介质中应分散均匀；混悬型气雾剂和喷雾剂应将药物细粉和附加剂充分混匀研细、制成稳定的混悬液。吸入气雾剂和喷雾剂中的原料药物粒度应控制在 10 μm 以下，其中大多数应在 5 μm 以下，一般不使用饮片细粉。气雾剂的容器应能耐受气雾剂所需的压力，各组成部件的尺寸精度和溶胀性必须符合要求，并均不得与原料药物或附加剂发生理化反应。除另有规定外，气雾剂和喷雾剂应能喷出均匀的雾滴（粒）。定量气雾剂每揿压一次应喷出准确的剂量。非定量气雾剂喷射时应能持续喷出均匀的剂量。气雾剂和喷雾剂应标明每瓶的装量和主药含量，定量气雾剂还应标明每瓶的总揿次和每揿主药含量或递送剂量。不得有泄漏现象。

【贮藏养护】除另有规定外，气雾剂和喷雾剂应置凉暗处贮藏，并避免暴晒、受热、撞击，搬运时轻拿轻放。

17. 软膏剂、乳膏剂

软膏剂系指原料药物与油脂性或水溶性基质混合制成的均匀的半固体外用制剂。乳膏剂系指原料药物溶解或分散于乳状液型基质中形成的均匀半固体制剂。软膏剂、乳膏剂主要有保护创面、润滑皮肤和局部治疗作用，如京万红软膏、生肌玉红膏、紫草膏等。

【成品性状】软膏剂、乳膏剂应均匀、细腻，具有适当的黏稠性，易涂布于皮肤或黏膜上并无刺激性。

【贮藏养护】软膏剂、乳膏剂贮藏不当易发酵、酸败、冻结，除另有规定外，应遮光、密闭贮藏。

18. 茶剂

茶剂系指饮片或提取物（液）与茶叶或其他辅料混合制成的内服制剂。可分为块状茶剂、袋装茶剂和煎煮茶剂。茶剂具有吸收快、奏效迅速、使用方便、适合于机械化生产等优点。

【成品性状】茶剂应干燥，混合均匀，无异物、杂质，无虫蛀、霉变现象。包装完整，能保持产品香气。

【贮藏养护】茶剂应密闭贮藏；含挥发性药物及易吸潮药物的茶剂应密封贮藏。

（1）块状茶剂

块状茶剂可分为不含糖块状茶剂和含糖块状茶剂。不含糖块状茶剂系指饮片粗粉、碎片与茶叶或适宜的黏合剂压制成块状的茶剂；含糖块状茶剂系指提取物、饮片细粉与蔗糖等辅料压制成块状的茶剂。

（2）袋装茶剂

袋装茶剂系指茶叶、饮片粗粉或部分饮片粗粉吸收提取液经干燥后，装入袋的茶剂，其中装入饮用茶袋的又称袋泡茶剂，如慢咽宁袋泡茶。

（3）煎煮茶剂

煎煮茶剂系指将饮片适当碎断后，装入袋中，供煎服的茶剂。

19. 锭剂

锭剂系指饮片细粉与适宜黏合剂（或利用饮片细粉本身的黏性）制成不同形状的固体制剂，如紫金锭、万应锭等。锭剂可供内服或外用，少数锭剂可内外兼用，如紫金锭。古代还将锭剂制作成香囊、饰品随身携带，达到祛暑、除潮、防病的目的。

【成品形状】锭剂应平整光滑、色泽一致，无皱缩、飞边、裂隙、变形及空心。

【贮藏养护】除以蜂蜜为基质的锭剂，其余锭剂均可以长久贮藏。除另有规定外，锭剂应密闭，置阴凉干燥处贮藏。

20. 栓剂

栓剂系指原料药物与适宜基质等制成供腔道给药的固体制剂。栓剂因施用腔道不同，分为直肠栓、阴道栓和尿道栓。直肠栓为鱼雷形、圆锥形或圆柱形等；阴道栓为鸭嘴形、球形或卵形等；尿道栓一般为棒状。栓剂可克服口服剂型可能对胃肠道的刺激和可能发生的肝脏首过效应，具有全身或局部治疗作用。

【成品性状】栓剂中的药物与基质应混合均匀，其外形应完整光滑，放入腔道后应无刺激性，应能软化或溶化，并与分泌液混合，逐渐释放出药物，产生局部或全身作用，并应有适宜的硬度，以免在包装或贮藏时变形。

【贮藏养护】除另有规定外，栓剂应在 30 ℃以下密闭贮藏，并控制好相对湿度（35% ~75%），防止因受热、受潮而出现变形、霉变等变异现象，并且贮藏时间不宜过长，以免发生酸败。

中成药商品剂型众多，养护要点繁多，部分常见剂型贮藏养护要点及注意事项见表 6 –3 –1。其他剂型贮藏养护方法可概见表 6 –3 –2。

表 6 –3 –1　部分常见剂型贮藏养护方法及注意事项

剂型	贮藏养护方法	注意事项
丸剂（蜜丸、水丸、糊丸、浓缩丸、蜡丸）	一般丸剂应密封后，置于干燥处； 封装用的蜡壳应防止重压与受热； 蜡丸应密封并置阴凉干燥处贮藏	丸剂易吸收空气中的水分，应防潮、防霉变、防虫蛀
散剂	一般散剂应用防潮、韧性大的纸或塑料薄膜包装折口或熔封后，再装入外层袋内，封口	散剂易吸潮、易风化，包装材料防潮性能须好
	含有挥发性成分的散剂，应用玻璃管或玻璃瓶装，塞紧，沾蜡封口	密封性能须好，防止挥发
	含糖、贵重及急救用的散剂，宜密封在瓷质、玻璃、金属等容器内，必要时还需置吸潮剂	含糖散剂易吸潮，需密闭贮藏，如紫雪散、安宫牛黄散
片剂	片剂常用无色、棕色玻璃瓶或塑料瓶封口加盖密封，亦可用塑料袋包装密封。一般片剂应置阴凉干燥处贮藏	片剂极易吸潮、松片、裂片以致粘连、霉变等，出现上述现象则不能使用
煎膏剂	煎膏剂应密封，置阴凉处贮藏	煎膏剂应注意霉变、发酵、变酸、返砂、有效成分易散失等现象，贮藏环境不宜过热

续表

剂型	贮藏养护方法	注意事项
膏药	膏药应密闭，置阴凉处贮藏	膏药容易渗出褙褙材料
软膏剂	软膏剂应遮光密封，置阴凉处贮藏	软膏剂受热后质地会变稀薄，出现外溢现象
合剂	合剂应置阴凉处密封贮藏	合剂成分复杂，久贮容易变质，在贮藏期间允许有少量轻摇易散的沉淀
糖浆剂	糖浆剂应装于深色容器，避光置干燥处密封贮藏	糖浆剂易被霉菌等污染，易酸败、浑浊
颗粒剂	颗粒剂应密封，置干燥处贮藏，防止受潮	颗粒剂易吸潮，在潮热条件下极易吸潮结块、潮解、霉变
胶囊剂	胶囊剂应置于室内阴凉干燥处，密封贮藏	胶囊剂容易吸收水分，遇热也易软化、粘连，因此贮藏温度不宜超过 30 ℃
注射剂	注射液应密封于中性硬质玻璃安瓿中，避光，防冻结，防高热，并应按说明书规定的条件贮藏	注射液易受到光、热影响，发生氧化、水解、聚合反应，逐渐出现浑浊和沉淀
	注射用无菌粉末应密封于西林瓶中，避光贮藏，并应按说明书规定的条件贮藏	注射用无菌粉末易吸潮，发生水解、氧化等反应
栓剂	栓剂宜置于室内阴凉干燥处。在 30 ℃以下密闭贮藏，防止因受热、受潮而变形、霉变	栓剂遇热容易软化变形，应以蜡纸、锡纸包裹，放于纸盒内或装于塑料或玻璃瓶中，注意不要挤压，以免互相接触发生粘连或变形

表 6－3－2　其他剂型贮藏养护方法

剂型	贮藏养护方法
锭剂	密闭，置阴凉干燥处贮藏
贴膏剂、滴丸剂、搽剂、洗剂、涂膜剂	密封贮藏
酊剂	遮光容器内密封，阴凉处贮藏
流浸膏剂、浸膏剂	遮光容器内密封，流浸膏剂应置阴凉处贮藏
凝胶剂	避光，密闭贮藏，并应防冻
茶剂	密闭贮藏，含挥发性及易吸潮药物的茶剂应密封贮藏
鼻用制剂	密闭贮藏
眼用制剂	遮光密封，置阴凉处贮藏
气雾剂、喷雾剂	凉暗处贮藏，并避免暴晒、受热、撞击

【知识拓展】

中成药商品剂型的选择

中成药商品的剂型较多，选用时应针对患者体质、病情和剂型的特点，合理选用，以充分发挥药效。体虚者可选用作用和缓的剂型，如蜜丸、膏剂、胶剂等。体实者可选用药效生效较快的剂型，如胶囊剂、片剂、水丸等。急性病可选用注射剂、气雾剂，口服可选用溶液剂、散剂、滴丸、胶囊剂、浓缩丸等。慢性病若需长期服药，可选用蜜丸、糊丸、蜡丸等，以保持较为稳定的血药浓度，以利于发挥药效。治疗严重的疾病，如肿瘤等，可选用混悬型注射液、乳状液型注射液，如用于治疗胃癌、肠癌、肝癌、白血病的喜树碱混悬液，用于早期子宫癌治疗的莪术油注射液等。使用这些注射液可提高生物利用度，增强药效，有利于杀灭癌细胞，大大降低药物对人体的毒副作用。

四、中成药商品的分类储存及色标管理

1. 按剂型性质、特点分类储存

实际工作中，一般按剂型并结合药物自身特性要求，根据内服、外用药分开的原则，尽可能将性质相同的药物储存在一起，然后根据具体储存条件，选择每一类中成药最适合的储存地点。

（1）一般固体中成药

一般固体中成药的剂型有丸剂、散剂、颗粒剂、片剂等，易出现气味散失、泛油、结块、霉变、虫蛀等，其中丸剂、片剂久储易失润、干枯、开裂，宜储存于密封库房，防止吸潮霉变，并控制库温在 25 ℃以下，相对湿度在 75% 以下。

（2）注射剂

复方丹参注射液、茵栀黄注射液等注射剂，怕热、怕光，易产生沉淀、变色等澄清度不合格现象，宜储存于 20 ℃以下的阴凉库，避光、避热、防冻保存。货件堆垛不宜过高，避免重压。

（3）其他液体及半固体制剂

这类中成药商品剂型包括糖浆剂、合剂、酒剂、酊剂、露剂、煎膏剂、流浸膏剂及浸膏剂等，其性质怕热、怕光，易酸败、发酵，应储存于阴凉干燥库房，避热、避光、防冻保存。另外，这类中成药包装体积大、分量重，宜储存于低层库房以便于进出仓库。

（4）胶剂、膏药

胶剂和膏药等剂型的中成药商品（如阿胶、鹿角胶、消痛贴膏等），前者受热易变软、粘连；后者易挥发，失去黏附力。储存时，宜将内服、外用及不同性质的中成药分别储存于阴凉、密封较好的小库房或容器内，要注意防热、防潮。

2. 中成药商品的储存区位划定

为进出货及管理方便，可对储存地点进行分区，每个区又划分若干货位，依次编号。分区指按中成药商品的类型、储存的数量，结合仓库建筑和设备情况将仓库划分若干个货区，并规定某些货区存放某类药品。应根据中成药商品所需要的储存条件，按类型堆码，例如，酒剂一般包装比较重，多存放于一楼便于进出货。

货位编号将仓库划分为若干货区，每货区又划分若干排，每排划分若干货位并标明货位号，设立货位卡。卡、货、账对应，便于科学管理，防止出现差错，从而保证药品的质量。

3. 色标管理

为了有效控制药品储存质量，应对药品按其质量状态分区管理，杜绝库存药品的存放差

错，《药品经营质量管理规范》要求在库药品实行色标管理，合格药品为绿色；不合格药品为红色；待确定药品为黄色。

按照库房管理的实际需要，库房管理区域色标划分的统一标准是：待验药品库（区）、退货药品库（区）为黄色；合格药品库（区）、中药饮片零货称取库（区）、待发药品库（区）为绿色；不合格药品库（区）为红色。三色标牌以底色为准，文字可为白色或黑色。

五、中成药商品出库

中成药商品出库是指仓库根据业务部门或存货单位开出的中成药商品出库凭证（提货单、调拨单），按其所列商品编号、名称、规格、数量等项目，组织配货和发出的一系列工作的总称。

1. 出库原则

坚持“三查六对”制度，遵循“先产先出”“近期先出”和按批号发货的原则。

（1）坚持“三查六对”制度

中成药商品出库复核要进行“三查六对”。“三查”，即查核发票的货号、单位印鉴、开票日期；然后将发票与实物进行“六对”，即核对商品名称、规格、厂牌、批号、数量及发货日期。

（2）遵循“先产先出”“近期先出”和按批号发货的原则

1）“先产先出”是指库存的同一种中成药商品，先生产的尽量先出库。一般来说，中成药商品储存的时间越长则变化越大，超过一定期限就会引起质量变化，以致造成损失。中成药商品出库坚持“先产先出”的原则，有利于库存中成药商品不断更新，确保中成药商品的质量。

2）“近期先出”是指库存的同一种中成药商品，应将近有效期的先行出库。对仓库来说，所谓“近有效期”，是指在给这些中成药商品留有调运、供应和使用的时间的情况下，使其在超过有效期之前进入市场并投入使用。

3）按批号发货是指按照中成药商品生产批号集中发货，尽量减少同一品种在同一批发货中的批号数，以保证中成药商品有可追踪性，便于中成药商品日后的质量追踪。

坚持“先产先出”“近期先出”和按批号发货的原则可以使中成药商品在储存期间基本上不发生质量变化，从而保证了中成药商品在库储存的良好质量状态。

2. 发货程序

发货程序包括核单、配货、记账、待运、发货等。

（1）核单

核单即审核商品提货凭证。查对付货仓库名称、印鉴、商品名称、规格、数量、提货日期等项目。

（2）配货

保管员根据提货凭证所列项目及账务员的批注，核实后进行配货。配货作业包括原件商品包装整理，计件、计量（检斤或检数），零星商品拼件装箱，标明收货单位、收货地点、发货单位、指示标志等，并进行复核，确保无误。

（3）记账

记账员根据配货后的实发数量，逐项核对并登入商品保管账，也有采取先登账后配货的。

（4）待运

待运指当天不能提货的出库商品，需分户、分单临时堆存。待运商品应有明显标志，便于发货。待运商品要加强检查，防止受损和发生质量变化。

（5）发货

运输人员持提货凭证及托运单向仓库提取商品时，保管员应逐单核对，并点准件数再交付，提货单上加盖“付讫”戳记，并点交随货同行的有关凭证。最后填发商品“出门证”。

3. 出库注意事项

发现以下问题应停止发货或配送，并报质量管理部门处理：中成药商品包装内有异常响动和液体渗漏；外包装出现破损、封口不严、衬垫不实、封条严重损坏等现象；包装标签脱落、字迹模糊不清或者标识内容与实物不符；中成药商品已超过有效期；票货不符；有鼠咬、虫蛀及霉变污染等变异现象。

4. 发货形式

根据业务部门销售和经营方式的不同，仓库发货形式可分为自提、送货、取样等。

（1）自提

由购货人（单位）持提货凭证到仓库直接提取，经仓库核实后，按照发货程序把商品当面点交给购货人（单位），办妥交接手续。

（2）送货

业务部门根据销售的需要，开出提货凭证，通过内部传至仓库，仓库按凭证配货，及时将商品运送到购货单位，或完成备货作业后，由运输部门持托运单装运，发往购货单位。

（3）取样

取样也是发货的一种形式。取样单由业务部门填写，盖提货章。取样单的内容有品名、规格、数量等，样品直接点交提货人，并将取样单作正式提货单记账。

任务实施

一、任务准备

形式：本实训环节采用纸质稿件现场审核的形式进行。分组合作进行实训，每小组3～5人，小组讨论得出如何根据剂型特点进行储存及养护。

材料：冰硼散、藿香正气软胶囊、四磨汤口服液、保妇康栓、朱砂安神片等中成药商品。

工具：教材、《中华人民共和国药典》，可获取网络数字信息的智能设备（可选）。

二、实训步骤

1. 观察并判断中成药商品的质量变化情况，出现该种质量变化的在对应项目后画“√”，未出现的画“×”并在备注中说明；

2. 分析储存条件及要求；

3. 得出养护特点；

4. 填写表6－3－3。

表6－3－3　　中成药商品储存及养护

项目	冰硼散	藿香正气软胶囊	四磨汤口服液	保妇康栓	朱砂安神片	备注
外形						
颜色						
气味						
霉变						
虫蛀						
异物						
风化						
软化						
溶化						
结块						
异臭						
麻面						
裂片						
粘连						
膨胀						
褪色						
酸败						
分层						
渗油						
沉淀						
返砂						
澄清度						
挥发						
储存条件及要求						
养护特点						

任务测评

根据本任务完成情况，填写表6－3－4。

表6－3－4　任务测评表

序号	考核内容	考核标准	配分	得分
1	外观质量观察	对5种中成药商品的外观进行观察后，对质量变化情况进行判断，判断错误的每项扣1分，扣完为止	30	
2	储存条件及要求	对5种中成药商品的储存条件及要求进行分析，每种6分；回答错误酌情扣分	20	
3	养护特点	对5种中成药商品的养护特点进行描述，每种6分；回答错误酌情扣分	30	
4	课堂表现	按要求穿着白大褂；不违规使用手机；按时到岗，不无故缺岗；实训结束后，按要求整理实训物品，有序清场；每项5分	20	
合计			100	

思考与练习

一、名词解释

1. 遮光
2. 密封
3. “五方便”
4. “近期先出”

二、多项选择题

1. 中成药商品的特殊性主要表现在（　　）。

A. 坚持质量第一　　B. 治疗作用和不良反应双重性

C. 使用的季节性和时间性　　D. 化学成分复杂性

2. 丸剂包括（　　）。

A. 水丸　　B. 蜜丸　　C. 糊丸　　D. 蜡丸

3. 煎膏剂适合（　　）使用。

A. 儿童　　B. 孕妇　　C. 老人　　D. 慢性病患者

4. 胶囊剂根据囊材分为（　　）。

A. 硬胶囊　　B. 缓释胶囊　　C. 肠溶胶囊　　D. 软胶囊

项目七

中成药商品陈列及销售

【项目引入】

中成药商品零售企业是将购进的药品直接销售给消费者的药品经营企业，也就是药品流通领域的终端，它包括了药品零售经营企业（又称零售药房或社会药房，即药店）、医疗机构药房和电商平台。由于经营模式的不同，药品零售经营企业的药品陈列方式与医疗机构药房的药品陈列是有很大区别的。药品陈列是药品广告手段之一，它以药品为主体，按照药品的形状、性能、色彩等，通过科学分类和艺术造型来突出重点，反映特色，引起消费者注意，提高消费者对药品的了解、记忆和信赖程度，从而最大限度激发消费者的购买欲望，最终达到提升销售的目的，陈列与销售是相辅相成的。

任务一　中成药商品陈列

学习目标

1. 能描述中成药商品的陈列要求和基本原则；
2. 能讲述中成药商品陈列的方法；
3. 能根据场景对中成药商品进行陈列。

任务引入

商品的陈列对于商品的销售有着很好的促进作用，如服装店内各种款式服装的陈列、色彩的搭配，灯光、道具等的摆放设置，都能对商品销售产生影响。不过，中成药商品与服装等商品不尽相同，不能在中成药商品陈列上直接套用其他行业品类的陈列摆放。那么中成药商品要如何陈列摆放才能对销售起到积极作用呢？

相关知识

一、商品陈列

1. 商品陈列的概念

商品陈列是指以商品为主体，运用一定艺术方法和技巧，借助一定的道具，将商品按销售者的经营理念及要求，有规律地摆放、展示，以方便消费者购买。商品陈列是提高销售效率的重要手段，是销售广告的主要形式。

2. 商品陈列的意义

合理地陈列商品可以起到展示商品、刺激销售、方便购买、节约空间、美化购物环境等重要作用。

3. 商品陈列的艺术

（1）让商品“看得见”

商品要醒目，要吸引眼球，即陈列要生动、新颖，通过商品的陈列，吸引消费者驻足，就有可能促成交易。

（2）让商品“找得到”

要分类陈列，让消费者通过类别快速寻找到心仪的商品（如按功能、按部位、按区域、按颜色等分类）；陈列应饱满，忌有空缺或重复陈列。

（3）让商品“拿得到”

消费者除了要看到商品外，还需要能够伸手就能拿到商品，因此，应注意三个重点水平线上的陈列：眼睛的水平线、胸的水平线、腰的水平线。这些都是消费者拿取非常方便的位置，让消费者真实地触摸商品、体验商品，也是促成消费的一个重要因素。

（4）让商品“比得到”

同类商品要让消费者有得比，这样可以减少退货率。在商品陈列过程中，将同类商品放在一起，让消费者比较之后再购买，可以使其觉得商品更值得信赖，交易的满意度会更高。

二、药品陈列基本原则

《药品经营质量管理规范》第一百六十一条规定，药品的陈列应当符合以下要求：

1. 按剂型、用途以及储存要求分类陈列，并设置醒目标志，类别标签字迹清晰、放置准确。
2. 药品放置于货架（柜），摆放整齐有序，避免阳光直射。
3. 处方药、非处方药分区陈列，并有处方药、非处方药专用标识。
4. 处方药不得采用开架自选的方式陈列和销售。
5. 外用药与其他药品分开摆放。
6. 拆零销售的药品集中存放于拆零专柜或者专区。
7. 第二类精神药品、毒性中药品种和罂粟壳不得陈列。
8. 冷藏药品放置在冷藏设备中，按规定对温度进行监测和记录，并保证存放温度符合要求。

9. 中药饮片柜斗谱的书写应当正名正字；装斗前应当复核，防止错斗、串斗；应当定期清斗，防止饮片生虫、发霉、变质；不同批号的饮片装斗前应当清斗并记录。

10. 经营非药品应当设置专区，与药品区域明显隔离，并有醒目标志。

三、中成药商品陈列方法

1. 医院药房

在医院，所有中成药都需凭医师处方才能使用，所以医院药房在陈列时不必区分处方药与非处方药。医院药房的中成药商品陈列要求如下。

（1）符合规定

药品的陈列必须严格遵守《药品经营质量管理规范》和《中华人民共和国药品管理法》的规定。

（2）注意标志

按照科室或者发药的频率进行位置摆放，特别要注意容易错发的药品，归纳出相似药品目录，通过在药品放置位置设置不同类型的醒目标志提醒药师特别注意。

（3）先进先出

遵循先进先出原则，将生产批次靠前的药品陈列在前面，生产批次靠后的陈列在后面，做好有效期管理。

（4）外用分开

外用药与其他药品分开摆放。

2. 药店

这里的药店主要指面向大众消费者的零售药店（社会药房），其中成药商品陈列要求如下。

（1）符合规定

药品的陈列必须严格遵守《药品经营质量管理规范》和《中华人民共和国药品管理法》的规定。

（2）分类清晰

药品的陈列须分类清晰合理，不同品牌的中成药按功能、用途分类摆放，如治疗外感的中成药可按风热感冒、风寒感冒、寒热往来等分类。

（3）标识清晰

所有药品均有标识，且标识清晰易辨，标识应包括名称、规格、功能主治、价格等。

（4）左右关联

例如，活血止痛药和跌打损伤的膏药相邻，使消费者在对症选择主治药品时能连带选择辅助治疗药品。

（5）整洁有序

保持药品、柜台和货架清洁，先进先出，及时补货；及时更换破损和过期的药品；药品正面朝向消费者，排列整齐。

（6）有远有近

药品有有效期和保质期，按照购买习惯，货架前面的药品通常会被先拿取。因此，货架上的药品要按照药品有效期摆放，近有效期的药品放在前面先销售。

（7）布光均衡

店内光线要充足，便于顾客挑选。偏离主通道的区域、偏僻的角落更要采光充足，吸引消费者。

3. 电商平台

从事药品网络销售、提供药品网络交易平台服务及其监督管理，应当遵守《药品网络销售监督管理办法》。电商平台在陈列药品时应注意以下 3 点。

（1）从事处方药销售的药品网络零售企业，应当在每个药品展示页面下突出显示“处方药须凭处方在药师指导下购买和使用”等风险警示信息。处方药销售前，应当向消费者充分告知相关风险警示信息，并经消费者确认知情。药品网络零售企业应当将处方药与非处方药区分展示，并在相关网页上显著标示处方药、非处方药。

（2）药品网络销售企业应当在网站首页或者经营活动的主页面显著位置，持续公示其药品生产或者经营许可证信息。

（3）从事药品网络销售的，应当是具备保证网络销售药品安全能力的药品上市许可持有人或者药品经营企业。未取得药品零售资质的，不得向个人销售药品。

电商平台在陈列中成药时相对比较简单，消费者通常是非常有目的地搜索需要的中成药商品，电商平台应按照有关规定，将厂家、规格、价格等罗列清楚，药品描述板块可以推荐一些功效不同的中成药进行配伍，以互补治疗兼证，如气阴两虚证可用六味地黄丸加补中益气丸；中气下陷而又肾阳虚者可用补中益气丸加金匮肾气丸。

【知识链接】

相似药品分类

相似药品可分为听似药品和看似药品。听似药品包括品名相似的药品、成分相同厂家不同的药品、规格不同的相同药品。看似药品是指包装相似的药品。

任务实施

一、任务准备

形式：本实训环节采用真实场景模拟的方式进行。每小组 2 ~4 人。

材料：连花清瘟颗粒、蒲地蓝消炎口服液、蜜炼川贝枇杷膏、银杏叶片、复方追风膏 5 种中成药实物，每种中成药均包含不同的批次；课前每小组自行查阅这 5 种中成药所属的类别。

工具：教材、《中华人民共和国药典》、可获取网络数字信息的智能设备（可选）。

二、实训步骤

各小组选组员分别扮演药店（社会药房）和医院药房的中药师，按药店与医院药房两种不同场景进行陈列，并说明陈列要点。根据任务测评表中的要点进行打分。

任务测评

根据本任务完成情况，填写表 7－1－1 和表 7－1－2。

表 7－1－1　　任务测评表（药店）

序号	考核内容	考核标准	配分	得分
1	分类清晰	说出这 5 种中成药所属的类别，每种 6 分	30	
2	标识清楚	标明名称、规格、价格等信息，且标识清晰	20	
3	左右关联	指出连花清瘟颗粒、蒲地蓝消炎口服液、蜜炼川贝枇杷膏需放在相关联的地方	20	
4	先进先出	根据药盒上的生产批号或生产日期，注意摆放的先后顺序，近有效期的药品放在前面先销售	20	
5	口服药与外用药分开	摆放合理即可给分	10	
合计			100	

表 7－1－2　　任务测评表（医院药房）

序号	考核内容	考核标准	配分	得分
1	分类清晰	说出这 5 种中成药所属的类别，每种 6 分	30	
2	先进先出	根据药盒上的生产批号或生产日期，注意摆放的先后顺序，近有效期药品放在前面先销售	20	
3	发药频率摆放	根据医院发药频率进行有序摆放	30	
4	口服药与外用药分开	摆放合理即可给分	20	
合计			100	

思考与练习

1. 通过查阅本教材“模块三 常见中成药商品”的有关内容，举例说出哪些是听似药品，哪些是看似药品。

2. 试着描述电商平台陈列药品应遵守的规定及注意的要点。

任务二　中成药商品销售

学习目标

1. 能讲述中成药商品的销售管理；

2. 能描述中成药商品与消费者的关系；

3. 能运用中成药商品销售的基本技巧进行中成药商品的销售。

任务引入

感冒流行的季节，抗病毒类中成药的销售一般十分火爆。消费者进店说：“感冒了，帮我拿点药。”中药师正准备取关联的中成药时，消费者说：“中药效果慢，西药就可以了。”这时，中药师如何通过销售技巧将关联的中成药销售出去？

相关知识

在药店（社会药房）购买中成药的过程包含了中成药商品市场、销售和消费者三要素。中成药商品在市场中与消费者接触，所以市场和消费者的情况影响着中成药商品的销售。

一、中成药商品的市场

根据购买的目的不同，中成药商品市场可以分为中成药商品消费者市场和中成药商品组织市场。

1. 消费者市场

中成药商品消费者市场是指为了满足自身或他人健康需求而购买中成药和相关服务的个人或家庭组成的市场，是由最终需求而构成的市场，有时也称为最终药品市场。

2. 组织市场

中成药商品组织市场是由为了研发、生产、销售或医疗服务等目的而购买某种中成药的各类组织所构成的市场，一般包括药品生产企业、医药商业企业、药品零售终端及各级各类医疗服务机构（包括医院、诊所等）。

中成药商品的组织市场不是以直接满足自身或他人的健康需求为目的，因而组织市场的需求不是最终需求，而是一种间接需求，受中成药商品最终需求的影响。

二、中成药商品与消费者的关系

中成药商品消费者市场的购买需求是最终需求，了解消费者的购买动机至关重要，影响消费者购买中成药商品的七要素如下。

1. 经济

一个人的经济条件会严重影响其消费选择。经济条件包括可支配的收入、储蓄和资产、债务、借款能力、对消费与储蓄的态度等。

2. 疾病的严重程度及疾病认知水平

疾病带来的痛苦；对感觉到的症状的可能性后果的推测与预期；对尚未出现不良征兆，但已经出现了可能导致疾病发生的一些事件的关注程度；健康知识和自我保健意识等，都会对消费行为产生影响。

3. 社会环境

社会文化、消费观和价值观、习俗和宗教信仰等也会对消费行为产生影响。

4. 家庭

家庭是一个人成长、生活的重要场所，家庭成员是对消费行为最具影响力的群体。

5. 社会阶层

不同社会阶层的消费者会表现出明显的差异，这种心理上的差异会直接影响消费者的消费选择，具体表现为对信息的利用和依赖程度，以及对中成药商品的选择差异。

6. 相关群体

相关群体是指能够影响消费者消费行为的集体。

7. 药物

药物的构效关系、量效关系，药物与剂型的关系，机体因素等，都会对消费行为产生影响。

三、中成药商品销售的基本技巧

1. 根据消费者的购买动机来推销

（1）“我头痛”“我要买治疗儿童感冒的药”……这类消费者都有明确的疾病，但是对所需的具体品种不了解，因此，在销售时应询问消费者的各种症状，切实解决相关问题，可以以药品包装和说明书为依据进行推荐，但前提是必须熟练掌握店内药品的适应证，还要特别留意消费者提到的使用人群、不适的部位等内容。

（2）“我想买补血的药”“有没有滋阴的药”……这类消费者对药品不熟悉，但是对所需功效是明确的，在推荐时，就要提供依据，通过药品包装或者说明书来证明所推荐药品具备此类功效。

（3）“我要买六味地黄丸”“我要买清开灵颗粒”……这类消费者已经明确了药品名称，如果店内没有相对应的剂型，则应通过不同剂型释放药物的速度、起效时间等专业知识，让消费者接受其他剂型。

2. 搭配推销原则

（1）两种功效相似的中成药联用

例如，附子理中丸与四神丸联用，可增强温肾运脾、涩肠止泻的功效，能用于治疗脾肾阳虚所致的五更泄泻。

（2）功效不同的中成药联用

例如，中药师可以向服用二陈丸的消费者推荐平胃散作为辅助用药，用来增强主药二陈丸燥湿化痰的功效。

（3）不同治疗方法和给药途径的联用

例如，妇女宫冷不孕，中药师可以推荐内服艾附暖宫丸，外贴十香暖脐膏，共奏养血调经、暖宫散寒的功效。

（4）中西药联用

将中西药进行关联销售，较为符合消费者追求疗效俱全的心理。例如，患者泌尿道感染，除了推荐使用相对应的抗菌药物以外，可以建议搭配热淋清颗粒或者尿感宁颗粒等，效果更佳。

3. 关联季节销售

关联季节性多发病备药以及家庭用药备药的销售，例如，藿香正气软胶囊、玉屏风颗粒等，老少皆宜，不仅适用于消费者本人，同时也可以惠及其亲朋好友等多个群体和年龄段，消费者在下单时可能会因为家人能用到而购买。

【知识链接】

中成药商品市场的特征

1. 被动消费较为明显

由于购买药品的目的是治疗或预防某种疾病，必须做到对症下药，因此，只有疾病发生或者将要发生时才引发被动消费。

2. 购买需求差异性较大

消费者在民族传统、宗教信仰、经济条件、文化程度、风俗习惯、兴趣爱好、性别、年龄、职业等方面存在差异，使其在中成药商品的购买行为方面有一定的区别。

3. 药品信息不对称性显著

信息不对称是指市场中不同参与者所掌握的信息数量和质量存在差异。在医药领域，药品提供者（销售者）、购买者和使用者对药品信息了解不一致的现象十分显著。

4. 药品需求在不断变化

随着社会经济的发展和人们生活水平的不断提高，人们对药品的需求，不论是数量上还是质量上都在不断地变化。

5. 受疾病谱变化影响

随着时代的发展，人口结构的变化与流行病学的发展，使得疾病的形态发生了相当大的改变。

6. 季节性特征显著

有些疾病的发生具有季节性，一般来说，春季、冬季天气变化比较急剧，致使疾病多发。

7. 职业性比较强

对于一些特殊人群，其所从事的职业存在一些特定的习惯，会导致一些疾病高发，从而产生特殊的需求。

任务实施

形式：本实训环节采用场景模拟的形式分组进行，每小组 2 人。1 人扮演药店的中药师，1 人扮演消费者。消费者进店提出购买感冒药的需求，并在中药师准备取关联的中成药时提出“中药效果慢，西药就可以了”，中药师则需通过销售技巧将关联的中成药销售出去。

材料：感冒类中成药商品若干。

工具：教材、可获取网络数字信息的智能设备（可选）。

任务测评

根据本任务完成情况，填写表7－2－1。

表7－2－1　　任务测评表

序号	考核内容	考核标准	配分	得分
1	建立信任关系	询问消费者的具体症状并简要分析（如可延伸到是风热还是风寒引起的感冒），不必急着推销，嘱咐消费者多喝温水等。根据现场表现给出分数	30	
2	学会过渡	在消费者提出想要西药后，从心理上与消费者拉近关系，说些具有同理心的话（如感冒了确实难受，需要多休息，建议搭配些中成药，标本兼治，效果更好）。根据现场表现给出分数	20	
3	解释成分与作用	向顾客说明所推荐的中成药的成分、功能主治，用专业性使消费者信服。根据现场表现给出分数	30	
4	疗程	中成药的服用都有一定的疗程，应根据说明书上的疗程进行推荐。根据现场表现给出分数	20	
合计			100	

思考与练习

一、单项选择题

1. 在日常销售过程中，二陈丸和平胃散的搭配销售属于（　　）。

A. 功效不同的中成药联用　　B. 两种功效相似的中成药联用

C. 不同治疗方法和给药途径的联用　　D. 中西药联用

2. 在日常销售过程中，附子理中丸和四神丸的搭配销售属于（　　）。

A. 功效不同的中成药联用　　B. 两种功效相似的中成药联用

C. 不同治疗方法和给药途径的联用　　D. 中西药联用

3. 在日常销售过程中，艾附暖宫丸和十香暖脐膏的搭配销售属于（　　）。

A. 功效不同的中成药联用　　B. 两种功效相似的中成药联用

C. 不同治疗方法和给药途径的联用　　D. 中西药联用

二、简答题

影响消费者购买中成药商品的要素有哪些?

任务三　中成药商品药学服务

学习目标

1. 能描述中成药商品药学服务的内容;
2. 能根据中成药商品药学服务的基本方式开展基本的药学服务。

任务引入

陈女士今年 50 岁，体重 55 kg，平时长期吃桂圆、核桃，最近在服用阿胶膏，目前出现夜间咳嗽、喘息严重、痰黄、咳吐不爽等症状。陈女士手拿三种中成药（分别是蓝芩口服液、黄连上清胶囊、清咽滴丸）前来咨询中药师小王，请小王帮她分析这三种药能不能一起吃。

相关知识

药学服务是药学发展的一个新阶段，是在临床药学基础上发展起来的医院药学工作的新模式，是从生物医学模式向生物 - 心理 - 社会医学模式的转变。药学服务的提出体现了观念上的根本转变，标志着药学从以前的提供药品、合理规范用药的观念转向“药与人之间相互作用”。以患者为中心提供全方位、全程化服务的全新理念必然促使药师走出药房，走进临床科室，走近患者、医师与护士，从以前间接为患者服务，变为直接为患者服务。

药学服务是提供与药品使用相关的各种服务的一种现代化药房工作模式，是以患者或者消费者的健康为中心开展的各项活动或者服务。中成药药学服务作为药学服务的重要组成部分，更加符合药学服务“一切以患者为中心”的理念。

一、中成药商品药学服务的内容

1. 辨证论治，四诊合参

中医药理论的精髓在于辨证论治，必须按照辨证论治原则使用中成药，绝不能仅凭药品说明书上的适应证盲目使用。同类中成药的功效和主治均有差异，不能互相替代，使用时应分清“异病同症”或“同病异症”等情况而对症下药，否则非但起不到治疗作用，还会加重病情，甚至发生药品不良反应。

2. 掌握正确用法用量，确保安全用药

根据中成药的时效关系确定最佳服药时间，对提高疗效和减少药品不良反应至关重要。例如，病在上焦，宜饭后服；病在下焦，宜饭前服；病在中焦，宜两餐间隔中服。服补阳益气、行气活血、散结消肿之品，宜晨起顿服，药可借人阳气、脏气充盈之势，利于祛邪取效；服滋阴补血、收敛固涩、重镇安神、息风止痉之剂，则宜于傍晚顿服，以获滋补收涩、安定平息之功。

另外，即使使用同一药物治疗同一疾病，若用量有所差异，效果也会迥然不同。中成药与西药一样，需正确掌握用量，如果用量过大，药力太猛，会克伐人体正气；如果用量过少，则难以起效。

3. 重视服药禁忌

中医对于患者服药期间的禁忌非常重视，俗称“忌口”。如服用治疗咳嗽的中成药时不宜吃有腥味的食物，热性病患者服药期间不能吃辛辣的食物，服安神药则睡前不要饮浓茶、咖啡等，阴虚火旺者不宜服热性、燥性的药物。总之，服用中成药期间一般忌生冷、油腻、腥膻的食物。

二、中成药商品药学服务的基本方式

1. 审核处方并记录

认真审核医师处方，如存在问题，应建议医师调整修改。存在较复杂的问题或病情较特殊时，应询问患者和家属或查阅病历获取患者的基本情况，做好记录。记录的内容要包括患者的姓名、年龄、性别、体重、民族、职业、联系电话，主要疾病和其他疾病，肝功能、肾功能、心功能，药物过敏史，用药史（尤其是近 3 个月内的）等。分析用药方案时要注意诊断是否明确，药物是否对症，剂型、剂量、疗程是否适当，是否存在有害的相互作用和配伍禁忌，是否存在潜在的药品不良反应等。

2. 指导用药

要指导患者正确使用药品，交代清楚药品的使用方法和给药剂量、给药时间、生活饮食要求、可能出现的副作用和注意事项。对一些特殊人群，如老年人、儿童和妊娠妇女要更加注意。对因病情需要使用有可能对肝、肾、心等重要脏器功能产生损害的药物时，要叮嘱患者定期到医院化验检查。

3. 药品不良反应的监测

对发生药品不良反应的病例要进行追踪调查，做好记录，并要及时上报有关部门。对发生药品不良反应的原因要进行分析总结，并定期向医师、护士及有关科室人员通报不合理用药情况。

4. 药物咨询

采用先进的科学技术和设备，收集、整理国内外医药学信息，建立完备的信息体系，为医务人员和患者提供药理、药效、适应证、禁忌证、给药方法、药物配伍咨询；提供药物中毒等紧急情况的急救方法，特殊患者用药剂量调整咨询等。

5. 用药知识宣教

积极开展用药安全宣传、中医药的理论基础知识讲座、安全用药的健康讲座，也可通过微信、微博等网络平台定期发布专栏，不断向群众普及安全用药的知识。

任务实施

形式：本实训环节采用场景模拟的形式分组进行，每小组 2 人，1 人扮演咨询者，1 人扮演药店的中药师。咨询者进店后说明自己平时的饮食习惯（长期吃桂圆、核桃，最近在服用阿胶膏），以及出现的症状（夜间咳嗽、喘息严重、痰黄、咳吐不爽），并手拿三种中成药（蓝芩口服液、黄连上清胶囊、清咽滴丸）向中药师咨询使用的方法，中药师应根据咨询者的情况给出合理的建议。

材料：蓝芩口服液、黄连上清胶囊、清咽滴丸 3 种中成药商品的外包装及说明书；课前每小组应自行查阅并学习这 3 种中成药的用法用量和配伍禁忌等。

工具：教材、《中华人民共和国药典》、可获取网络数字信息的智能设备（可选）。

任务测评

根据本任务完成情况，填写表 7－3－1。

表 7－3－1　　任务测评表

序号	考核内容	考核标准	配分	得分
1	分析 3 种中成药的功效	详细说出 3 种中成药的药理、药效、适应证、禁忌证等。根据现场表现给出分数	30	
2	了解平时的饮食习惯	根据咨询者的症状和饮食习惯，给出合理的调整建议（如桂圆、核桃、阿胶膏 3 种食物性温，患者痰黄，会加重症状）。根据现场表现给出分数	20	
3	药学建议	指导咨询者正确使用药品，交代清楚药品的使用方法和给药剂量、给药时间、可能出现的副作用和注意事项等（如 3 种中成药均属于寒凉药物，建议中病即止，不能长期服用；服药期间可能出现脾胃不适）。根据现场表现给出分数	30	
4	饮食禁忌	给出详细的服药禁忌（如服药期间不宜同时服用温补作用的中成药，忌辛辣、刺激、油腻食物）。根据现场表现给出分数	20	
合计			100	

思考与练习

单项选择题

1. 药学服务的目的在于（　　）。

A. 提高患者生命质量
B. 依照医师处方给患者正确用药
C. 实现以患者为中心
D. 实现以药品为中心

2. 药学服务的内容不包括（　　）。

A. 开展治疗药物监测
B. 药学信息服务
C. 不良反应观察
D. 特殊药品管理

3. 药学服务的客体是（　　）。

A. 患者　B. 药师　C. 医师　D. 以上都是

模块三

常见中成药商品

说　明

一、本教材收录了常见中成药商品共595种（部分中成药商品同时分属不同类别，有重复出现），包括大型综合医院常用品种、职业技能类比赛品种、市场销量突出品种等具有代表性的品种。

二、本模块后附拼音首字母索引、剂型索引。

三、本模块分类方法参照《中华人民共和国药典临床用药须知·中药成方制剂卷（2020年版）》的分类方法，用临床科室大类－功效小类－功效细目－药品的编号方式，将收录的中成药商品逐一编号。编号为7位。左起第1位为临床科室大类，第2~3位为功效小类，第4位为功效细目，末3位为药品序号。如“感冒清热颗粒”为“一、内科”“1. 解表剂”“（1）辛温解表”的第1个药，则该药的编号组成为：1011001（1－01－1－001）。

四、各药品的信息来源于《中华人民共和国药典（2020年版）》《中华人民共和国药典临床用药须知·中药成方制剂卷（2020年版）》《新编国家中成药（第3版）》等。

五、各药品内容结构大致为：

药品编号　药名

拼音

【处方】

【性状】

【功能与主治】

【用法用量】

【注意事项】

【规格】

【贮藏】

主要参考来源

一、内科类

1. 解表剂

（1）风寒感冒

1011001　感冒清热颗粒

Ganmao Qingre Keli

【处方】荆芥穗　薄荷　防风　柴胡　紫苏叶　葛根　桔梗　苦杏仁　白芷　苦地丁　芦根

【性状】本品为棕黄色的颗粒，味甜、微苦；或为棕褐色的颗粒，味微苦（无蔗糖或含乳糖）。

【功能与主治】疏风散寒，解表清热。用于风寒感冒，头痛发热，恶寒身痛，鼻流清涕，咳嗽咽干。

【用法用量】开水冲服。一次 1 袋，一日 2 次。

【规格】（1）每袋装 12 g；（2）每袋装 6 g（无蔗糖）；（3）每袋装 4 g（无蔗糖）；（4）每袋装 3 g（含乳糖）。

【贮藏】密封。

《中华人民共和国药典（2020 年版）》

1011002　桂枝合剂

Guizhi Heji

【处方】桂枝　白芍　生姜　大枣　甘草

【性状】本品为棕黄色的澄清液体；气香，味辛、微甜。

【功能与主治】解肌发表，调和营卫。用于感冒风寒表虚证，症见头痛发热、汗出恶风、鼻塞干呕。

【用法用量】口服。一次 10～15 ml，一日 3 次。

【注意事项】（1）表实无汗或温病内热口渴者慎用；（2）服药期间忌食生冷、油腻食物；（3）服药后多饮热开水或热粥，覆被保暖，取微汗为度。

【规格】（1）每支装 10 ml；（2）每瓶装 100 ml。

【贮藏】密封，置阴凉处。

《中华人民共和国药典临床用药须知 · 中药成方制剂卷（2020 年版）》

1011003　荆防颗粒
Jingfang Keli

【处方】荆芥　防风　羌活　独活　川芎　柴胡　前胡　桔梗　茯苓　枳壳　甘草

【性状】本品为棕色的颗粒；气香，味甜、微苦。

【功能与主治】解表散寒，祛风胜湿。用于外感风寒夹湿所致的感冒，症见头身疼痛，恶寒无汗，鼻塞流涕，咳嗽者。

【用法用量】开水冲服。一次 15 g，一日 3 次。

【注意事项】（1）风热感冒或湿热证者慎用；（2）服药期间，忌食辛辣、生冷、油腻食物。

【规格】每袋装 15 g。

【贮藏】密闭，防潮。

《中华人民共和国药典临床用药须知·中药成方制剂卷（2020 年版）》

（2）风热感冒

1012004　双黄连口服液
Shuanghuanglian Koufuye

【处方】金银花　黄芩　连翘

【性状】本品为棕红色的澄清液体；味甜，微苦［规格（1）或规格（2）］；或为深棕色的澄清液体；味苦、微甜［规格（3）］。

【功能与主治】疏风解表，清热解毒。用于外感风热所致的感冒，症见发热、咳嗽、咽痛。

【用法用量】口服。一次 20 ml［规格（1）、规格（2）］或 10 ml［规格（3）］，一日 3 次；小儿酌减或遵医嘱。

【规格】每支装（1）10 ml（每 1 ml 相当于饮片 1.5 g）；（2）20 ml（每 1 ml 相当于饮片 1.5 g）；（3）10 ml（每 1 ml 相当于饮片 3.0 g）。

【贮藏】密封，避光，置阴凉处。

《中华人民共和国药典（2020 年版）》

1012005　清开灵颗粒
Qingkaling Keli

【处方】胆酸　珍珠母　猪去氧胆酸　栀子　水牛角　板蓝根　黄芩苷　金银花

【性状】本品为浅黄色或黄棕色至棕褐色的颗粒；味甜、微苦。

【功能与主治】清热解毒，镇静安神。用于外感风热时毒、火毒内盛所致高热不退、烦躁不安、咽喉肿痛、舌质红绛、苔黄、脉数者；上呼吸道感染，病毒性感冒，急性化脓性扁桃体炎，急性咽炎，急性气管炎，高热等症属上述证候者。

【用法用量】口服。一次 1 ~2 袋，一日 2 ~3 次。儿童酌减，或遵医嘱。

【注意事项】久病体虚患者如出现腹泻时慎用。

【规格】（1）每袋装 1.5 g（含黄芩苷 20 mg，无蔗糖）；（2）每袋装 3 g（含黄芩苷 20 mg；含黄芩苷 20 mg，橙香型）；（3）每袋装 10 g（含黄芩苷 20 mg）。

【贮藏】密封。

《中华人民共和国药典（2020 年版）》

1012006　清热灵颗粒
Qingreling Keli

【处方】黄芩　连翘　大青叶　甘草

【性状】本品为棕黄色至黄棕色的颗粒；味甜、微苦。

【功能与主治】清热解毒。用于感冒热邪壅肺证，症见发热、咽喉肿痛。

【用法用量】开水冲服。周岁以内一次 5 g，一至六岁一次 10 g，一日 3 次；七岁以上一次 15 g，一日 3 ~4 次；七岁以上一次 5 g（无蔗糖），一日 3 ~4 次。

【规格】（1）每袋装 5 g；（2）每袋装 15 g；（3）每袋装 5 g（无蔗糖）。

【贮藏】密封。

《中华人民共和国药典（2020 年版）》

1012007　羚羊感冒胶囊
Lingyang Ganmao Jiaonang

【处方】金银花　连翘　羚羊角　牛蒡子　荆芥　淡豆豉　桔梗　淡竹叶　薄荷素油　甘草

【性状】本品为胶囊剂，内容物显黄棕色；气香、味凉、苦而后微甜。

【功能与主治】清热解表。用于流行性感冒。症见发热恶风、头痛头晕、咳嗽、胸闷、咽喉肿痛。

【用法用量】口服。一次 2 粒，一日 2 ~3 次。

【注意事项】（1）风寒外感者慎用；（2）服药期间忌食辛辣、油腻食物。

【规格】每粒装 0.42 g。

【贮藏】密封。

《中华人民共和国药典临床用药须知·中药成方制剂卷（2020 年版）》

1012008　维 C 银翘片
Wei C Yinqiao Pian

【处方】山银花　连翘　荆芥　淡豆豉　淡竹叶　牛蒡子　芦根　桔梗　甘草　马来酸氯苯那敏　对乙酰氨基酚　维生素 C　薄荷素油

【性状】本品为糖衣片或薄膜衣片，除去包衣后显灰褐色层与白色层，或显灰褐色，夹杂有少许白点；气微，味微苦。

【功能与主治】疏风解表，清热解毒。用于外感风热所致的流行性感冒，症见发热、头痛、咳嗽、口干、咽喉疼痛。

【用法用量】口服。一次 2 片，一日 3 次。

【注意事项】用药期间不宜驾驶车辆、管理机器及高空作业等；肝肾功能不全者慎用，或遵医嘱。

【规格】每片含维生素 C 49.5 mg、对乙酰氨基酚 105 mg、马来酸氯苯那敏 1.05 mg。

【贮藏】遮光，密封。

《中华人民共和国药典（2020 年版）》

（3）暑湿外感

1013009　藿香正气软胶囊

Huoxiang Zhengqi Ruanjiaonang

【处方】苍术　厚朴（姜制）　茯苓　生半夏　陈皮　白芷　大腹皮　甘草浸膏　广藿香油　紫苏叶油

【性状】本品为软胶囊，内容物为棕褐色的膏状物；气芳香，味辛、苦。

【功能与主治】解表化湿，理气和中。用于外感风寒、内伤湿滞或夏伤暑湿所致的感冒，症见头痛昏重、胸膈痞闷、脘腹胀痛、呕吐泄泻；胃肠型感冒见上述证候者。

【用法用量】口服。一次 2～4 粒，一日 2 次。

【规格】每粒装 0.45 g。

【贮藏】密封，置阴凉干燥处。

《中华人民共和国药典（2020 年版）》

1013010　保济丸

Baoji Wan

【处方】钩藤　菊花　蒺藜　厚朴　木香　苍术　天花粉　广藿香　葛根　化橘红　白芷　薏苡仁　稻芽　薄荷　茯苓　广东神曲

【性状】本品为朱红色的水丸；气芳香，味微苦、辛。

【功能与主治】解表，祛湿，和中。用于暑湿感冒，症见发热头痛、腹痛腹泻、恶心呕吐、肠胃不适；亦可用于晕车晕船。

【用法用量】口服。一次 1.85～3.7 g，一日 3 次。

【注意事项】外感燥热者不宜服用。

【规格】每瓶装（1）1.85 g；（2）3.7 g。

【贮藏】密封。

《中华人民共和国药典（2020 年版）》

1013011 暑湿感冒颗粒
Shushi Ganmao Keli

【处方】广藿香 防风 紫苏叶 佩兰 白芷 苦杏仁 大腹皮 香薷 陈皮 生半夏 茯苓

【性状】本品为浅棕黄色至棕黄色颗粒；味苦。

【功能与主治】清暑祛湿，芳香化浊。用于暑湿感冒，症见胸闷呕吐，腹泻便溏，发热，汗出不畅。

【用法用量】口服。一次 1 袋，一日 3 次，小儿酌减。

【规格】（1） 每袋装 8 g；（2） 每袋装 3 g（无蔗糖）。

【贮藏】密封。

《中华人民共和国药典（2020 年版）》

（4）外感夹湿

1014012 午时茶颗粒
Wushicha Keli

【处方】苍术 羌活 柴胡 防风 白芷 川芎 广藿香 前胡 连翘 陈皮 山楂 枳实 炒麦芽 甘草 桔梗 紫苏叶 厚朴 红茶 六神曲（炒）

【性状】本品为棕色的颗粒；气微香，味甜、微苦。

【功能与主治】祛风解表，化湿和中。用于外感风寒、内伤食积证，症见恶寒发热、头痛身楚、胸脘满闷、恶心呕吐、腹痛腹泻。

【用法用量】开水冲服。一次 1 袋，一日 1 ~ 2 次。

【规格】每袋装 6 g。

【贮藏】密封。

《中华人民共和国药典（2020 年版）》

1014013 芙朴感冒颗粒
Fupu Ganmao Keli

【处方】芙蓉叶 牛蒡子（炒） 厚朴 陈皮

【性状】本品为黄棕色的颗粒；味甜、微苦涩。

【功能与主治】清热解毒，宣肺利咽，宽中理气。用于风热或风热夹湿所致的感冒，症见发热头痛、咽痛、肢体痛、鼻塞、胃纳减退。

【用法用量】开水冲服。一次 15 ~ 30 g，一日 2 次。

【注意事项】（1） 孕妇慎用；（2） 服药期间忌烟酒及辛辣、生冷、油腻食物。

【规格】（1） 每袋装 15 g；（2） 每块重 15 g。

【贮藏】密封。

《中华人民共和国药典临床用药须知·中药成方制剂卷（2020 年版）》

（5）体虚外感

1015014　参苏丸

Shensu Wan

【处方】党参　葛根　茯苓　陈皮　桔梗　紫苏叶　前胡　半夏（制）　枳壳（炒）　甘草　木香

【性状】本品为棕褐色的水丸；气微，味微苦。

【功能与主治】益气解表，疏风散寒，祛痰止咳。用于身体虚弱、感受风寒所致感冒，症见恶寒发热、头痛鼻塞、咳嗽痰多、胸闷呕逆、乏力气短。

【用法用量】口服。一次 6 ~ 9 g，一日 2 ~ 3 次。

【贮藏】密封。

《中华人民共和国药典（2020 年版）》

1015015　败毒散

Baidu San

【处方】党参　枳壳　川芎　独活　茯苓　甘草　羌活　柴胡　前胡　桔梗

【性状】本品为棕黄色至棕褐色的粉末；气香，味苦、微甘。

【功能与主治】发汗解表，散风祛湿。用于外感热病，憎寒壮热，项强头痛，四肢酸痛，噤口痢疾，无汗鼻塞，咳嗽有痰。

【用法用量】另加生姜、薄荷少许炖，取汤服。一次 6 ~ 9 g，一日 1 ~ 2 次。

【注意事项】忌生冷、油腻食物。

【规格】每袋装 9 g。

【贮藏】密闭，防潮。

《中华人民共和国药典（2020 年版）》

2. 泻下剂

（1）寒下

1021016　通便宁片

Tongbianning Pian

【处方】番泻叶干膏粉　牵牛子　砂仁　白豆蔻

【性状】本品为棕色素片；味微苦。

【功能与主治】宽中理气，泻下通便。用于肠胃实热积滞所致的便秘，症见大便秘结，腹痛拒按，腹胀纳呆，口干苦，小便短赤，舌红苔黄，脉弦滑数。

【用法用量】口服。一次4片，一日1次；如服药8小时后不排便再服一次，或遵医嘱。

【注意事项】(1) 脾胃虚寒冷积便秘者慎服；(2) 体虚者忌长期服用；(3) 服药期间忌食辛辣、油腻及不易消化食物；(4) 孕妇及哺乳期、经期妇女禁用。

【规格】每片重0.48 g。

【贮藏】密封，防潮、避光。

《中华人民共和国药典临床用药须知·中药成方制剂卷（2020年版）》

1021017　当归龙荟丸
Danggui Longhui Wan

【处方】龙胆（酒炒）　大黄（酒炒）　芦荟　黄连（酒炒）　黄芩（酒炒）　黄柏（盐炒）　栀子　青黛　当归（酒炒）　木香　麝香

【性状】本品为黄绿色至深褐色的水丸；气微，味苦。

【功能与主治】泻火通便。用于肝胆火旺，心烦不宁，头晕目眩，耳鸣耳聋，胁肋疼痛，脘腹胀痛，大便秘结。

【用法用量】口服。一次6 g，一日2次。

【注意事项】(1) 冷积便秘，阴虚阳亢之眩晕慎用；(2) 素体脾虚、年迈体弱者慎用；(3) 忌食辛辣、油腻食物；(4) 孕妇禁用。

【贮藏】密封。

《中华人民共和国药典临床用药须知·中药成方制剂卷（2020年版）》

1021018　清泻丸
Qingxie Wan

【处方】大黄　枳实　朱砂粉　黄芩　甘草

【性状】本品为赭红色的包衣水丸，除去包衣后显褐黄色；味苦、涩。

【功能与主治】清热，通便，消滞。用于实热积滞所致的大便秘结。

【用法用量】口服。一次5.4 g。

【注意事项】孕妇禁用。

【规格】每袋装5.4 g。

【贮藏】密封。

《中华人民共和国药典（2020年版）》

(2) 润下

1022019　苁蓉通便口服液
Congrong Tongbian Koufuye

【处方】何首乌　肉苁蓉　枳实（麸炒）　蜂蜜

【性状】本品为深棕色液体；味甜、微苦涩。

【功能与主治】滋阴补肾，润肠通便。用于中老年人，病后产后等虚性便秘及习惯性便秘。

【用法用量】口服。一次 10～20 ml，一日 1 次。睡前或清晨服用。

【注意事项】（1）实热积滞致大便燥结者慎用；（2）孕妇慎用。

【规格】每支装 10 ml。

【贮藏】密封。

《中华人民共和国药典临床用药须知·中药成方制剂卷（2020 年版）》

1022020　麻仁丸

Maren Wan

【处方】火麻仁　苦杏仁　大黄　枳实（炒）　姜厚朴　炒白芍

【性状】本品为黄褐色至棕褐色的水蜜丸、小蜜丸或大蜜丸；味苦。

【功能与主治】润肠通便。用于肠热津亏所致的便秘，症见大便干结难下、腹部胀满不舒；习惯性便秘见上述证候者。

【用法用量】口服。水蜜丸一次 6 g，小蜜丸一次 9 g，大蜜丸一次 1 丸，一日 1～2 次。

【规格】大蜜丸每丸重 9 g。

【贮藏】密封。

《中华人民共和国药典（2020 年版）》

1022021　增液颗粒

Zengye Keli

【处方】玄参　地黄　麦冬

【性状】本品为棕黄色至黄棕色的颗粒；气微香，味甜、微苦涩。

【功能与主治】养阴生津，清热润燥。用于热邪伤阴、津液不足所引起的阴虚内热，口干咽燥，大便燥结；亦可用于感染性疾患高热所致体液耗损的辅助用药。

【用法用量】开水冲服。一次 1 袋，一日 3 次。

【规格】每袋装 20 g。

【贮藏】密封。

《中华人民共和国药典（2020 年版）》

（3）峻下

1023022　舟车丸［剧］

Zhouche Wan

【处方】甘遂（醋制）　红大戟（醋制）　芫花（醋）　牵牛子（炒）　大黄　青皮（醋制）　陈皮　木香　轻粉

【性状】本品为黄褐色的水丸；味苦。

【功能与主治】行气利水。用于水停气滞所致的水肿，症见蓄水腹胀、四肢浮肿、胸腹胀满、停饮喘急、大便秘结、小便短少。

【用法用量】口服。一次 3 g，一日 1 次。

【注意事项】（1）水肿属阴水者慎用；（2）本品所含甘遂、大戟、芫花及轻粉均有一定毒性，不可过量久服；（3）服用本品饮食宜清淡、低盐，注意用药后对脾胃的调理；（4）服药时应从小剂量开始，逐渐加量为宜；（5）孕妇禁用。

【规格】每袋装 3 g。

【贮藏】密封。

《中华人民共和国药典临床用药须知·中药成方制剂卷（2020 年版）》

1023023　控涎丸
Kongxian Wan

【处方】醋甘遂　红大戟　白芥子

【性状】本品为棕褐色带有淡黄色斑点的糊丸；味微辛、辣。

【功能与主治】涤痰逐饮。用于痰涎水饮停于胸膈，胸胁隐痛，咳喘痛甚，痰不易出，瘰疬，痰核。

【用法用量】用温开水或枣汤、米汤送服。一次 1 ~ 3 g，一日 1 ~ 2 次。

【注意事项】（1）孕妇忌服；（2）体虚者慎用。

【贮藏】密封。

《中华人民共和国药典（2020 年版）》

（4）通腑降浊

1024024　尿毒灵灌肠液
Niaoduling Guanchangye

【处方】大黄　土茯苓　连翘　栀子　白茅根　桂枝　金银花　地榆　青黛　黄柏　龙骨（锻）　牡蛎（煅）　槐米　钩藤　蒺藜　丹参　红花　生晒参　麦冬　枸杞

【性状】甲组为灰绿色的粉末；味淡。乙组为棕褐色的液体；味淡。

【功能与主治】通腑泄浊，通利消肿。用于湿浊内阻、脾肾衰败所致的全身浮肿、恶心呕吐、大便不通、无尿少尿、头痛烦躁、舌黄、苔腻、脉实有力；慢性肾衰竭、尿毒症及肾性高血压见上述证候者。

【用法用量】将甲、乙组（甲组 10 g、乙组 100 ml）混合，摇匀，一次灌肠，一日 1 ~ 2 次。

【注意事项】（1）若脾肾衰败较重者，可酌与补肾健脾口服药同用；（2）用药期间宜低盐饮食，忌烟酒及辛辣、油腻食物；宜配合优质低蛋白饮食，若出现营养不良时，可适当制定合理营养方案，并注意补充水溶性维生素、矿物质及微量元素；（3）有直肠疾病或腹泻每日 3 次以上者慎用，年老体虚者慎用；（4）本品不单独使用，临床常配合其他相关药物治疗，若灌肠后症状无明显改善，须及时到医院就诊，必要时采取透析治疗；（5）孕妇禁用。

【规格】（1）甲组每瓶装 20 g；（2）乙组每瓶装 200 ml。

【贮藏】密封，置阴凉干燥处。

《中华人民共和国药典临床用药须知·中药成方制剂卷（2020 年版）》

1024025　尿毒清颗粒

Niaoduqing Keli

【处方】大黄　黄芪　丹参　川芎　何首乌（制）　党参　白术　茯苓　桑白皮　苦参　车前草　半夏（姜制）　柴胡　菊花　白芍　甘草

【性状】本品为棕色或棕褐色的颗粒；味甘、微苦。

【功能与主治】通腑降浊，健脾利湿，活血化瘀。用于脾肾亏损，湿浊内停，瘀血阻滞所致的少气乏力，腰膝酸软，恶心呕吐，肢体浮肿，面色萎黄；慢性肾功能衰竭（氮质血症期或尿毒症早期）见上述证候者。

【用法用量】温开水冲服。一日 4 次：6、12、18 时各服 1 袋；22 时服 2 袋。每日最大服用量为 8 袋；也可另定服药时间，但两次服药间隔勿超过 8 小时。

【注意事项】（1）肝肾阴虚证慎用；（2）因服药每日大便超过 2 次，可酌情减量，避免营养吸收不良和脱水；（3）对 24 小时尿量 $<$1 500 ml 患者，服药时应监测血钾；（4）慢性肾功能衰竭尿毒症晚期非本品所宜；（5）避免与肠道吸附剂同时服用；（6）忌食肥肉、动物内脏和豆类、坚果果实等含高植物蛋白食物；（7）应低盐饮食，并严格控制水的摄入。

【规格】每袋装 5 g。

【贮藏】密封。

《中华人民共和国药典临床用药须知·中药成方制剂卷（2020 年版）》

1024026　肾衰宁胶囊

Shenshuaining Jiaonang

【处方】太子参　法半夏　茯苓　丹参　黄连　陈皮　大黄　牛膝　红花　甘草

【性状】本品为硬胶囊，内容物为黄棕色至棕褐色的粉末或细小颗粒；气微香，味苦。

【功能与主治】益气健脾，活血化瘀，通腑泄浊。用于脾胃气虚、浊瘀内阻、升降失调所致的面色萎黄、腰痛倦怠、恶心呕吐、食欲不振、小便不利、大便黏滞；慢性肾功能不全见上述证候者。

【用法用量】口服。一次 4 ~6 粒，一日 3 ~4 次；小儿酌减。

【注意事项】孕妇禁用。

【规格】每粒装 0. 35 g。

【贮藏】密封，防潮。

《中华人民共和国药典（2020 年版）》

3. 和解剂

（1）和解少阳

1031027　少阳感冒颗粒

Shaoyang Ganmao Keli

【处方】柴胡　人参　半夏　黄芩　甘草　干姜　大枣　青蒿

【性状】本品为棕黄色至棕褐色的颗粒；气芳香，味甘、微苦。

【功能与主治】解表散热，和解少阳。用于外感病邪犯少阳证，症见寒热往来、胸胁苦满、食欲不振、心烦喜呕、口苦咽干。

【用法用量】口服。一次 1 袋，一日 2 次，小儿酌减。

【规格】每袋装 8 g。

【贮藏】密封，置干燥处。

《中华人民共和国药典（2020 年版）》

1031028　小柴胡颗粒

Xiaochaihu Keli

【处方】柴胡　姜半夏　生姜　大枣　黄芩　党参　甘草

【性状】本品为黄色至棕褐色的颗粒；味甜［规格（1）］；或为棕黄色的颗粒；味淡、微辛［规格（2），规格（3）］。

【功能与主治】解表散热，疏肝和胃。用于外感病，邪犯少阳证，症见寒热往来、胸胁苦满、食欲不振、心烦喜呕、口苦咽干。

【用法用量】开水冲服。一次 1 ~2 袋，一日 3 次。

【注意事项】风寒表证者不宜使用。

【规格】（1）每袋装 10 g；（2）每袋装 4 g（无蔗糖）；（3）每袋装 2. 5 g（无蔗糖）。

【贮藏】密封。

《中华人民共和国药典（2020 年版）》

（2）调和肝脾

1032029　逍遥丸

Xiaoyao Wan

【处方】柴胡　白芍　茯苓　薄荷　当归　炒白术　炙甘草

【性状】本品为棕褐色的小蜜丸或大蜜丸；味甜。

【功能与主治】疏肝健脾，养血调经。用于肝郁脾虚所致的郁闷不舒、胸胁胀痛、头晕目眩、食欲减退、月经不调。

【用法用量】口服。小蜜丸一次 9 g，大蜜丸一次 1 丸，一日 2 次。

【规格】（1）小蜜丸每 100 丸重 20 g；（2）大蜜丸每丸重 9 g。

【贮藏】密封。

《中华人民共和国药典（2020 年版）》

1032030　五灵丸
Wuling Wan

【处方】柴胡　灵芝　丹参　五味子

【性状】本品为棕褐色小蜜丸；气微；味甜；微苦、辛。

【功能与主治】疏肝健脾活血。用于慢性乙型肝炎肝郁脾虚挟瘀证，症见纳呆、腹胀嗳气、胁肋胀痛、疲乏无力。

【用法用量】口服。一次 1 丸，一日 3 次，饭后半小时服用。1 个月为一疗程或遵医嘱。

【注意事项】（1）凡急性肝炎属温热疫毒内盛者慎用；（2）肝阴不足所致胁痛者慎用；（3）孕妇慎用；（4）服本品后若见恶心，上腹不适者应停药观察；（5）有溃疡病史者，请在医师指导下服用。

【规格】每丸重 9 g。

【贮藏】密封。

《中华人民共和国药典临床用药须知 · 中药成方制剂卷（2020 年版）》

1032031　肝达康颗粒
Gandakang Keli

【处方】北柴胡（醋炙）　白芍（醋炙）　枳实（麸炒）　青皮（麸炒）　甘草　党参　茯苓　白术（麸炒）　砂仁　湘曲　鳖甲（醋炙）　地龙（炒）　当归（酒炙）　茜草　白茅根

【性状】本品为黄棕色至棕褐色的颗粒；气香，味甜、微苦。

【功能与主治】疏肝健脾，化瘀通络。用于肝郁脾虚兼血瘀所致的疲乏纳差、胁痛腹胀、大便溏薄、胁下痞块、舌淡或色黯有瘀点、脉弦缓或涩；慢性乙型病毒性肝炎见上述证候者。

【用法用量】口服。一次 8 g，一日 3 次。1 个月为一疗程，可连续使用 3 个疗程。

【注意事项】（1）肝阴不足所致胁痛者慎用；（2）服药期间饮食宜清淡，忌食生冷、辛辣、油腻食物，并戒酒；（3）孕妇禁用。

【规格】每袋装 8 g。

【贮藏】密封，置阴凉干燥处。

《中华人民共和国药典临床用药须知 · 中药成方制剂卷（2020 年版）》

4. 清热剂

（1）清热泻火

1041032　一清胶囊

Yiqing Jiaonang

【处方】黄连　大黄　黄芩

【性状】本品为硬胶囊，内容物为浅黄色至黄棕色的粉末；气微，味苦。

【功能与主治】清热泻火解毒，化瘀凉血止血。用于火毒血热所致的身热烦躁、目赤口疮、咽喉牙龈肿痛、大便秘结、吐血、咯血、衄血、痔血；咽炎、扁桃体炎、牙龈炎见上述证候者。

【用法用量】口服。一次 2 粒，一日 3 次。

【注意事项】出现腹泻时，可酌情减量。

【规格】每粒装 0.5 g。

【贮藏】密封。

《中华人民共和国药典（2020 年版）》

1041033　三黄片

Sanhuang Pian

【处方】大黄　盐酸小檗碱　黄芩浸膏

【性状】本品为糖衣或薄膜衣片，除去包衣后显棕色；味苦、微涩。

【功能与主治】清热解毒，泻火通便。用于三焦热盛所致的目赤肿痛、口鼻生疮、咽喉肿痛、牙龈肿痛、心烦口渴、尿黄、便秘；亦用于急性胃肠炎，痢疾。

【用法用量】口服。小片一次 4 片，大片一次 2 片，一日 2 次；小儿酌减。

【注意事项】孕妇慎用。

【规格】（1）薄膜衣小片每片重 0.26 g；（2）薄膜衣大片每片重 0.52 g。

【贮藏】密封。

《中华人民共和国药典（2020 年版）》

1041034　牛黄上清胶囊

Niuhuang Shangqing Jiaonang

【处方】人工牛黄　薄荷　菊花　荆芥穗　白芷　川芎　栀子　黄连　黄柏　黄芩　大黄　赤芍　地黄　甘草　冰片　连翘　当归　桔梗　石膏

【性状】本品为硬胶囊，内容物为棕黄色至深棕色的粉末；气香，味苦。

【功能与主治】清热泻火，散风止痛。用于热毒内盛、风火上攻所致的头痛眩晕、目赤耳鸣、咽喉肿痛、口舌生疮、牙龈肿痛、大便燥结。

【用法用量】口服。一次 3 粒，一日 2 次。

【注意事项】孕妇、哺乳期妇女慎用，脾胃虚寒者慎用。

【规格】每粒装0.3 g。

【贮藏】密封。

《中华人民共和国药典（2020年版）》

（2）清热解毒

1042035　复方大青叶合剂
Fufang Daqingye Heji

【处方】大青叶　羌活　大黄　金银花　拳参

【性状】本品为棕红色的澄清液体；味甜、微苦。

【功能与主治】疏风清热，解毒消肿，凉血利胆。用于外感风热或瘟毒所致的发热头痛、咽喉红肿、耳下肿痛、胁痛黄疸；流感、腮腺炎、急性病毒性肝炎见上述证候者。

【用法用量】口服。一次10～20 ml，一日2～3次。用于急性病毒性肝炎，一次30 ml，一日3次。

【注意事项】孕妇慎用。

【规格】（1）每瓶装10 ml；（2）每瓶装100 ml。

【贮藏】密封。

《中华人民共和国药典（2020年版）》

1042036　清开灵颗粒
Qingkailing Keli

【处方】胆酸　珍珠母　猪去氧胆酸　栀子　水牛角　板蓝根　黄芩苷　金银花

【性状】本品为浅黄色或黄棕色至棕褐色的颗粒；味甜、微苦。

【功能与主治】清热解毒，镇静安神。用于外感风热时毒、火毒内盛所致高热不退、烦躁不安、咽喉肿痛、舌质红绛、苔黄、脉数者；上呼吸道感染，病毒性感冒，急性化脓性扁桃体炎，急性咽炎，急性气管炎，高热等症属上述证候者。

【用法用量】口服。一次1～2袋，一日2～3次。儿童酌减，或遵医嘱。

【注意事项】久病体虚患者如出现腹泻时慎用。

【规格】（1）每袋装1.5 g（含黄芩苷20 mg，无蔗糖）；（2）每袋装3 g（含黄芩苷20 mg；含黄芩苷20 mg，橙香型）；（3）每袋装10 g（含黄芩苷20 mg）。

【贮藏】密封。

《中华人民共和国药典（2020年版）》

1042037　穿心莲片
Chuanxinlian Pian

【处方】穿心莲

【性状】本品为糖衣片或薄膜衣片，除去包衣后显灰褐色至棕褐色；味苦。

【功能与主治】清热解毒，凉血消肿。用于邪毒内盛，感冒发热，咽喉肿痛，口舌生疮，顿咳劳嗽，泄泻痢疾，热淋涩痛，痈肿疮疡，毒蛇咬伤。

【用法用量】口服。一次 2 ~3 片（小片），一日 3 ~4 次；或一次 1 ~2 片（大片），一日 3 次。

【贮藏】密封。

《中华人民共和国药典（2020 年版）》

（3）清脏腑热

1043038　清宁丸

Qingning Wan

【处方】大黄　车前草　黑豆　绿豆　炒白术　半夏（制）　醋香附　桑叶　桃枝　牛乳姜厚朴　麦芽　陈皮　侧柏叶

【性状】本品为黑色的大蜜丸或黑褐色的水蜜丸；味苦。

【功能与主治】清热泻火，消肿通便。用于火毒内蕴所致的咽喉肿痛、口舌生疮、头晕耳鸣、目赤牙痛、腹中胀满、大便秘结。

【用法用量】口服。水蜜丸一次 6 g，大蜜丸一次 1 丸，一日 1 ~2 次。

【注意事项】孕妇忌服。

【规格】（1）水蜜丸每袋装 6 g；（2）大蜜丸每丸重 9 g。

【贮藏】密封。

《中华人民共和国药典（2020 年版）》

1043039　黛蛤散

Daige San

【处方】青黛　蛤壳

【性状】本品为灰蓝色的粉末；味淡。

【功能与主治】清肝利肺，降逆除烦。用于肝火犯肺所致的头晕耳鸣、咳嗽吐衄、痰多黄稠、咽膈不利、口渴心烦。

【用法用量】口服。一次 6 g，一日 1 次，随处方入煎剂。

【贮藏】密闭，防潮。

《中华人民共和国药典（2020 年版）》

1043040　导赤丸

Daochi Wan

【处方】连翘　栀子（姜炒）　玄参　赤芍　黄连　木通　天花粉　大黄　黄芩　滑石

【性状】本品为黑褐色的水蜜丸或大蜜丸；味甘、苦。

【功能与主治】清热泻火，利尿通便。用于火热内盛所致的口舌生疮、咽喉疼痛、心胸烦热、小便短赤、大便秘结。

【用法用量】口服。水蜜丸一次 2 g，大蜜丸一次 1 丸，一日 2 次；周岁以内小儿酌减。

【规格】（1）水蜜丸每 10 粒重 1 g；（2）大蜜丸每丸重 3 g。

【贮藏】密封。

《中华人民共和国药典（2020 年版）》

1043041　龙胆泻肝丸

Longdan Xiegan Wan

【处方】龙胆　黄芩　泽泻　盐车前子　柴胡　栀子（炒）　木通　酒当归　地黄　炙甘草

【性状】本品为黄褐色的小蜜丸或大蜜丸；味苦、微甜。

【功能与主治】清肝胆，利湿热。用于肝胆湿热，头晕目赤，耳鸣耳聋，耳肿疼痛，胁痛口苦，尿赤涩痛，湿热带下。

【用法用量】口服。小蜜丸一次 6～12 g（30～60 丸），大蜜丸一次 1～2 丸，一日 2 次。

【注意事项】孕妇慎用。

【规格】（1）小蜜丸每 100 丸重 20 g；（2）大蜜丸每丸重 6 g。

【贮藏】密封。

《中华人民共和国药典（2020 年版）》

（4）解毒消癥

1044042　抗癌平丸

Kang'aiping Wan

【处方】半枝莲　珍珠菜　香茶菜　藤梨根　肿节风　蛇莓　白花蛇舌草　石上柏　兰香草　蟾酥

【性状】本品为黑褐色的浓缩微丸；味苦。

【功能与主治】清热解毒，散瘀止痛。用于热毒瘀血壅滞所致的胃癌、食管癌、贲门癌、直肠癌等消化道肿瘤。

【用法用量】口服。一次 0.5～1 g，一日 3 次。饭后半小时服，或遵医嘱。

【注意事项】（1）脾胃虚寒者慎用；（2）服药期间忌食辛辣、油腻、生冷食物；（3）本品含蟾酥有毒，不可过量、久用；（4）孕妇禁用。

【规格】每瓶装 1 g。

【贮藏】密封。

《中华人民共和国药典临床用药须知·中药成方制剂卷（2020 年版）》

1044043　鸦胆子油乳注射液

Yadanzi Youru Zhusheye

【处方】精制鸦胆子油　精制豆磷脂　甘油

【性状】本品为乳白色的均匀乳状液体。

【功能与主治】清热解毒，消癥散结。用于热毒瘀阻所致的消化道肿瘤、肺癌、脑转移癌。

【用法用量】注射液：静脉滴注。一次 10～30 ml，一日 1 次（本品须加灭菌生理盐水 250 ml，稀释后立即使用）。

【注意事项】（1）本品有毒，易损害肝肾功能，应在医师指导下使用，不可过量服用；（2）过敏体质者慎用，服药期间出现过敏者应及时停药，并给予相应的治疗措施；（3）脾胃虚寒者慎用；（4）本品不宜与其他药物同时滴注；（5）若发现浑浊、沉淀、变色、漏气或瓶身细微破裂，均不得使用；（6）孕妇禁用。

【规格】每支 10 ml。

【贮藏】密闭，避光，置冷暗处。

《中华人民共和国药典临床用药须知·中药成方制剂卷（2020 年版）》

1044044　复方斑蝥胶囊

Fufang Banmao Jiaonang

【处方】斑蝥　三棱　莪术　人参　黄芪　刺五加　山茱萸　女贞子　半枝莲　熊胆粉　甘草

【性状】本品为硬胶囊，内容物为黄绿色至棕褐色粉末；味微苦回甜。

【功能与主治】破血消瘀，攻毒蚀疮。用于瘀毒内结所致的原发性肝癌、肺癌、直肠癌、恶性淋巴瘤、妇科肿瘤。

【用法用量】口服。一次 3 粒，一日 2 次。

【注意事项】（1）孕妇及哺乳期妇女禁用；（2）对本品及所含成分过敏者禁用；（3）糖代谢紊乱者慎用；（4）应询问过敏史，过敏体质者慎用；（5）肝肾功能异常者慎用；（6）严格掌握剂量，不宜过量服用。

【规格】每粒装 0. 25 g。

【贮藏】密封。

《中华人民共和国药典临床用药须知·中药成方制剂卷（2020 年版）》

1044045　华蟾素注射液

Huachansu Zhusheye

【处方】干蟾皮

【性状】本品为微黄色或淡黄色的澄明液体。

【功能与主治】解毒，消肿，止痛。用于中、晚期肿瘤，慢性乙型病毒性肝炎。

【用法用量】肌内注射，一次 2～4 ml，一日 2 次；静脉滴注，一次 10～20 ml，用 5% 葡萄糖注射液 500 ml 稀释后缓慢滴注。用药 7 天，休息 1～2 天，4 周为一疗程，或遵医嘱。

【注意事项】（1）本品有一定毒性，应在医师指导下使用，不可过量；（2）本品不宜与其他药物同时滴注，以免发生不良反应；（3）过敏体质者慎用；（4）若发现浑浊、沉淀、变色、漏气或瓶身细微破裂，均不得使用；（5）孕妇禁用。

【规格】（1）每支装 2 ml；（2）每支装 5 ml；（3）每支装 10 ml。

【贮藏】避光，置阴凉处。

《中华人民共和国药典临床用药须知·中药成方制剂卷（2020 年版）》

5. 祛暑剂

（1）祛暑利湿

1051046　六一散

Liuyi San

【处方】滑石粉　甘草

【性状】本品为浅黄白色的粉末；具甘草甜味，手捻有润滑感。

【功能与主治】清暑利湿。用于感受暑湿所致的发热、身倦、口渴、泄泻、小便黄少；外用治痱子。

【用法用量】调服或包煎服。一次 6 ~ 9 g，一日 1 ~ 2 次；外用，扑撒患处。

【贮藏】密闭，防潮。

《中华人民共和国药典（2020 年版）》

1051047　益元散

Yiyuan San

【处方】滑石　甘草　朱砂

【性状】本品为浅粉红色的粉末，手捻有润滑感；味甜。

【功能与主治】清暑利湿。用于感受暑湿，身热心烦，口渴喜饮，小便短赤。

【用法用量】调服或煎服。一次 6 g，一日 1 ~ 2 次。

【贮藏】密闭，防潮。

《中华人民共和国药典（2020 年版）》

（2）祛暑辟秽

1052048　痧药

Sha Yao

【处方】丁香　天麻　苍术　麻黄　大黄　甘草　冰片　人工麝香　制蟾酥　雄黄　朱砂

【性状】本品为朱红色光亮的包衣水丸，除去包衣后显深黄色至黄棕色；气香，味甘、苦，有麻舌感。

【功能与主治】祛暑解毒，辟秽开窍。用于夏令贪凉饮冷，感受暑湿，症见猝然闷乱烦躁、腹痛吐泻、牙关紧闭、四肢逆冷。

【用法用量】口服。一次10～15丸，一日1次；小儿酌减，或遵医嘱。外用，研细吹鼻取嚏。

【注意事项】按规定用量服用，不宜多服；孕妇禁用。

【规格】每33丸重1 g。

【贮藏】密封。

《中华人民共和国药典（2020年版）》

1052049　避瘟散

Biwen San

【处方】檀香　白芷　零陵香　香排草　姜黄　甘松　木香　玫瑰花　丁香　人工麝香　冰片　朱砂　薄荷脑

【性状】本品为朱红色的粉末；气香，味凉。

【功能与主治】祛暑避秽，开窍止痛。用于夏季暑邪引起的头目眩晕、头痛鼻塞、恶心、呕吐、晕车晕船。

【用法用量】口服。一次0.6 g。外用适量，吸入鼻孔。

【规格】每盒装0.6 g。

【贮藏】密封，置阴凉干燥处。

《中华人民共和国药典（2020年版）》

1052050　紫金锭

Zijin Ding

【处方】山慈菇　千金子霜　人工麝香　雄黄　红大戟　五倍子　朱砂

【性状】本品为暗棕色至褐色的长方形或棍状的块体；气特异，味辛而苦。

【功能与主治】辟瘟解毒，消肿止痛。用于中暑，脘腹胀痛，恶心呕吐，痢疾泄泻，小儿痰厥；外治疔疮疖肿，痄腮，丹毒，喉风。

【用法用量】口服。一次0.6～1.5 g，一日2次。外用，醋磨调敷患处。

【注意事项】孕妇忌服。

【规格】每锭重（1）0.3 g；（2）3 g。

【贮藏】密闭，防潮。

《中华人民共和国药典（2020年版）》

（3）祛暑和中

1053051　十滴水

Shidi Shui

【处方】樟脑　大黄　肉桂　桉油　干姜　小茴香　辣椒

【性状】本品为棕红色至棕褐色的澄清液体；气芳香，味辛辣。

【功能与主治】健胃，祛暑。用于因中暑而引起的头晕、恶心、腹痛、胃肠不适。

【用法用量】口服。一次 2 ~5 ml；儿童酌减。

【注意事项】（1）孕妇忌服；（2）驾驶员和高处作业者慎用。

【贮藏】遮光，密封。

《中华人民共和国药典（2020 年版）》

1053052　六合定中丸

Liuhe Dingzhong Wan

【处方】广藿香　紫苏叶　香薷　木香　檀香　姜厚朴　枳壳（炒）　陈皮　桔梗　甘草　茯苓　木瓜　炒白扁豆　炒山楂　六神曲（炒）　炒麦芽　炒稻芽

【性状】本品为黄褐色的水丸；气微香，味微酸、苦。

【功能与主治】祛暑除湿，和中消食。用于夏伤暑湿，宿食停滞，寒热头痛，胸闷恶心，吐泻腹痛。

【用法用量】口服。一次 3 ~6 g，一日 2 ~3 次。

【贮藏】密封。

《中华人民共和国药典（2020 年版）》

（4）祛暑清热

1054053　清热银花糖浆

Qingre Yinhua Tangjiang

【处方】山银花　菊花　通草　甘草　白茅根　大枣　绿茶叶

【性状】本品为棕色的黏稠液体；味甜、微苦。

【功能与主治】清热解毒，通利小便。用于外感暑湿所致的头痛如裹、目赤口渴、小便不利。

【用法用量】口服。一次 20 ml，一日 3 次。

【规格】（1）每支装 10 ml；（2）每支装 20 ml；（3）每瓶装 60 ml；（4）每瓶装 100 ml；（5）每瓶装 120 ml。

【贮藏】密封，置阴凉处。

《中华人民共和国药典（2020 年版）》

1054054　暑热感冒颗粒

Shure Ganmao Keli

【处方】香薷　连翘　菊花　佩兰　荷叶　丝瓜络　生石膏　知母　竹叶　北沙参　竹茹

【性状】本品为浅棕色至深棕色的颗粒；味甜、微苦。

【功能与主治】祛暑解表，清热生津。用于外感暑热所致的感冒，症见发热重、恶寒轻、汗出热不退、心烦口渴、尿赤、苔黄、脉数。

【用法用量】开水冲服。一次 10 ~ 20 g，一日 3 次。

【注意事项】（1）服药期间忌食辛辣、油腻食物；（2）孕妇禁用。

【规格】每袋装 10 g。

【贮藏】密封。

《中华人民共和国药典临床用药须知·中药成方制剂卷（2020 年版）》

（5）清暑益气

1055055　甘露消毒丸

Ganlu Xiaodu Wan

【处方】滑石　石菖蒲　射干　连翘　茵陈　木通　豆蔻　黄芩　川贝母　藿香　薄荷

【性状】本品为灰黄色的水丸；气微香，味苦、微辛。

【功能与主治】芳香化湿，清热解毒。用于暑湿蕴结，身热肢酸，胸闷腹胀，尿赤黄疸。

【用法用量】口服。一次 6 ~ 9 g，一日 2 次。

【注意事项】服药期间忌食辛辣油腻食物。

【贮藏】密封。

《中华人民共和国药典（2020 年版）》

1055056　清暑益气丸

Qingshu Yiqi Wan

【处方】人参　黄芪（蜜炙）　炒白术　苍术（米泔炙）　麦冬　泽泻　醋五味子　当归　黄柏　葛根　醋青皮　陈皮　六神曲（麸炒）　升麻　甘草

【性状】本品为黄褐色至棕褐色的大蜜丸；气微香，味甜。

【功能与主治】祛暑利湿，补气生津。用于中暑受热，气津两伤，症见头晕身热、四肢倦怠、自汗心烦、咽干口渴。

【用法用量】姜汤或温开水送服。一次 1 丸，一日 2 次。

【注意事项】忌食辛辣油腻之品。

【规格】每丸重 9 g。

【贮藏】密封。

《中华人民共和国药典（2020 年版）》

6. 表里双解剂

（1）解表清里

1061057　双清口服液

Shuangqing Koufuye

【处方】金银花　连翘　郁金　大青叶　滑石　广藿香　知母　地黄　桔梗　甘草

蜂蜜

【性状】本品为红棕色或深棕色的液体；气芳香，味甜、微苦。

【功能与主治】疏透表邪，清热解毒。用于风温肺热，卫气同病，症见发热、微恶风寒、咳嗽、痰黄、头痛、口渴、舌红苔黄或黄白苔相兼，脉浮滑或浮数；急性支气管炎见上述证候者。

【用法用量】口服。一次 20 ml，一日 3 次。

【注意事项】(1) 风寒感冒、脾胃虚寒者慎用；(2) 孕妇慎用；(3) 服药期间忌烟酒及辛辣、生冷、油腻食物。

【规格】每支装 10 ml。

【贮藏】密封，置阴凉处。

《中华人民共和国药典临床用药须知·中药成方制剂卷（2020 年版）》

1061058　清瘟解毒丸

QingwenJiedu Wan

【处方】大青叶　连翘　玄参　天花粉　桔梗　炒牛蒡子　羌活　防风　葛根　柴胡　黄芩　白芷　川芎　赤芍　甘草　淡竹叶

【性状】本品为黑褐色的水蜜丸、小蜜丸或大蜜丸；气微香，味甘、苦。

【功能与主治】清瘟解毒。用于外感时疫，憎寒壮热，头痛无汗，口渴咽干，痄腮，大头瘟。

【用法用量】口服。水蜜丸一次 12 g；小蜜丸一次 18 g（90 丸），大蜜丸一次 2 丸，一日 2 次；小儿酌减。

【规格】(1) 水蜜丸每 120 丸重 12 g；(2) 小蜜丸每 100 丸重 20 g；(3) 大蜜丸每丸重 9 g。

【贮藏】密封。

《中华人民共和国药典（2020 年版）》

1061059　葛根芩连片

Gegen Qinlian Pian

【处方】葛根　黄芩　黄连　炙甘草

【性状】本品为黄棕色至棕色的片；或为糖衣片、薄膜衣片，除去包衣后显黄棕色至棕色；气微，味苦。

【功能与主治】解肌清热，止泻止痢。用于湿热蕴结所致的泄泻、痢疾，症见身热烦渴、下痢臭秽、腹痛不适。

【用法用量】口服。一次 3～4 片，一日 3 次。

【规格】(1) 素片每片重 0.3 g；(2) 素片每片重 0.5 g；(3) 糖衣片片心重 0.3 g；(4) 薄膜衣片每片重 0.3 g。

【贮藏】密封。

《中华人民共和国药典（2020 年版）》

（2）解表攻里

1062060 防风通圣丸

Fangfeng Tongsheng Wan

【处方】防风 荆芥穗 薄荷 麻黄 大黄 芒硝 栀子 滑石 桔梗 石膏 川芎 当归 白芍 黄芩 连翘 甘草 白术（炒）

【性状】本品为包衣或不包衣的水丸，丸芯颜色为浅棕色至黑褐色；味甘、咸、微苦。

【功能与主治】解表通里，清热解毒。用于外寒内热，表里俱实，恶寒壮热，头痛咽干，小便短赤，大便秘结，瘰疬初起，风疹湿疮。

【用法用量】口服。一次 6 g，一日 2 次。

【注意事项】孕妇慎用。

【规格】每 20 丸重 1 g。

【贮藏】密封。

《中华人民共和国药典（2020 年版）》

7. 祛风剂

（1）疏散外风

1071061 川芎茶调散

Chuanxiong Chatiao San

【处方】川芎 羌活 防风 白芷 细辛 荆芥 薄荷 甘草

【性状】本品为黄棕色的粉末；气香，味辛、微苦。

【功能与主治】疏风止痛。用于外感风邪所致的头痛，或有恶寒、发热、鼻塞。

【用法用量】饭后清茶冲服。一次 3 ~6 g，一日 2 次。

【注意事项】孕妇慎服。

【贮藏】密闭，防潮。

《中华人民共和国药典（2020 年版）》

1071062 天麻头痛片

Tianma Toutong Pian

【处方】天麻 白芷 川芎 荆芥 当归 乳香（醋制）

【性状】本品为糖衣片或薄膜衣片，除去包衣后显浅棕色至棕色；气微香，味微辛、苦。

【功能与主治】养血祛风，散寒止痛。用于外感风寒、瘀血阻滞或血虚失养所致的偏正头痛、恶寒、鼻塞。

【用法用量】口服。一次2~3片〔规格（2）〕，一次4~6片〔规格（1）、规格（3）〕，一日3次。

【规格】（1）薄膜衣片每片重0.31 g；（2）薄膜衣片每片重0.62 g；（3）糖衣片片心重0.3 g。

【贮藏】密封。

《中华人民共和国药典（2020年版）》

1071063　通天口服液

Tongtian Koufuye

【处方】川芎　天麻　白芷　菊花　防风　甘草　赤芍　羌活　细辛　薄荷　茶叶

【性状】本品为棕色的液体；气香，味辛、微苦涩。

【功能与主治】活血化瘀，祛风止痛。用于瘀血阻滞、风邪上扰所致的偏头痛，症见头部胀痛或刺痛、痛有定处、反复发作、头晕目眩或恶心呕吐、恶风。

【用法用量】口服。第一日：即刻、服药1小时后、2小时后、4小时后各服10 ml，以后每6小时服10 ml。第二日、三日：一次10 ml，一日3次。3天为一疗程，或遵医嘱。

【注意事项】出血性脑血管病、阴虚阳亢患者和孕妇禁服。

【规格】每支装10 ml。

【贮藏】密封。

《中华人民共和国药典（2020年版）》

1071064　正天丸

Zhengtian Wan

【处方】钩藤　白芍　川芎　当归　地黄　白芷　防风　羌活　桃仁　红花　细辛　独活　麻黄　黑顺片　鸡血藤

【性状】本品为黑色的水丸；气微香，味微苦。

【功能与主治】疏风活血，养血平肝，通络止痛。用于外感风邪、瘀血阻络、血虚失养、肝阳上亢引起的偏头痛、紧张性头痛、神经性头痛、颈椎病型头痛、经前头痛。

【用法用量】饭后服用。一次6 g，一日2~3次。15天为一疗程。

【注意事项】（1）用药期间注意血压监测；（2）孕妇慎用；（3）宜饭后服用；（4）有心脏病史，用药期间注意监测心律情况。

【规格】（1）每瓶装60 g；（2）每袋装6 g。

【贮蕨】密封。

《中华人民共和国药典（2020年版）》

（2）平肝息风

1072065　复方羚角降压片
Fufang Lingjiao Jiangya Pian

【处方】羚羊角　夏枯草　黄芩　槲寄生

【性状】本品为黄棕色至棕褐色的片，或为薄膜衣片，除去包衣后显黄棕色至棕褐色；味苦。

【功能与主治】平肝泄热。用于肝火上炎、肝阳上亢所致的头晕、头胀、头痛、耳鸣；高血压见上述证候者。

【用法用量】口服。一次 4 片，一日 2 ~ 3 次。

【规格】（1）素片每片重 0. 35 g；（2）薄膜衣片每片重 0. 31 g；（3）薄膜衣片每片重 0. 35 g。

【贮藏】密封。

《中华人民共和国药典（2020 年版）》

1072066　脑立清胶囊
Naoliqing Jiaonang

【处方】磁石　熟酒曲　冰片　牛膝　珍珠母　酒曲　薄荷脑　赭石　清半夏　猪胆汁（或猪胆粉）

【性状】本品为硬胶囊，内容物为红棕色的粉末；气清香，味清凉、微苦。

【功能与主治】平肝潜阳，醒脑安神。用于肝阳上亢，头晕目眩，耳鸣口苦，心烦难寐；高血压见上述证候者。

【用法用量】口服。一次 3 粒，一日 2 次。

【注意事项】孕妇及体弱虚寒者忌服。

【规格】每粒装 0. 33 g。

【贮藏】密封。

《中华人民共和国药典（2020 年版）》

1072067　羚羊角胶囊
Lingyangjiao Jiaonang

【处方】羚羊角

【性状】本品为硬胶囊，内容物为白色或类白色的粉末；气微腥，味淡。

【功能与主治】平肝息风，清肝明目，散血解毒。用于肝风内动，肝火上扰，血热毒盛所致的高热惊痫，神昏痉厥，子痫抽搐，癫痫发狂，头痛眩晕，目赤，翳障，温毒发斑。

【用法用量】口服。一次 0. 3 ~ 0. 6 g，一日 1 次。

【规格】每粒装（1）0. 15 g；（2）0. 3 g。

【贮藏】密封。

《中华人民共和国药典（2020 年版）》

1072068　天舒胶囊
Tianshu Jiaonang

【处方】川芎　天麻

【性状】本品为硬胶囊，内容物为棕黄色至棕褐色的颗粒和粉末；具特殊香气，味微苦涩。

【功能与主治】活血平肝，通络止痛。用于瘀血阻络或肝阳上亢所致的头痛日久、痛有定处，或头晕胁痛、失眠烦躁、舌质暗或有瘀斑；血管神经性头痛，紧张性头痛，高血压头痛见上述证候者。

【用法用量】饭后口服。一次 4 粒，一日 3 次；或遵医嘱。

【注意事项】孕妇及月经量过多的妇女禁用；偶见胃部不适、头胀和妇女月经量过多。

【规格】每粒装 0. 34 g。

【贮藏】密封。

《中华人民共和国药典（2020 年版）》

1072069　松龄血脉康胶囊
Songling Xuemaikang Jiaonang

【处方】鲜松叶　葛根　珍珠层粉

【性状】本品为硬胶囊，内容物为浅褐色至褐色的粉末；气微，味苦。

【功能与主治】平肝潜阳，镇心安神。用于肝阳上亢所致的头痛、眩晕、急躁易怒、心悸、失眠；高血压及原发性高脂血症见上述证候者。

【用法用量】口服。一次 3 粒，一日 3 次，或遵医嘱。

【规格】每粒装 0. 5 g。

【贮藏】密封。

《中华人民共和国药典（2020 年版）》

1072070　养血清脑丸
Yangxue Qingnao Wan

【处方】当归　川芎　白芍　熟地黄　钩藤　鸡血藤　夏枯草　决明子　珍珠母　延胡索　细辛

【性状】本品为包薄膜衣的浓缩丸，除去包衣后显深棕色至棕黑色；气微，味特异。

【功能与主治】养血平肝，活血通络。用于血虚肝旺所致的头痛眩晕、心烦易怒、失眠多梦。

【用法用量】口服。一次 1 袋，一日 3 次。

【注意事项】本品有平缓的降压作用，低血压者慎用；孕妇忌服。

【规格】每袋装 2.5 g。

【贮藏】密封。

《中华人民共和国药典（2020 年版）》

（3）化痰息风

1073071　眩晕宁颗粒
Xuanyunning Keli

【处方】泽泻　菊花　陈皮　白术　茯苓　半夏（制）　女贞子　墨旱莲　牛膝　甘草

【性状】本品为棕黄色至黄褐色的颗粒；味甜。

【功能与主治】利湿化痰，补益肝肾。用于痰湿中阻、肝肾不足所致的眩晕，症见头晕目眩、胸脘痞闷、腰膝酸软。

【用法用量】开水冲服。一次 8 g，一日 3～4 次。

【注意事项】（1）服药期间忌食辛辣、寒凉食物；（2）平素大便干燥者慎用；（3）过敏体质慎用；（4）孕妇禁用。

【规格】每袋装 8 g（相当于原药材 15 g）。

【贮藏】密封。

《中华人民共和国药典临床用药须知·中药成方制剂卷（2020 年版）》

1073072　半夏天麻丸
Banxia Tianma Wan

【处方】法半夏　炙黄芪　苍术（米泔炙）　茯苓　天麻　人参　炒白术　陈皮　泽泻　六神曲（麸炒）　炒麦芽　黄柏

【性状】本品为浅黄色至棕黄色的水丸；味苦、微甘。

【功能与主治】健脾祛湿，化痰息风。用于脾虚湿盛、痰浊内阻所致的眩晕、头痛、如蒙如裹、胸脘满闷。

【用法用量】口服。一次 6 g，一日 2～3 次。

【注意事项】忌食生冷油腻。

【规格】每 100 丸重 6 g。

【贮藏】密封。

《中华人民共和国药典（2020 年版）》

1073073　羊痫疯丸
Yangxianfeng Wan

【处方】白矾　郁金　金礞石（煅）　全蝎　黄连　乌梅

【性状】本品为赭红色光亮的水丸，除去包衣后显棕黄色；味苦、涩。

【功能与主治】息风止惊，清心安神。用于痰火内盛所致的癫痫，症见抽搐、口角流涎。

【用法用量】口服。一次 6 g，一日 1 ~2 次。

【注意事项】（1）久病气虚者慎用；（2）平素脾胃虚寒者慎用；（3）癫痫发作时应根据病情采取适当的应急措施，以控制发作；（4）忌食辛辣、油腻食物；（5）孕妇禁用。

【规格】每 100 粒重 6 g。

【贮藏】密封。

《中华人民共和国药典临床用药须知·中药成方制剂卷（2020 年版）》

8. 祛湿剂

（1）清热利湿

1081074　肾炎灵胶囊

Shenyanling Jiaonang

【处方】猪苓　茯苓　车前子（盐炒）　赤芍　栀子　大蓟　小蓟　地榆　马齿苋　茜草　当归　川芎　旱莲草　女贞子　狗脊（烫）　地黄　山药

【性状】本品为硬胶囊，内容物为褐色颗粒；味苦。

【功能与主治】清热利尿，凉血止血，滋阴补肾。用于下焦湿热，热迫血行，肾阴不足所致的浮肿、腰痛、尿频、尿血；慢性肾炎见上述证候者。

【用法用量】口服。一次 6 ~7 粒，一日 3 次。

【注意事项】（1）脾肾阳虚水肿者慎用；（2）本品脾肾两亏，血失统摄所致尿血者慎用；（3）服药期间宜低盐饮食，忌烟酒及辛辣、油腻食物；（4）孕妇禁用。

【规格】每粒装 0. 25 g。

【贮藏】密封。

《中华人民共和国药典临床用药须知·中药成方制剂卷（2020 年版）》

1081075　前列安通片

Qianlie'antong Pian

【处方】黄柏　赤芍　丹参　桃仁　泽兰　乌药　王不留行　白芷

【性状】本品为糖衣片或薄膜衣片，除去包衣后显棕褐色；味微苦、涩。

【功能与主治】清热利湿，活血化瘀。用于湿热瘀阻证，症见尿频、尿急、排尿不畅、小腹胀痛等。

【用法用量】口服。一次 4 ~6 片，一日 3 次；或遵医嘱。

【注意事项】（1）忌辛辣、生冷、油腻食物；（2）感冒发热患者不宜服用；（3）本品宜饭前服用；（4）有高血压、心脏病、肝病、糖尿病、肾病等慢性病严重者应在医师指导下服用；（5）服药两周症状无缓解，应去医院就诊；（6）儿童、孕妇、哺乳期妇女、年老体弱者应在医师指导下服用；（7）对本品过敏者禁用，过敏体质者慎用；（8）本品性状发生改变时禁止使用；（9）儿童必须在成人的监护下使用。

【规格】薄膜衣片每片重 0. 38 g。

【贮藏】密封。

《中华人民共和国药典临床用药须知·中药成方制剂卷（2020 年版）》

1081076　前列倍喜胶囊

Qianliebeixi Jiaonang

【处方】猪鬃草　蝼蛄（制）　王不留行（制）　皂角刺　刺猬皮（制）

【性状】本品为胶囊剂，内容物为褐色粉末；气微香，味微苦。

【功能与主治】清利湿热，活血化瘀，利尿通淋。用于湿热瘀阻所致的小便不利，淋漓涩痛，以及前列腺炎，前列腺增生见上述证候者。

【用法用量】饭前服。一次 6 粒，一日 3 次，20 天为一疗程；或遵医嘱。

【注意事项】（1）服药期间忌酒及辛辣刺激食物；（2）过敏体质者慎服。

【规格】每粒装 0. 4 g。

【贮藏】密封，置干燥处。

《中华人民共和国药典临床用药须知·中药成方制剂卷（2020 年版）》

（2）清肝利胆

1082077　利胆片

Lidan Pian

【处方】大黄　金钱草　知母　柴胡　黄芩　茵陈　金银花　木香　大青叶　白芍　芒硝

【性状】本品为糖衣片或薄膜衣片，除去包衣后显黄褐色；味苦。

【功能与主治】舒肝止痛，清热利湿。用于肝胆湿热所致的胁痛，症见胁肋及胃腹部疼痛、按之痛剧，大便不通，小便短赤，身热头痛，呕吐不食；胆道疾患见上述证候者。

【用法用量】口服。一次 6 ~ 10 片，一日 3 次。

【注意事项】孕妇慎服；服药期间忌食油腻。

【规格】薄膜衣片每片重 0. 37 g。

【贮藏】密封。

《中华人民共和国药典（2020 年版）》

1082078　苦黄注射液

Kuhuang Zhusheye

【处方】柴胡　茵陈　苦参　大黄　大青叶

【性状】本品为橙红色至棕红色的澄明液体。

【功能与主治】疏肝清热，利湿退黄。用于肝胆湿热所致的黄疸，症见面目悉黄、胸胁胀满、乏力，纳差；急、慢性肝炎见上证候者。

【用法用量】静脉滴注，用5%或10%葡萄糖注射液500 ml稀释后使用，一次10～60 ml，一日1次，15日为一疗程；重症及瘀胆型肝炎患者每次用量可增加至60 ml；或遵医嘱。

【注意事项】(1) 黄疸属寒湿阻遏之阴黄者不宜使用；(2) 用药期间忌食辛辣、油腻食物，宜戒酒 (3) 年老体弱者慎用，中病即止，不可过用，久用；(4) 本品一般不宜与其他药物同时滴注，以免发生不良反应；(5) 若发现浑浊、沉淀、变色、漏气或瓶身细微破裂，均不得使用。

【规格】每支装10 ml。

【贮藏】密封，避光。

《中华人民共和国药典临床用药须知·中药成方制剂卷（2020年版）》

1082079　茵栀黄注射液

Yinzhihuang Zhusheye

【处方】茵陈提取物　栀子提取物　黄芩苷　金银花提取物

【性状】本品为橙红色的澄明液体。

【功能与主治】清热解毒，利湿退黄。用于肝胆湿热所致的黄疸，症见面目悉黄、胸胁胀痛、恶心呕吐、小便黄赤；急、慢性肝炎见上述证候者。

【用法用量】静脉滴注，一次10～20 ml，用10%葡萄糖注射液250～500 ml稀释后滴注；症状缓解后可改用肌内注射，一日2～4 ml。

【注意事项】(1) 寒湿阴黄者慎用；(2) 用药期间饮食宜清淡易消化，忌饮酒，忌食辛辣、油腻食物；(3) 本品不宜与其他药物同时滴注，以免发生不良反应（据文献报道，茵栀黄注射液与葡萄糖酸钙溶液混合后会出现絮状漂浮物和沉淀，二者存在配伍禁忌，两种药物同时应用时应分开输入）；(4) 若发现浑浊、沉淀、变色、漏气或瓶身细微破裂，均不得使用；(5) 孕妇禁用。

【规格】每支装 (1) 2 ml；(2) 10 ml。

【贮藏】密封，避光。

《中华人民共和国药典临床用药须知·中药成方制剂卷（2020年版）》

1082080　乙肝解毒胶囊

Yigan Jiedu Jiaonang

【处方】贯众　土茯苓　黄芩　胡黄连　黄柏　大黄　草河车　黑矾

【性状】本品为硬胶囊，内容物为灰黑色至深褐色粉末；味苦。

【功能与主治】清热解毒，疏肝利胆。用于肝胆湿热所致的肝区疼痛，全身乏力，口苦咽干，头晕耳鸣，心烦易怒，小便少而黄，舌苔黄腻，脉滑数或弦数；乙型肝炎见上述证候者。

【用法用量】口服。成人一次 4 粒，一日 3 次；小儿酌减或遵医嘱。

【注意事项】（1）脾胃虚寒者慎用；（2）肝郁气滞、瘀血阻滞、肝阴不足所致胁痛者慎用；（3）服药期间饮食宜清淡，忌食辛辣、油腻食物，并戒酒；（4）本品久服伤胃，宜饭后服，不宜久用；（5）用于治疗慢性乙型肝炎时，应在服用 2 个月后复查乙肝病毒指标、肝功能并进行有关影像学检查，确定是否应该继续服用，以免延误病情；（6）所含贯众有一定毒性，肾功能不全者应慎用；（7）孕妇禁用。

【规格】每粒装 0. 25 g。

【贮藏】密闭、防潮。

《中华人民共和国药典临床用药须知·中药成方制剂卷（2020 年版）》

1081081　护肝片

Hugan Pian

【处方】柴胡　茵陈　板蓝根　五味子　猪胆粉　绿豆

【性状】本品为糖衣片或薄膜衣片，除去包衣后显棕色至褐色；味苦。

【功能与主治】疏肝理气，健脾消食。具有降低转氨酶作用。用于慢性肝炎及早期肝硬化。

【用法用量】口服。一次 4 片，一日 3 次。

【规格】（1）薄膜衣片每片重 0. 36 g；（2）薄膜衣片每片重 0. 38 g；（3）糖衣片片心重 0. 35 g。

【贮藏】密封。

《中华人民共和国药典（2020 年版）》

（3）利湿通淋

1083082　八正合剂

Bazheng Heji

【处方】瞿麦　车前子（炒）　萹蓄　大黄　滑石　川木通　栀子　甘草　灯心草

【性状】本品为棕褐色的液体；味苦、微甜。

【功能与主治】清热，利尿，通淋。用于湿热下注，小便短赤，淋沥涩痛，口燥咽干。

【用法用量】口服。一次 15 ~ 20 ml，一日 3 次，用时摇匀。

【规格】（1）每瓶装 100 ml；（2）每瓶装 120 ml；（3）每瓶装 200 ml。

【贮藏】密封，置阴凉处。

《中华人民共和国药典（2020 年版）》

1083083　复方石淋通胶囊

Fufang Shilintong Jiaonang

【处方】广金钱草　海金沙　石韦　滑石粉　忍冬藤

【性状】本品为硬胶囊，内容物为红褐色或棕褐色颗粒及粉末；味苦。

【功能与主治】清热利湿、通淋排石。用于下焦湿热所致的热淋、石淋，症见肾区绞痛、尿频、尿涩痛；尿路结石、尿路感染见上述证候者。

【用法用量】口服。一次 6 粒，一日 3 次。

【注意事项】（1）淋痛属于肝郁气滞或脾肾两虚者慎用；（2）双肾结石或结石直径≥1.5 cm 或结石嵌顿时间长的病例不宜使用；（3）本品肾阴虚或脾胃虚寒者慎用；（4）服药期间忌食油腻和辛辣食物，忌烟酒；（5）服药期间注意多饮水，避免劳累；（6）孕妇禁用。

【规格】每粒装 0.32 g。

【贮藏】密封。

《中华人民共和国药典临床用药须知·中药成方制剂卷（2020 年版）》

1083084　复方金钱草颗粒

Fufang Jinqiancao Keli

【处方】广金钱草　车前草　光石韦　玉米须

【性状】规格（1）：本品为棕黄色至棕褐色的颗粒；气香，味甜；规格（2）：本品为棕色至棕褐色的颗粒；气香，味微甜。

【功能与主治】清热利湿，通淋排石。用于湿热下注所致的热淋、石淋，症见尿频、尿急、尿痛、腰痛；泌尿系结石、尿路感染见上述证候者。

【用法用量】开水冲服。一次 1～2 袋，一日 3 次。

【规格】（1）每袋装 10 g；（2）每袋装 3 g（无蔗糖）。

【贮藏】密封。

《中华人民共和国药典（2020 年版）》

1083085　癃清片

Longqing Pian

【处方】泽泻　车前子　败酱草　金银花　牡丹皮　白花蛇舌草　赤芍　仙鹤草　黄连　黄柏

【性状】本品为薄膜衣片，除去薄膜衣后显棕色至棕褐色；气芳香，味微苦。

【功能与主治】清热解毒，凉血通淋。用于下焦湿热所致的热淋，症见尿频、尿急、尿痛、尿短、腰痛、小腹坠胀。

【用法用量】口服。一次 6 片，一日 2 次；重症一次 8 片，一日 3 次。

【注意事项】（1）体虚胃寒者不宜服用；（2）淋痛属于肝郁气滞或脾肾两虚者慎用；（3）肝郁气滞、脾虚气陷、肾阳衰惫、肾阴亏耗所致癃闭者慎用；（4）服药期间适当增加饮水，忌烟酒及辛辣、油腻食物，避免劳累。

【规格】每片重 0.6 g。

【贮藏】密封。

《中华人民共和国药典临床用药须知·中药成方制剂卷（2020 年版）》

1083086　热淋清颗粒
Relinqing Keli

【处方】头花蓼

【性状】本品为灰褐色至深褐色的颗粒；气香，味微涩（无蔗糖）；或味甜、微涩。

【功能与主治】清热泻火，利尿通淋。用于下焦湿热所致的热淋，症见尿频、尿急、尿痛；尿路感染、肾盂肾炎见上述证候者。

【用法用量】开水冲服。一次 1 ~ 2 袋，一日 3 次。

【规格】（1）每袋装 4 g（无蔗糖）；（2）每袋装 8 g。

【贮藏】密封。

《中华人民共和国药典（2020 年版）》

1083087　三金片
Sanjin Pian

【处方】金樱根　菝葜　羊开口　金沙藤　积雪草

【性状】本品为糖衣片或薄膜衣片，除去包衣后显棕色至黑褐色；味酸、涩、微苦。

【功能与主治】清热解毒，利湿通淋，益肾。用于下焦湿热所致的热淋、小便短赤、淋沥涩痛、尿急频数；急慢性肾盂肾炎、膀胱炎、尿路感染见上述证候者；慢性非细菌性前列腺炎肾虚湿热下注证。

【用法用量】口服。（1）慢性非细菌性前列腺炎：大片一次 3 片，一日 3 次。疗程为 4 周；（2）其他适应证：小片一次 5 片，大片一次 3 片，一日 3 ~ 4 次。

【注意事项】（1）偶见血清丙氨酸氨基转移酶（ALT）、血清门冬氨酸氨基转移酶（AST）轻度升高，血尿素氮（BUN）轻度升高，血白细胞（WBC）轻度降低；（2）用药期间请注意肝、肾功能的监测。

【规格】（1）薄膜衣小片每片重 0. 18 g（相当于饮片 2. 1 g）；（2）薄膜衣大片每片重 0. 29 g（相当于饮片 3. 5 g）；（3）糖衣小片片心重 0. 17 g（相当于饮片 2. 1 g）；（4）糖衣大片片心重 0. 28 g（相当于饮片 3. 5 g）。

【贮藏】密封。

《中华人民共和国药典（2020 年版）》

1083088　排石颗粒
Paishi Keli

【处方】连钱草　盐车前子　徐长卿　忍冬藤　木通　石韦　滑石　瞿麦　苘麻子　甘草

【性状】本品为浅黄色至棕褐色的颗粒或混悬性颗粒（无蔗糖）；气微，味甜、略苦或味微甜、微苦（无蔗糖）。

【功能与主治】清热利水，通淋排石。用于下焦湿热所致的石淋，症见腰腹疼痛、排尿不畅或伴有血尿；泌尿系结石见上述证候者。

【用法用量】开水冲服。一次 1 袋，一日 3 次；或遵医嘱。

【规格】（1）每袋装 20 g；（2）每袋装 5 g（无蔗糖）。

【贮藏】密封。

《中华人民共和国药典（2020 年版）》

1083089　癃闭舒胶囊

Longbishu Jiaonang

【处方】补骨脂　益母草　琥珀　金钱草　海金沙　山慈菇

【性状】本品为硬胶囊，内容物为黄棕色的粉末；味微苦。

【功能与主治】益肾活血，清热通淋。用于肾气不足、湿热瘀阻所致的癃闭，症见腰膝酸软、尿频、尿急、尿痛、尿线细，伴小腹拘急疼痛；前列腺增生症见上述证候者。

【用法用量】口服。一次 3 粒，一日 2 次。

【注意事项】（1）孕妇禁用；（2）对本品及所含成分过敏者禁用；（3）肝功能异常者禁用；（4）本品建议饭后服用，应按照药品说明书功能主治及用法用量规定使用，不超剂量用药；（5）服用本品如出现尿黄及目黄、皮肤黄染或肝生化指标异常等，应立即停药并及时就医，长期用药应注意监测肝生化指标。

【规格】每粒装 0. 3 g。

【贮藏】密封。

《中华人民共和国药典临床用药须知·中药成方制剂卷（2020 年版）》

1083090　泌淋颗粒

Milin Keli

【处方】四季红　车前草　酢浆草　石椒草

【性状】本品为黄棕色至深棕色颗粒；味甜、微苦。

【功能与主治】清热解毒，利尿通淋。用于湿热蕴结所致淋证，小便不利，淋漓涩痛，尿路感染见上述证候者。

【用法用量】开水冲服。一次 6 g，一日 3 次。

【注意事项】（1）孕妇慎服；（2）服药期间忌烟酒及辛辣食物。

【规格】每袋装 6 g。

【贮藏】密封。

《中华人民共和国药典临床用药须知·中药成方制剂卷（2020 年版）》

1083091　银花泌炎灵片

Yinhua Miyanling Pian

【处方】金银花　半枝莲　萹蓄　瞿麦　石韦　川木通　车前子　淡竹叶　桑寄生　灯心草

【性状】本品为薄膜衣片，除去薄膜衣后显深褐色；味微苦、涩。

【功能与主治】清热解毒，利湿通淋。用于急性肾盂肾炎、急性膀胱炎、下焦湿热证，症见发热恶寒、尿频急、尿道刺痛或尿血、腰痛等。

【用法用量】口服。一次 8 片，一日 4 次。2 周为一疗程。可连服 3 个疗程，或遵医嘱。

【注意事项】（1）哺乳期妇女慎用；（2）孕妇禁用。

【规格】（1）糖衣片片芯重 0.25 g；（2）薄膜衣片每片重 0.5 g。

【贮藏】密闭，防潮。

《中华人民共和国药典临床用药须知·中药成方制剂卷（2020 年版）》

（4）祛湿止泻

1084092　香连片

Xianglian Pian

【处方】萸黄连　木香

【性状】本品为糖衣片或薄膜衣片，除去包衣后显黄褐色；气微，味苦。

【功能与主治】清热化湿，行气止痛。用于大肠湿热所致的痢疾，症见大便脓血、里急后重、发热腹痛；肠炎、细菌性痢疾见上述证候者。

【用法用量】口服。一次 5 片［规格（2）、规格（4）］，一日 3 次；小儿一次 2～3 片［规格（1）、规格（3）］，一日 3 次。

【规格】（1）薄膜衣小片每片重 0.1 g（相当于饮片 0.35 g）；（2）薄膜衣大片每片重 0.3 g（相当于饮片 1 g）；（3）糖衣小片（片心重 0.1 g；相当于饮片 0.35 g）；（4）糖衣大片（片心重 0.3 g；相当于饮片 1 g）。

【贮藏】密封。

《中华人民共和国药典（2020 年版）》

1084093　肠炎宁糖浆

Changyanning Tangjiang

【处方】地锦草　樟树根　枫香树叶　金毛耳草　香薷

【性状】本品为棕褐色的黏稠液体；味甜、微苦。

【功能与主治】清热利湿，行气。用于大肠湿热所致的泄泻、痢疾，症见大便泄泻或大便脓血、里急后重、腹痛腹胀；急慢性胃肠炎、腹泻、细菌性痢疾、小儿消化不良见上述证候者。

【用法用量】口服。一次 10 ml，一日 3～4 次，小儿酌减。

【规格】（1）每瓶装 10 ml；（2）每瓶装 100 ml。

【贮藏】密封，置阴凉处。

《中华人民共和国药典（2020 年版）》

1084094　枫蓼肠胃康片

Fengliao Changweikang Pian

【处方】牛耳枫　辣蓼

【性状】本品为糖衣片，除去糖衣后显黑褐色；味涩。

【功能与主治】理气健胃，除湿化滞。用于脾胃不和、气滞湿困所致的泄泻，症见腹胀、腹痛、腹泻；急性胃肠炎见上述证候者。

【用法用量】口服。一次 4～6 片，一日 3 次。

【注意事项】（1）脾胃虚寒泄泻者慎用；（2）服药期间宜清淡饮食，忌食辛辣、油腻食物；（3）严重脱水者，则应采取相应的治疗措施；（4）孕妇禁用。

【规格】每片重 0. 24 g。

【贮藏】密封。

《中华人民共和国药典临床用药须知・中药成方制剂卷（2020 年版）》

1084095　复方黄连素片

Fufang Huangliansu Pian

【处方】盐酸小檗碱　木香　吴茱萸　白芍

【性状】本品为糖衣片，除去糖衣后显棕黄色至棕褐色；味苦、微辛。

【功能与主治】清热燥湿，行气止痛，止痢止泻。用于大肠湿热，赤白下痢，里急后重或暴注下泻，肛门灼热；肠炎、痢疾见上述证候者。

【用法用量】口服。一次 4 片，一日 3 次。

【规格】每片含盐酸小檗碱 30 mg。

【贮藏】密封。

《中华人民共和国药典（2020 年版）》

（5）温化水湿

1085096　五苓散

Wuling San

【处方】茯苓　泽泻　猪苓　肉桂　炒白术

【性状】本品为淡黄色的粉末；气微香，味微辛。

【功能与主治】温阳化气，利湿行水。用于阳不化气、水湿内停所致的水肿，症见小便不利、水肿腹胀、呕逆泄泻、渴不思饮。

【用法用量】口服。一次 6 ~9 g，一日 2 次。

【规格】（1）每袋装 6 g；（2）每袋装 9 g。

【贮藏】密闭，防潮。

《中华人民共和国药典（2020 年版）》

1085097　泽桂癃爽胶囊

Zegui Longshuang Jiaonang

【处方】泽兰　皂角刺　肉桂

【性状】本品为硬胶囊，内容物为有散在白色小颗粒的黄棕色至黄褐色的粉末；气香，味苦。

【功能与主治】行瘀散结，化气利水。用于膀胱瘀阻所致的癃闭，症见夜尿频多、排尿困难、小腹胀满；前列腺增生症见上述证候者。

【用法用量】口服。一次 2 粒，一日 3 次。30 天为一疗程。

【注意事项】（1）肝郁气滞，脾虚气陷，下焦湿热所致的癃闭慎用；（2）本品宜饭后服用；（3）服药期间忌饮酒，忌食辛辣食物，忌房事。

【规格】每粒装 0. 44 g。

【贮藏】密封，置阴凉干燥处。

《中华人民共和国药典临床用药须知 · 中药成方制剂卷（2020 年版）》

1085098　肾炎舒片

Shenyanshu Pian

【处方】苍术　白茅根　人参（去芦）　菟丝子　茯苓　防己　黄精　枸杞子　金银花　蒲公英

【性状】本品为糖衣片或薄膜衣片，除去包衣后显棕褐色；味微甜后苦。

【功能与主治】益肾健脾，利水消肿。用于脾肾阳虚、水湿内停所致的水肿，症见浮肿、腰痛、乏力、怕冷、夜尿多；慢性肾炎见上述证候者。

【用法用量】口服。一次 6 片，一日 3 次。小儿酌减。

【规格】（1）薄膜衣片每片重 0. 27 g；（2）糖衣片片心重 0. 25 g。

【贮藏】密封。

《中华人民共和国药典（2020 年版）》

1085099　肾炎康复片

Shenyan Kangfu Pian

【处方】西洋参　人参　地黄　盐杜仲　山药　黑豆　益母草　泽泻　桔梗　白花蛇舌草　土茯苓　丹参　白茅根

【性状】本品为糖衣片或薄膜衣片，除去包衣后显黄棕色；味甘、淡。

【功能与主治】益气养阴，健脾补肾，清解余毒。用于气阴两虚，脾肾不足，水湿内停所致的水肿，症见神疲乏力，腰膝酸软，面目、四肢浮肿，头晕耳鸣；慢性肾炎、蛋白尿、血尿见上述证候者。

【用法用量】口服。一次 8 片［规格（1）］或一次 5 片［规格（2）］一日 3 次；小儿酌减或遵医嘱。

【注意事项】（1）孕妇禁服；（2）急性肾炎水肿不宜。

【规格】（1）糖衣片片心重 0.3 g；（2）薄膜衣片每片重 0.48 g。

【贮藏】密封。

《中华人民共和国药典（2020 年版）》

1085100　萆薢分清丸

Bixie Fenqing Wan

【处方】粉萆薢　甘草　盐益智仁　石菖蒲　乌药

【性状】本品为白色光亮的水丸，除去包衣后呈灰棕色；味甜、微苦。

【功能与主治】分清化浊，温肾利湿。用于肾不化气、清浊不分所致的白浊、小便频数。

【用法用量】口服。一次 6 ~ 9 g，一日 2 次。

【注意事项】忌食油腻、茶、醋及辛辣刺激性物。

【规格】每 20 丸重 1 g。

【贮藏】密闭，防潮。

《中华人民共和国药典（2020 年版）》

（6）化浊降脂

1086101　荷丹片

Hedan Pian

【处方】荷叶　山楂　盐补骨脂　丹参　番泻叶

【性状】本品为糖衣片或薄膜衣片，除去包衣后显棕色至棕褐色；味微苦。

【功能与主治】化痰降浊，活血化瘀。用于高脂血症属痰浊挟瘀证候者。

【用法用量】口服。糖衣片一次 5 片，薄膜衣片一次 2 片，一日 3 次。饭前服用。8 周为一疗程，或遵医嘱。

【注意事项】偶见腹泻、恶心、口干。脾胃虚寒、便溏者忌服。孕妇禁服。

【规格】薄膜衣片每片重 0.73 g。

【贮藏】密封。

《中华人民共和国药典（2020 年版）》

1086102　血脂康胶囊
Xuezhikang Jiaonang

【处方】红曲

【性状】本品为硬胶囊，内容物为紫红色的颗粒和粉末；气微酸，味淡。

【功能与主治】化浊降脂，活血化瘀，健脾消食。用于痰阻血瘀所致的高脂血症，症见气短、乏力、头晕、头痛、胸闷、腹胀、食少纳呆；也可用于高脂血症及动脉粥样硬化所致的其他的心脑血管疾病的辅助治疗。

【用法用量】口服。一次 2 粒，一日 2 次，早晚饭后服用；轻、中度患者一日 2 粒，晚饭后服用。或遵医嘱。

【注意事项】（1）用药期间应定期检查血脂、血清氨基转移酶和肌酸磷酸激酶，有肝病史者服用本品尤其要注意肝功能的监测；（2）在本品治疗过程中，如发生血清氨基转移酶增高达到正常高限 3 倍，或血清肌酸磷酸激酶显著增高时，应停用本品；（3）孕妇及哺乳期妇女慎用；（4）饮食宜清淡；（5）儿童用药的安全性和有效性尚未确定；（6）对本品过敏者禁用；（7）活动性肝炎或无法解释的血清氨基酸转移酶升高者禁用；（8）一般耐受性良好，大部分副作用轻微而短暂；（9）本品常见不良反应为胃肠道不适，如胃痛、腹胀、胃部灼热等；（10）偶可引起血清氨基转移酶和肌酸磷酸激酶可逆性升高；（11）罕见乏力、口干、头晕、头痛、肌痛、皮疹、胆囊疼痛、浮肿、结膜充血和泌尿道刺激症状。

【规格】每粒装 0. 3 g。

【贮藏】密封。

附：红曲为曲霉科真菌紫色红曲霉 Monascus purpureus Went CGMCC N0. 0272 菌株，接种于稻米（去皮种仁）上，经人工培养制成。性状为暗红色或紫红色至浅红棕色的不规则颗粒或团块，大小不一，质酥脆，易碎，断面红色至粉红色；气微，味淡。

《中华人民共和国药典（2020 年版）》

1086103　化浊轻身颗粒
Huazhuo Qingshen Keli

【处方】何首乌　龙胆　夏枯草　玄参　陈皮　益母草　黄芪　冬瓜皮

【性状】本品为棕褐色的颗粒；味苦、微甘。

【功能与主治】滋补肝肾，清热降浊。用于肝肾阴虚、痰湿郁结而致的单纯性肥胖症，以及肥胖症伴有高血压、糖尿病、闭经、月经不调。

【用法用量】用开水冲服。一次 2. 5 ~5 g，一日 2 次。饭前服。

【注意事项】（1）饮食宜清淡；（2）孕妇慎用。

【规格】（1）每袋装 2. 5 g；（2）每袋装 5 g。

【贮藏】密封。

《中华人民共和国药典临床用药须知 · 中药成方制剂卷（2020 年版）》

1086104　五酯胶囊
Wuzhi Jiaonang

【处方】华中五味子

【性状】本品为胶囊剂，内容物为淡棕黄色至棕色颗粒；具油脂性，味苦。

【功能与主治】能降低血清谷丙转氨酶。可用于慢性、迁延性肝炎谷丙转氨酶升高者。

【用法用量】口服。一次 2 粒，一日 3 次。

【注意事项】尚不明确。

【规格】每粒含五味子甲素 11.25 mg。

【贮藏】密闭。

《中华人民共和国药典临床用药须知·中药成方制剂卷（2020 年版）》

9. 蠲痹通络剂

（1）祛寒通痹

1091105　大活络丸
Dahuoluo Wan

【处方】蕲蛇　乌梢蛇　全蝎　地龙　天麻　威灵仙　制草乌　肉桂　细辛　麻黄　羌活　防风　松香　广藿香　豆蔻　僵蚕（炒）　天南星（制）　牛黄　乌药　木香　沉香　丁香　青皮　香附（醋制）　麝香　安息香　冰片　两头尖　赤芍　没药（制）　乳香（制）　血竭　黄连　黄芩　贯众　葛根　水牛角　大黄　玄参　红参　白术（麸炒）　甘草　熟地黄　当归　何首乌　骨碎补（烫、去毛）　龟甲（醋淬）　狗骨（油酥）

【性状】本品为棕褐色的大蜜丸；气微香，味苦。

【功能与主治】祛风散寒，除湿化痰，活络止痛。用于风痰瘀阻所致的中风，症见半身不遂、肢体麻木、足痿无力；或寒湿瘀阻之痹病、筋脉拘急、腰腿疼痛；亦用于跌打损伤、行走不利及胸痹心痛。

【用法用量】温黄酒或温开水送服。一次 1 丸，一日 1 ~2 次。

【注意事项】（1）孕妇禁用；（2）对本品及所含成分过敏者禁用；（3）本品不宜长期服用；（4）用药后如果出现心悸，心慌，胸闷，口、舌、四肢等局部麻木症状，请咨询医师。

【规格】每丸重 3.5 g。

【贮藏】密封。

《中华人民共和国药典临床用药须知·中药成方制剂卷（2020 年版）》

1091106　风湿骨痛胶囊
Fengshi Gutong Jiaonang

【处方】制川乌　红花　木瓜　麻黄　制草乌　甘草　乌梅

【性状】本品为硬胶囊，内容物为黄褐色的粉末；味微苦、酸。

【功能与主治】温经散寒，通络止痛。用于寒湿闭阻经络所致的痹病，症见腰脊疼痛、四肢关节冷痛；风湿性关节炎见上述证候者。

【用法用量】口服。一次 2 ~4 粒，一日 2 次。

【注意事项】本品含毒性药，不可多服；孕妇忌服。

【规格】每粒装 0. 3 g。

【贮藏】密封。

《中华人民共和国药典（2020 年版）》

1091107 虎力散

Huli San

【处方】制草乌 三七 断节参 白云参

【性状】本品为暗黄色的粉末；味苦、微麻。

【功能与主治】祛风散寒，活血通络。用于风寒湿闭阻、瘀血阻络所致的痹病，症见关节疼痛、冷痛、刺痛或疼痛夜甚、屈伸不利、局部微恶风寒、肢体麻木。亦用于跌打损伤见瘀血阻络者。

【用法用量】散剂：口服。一次 0. 3 g，一日 1 ~2 次。开水或温酒送服。外用：撒于伤口处。

【注意事项】（1）对本品及所含成分过敏者禁用；（2）本品性味辛温，属风热湿痹者忌用；（3）孕妇禁服；（4）严重心脏病，高血压，肝、肾疾病忌服；（5）本品应严格在医师指导下按规定量服用，不得任意增加服用量和服用时间，服药后如果出现唇舌发麻、头痛头昏、腹痛腹泻、心烦欲呕、呼吸困难等情况，应立即停药并到医院就医；（6）本品不宜与其他含乌头碱类的药物联合使用。

【规格】每瓶装 0. 9 g。

【贮藏】密封。

《中华人民共和国药典临床用药须知 · 中药成方制剂卷（2020 年版）》

1091108 金钱白花蛇药酒［剧］

Jinqian Baihuashe Yaojiu

【处方】白花蛇 乌梢蛇 马钱子（制） 五加皮 老鹳草 豨莶草 千年健 地枫皮 陈皮 红花 川牛膝 肉桂 杜仲 甘草

【性状】本品为红棕色的澄清液体；味微甘而苦。

【功能与主治】祛风除湿，散寒止痛，活血通络。用于风寒湿闭阻、瘀血阻络所致的痹病和痿证，症见关节疼痛、屈伸不利、腰膝酸软、四肢无力、手足麻木。

【用法用量】口服。一次 4 ~6 ml，一日 3 次。

【注意事项】（1）阴虚火旺及热痹患者慎用；（2）本品含马钱子等，不可过量、久服；

(3) 合并高血压、心脏病、肝肾功能不全、癫痫、破伤风、甲亢者慎用；(4) 过敏体质者慎用；(5) 孕妇禁用。

【贮藏】密封，置阴凉处。

《中华人民共和国药典临床用药须知·中药成方制剂卷（2020 年版）》

1091109　祛风止痛片

Qufeng Zhitong Pian

【处方】老鹳草　续断　独活　槲寄生　威灵仙　制草乌　红花

【性状】本品为糖衣片，除去糖衣后显棕黑色；味苦、涩。

【功能与主治】祛风寒，补肝肾，壮筋骨。用于风寒湿邪闭阻、肝肾亏虚所致的痹病，症见关节肿胀、腰膝疼痛、四肢麻木。

【用法用量】口服。一次 6 片，一日 2 次。

【注意事项】孕妇忌服。

【贮藏】密封。

《中华人民共和国药典（2020 年版）》

1091110　追风透骨丸

Zhuifeng Tougu Wan

【处方】制川乌　白芷　制草乌　香附（制）　甘草　白术（炒）　没药（制）　麻黄　川芎　乳香（制）　秦艽　地龙　当归　茯苓　赤小豆　羌活　天麻　赤芍　细辛　防风　天南星（制）　桂枝　甘松

【性状】本品为红褐色的水蜜丸，除去包衣后显褐棕色至黑棕色；气微香，味苦。

【功能与主治】祛风除湿，通经活络，散寒止痛。用于风寒湿痹，肢节疼痛，肢体麻木。

【用法用量】口服。一次 6 g，一日 2 次。

【注意事项】不宜久服，属风热痹者及孕妇忌服。

【规格】每 10 丸重 1 g。

【贮藏】密封，防潮。

《中华人民共和国药典（2020 年版）》

1091111　黑骨藤追风活络胶囊

Heiguteng Zhuifeng Huoluo Jiaonang

【处方】黑骨藤　青风藤　追风伞

【性状】本品为胶囊剂，内容物为黄褐色至棕褐色的颗粒及粉末，气微香，味微苦。

【功能与主治】祛风除湿，通络止痛。用于风寒湿痹，肩臂腰腿疼痛。

【用法用量】口服。一次 3 粒，一日 3 次。

【注意事项】（1）热痹者不宜使用；（2）本品宜饭后服用；（3）过敏体质者慎用；（4）孕妇禁用；（5）消化道溃疡患者禁用。

【规格】每粒装 0.3 g。

【贮藏】密封。

《中华人民共和国药典临床用药须知·中药成方制剂卷（2020 年版）》

1091112　麝香追风膏
Shexiang Zhuifeng Gao

【处方】麝香　独活　香加皮　海风藤　海桐皮　生川乌　生草乌　威灵仙　苏木　血竭　乳香　没药　红花　牛膝　当归　熟地黄　地黄　延胡索　木香　乌药　麻黄　薄荷脑　冰片　樟脑　桉油　肉桂油　丁香罗勒油　水杨酸甲酯

【性状】本品为淡黄棕色至棕色的片状橡胶膏；气芳香。

【功能与主治】驱风散热，活血止痛。用于风湿痛、关节痛、筋骨痛、神经痛、腰背酸痛、四肢麻木、扭伤、挫伤及类风湿肿痛。

【用法用量】外用，贴于患处。

【注意事项】（1）本品为外用药。（2）切勿接触眼睛、口腔等黏膜处，使用后立即洗手。（3）忌食生冷、油腻食物。（4）有出血倾向者慎用。（5）糖尿病严重者慎用，以防止使用不当引起皮肤损伤。（6）运动员慎用，且应在医师指导下使用。（7）经期及哺乳期妇女慎用。儿童、年老体弱者应在医师指导下使用。（8）本品含生川乌、生草乌，不宜长期或大面积使用。自行用药宜在 7 天以内，如用药超过 7 天，应向医师咨询。（9）用药后局部皮肤如出现瘙痒、刺痛、皮疹时，应立即取下，停止使用，症状严重者应及时就医。如出现皮肤以外的全身不适，应立即停用，严重者应及时就医。（10）若出现局部红肿、疼痛、活动受限等不适症状加重者应去医院就诊。（11）用药 3 天症状无缓解，应去医院就诊。（12）对本品过敏者禁用，过敏体质者慎用。（13）本品性状发生改变时禁止使用。（14）儿童必须在成人监护下使用。（15）请将本品放在儿童不能接触的地方。（16）如正在使用其他药品，使用本品前请咨询医师或药师。（17）孕妇禁用。（18）婴幼儿禁用。（19）皮肤破溃、皮损或感染处禁用。（20）对本品及所含成分（包括辅料）过敏者禁用。（21）对橡胶膏过敏者禁用。

【规格】7 cm×10 cm。

【贮藏】密闭，置阴凉处。

《中华人民共和国药典临床用药须知·中药成方制剂卷（2020 年版）》

（2）清热通痹

1092113　二妙丸
Ermiao Wan

【处方】苍术（炒）　黄柏（炒）

【性状】本品为黄棕色的水丸；气微香，味苦涩。

【功能与主治】燥湿清热。用于湿热下注，足膝红肿热痛，下肢丹毒，白带，阴囊湿痒。

【用法用量】口服。一次6~9 g，一日2次。

【贮藏】密封。

《中华人民共和国药典（2020年版）》

1092114　四妙丸

Simiao Wan

【处方】苍术　盐黄柏　牛膝　薏苡仁

【性状】本品为浅黄色至黄褐色的水丸；气微；味苦、涩。

【功能与主治】清热利湿。用于湿热下注所致的痹病，症见足膝红肿、筋骨疼痛。

【用法用量】口服。一次6 g，一日2次。

【注意事项】孕妇慎用。

【规格】每15粒重1 g。

【贮藏】密封。

《中华人民共和国药典（2020年版）》

1092115　湿热痹片

Shirebi Pian

【处方】苍术　地龙　黄柏　防风　忍冬藤　连翘　薏苡仁　威灵仙　防己　川牛膝　粉萆薢　桑枝

【性状】本品为糖衣片，除去包衣后显黄棕色；味苦。

【功能与主治】祛风除湿，清热消肿，通络定痛。用于湿热痹阻证，其症状为肌肉或关节红肿热痛，有沉重感，步履艰难，发热，口渴不欲饮，小便短赤。

【用法用量】口服。一次6片，一日3次。

【规格】片心重0.25 g。

【贮藏】密封。

《中华人民共和国药典（2020年版）》

1092116　痛风定胶囊

Tongfengding Jiaonang

【处方】秦艽　延胡索　川牛膝　黄柏　赤芍　泽泻　车前子　土茯苓

【性状】本品为硬胶囊，内容物为黄褐色至棕褐色粉末；味苦。

【功能与主治】清热祛湿，活血通络定痛。用于湿热瘀阻所致的痹病，症见关节红肿热痛，伴有发热、汗出不解、口渴心烦、小便黄、舌红苔黄腻、脉滑数；痛风见上述证候者。

【用法用量】口服。一次 4 粒，一日 3 次。

【注意事项】（1）孕妇慎用；（2）服药后不宜立即饮茶。

【规格】每粒装 0.4 g。

【贮藏】密封。

《中华人民共和国药典（2020 年版）》

（3）活血通痹

1093117　盘龙七片

Panlongqi Pian

【处方】盘龙七　当归　丹参　红花　乳香　没药　木香　支柱蓼　重楼　过山龙　羊角七　八里麻　老鼠七　青蛙七　珠子参　缬草　秦艽　络石藤　壮筋丹　伸筋草　白毛七　祖师麻　川乌　草乌　铁棒锤　五加皮　竹根七　杜仲　牛膝

【性状】本品为糖衣片，除去糖衣后显灰褐色；味苦微甜。

【功能与主治】活血化瘀，祛风除湿，消肿止痛，滋养肝肾。用于风湿瘀阻所致的痹病，症见关节疼痛、刺痛或疼痛夜甚、屈伸不利，或腰痛、劳累加重；或跌打损伤，以及瘀血阻络所致的局部肿痛；风湿性关节炎、腰肌劳损、骨折及软组织损伤见上述证候者。

【用法用量】口服。一次 3 ~4 片，一日 3 次。

【注意事项】（1）本品所含川乌、草乌、铁棒锤有毒，应在医师指导下使用，不可过量服用；（2）本品为风湿寒痹所设，若属风湿热痹者慎用；（3）服药期间，忌食生冷、油腻食物；（4）孕妇禁用。

【规格】每片重 0.3 g。

【贮藏】密闭，防潮。

《中华人民共和国药典临床用药须知·中药成方制剂卷（2020 年版）》

1093118　神农药酒

Shennong Yaojiu

【处方】寻骨风　防风　杜仲　五加皮　老鹳草　络石藤　制草乌　独活　苍术　爬岩香　威灵仙　徐长卿　伸筋草　八棱麻　金荞麦　山姜　搜山虎　八角枫　川芎　丹参　当归　大血藤　木香　红花　柴胡　鸡血藤　三百棒　三七　八角莲　香茶菜　虎杖　蜘蛛抱蛋　雄黄连　算盘子根　牛藤　路路通　钩藤　莲蓬草　菊叶三七　老虎蔸　木梳　射干　拳参

【性状】本品为棕红色的溶液；气香，味苦涩、微甜。

【功能与主治】祛风散寒，活血化瘀，舒筋通络。用于风寒湿瘀阻所致的痹病，症见关节肌肉疼痛、酸楚、麻木、肿胀。

【用法用量】口服。一次 25 ml，一日 2 次。

【注意事项】(1) 风湿热痹及阴虚火旺者慎用;(2) 儿童及老年人慎用;(3) 酒精过敏者不宜使用;(4) 不宜过量及长期使用;(5) 孕妇禁用;(6) 肾脏病患者禁用。

【规格】每瓶装 (1) 500 ml;(2) 250 ml;(3) 125 ml。

【贮藏】密封,置阴凉处。

《中华人民共和国药典临床用药须知·中药成方制剂卷(2020 年版)》

1093119 正清风痛宁片

Zhengqing Fengtongning Pian

【处方】盐酸青藤碱

【性状】本品为肠溶薄膜衣片,除去包衣后显白色或类白色;味苦。

【功能与主治】祛风除湿,活血通络,消肿止痛。用于风寒湿痹病,症见肌肉酸痛,关节肿胀、疼痛、屈伸不利、僵硬、肢体麻木;类风湿关节炎、风湿性关节炎见上述证候者。

【用法用量】口服。一次 1 ~4 片,一日 3 次;二个月为一疗程。

【注意事项】支气管哮喘、肝肾功能不全者禁用;如出现皮疹或发生白细胞减少等副作用时,应立即停药。

【规格】每片含盐酸青藤碱 20 mg。

【贮藏】遮光,密闭。

《中华人民共和国药典(2020 年版)》

1093120 骨通贴膏

Gutong Tiegao

【处方】丁公藤　金不换　麻黄　海风藤　乳香　干姜　白芷　三七　当归　姜黄　辣椒　樟脑　肉桂油　薄荷脑

【性状】本品为浅棕黄色至黄棕色的弹性片状橡胶膏,膏布面具小圆孔;气芳香。

【功能与主治】祛风散寒,活血通络,消肿止痛。用于骨痹属寒湿阻络兼血瘀证,症见局部关节疼痛、肿胀、麻木重着、屈伸不利或活动受限;退行性骨性关节炎见上述证候者。

【用法用量】外用,贴于患处。贴用前,将患处皮肤洗净;贴用时,使膏布的弹力方向与关节活动方向一致;7 天为一疗程,或遵医嘱。

【注意事项】(1) 每次贴用时间不宜超过 12 小时;(2) 本品应在医师指导下使用,不宜长期或大面积使用;(3) 本品用药后出现瘙痒、皮疹等,应立即停用,若出现皮肤发红,可适当减少贴用时间;(4) 患处皮肤溃破者不宜使用;(5) 孕妇禁用。

【规格】7 cm × 10 cm。

【贮藏】密闭,置干燥处。

《中华人民共和国药典临床用药须知·中药成方制剂卷(2020 年版)》

（4）补虚通痹

1094121　天麻丸

Tianma Wan

【处方】天麻　独活　羌活　盐杜仲　牛膝　粉萆薢　附子（黑顺片）　当归　地黄　玄参

【性状】本品为黑褐色的水蜜丸或黑色的小蜜丸或大蜜丸；气微香，味微甜、略苦麻。

【功能与主治】祛风除湿，通络止痛，补益肝肾。用于风湿瘀阻、肝肾不足所致的痹病，症见肢体拘挛、手足麻木、腰腿酸痛。

【用法用量】口服。水蜜丸一次 6 g，小蜜丸一次 9 g，大蜜丸一次 1 丸，一日 2～3 次。

【注意事项】孕妇慎用。

【规格】（1）小蜜丸每 100 丸重 20 g；（2）大蜜丸每丸重 9 g。

【贮藏】密封。

《中华人民共和国药典（2020 年版）》

1094122　妙济丸

Maoji Wan

【处方】黑木耳（醋制）　当归　酒白芍　川芎　木瓜　盐杜仲　续断　川牛膝（酒蒸）　苍术　盐小茴香　木香　丁香　母丁香　乳香（制）　茯苓　土茯苓　龟甲（制）

【性状】本品为黑褐色的大蜜丸；气特异，味微甜而后苦、辛。

【功能与主治】补益肝肾，祛湿通络，活血止痛。用于肝肾不足、风湿瘀阻所致的痹病，症见骨节疼痛、腰膝酸软、肢体麻木拘挛。

【用法用量】用黄酒送服。一次 1～2 丸，一日 2 次。

【规格】每丸重 6 g。

【贮藏】密封。

《中华人民共和国药典（2020 年版）》

1094123　独活寄生合剂

Duhuo Jisheng Heji

【处方】独活　桑寄生　秦艽　防风　细辛　当归　白芍　川芎　熟地黄　盐杜仲　川牛膝　党参　茯苓　甘草　桂枝

【性状】本品为棕黑色的澄清液体；气芳香，味苦。

【功能与主治】养血舒筋，祛风除湿，补益肝肾。用于风寒湿闭阻、肝肾两亏、气血不足所致的痹病，症见腰膝冷痛、屈伸不利。

【用法用量】口服。一次 15～20 ml，一日 3 次；用时摇匀。

【注意事项】孕妇慎用。

【规格】（1）每瓶装 20 ml；（2）每瓶装 100 ml。

【贮藏】密封，置阴凉处。

《中华人民共和国药典（2020 年版）》

1094124　尪痹颗粒

Wangbi Keli

【处方】地黄　熟地黄　续断　淫羊藿　骨碎补　狗脊（制）　羊骨　附子（制）　独活　桂枝　防风　伸筋草　威灵仙　红花　皂刺　知母　白芍

【性状】本品为棕黄色或棕色的颗粒；味微苦。

【功能与主治】补肝肾，强筋骨，祛风湿，通经络。用于肝肾不足、风湿阻络所致的尪痹，症见肌肉、关节疼痛，局部肿大，僵硬畸形，屈伸不利，腰膝酸软，畏寒乏力；类风湿关节炎见上述证候者。

【用法用量】开水冲服。一次 6 g，一日 3 次。

【注意事项】（1）属湿热实证者慎用；（2）服药期间，忌食生冷食物；（3）孕妇禁用。

【规格】（1）每袋装 3 g；（2）每袋装 6 g。

【贮藏】密封。

《中华人民共和国药典临床用药须知 · 中药成方制剂卷（2020 年版）》

1094125　益肾蠲痹丸

Yishen Juanbi Wan

【处方】熟地黄　生地黄　淫羊藿　骨碎补　当归　鸡血藤　延胡索　土鳖虫　炮山甲　寻骨风　老鹳草　徐长卿　虎杖　葎草　鹿衔草　全蝎　僵蚕（麸炒）　蜈蚣　广地龙（酒制）　蜂房（清炒）　乌梢蛇（酒制）

【性状】本品为棕褐色的小丸；味微苦、涩。

【功能与主治】温补肾阳，益肾壮督，搜风剔邪，蠲痹通络，用于顽痹，症见手指晨僵，关节疼痛、红肿、屈伸不利、肌肉疼痛、瘦削或僵硬畸形；类风湿关节炎见上述证候者。

【用法用量】口服。一次 8 g，疼痛剧烈可加至 12 g，一日 3 次，饭后用温开水送下。

【注意事项】（1）湿热痹者慎用；（2）肾功能不全者慎用；（3）孕妇禁用。

【规格】每袋装 8 g。

【贮藏】密封，防潮。

《中华人民共和国药典临床用药须知 · 中药成方制剂卷（2020 年版）》

1094126　金乌骨通胶囊

Jinwu Gutong Jiaonang

【处方】金毛狗脊　淫羊藿　威灵仙　乌梢蛇　土牛膝　木瓜　葛根　姜黄　补骨脂

土党参

【性状】本品为胶囊剂，内容物为黄棕色至棕黄色颗粒或粉末；气香，味苦。

【功能与主治】滋补肝肾，祛风除湿，活血通络。用于肝肾不足、风寒湿痹引起的腰腿酸痛，肢体麻木。

【用法用量】口服。一次 3 粒，一日 3 次。

【注意事项】（1）不宜同时服用清热泻火药；（2）对本品过敏者禁用，过敏体质者慎用；（3）本品宜饭后服用；（4）服药时忌寒凉及油腻食物；（5）孕妇禁用。

【规格】每粒装 0.35 g。

【贮藏】密封。

《中华人民共和国药典临床用药须知·中药成方制剂卷（2020 年版）》

10. 祛痰剂

（1）燥湿化痰

1101127　二陈丸

Erchen Wan

【处方】陈皮　半夏（制）　茯苓　甘草

【性状】本品为灰棕色至黄棕色的水丸；气微香，味甘、微辛。

【功能与主治】燥湿化痰，理气和胃。用于痰湿停滞导致的咳嗽痰多、胸脘胀闷、恶心呕吐。

【用法用量】口服。一次 9～15 g，一日 2 次。

【贮藏】密封。

《中华人民共和国药典（2020 年版）》

1101128　橘贝半夏颗粒

Jubei Banxia Keli

【处方】橘红　半夏（制）　川贝母　枇杷叶　桔梗　远志（制）　紫菀　款冬花（炒）　前胡　苦杏仁霜　麻黄　紫苏子（炒）　木香　肉桂　天花粉　甘草

【性状】本品为灰黄色的颗粒或块状物；味微甜而苦。

【功能与主治】化痰止咳，宽中下气。用于痰气阻肺，咳嗽痰多，胸闷气急。

【用法用量】口服。一次 3～6 g，一日 2 次。

【注意事项】（1）服药期间饮食宜清淡，忌食生冷、辛辣、燥热食物，忌烟酒；（2）本品含有麻黄，心脏病、高血压患者慎用；（3）孕妇慎用。

【规格】每袋装（或每块重）6 g。

【贮藏】密封，防潮。

《中华人民共和国药典临床用药须知·中药成方制剂卷（2020 年版）》

1101129　橘红化痰丸

Juhong Huatan Wan

【处方】化橘红　川贝母　锦灯笼　炒苦杏仁　罂粟壳　五味子　白矾　甘草

【性状】本品为棕色的大蜜丸；味苦。

【功能与主治】敛肺化痰，止咳平喘。用于肺气不敛，痰浊内阻，咳嗽，咯痰，喘促，胸膈满闷。

【用法用量】口服。一次 1 丸，一日 2 次。

【注意事项】不宜久服。

【规格】每丸重 9 g。

【贮藏】密封。

《中华人民共和国药典（2020 年版）》

（2）润燥化痰

1102130　参贝北瓜膏

Shenbei Beigua Gao

【处方】北瓜清膏　党参　南沙参　浙贝母　干姜

【性状】本品为棕褐色稠厚的半流体；味甜，微辛。

【功能与主治】益气健脾，润肺化痰，止咳平喘。用于气阴两虚、痰浊阻肺所致的咳嗽气喘、痰多津少。

【用法用量】口服。一次 15 g，一日 3 次。

【注意事项】（1）外感初期及痰热内盛者慎用；（2）服药期间忌食生冷、油腻食物。

【贮藏】密封，置阴凉处。

《中华人民共和国药典临床用药须知 · 中药成方制剂卷（2020 年版）》

1102131　百合固金丸（浓缩丸）

Baihe Gujin Wan

【处方】百合　熟地黄　玄参　当归　地黄　麦冬　川贝母　白芍　桔梗　甘草

【性状】本品为棕色至棕褐色的浓缩丸；味甜、微苦。

【功能与主治】养阴润肺，化痰止咳。用于肺肾阴虚，燥咳少痰，痰中带血，咽干喉痛。

【用法用量】口服。一次 8 丸，一日 3 次。

【规格】每 8 丸相当饮片 3 g。

【贮藏】密封。

《中华人民共和国药典（2020 年版）》

1102132　养阴清肺膏
Yangyin Qingfei Gao

【处方】地黄　麦冬　玄参　川贝母　白芍　牡丹皮　薄荷　甘草

【性状】本品为棕褐色稠厚的半流体；气香，味甜，有清凉感。

【功能与主治】养阴润燥，清肺利咽。用于阴虚肺燥，咽喉干痛，干咳少痰或痰中带血。

【用法用量】口服。一次10～20 ml，一日2～3次。

【贮藏】密封。

《中华人民共和国药典（2020年版）》

1102133　蜜炼川贝枇杷膏
Milian Chuanbei Pipa Gao

【处方】枇杷叶　水半夏　川贝母　陈皮　杏仁　款冬花　北沙参　五味子　薄荷脑　桔梗

【性状】本品为棕红色的稠厚半流体；气香，味甜，具清凉感。

【功能与主治】清热润肺，化痰止咳。用于肺燥咳嗽，痰黄而黏，胸闷，咽喉疼痛或痒，声音嘶哑。

【用法用量】口服。一次15 ml。一日3次，小儿酌减。

【注意事项】（1）风寒感冒者不适用；（2）过敏体质者慎用；（3）对本品及所含成分过敏者禁用。

【规格】（1）每瓶装75 ml；（2）每瓶装100 ml。

【贮藏】密封，置阴凉处。

《中华人民共和国药典临床用药须知·中药成方制剂卷（2020年版）》

（3）温化寒痰

1103134　定喘膏
Dingchuan Gao

【处方】血余炭　洋葱　附子　生川乌　制天南星　干姜

【性状】本品为摊于布上或纸上的黑膏药。

【功能与主治】温阳祛痰，止咳定喘。用于阳虚痰阻所致的咳嗽痰多、气急喘促、冬季加重。

【用法用量】温热软化，外贴肺俞穴。

【规格】（1）每张净重10 g；（2）每张净重20 g。

【贮藏】密闭，置阴凉干燥处。

《中华人民共和国药典（2020年版）》

1103135　桂龙咳喘宁胶囊

Guilong Kechuanning Jiaonang

【处方】桂枝　白芍　大枣　龙骨　生姜　炙甘草　牡蛎　黄连　法半夏　瓜蒌皮　炒苦杏仁

【性状】本品为硬胶囊，内容物为浅棕色的粉末；气芳香，味微苦而甜。

【功能与主治】止咳化痰，降气平喘。用于外感风寒、痰湿阻肺引起的咳嗽、气喘、痰涎壅盛；急慢性支气管炎见上述证候者。

【用法用量】口服。一次 3 粒，一日 3 次。

【注意事项】服药期间忌烟、酒、猪肉及生冷食物。

【规格】每粒装 0.5 g（相当于饮片 1.67 g）。

【贮藏】密封。

《中华人民共和国药典（2020 年版）》

1103136　小青龙合剂

Xiaoqinglong HeJi

【处方】麻黄　白芍　细辛　桂枝　干姜　炙甘草　法半夏　五味子

【性状】本品为棕褐色至棕黑色的液体；气微香，味甜、微辛。

【功能与主治】解表化饮，止咳平喘。用于风寒水饮，恶寒发热，无汗，喘咳痰稀。

【用法用量】口服。一次 10 ~ 20 ml，一日 3 次。用时摇匀。

【规格】（1）每支装 10 ml；（2）每瓶装 100 ml；（3）每瓶装 120 ml。

【贮藏】密封，遮光。

《中华人民共和国药典（2020 年版）》

（4）清热化痰

1104137　川贝枇杷糖浆

Chuanbei Pipa Tangjiang

【处方】川贝母流浸膏　桔梗　枇杷叶　薄荷脑

【性状】本品为棕红色的黏稠液体；气香，味甜、微苦、凉。

【功能与主治】清热宣肺，化痰止咳。用于风热犯肺、痰热内阻所致的咳嗽痰黄或咯痰不爽、咽喉肿痛、胸闷胀痛；感冒、支气管炎见上述证候者。

【用法用量】口服。一次 10 ml，一日 3 次。

【贮藏】密封，置阴凉处。

《中华人民共和国药典（2020 年版）》

1104138　强力枇杷露
Qiangli Pipa Lu

【处方】枇杷叶　百部　桑白皮　薄荷脑　罂粟壳　白前　桔梗

【性状】本品为棕色至深棕色的液体；气香，味甜。

【功能与主治】养阴敛肺，镇咳祛痰。用于久咳劳嗽、支气管炎。

【用法用量】口服。一次 15 ml，一日 3 次；小儿酌减。

【注意事项】（1）儿童、孕妇、哺乳期妇女禁用；（2）糖尿病患者慎用；（3）本品含罂粟壳，不宜久服。

【规格】（1）每瓶装 100 ml；（2）每瓶装 120 ml；（3）每瓶装 150 ml；（4）每瓶装 180 g。

【贮藏】密封，置阴凉处。

《中华人民共和国药典（2020 年版）》

1104139　蛇胆川贝胶囊
Shedan Chuanbei Jiaonang

【处方】蛇胆汁　川贝母

【性状】本品为硬胶囊，内容物为浅黄色至浅棕色的粉末；味甘、微苦。

【功能与主治】清肺，止咳，祛痰。用于肺热咳嗽，痰多。

【用法用量】口服。一次 1 ~ 2 粒，一日 2 ~ 3 次。

【规格】每粒装 0. 3 g。

【贮藏】密封。

《中华人民共和国药典（2020 年版）》

1104140　清肺抑火丸
Qingfei Yihuo Wan

【处方】黄芩　知母　黄柏　栀子　浙贝母　苦参　桔梗　前胡　天花粉　大黄

【性状】本品为淡黄色至黄褐色的水丸，或为棕褐色的大蜜丸；气微，味苦。

【功能与主治】清肺止咳，化痰通便。用于痰热阻肺所致的咳嗽、痰黄稠黏、口干咽痛、大便干燥。

【用法用量】口服。水丸一次 6 g，大蜜丸一次 1 丸，一日 2 ~ 3 次。

【注意事项】孕妇慎用。

【规格】大蜜丸每丸重 9 g。

【贮藏】密封。

《中华人民共和国药典（2020 年版）》

1104141 复方鲜竹沥液
Fufang Xianzhuli Ye

【处方】鲜竹沥 生半夏 枇杷叶 薄荷素油 鱼腥草 生姜 桔梗

【性状】本品为黄棕色至棕色的液体；气香，味甜。

【功能与主治】清热化痰，止咳。用于痰热咳嗽，痰黄黏稠。

【用法用量】口服。一次 20 ml，一日 2～3 次。

【规格】（1）每瓶装 10 ml；（2）每瓶装 20 ml；（3）每瓶装 30 ml；（4）每瓶装 100 ml；（5）每瓶装 120 ml；（6）每瓶装 20 ml（无蔗糖）。

【贮藏】密封。

《中华人民共和国药典（2020 年版）》

1104142 礞石滚痰丸
Mengshi Guntan Wan

【处方】金礞石（煅） 沉香 黄芩 熟大黄

【性状】本品为棕色至棕褐色的水丸；味苦。

【功能与主治】逐痰降火。用于痰火扰心所致的癫狂惊悸，或喘咳痰稠、大便秘结。

【用法用量】口服。一次 6～12 g，一日 1 次。

【注意事项】孕妇忌服。

【规格】每袋（瓶）装 6 g。

【贮藏】密闭，防潮。

《中华人民共和国药典（2020 年版）》

1104143 清气化痰丸
Qingqi Huatan Wan

【处方】酒黄芩 半夏（制） 陈皮 瓜蒌仁霜 胆南星 苦杏仁 枳实 茯苓

【性状】本品为灰黄色的水丸；气微，味苦。

【功能与主治】清肺化痰。用于痰热阻肺所致的咳嗽痰多、痰黄稠黏、胸腹满闷。

【用法用量】口服。一次 6～9 g，一日 2 次；小儿酌减。

【贮藏】密封。

《中华人民共和国药典（2020 年版）》

1104144 清肺化痰丸
Qingfei Huatan Wan

【处方】酒黄芩 瓜蒌子 苦杏仁 川贝母 胆南星（砂炒） 陈皮 麸炒枳壳 桔梗 炒莱菔子 甘草 法半夏（砂炒） 茯苓 蜜麻黄 白苏子 蜜款冬花

【性状】本品为棕褐色至黑褐色的水蜜丸或大蜜丸；味甜、苦、微麻。

【功能与主治】降气化痰，止咳平喘。用于肺热咳嗽，痰多作喘，痰涎壅盛，肺气不畅。

【用法用量】口服。水蜜丸一次 6 g，大蜜丸一次 1 丸，一日 2 次。

【规格】（1）水蜜丸每袋装 6 g；（2）大蜜丸每丸重 9 g。

【贮藏】密封。

《中华人民共和国药典（2020 年版）》

11. 止咳平喘剂

（1）散寒止咳

1111145　风寒咳嗽颗粒

Fenghan Kesou Keli

【处方】陈皮　生姜　法半夏　青皮　苦杏仁　麻黄　紫苏叶　五味子　桑白皮　炙甘草

【性状】本品为浅褐色的颗粒；气香，味甜、微苦。

【功能与主治】宣肺散寒，祛痰止咳。用于外感风寒、肺气不宣所致的咳喘，症见头痛鼻塞、痰多咳嗽、胸闷气喘。

【用法用量】开水冲服。一次 1 袋，一日 2 次。

【注意事项】阴虚干咳者慎用。

【规格】每袋装 5 g。

【贮藏】密封。

《中华人民共和国药典（2020 年版）》

1111146　杏苏止咳颗粒

Xingsu Zhike Keli

【处方】苦杏仁　陈皮　紫苏叶　前胡　桔梗　甘草

【性状】本品为浅黄棕色至黄棕色的颗粒；气芳香，味甜、微苦。

【功能与主治】宣肺散寒，止咳祛痰。用于风寒感冒咳嗽，气逆。

【用法用量】开水冲服。一次 1 袋，一日 3 次；小儿酌减。

【规格】每袋装 12 g。

【贮藏】密封。

《中华人民共和国药典（2020 年版）》

1111147　通宣理肺丸

Tongxuan Lifei Wan

【处方】紫苏叶　前胡　桔梗　苦杏仁　麻黄　甘草　陈皮　半夏（制）　茯苓

枳壳（炒） 黄芩

【性状】本品为黑棕色至黑褐色的水蜜丸或大蜜丸；味微甜、略苦。

【功能与主治】解表散寒，宣肺止嗽。用于风寒束表、肺气不宣所致的感冒咳嗽，症见发热、恶寒、咳嗽、鼻塞流涕、头痛、无汗、肢体酸痛。

【用法用量】口服。水蜜丸一次 7 g，大蜜丸一次 2 丸，一日 2 ~3 次。

【规格】（1）水蜜丸每 100 丸重 10 g；（2）大蜜丸每丸重 6 g。

【贮藏】密封。

《中华人民共和国药典（2020 年版）》

（2）清热止咳

1112148 急支糖浆
Jizhi Tangjiang

【处方】鱼腥草 金荞麦 四季青 麻黄 紫菀 前胡 枳壳 甘草

【性状】本品为棕黑色的黏稠液体；味甜、微苦。

【功能与主治】清热化痰，宣肺止咳。用于外感风热所致的咳嗽，症见发热、恶寒、胸膈满闷、咳嗽咽痛；急性支气管炎、慢性支气管炎急性发作见上述证候者。

【用法用量】口服。一次 20 ~30 ml，一日 3 ~4 次；儿童周岁以内一次 5 ml，一至三岁一次 7 ml，三至七岁一次 10 ml，七岁以上一次 15 ml，一日 3 ~4 次。

【规格】（1）每瓶装 100 ml；（2）每瓶装 200 ml。

【贮藏】密封。

《中华人民共和国药典（2020 年版）》

1112149 二母安嗽丸
Ermu Ansou Wan

【处方】知母 玄参 罂粟壳 麦冬 款冬花 紫菀 苦杏仁 百合 浙贝母

【性状】本品为褐色至黑褐色的大蜜丸；味甜、微苦。

【功能与主治】清肺化痰，止嗽定喘。用于虚劳久嗽，咳嗽痰喘，骨蒸潮热，音哑声重，口燥舌干，痰涎壅盛。

【用法用量】口服。一次 1 丸，一日 2 次。

【规格】每丸重 9 g。

【贮藏】密封。

《中华人民共和国药典（2020 年版）》

1112150 肺力咳合剂
Feilike Heji

【处方】黄芩 前胡 百部 红花龙胆 白花蛇舌草 红管药 梧桐根

【性状】本品为浅棕色至棕色的液体；气香，味甜、微苦。

【功能与主治】止咳平喘，清热解毒，顺气祛痰。用于咳喘痰多，呼吸不畅，以及急、慢性支气管炎，肺气肿见上述证候者。

【用法用量】口服。7 岁以内一次 10 ml，7～14 岁一次 15 ml，成人一次 20 ml，一日 3 次，或遵医嘱。

【注意事项】（1）忌烟、酒及辛辣、生冷、油腻食物；（2）不宜在服药期间同时服用滋补性中药；（3）孕妇、儿童、年老体弱者慎用。

【规格】每瓶装 100 ml。

【贮藏】密封，置阴凉处。

《中华人民共和国药典临床用药须知·中药成方制剂卷（2020 年版）》

1112151　复方百部止咳糖浆

Fufang Baibu Zhike Tangjiang

【处方】百部（蜜炙）　苦杏仁　桑白皮　麦冬　知母　黄芩　陈皮　甘草　天南星（制）　枳壳（炒）　桔梗

【性状】本品为褐色的黏稠液体；味甜。

【功能与主治】清热化痰止咳。用于痰热阻肺所致的咳嗽、痰稠色黄；百日咳见上述证候者。

【用法用量】口服。一次 10～20 ml，一日 2～3 次；小儿酌减。

【注意事项】（1）寒痰咳嗽慎用；（2）服药期间忌烟、酒及辛辣、油腻食物；（3）糖尿病患者慎用。

【规格】每瓶装 100 ml。

【贮藏】密闭，置阴凉处。

《中华人民共和国药典临床用药须知·中药成方制剂卷（2020 年版）》

（3）燥湿止咳

1113152　橘红痰咳颗粒

Juhong Tanke Keli

【处方】化橘红　苦杏仁　半夏（制）　蜜百部　白前　五味子　茯苓　甘草

【性状】本品为淡棕黄色的颗粒；味甜，微苦。

【功能与主治】理气化痰，润肺止咳。用于痰浊阻肺所致的咳嗽、气喘、痰多；感冒、支气管炎、咽喉炎见上述证候者。

【用法用量】开水冲服。一次 10～20 g，一日 3 次。

【注意事项】（1）阴虚燥咳慎用；（2）服药期间饮食宜清淡，忌食生冷、辛辣食物，忌烟酒。

【规格】每袋装 10 g。

【贮藏】密封。

《中华人民共和国药典临床用药须知·中药成方制剂卷（2020 年版）》

1113153　杏仁止咳糖浆
Xingren Zhike Tangjiang

【处方】陈皮流浸膏　远志流浸膏　杏仁水　百部流浸膏　桔梗流浸膏　甘草流浸膏

【性状】本品为淡黄棕色至红棕色液体；气香，味甜、苦涩。

【功能与主治】化痰止咳。用于痰浊阻肺，咳嗽痰多；急、慢性支气管炎见上述证候者。

【用法用量】口服。一次 15 ml，一日 3～4 次。

【注意事项】服药期间饮食宜清淡，忌食生冷、辛辣、燥热食物，忌烟酒。

【规格】每瓶装 100 ml。

【贮藏】密封。

《中华人民共和国药典临床用药须知·中药成方制剂卷（2020 年版）》

（4）润肺止咳

1114154　川贝雪梨膏
Chuanbei Xueli Gao

【处方】梨清膏　川贝母　麦冬　百合　款冬花

【性状】本品为棕黄色的稠厚半流体；味甜。

【功能与主治】润肺止咳，生津利咽。用于阴虚肺热，咳嗽，喘促，口燥咽干。

【用法用量】口服。一次 15 g，一日 2 次。

【注意事项】忌辛辣食物。

【贮藏】密封。

《中华人民共和国药典（2020 年版）》

1114155　罗汉果玉竹颗粒
Luohanguo Yuzhu Keli

【处方】罗汉果　玉竹

【性状】本品为黄棕色的颗粒或长方块；气微香，味甜、微苦。

【功能与主治】养阴生津，润肺止咳。用于肺燥咳嗽，咽喉干痛。

【用法用量】开水冲服。一次 12 g，一日 3 次。

【注意事项】（1）痰湿阻肺者慎用；（2）服药期间饮食宜清淡，忌食辛辣食物。

【规格】每袋（块）重 12 g。

【贮藏】密封。

《中华人民共和国药典临床用药须知·中药成方制剂卷（2020 年版）》

1114156　蛇胆川贝枇杷膏
Shedan Chuanbei Pipa Gao

【处方】蛇胆汁　枇杷叶　川贝母　半夏　桔梗　薄荷脑

【性状】本品为棕红色至棕色的半流动液体；气香，味甜、微辛凉。

【功能与主治】清肺止咳，祛痰定喘。用于风热犯肺所致的咳嗽痰多、胸闷气促。

【用法用量】口服。一次 15 ml，一日 3 次。

【注意事项】（1）外感风寒者慎用；（2）服药期间饮食宜清淡，忌食辛辣食物。

【规格】（1）每瓶装 75 ml；（2）每瓶装 100 ml。

【贮藏】密封。

《中华人民共和国药典临床用药须知·中药成方制剂卷（2020 年版）》

1114157　二母宁嗽丸
Ermu Ningsou Wan

【处方】川贝母　知母　石膏　炒栀子　黄芩　蜜桑白皮　茯苓　炒瓜蒌子　陈皮　麸炒枳实　炙甘草　五味子（蒸）

【性状】本品为棕褐色的水蜜丸或大蜜丸；气微香，味甜，微苦。

【功能与主治】清肺润燥，化痰止咳。用于燥热蕴肺所致的咳嗽、痰黄而黏不易咳出、胸闷气促、久咳不止、声哑喉痛。

【用法用量】口服。大蜜丸一次 1 丸，水蜜丸一次 6 g，一日 2 次。

【规格】（1）大蜜丸每丸重 9 g；（2）水蜜丸每 100 丸重 10 g。

【贮藏】密封。

《中华人民共和国药典（2020 年版）》

（5）泄热平喘

1115158　清肺消炎丸
Qingfei Xiaoyan Wan

【处方】麻黄　石膏　地龙　牛蒡子　葶苈子　人工牛黄　炒苦杏仁　羚羊角

【性状】本品为灰棕色至棕色的水丸，或棕褐色的水蜜丸；气腥，味微辛、苦。

【功能与主治】清肺化痰，止咳平喘。用于痰热阻肺，咳嗽气喘，胸胁胀痛，吐痰黄稠；上呼吸道感染、急性支气管炎、慢性支气管炎急性发作及肺部感染见上述证候者。

【用法用量】口服。周岁以内一次 10 丸，一至三岁一次 20 丸，三至六岁一次 30 丸，六至十二岁一次 40 丸，十二岁以上及成人一次 60 丸，一日 3 次。

【注意事项】风寒表证引起的咳嗽、心功能不全者慎用。

【规格】（1）水丸每 60 丸重 5 g；（2）水蜜丸每 60 丸重 8 g。

【贮藏】密封。

《中华人民共和国药典（2020 年版）》

1115159　止嗽咳喘宁糖浆

Zhisou Kechuanning Tangjiang

【处方】地龙　黄芩　罂粟壳　苦杏仁　紫苏子（炒）　法半夏　薄荷油

【性状】本品为棕黄色黏稠液体；气辛香，味甜、微苦。

【功能与主治】止咳化痰，降气定喘。用于痰热阻肺、肺气上逆所致的咳嗽咯痰、气逆喘促；慢性支气管炎见上述证候者。

【用法用量】口服。一次 10～15 ml，一日 2～3 次，用时摇匀。

【注意事项】（1）痰多黏稠者慎用；（2）服药期间忌食辛辣、生冷、油腻食物；（3）不宜过量、久用；（4）孕妇禁用；（5）运动员禁用。

【规格】每瓶装 100 ml。

【贮藏】密封，置阴凉处。

《中华人民共和国药典临床用药须知·中药成方制剂卷（2020 年版）》

（6）化痰平喘

1116160　海珠喘息定片

Haizhu Chuanxiding Pian

【处方】胡颓子叶　蝉蜕　防风　天花粉　珍珠层粉　冰片　甘草　盐酸氯丙那林　盐酸去氯羟嗪

【性状】本品为浅黄色片；气香，味苦、微辛凉。

【功能与主治】宣肺平喘，止咳化痰。用于痰浊阻肺，肺气不降所致的咳嗽、咯痰、气喘；慢性支气管炎、支气管哮喘见上述证候者。

【用法用量】口服。一次 2～4 片，一日 3 次。

【注意事项】（1）本品是中西药复方制剂，应尽量避免合并使用与本品相同或类似组分的其他药品。使用时应参照盐酸氯丙那林、盐酸去氯羟嗪等药品说明书的禁忌及注意事项，或在医师指导下使用。（2）冠心病、心律失常、高血压等心血管疾病患者慎用。（3）甲状腺功能亢进、震颤性麻痹者慎用。（4）过敏体质者慎用。（5）本品含有盐酸氯丙那林，故应注意：1）糖尿病以及前列腺增生的患者慎用。2）必须按推荐剂量服用，不可超量服用。3）药物相互作用：①盐酸氯丙那林与肾上腺素及异丙肾上腺素等儿茶酚胺类并用时会引起心律失常、心率增加，故应避免与上述药物并用；②与抗胆碱药或茶碱类药并用，其扩张支气管、缓解哮喘的效果增强；③可抑制过敏引起的皮肤反应作用，故评估皮肤试验反应时，应考虑本药的影响；④避免与单胺氧化酶抑制剂及三环类抗抑郁药同时应用。（6）本品含盐酸去氯羟嗪，故应注意：与酒精和其他中枢抑制药有相加作用，不应同服。（7）老年患者慎用。（8）对本品及其组分过敏者禁用。（9）新生儿和早产儿禁用。（10）孕妇及哺乳期妇女禁用。（11）服药期间不得驾驶机、车、船，从事高处作业、机械作业及操作精密仪器期间禁用。

【贮藏】密封。

《中华人民共和国药典临床用药须知·中药成方制剂卷（2020年版）》

1116161　蠲哮片

Juanxiao Pian

【处方】葶苈子　青皮　陈皮　黄荆子　槟榔　大黄　生姜

【性状】本品为薄膜衣片，除去包衣后显褐色；气清香，味苦。

【功能与主治】泻肺除壅，涤痰祛瘀，利气平喘。用于支气管哮喘急性发作期热哮痰瘀伏肺证，症见气粗痰涌、痰鸣如吼、咳呛阵作、痰黄稠厚。

【用法用量】口服。一次8片，一日3次，饭后服用。7天为一疗程。

【注意事项】（1）孕妇及久病体虚、脾胃虚弱便溏者禁用；（2）服药后如出现大便偏稀、轻度腹痛，属正常现象，可继续用药或减少用量。

【规格】每片重0.3 g。

【贮藏】密封。

《中华人民共和国药典（2020年版）》

1116162　降气定喘丸

Jiangqi Dingchuan Wan

【处方】麻黄　葶苈子　桑白皮　紫苏子　白芥子　陈皮

【性状】本品为黑色的包衣浓缩水丸，除去包衣后显棕色或棕褐色；味苦。

【功能与主治】降气定喘，祛痰止咳。用于痰浊阻肺所致的咳嗽痰多，气逆喘促；慢性支气管炎、支气管哮喘见上述证候者。

【用法用量】口服。一次7 g，一日2次。

【注意事项】（1）虚喘者慎用；（2）年老体弱者慎用；（3）高血压、心脏病、青光眼者慎用；（4）服药期间忌食辛辣、生冷、油腻食物；（5）孕妇禁用；（6）运动员禁用。

【规格】每瓶装7 g。

【贮藏】密封。

《中华人民共和国药典临床用药须知·中药成方制剂卷（2020年版）》

（7）补肺平喘

1117163　人参保肺丸

Renshen Baofei Wan

【处方】人参　五味子（醋炙）　罂粟壳　川贝母　苦杏仁（去皮炒）　麻黄　石膏

玄参　枳实　砂仁　陈皮　甘草

【性状】本品为黑褐色的大蜜丸；味甜、微苦。

【功能与主治】益气补肺，止嗽定喘。用于肺气亏虚，肺失宣降所致的虚劳久嗽，气短喘促。

【用法用量】口服。一次 2 丸，一日 2～3 次。

【注意事项】（1）外感或实热咳嗽者慎用；（2）高血压和心脏病者慎用；（3）本品不宜过量、久服；（4）运动员禁用。

【规格】每丸重 6 g。

【贮藏】密闭，防潮。

《中华人民共和国药典临床用药须知·中药成方制剂卷（2020 年版）》

1117164　如意定喘片
Ruyi Dingchuan Pian

【处方】蛤蚧　制蟾酥　黄芪　地龙　麻黄　党参　苦杏仁　白果　枳实　天冬　南五味子（酒蒸）　麦冬　紫菀　百部　枸杞子　熟地黄　远志　葶苈子　洋金花　石膏　炙甘草

【性状】本品为糖衣片，除去糖衣后显浅棕色至棕褐色；气微，味微甜、微苦。

【功能与主治】宣肺定喘，止咳化痰，益气养阴。用于气阴两虚所致的久咳气喘、体弱痰多；支气管哮喘、肺气肿、肺心病见上述证候者。

【用法用量】口服。一次 2～4 片，一日 3 次。

【注意事项】孕妇禁用。

【规格】糖衣片片心重 0.25 g。

【贮藏】密封。

《中华人民共和国药典（2020 年版）》

1117165　慢支固本颗粒
Manzhi Guben Keli

【处方】黄芪　白术　当归　防风

【性状】本品为灰黄色至黄棕色的颗粒；气微香，味微甘、辛。

【功能与主治】补肺健脾，固表和营。用于慢性支气管炎缓解期之肺脾气虚证，症见乏力，自汗，恶风寒，咳嗽、咯痰，易感冒，食欲不振。

【用法用量】开水冲服。一次 1 袋，一日 2 次。

【规格】每袋装 10 g。

【贮藏】密封。

《中华人民共和国药典（2020 年版）》

（8）纳气平喘

1118166　固本咳喘片
Guben Kechuan Pian

【处方】党参　白术（麸炒）　茯苓　麦冬　盐补骨脂　炙甘草　醋五味子

【性状】本品为薄膜衣片，除去包衣后显棕褐色；味甜、微酸、微苦、涩。

【功能与主治】益气固表，健脾补肾。用于脾虚痰盛、肾气不固所致的咳嗽、痰多、喘息气促、动则喘剧；慢性支气管炎、肺气肿、支气管哮喘见上述证候者。

【用法用量】口服。一次 3 片，一日 3 次。

【规格】每片重 0.4 g。

【贮藏】密封。

《中华人民共和国药典（2020 年版）》

1118167　蛤蚧定喘胶囊
Gejie Dingchuan Jiaonang

【处方】蛤蚧　炒紫苏子　瓜蒌子　炒苦杏仁　麻黄　石膏　甘草　紫菀　醋鳖甲　黄芩　麦冬　黄连　百合　煅石膏

【性状】本品为硬胶囊，内容物为黄棕色至棕色的颗粒与粉末；味苦。

【功能与主治】滋阴清肺，止咳平喘。用于肺肾两虚、阴虚肺热所致的虚劳咳喘、气短胸满、自汗盗汗。

【用法用量】口服。一次 3 粒，一日 2 次，或遵医嘱。

【规格】每粒装 0.5 g。

【贮藏】密封。

《中华人民共和国药典（2020 年版）》

1118168　七味都气丸
Qiwei Duqi Wan

【处方】醋五味子　山茱萸（制）　茯苓　牡丹皮　熟地黄　山药　泽泻

【性状】本品为黑褐色的水蜜丸；气微香，味甘、微酸。

【功能与主治】补肾纳气，涩精止遗。用于肾不纳气所致的喘促、胸闷、久咳、气短、咽干、遗精、盗汗、小便频数。

【用法用量】口服。一次 9 g，一日 2 次。

【注意事项】外感咳嗽、气喘者忌服。

【规格】每 40 丸重 3 g。

【贮藏】密封。

《中华人民共和国药典（2020 年版）》

1118169　金水宝胶囊

Jinshuibao Jiaonang

【处方】发酵虫草菌粉（Cs-4）

【性状】本品为硬胶囊，内容物为黄棕色至浅棕褐色的粉末；气香，味微苦。

【功能与主治】补益肺肾，秘精益气。用于肺肾两虚，精气不足，久咳虚喘，神疲乏力，不寐健忘，腰膝酸软，月经不调，阳痿早泄；慢性支气管炎、慢性肾功能不全、高脂血症、肝硬化见上述证候者。

【用法用量】口服。一次 3 粒，一日 3 次；用于慢性肾功能不全者，一次 6 粒，一日 3 次，或遵医嘱。

【规格】每粒装 0. 33 g。

【贮藏】密封。

《中华人民共和国药典（2020 年版）》

1118170　百令胶囊

Bailing Jiaonang

【处方】发酵冬虫夏草菌粉［Cs-C-Q80 中华被毛孢 *Hirsutella sinensis* Liu，Guo，Yu-et Zeng（1989）经液体深层发酵所得菌丝体的干燥粉末］

【性状】本品为硬胶囊，内容物为灰色至灰黄色粉末；气微腥，味微咸。

【功能与主治】补肺肾，益精气。用于肺肾两虚引起的咳嗽、气喘、咯血、腰背酸痛、面目虚浮、夜尿清长；慢性支气管炎、慢性肾功能不全的辅助治疗。

【用法用量】口服。一次 5 ~ 15 粒〔规格（1）〕或 2 ~ 6 粒〔规格（2）〕，一日 3 次。慢性肾功能不全：一次 10 粒〔规格（1）〕或一次 4 粒〔规格（2）〕，一日 3 次；8 周为一疗程。

【规格】（1）每粒装 0. 2 g；（2）每粒装 0. 5 g。

【贮藏】密封。

《中华人民共和国药典（2020 年版）》

12. 消导剂

（1）消食导滞

1121171　六味安消胶囊

Liuwei Anxiao Jiaonang

【处方】藏木香　大黄　山柰　北寒水石（煅）　诃子　碱花

【性状】本品为胶囊剂，内容物为灰黄色至黄棕色的粉末；气香，味苦涩，微咸。

【功能与主治】和胃健脾，消积导滞，活血止痛。用于胃痛胀满、消化不良、便秘、痛经。

【用法用量】口服。一次 3 ~ 6 粒，一日 2 ~ 3 次。

【注意事项】孕妇忌服。

【规格】每粒装 0.5 g。

【贮藏】密封。

《中华人民共和国药典（2020 年版）》

1121172　槟榔四消丸（大蜜丸）
Binglang Sixiao Wan

【处方】槟榔　酒大黄　炒牵牛子　猪牙皂（炒）　醋香附　五灵脂（醋炙）

【性状】本品为黄褐色的大蜜丸；气微香，味甜、苦、微辛。

【功能与主治】消食导滞，行气泻水。用于食积痰饮，消化不良，脘腹胀满，嗳气吞酸，大便秘结。

【用法用量】口服。一次 1 丸，一日 2 次。

【注意事项】孕妇忌服。

【规格】每丸重 9 g。

【贮藏】密封。

《中华人民共和国药典（2020 年版）》

1121173　沉香化滞丸
Chenxiang Huazhi Wan

【处方】沉香　大黄　牵牛子（炒）　枳实（炒）　青皮　香附（制）　山楂（炒）　木香　枳壳（炒）　厚朴（制）　陈皮　砂仁　三棱（制）　莪术（制）　五灵脂（制）

【性状】本品为褐黄色的水丸；味苦、辛。

【功能与主治】理气化滞。用于食积气滞所致的胃痛，症见脘腹胀闷不舒、恶心、嗳气、饮食不下。

【用法用量】口服。一次 6 g，一日 2 次。

【注意事项】（1）胃痛、腹痛属脾胃虚寒者慎用；（2）饮食宜清淡，忌辛辣厚味食物；（3）孕妇禁用。

【规格】每袋 6 g。

【贮藏】密闭，防潮。

《中华人民共和国药典临床用药须知・中药成方制剂卷（2020 年版）》

1121174　开胸顺气丸
Kaixiong Shunqi Wan

【处方】槟榔　炒牵牛子　陈皮　木香　姜厚朴　醋三棱　醋莪术　猪牙皂

【性状】本品为浅棕色至棕色的水丸；味微苦、辛。

【功能与主治】消积化滞，行气止痛。用于气郁食滞所致的胸胁胀满、胃脘疼痛、嗳气呕恶、食少纳呆。

【用法用量】口服。一次3～9 g，一日1～2次。

【注意事项】孕妇禁用；年老体弱者慎用。

【贮藏】密封。

《中华人民共和国药典（2020年版）》

1121175 保和丸
Baohe Wan

【处方】焦山楂 六神曲（炒） 半夏（制） 茯苓 陈皮 连翘 炒莱菔子 炒麦芽

【性状】本品为棕色至褐色的小蜜丸或大蜜丸；气微香，味微酸、涩、甜。

【功能与主治】消食，导滞，和胃。用于食积停滞，脘腹胀满，嗳腐吞酸，不欲饮食。

【用法用量】口服。小蜜丸一次9～18 g，大蜜丸一次1～2丸，一日2次；小儿酌减。

【规格】（1）小蜜丸每100丸重20 g；（2）大蜜丸每丸重9 g。

【贮藏】密封。

《中华人民共和国药典（2020年版）》

1121176 大山楂丸
Dashanzha Wan

【处方】山楂 六神曲（麸炒） 炒麦芽

【性状】本品为棕红色或褐色的大蜜丸；味酸、甜。

【功能与主治】开胃消食。用于食积内停所致的食欲不振、消化不良、脘腹胀闷。

【用法用量】口服。一次1～2丸，一日1～3次；小儿酌减。

【规格】每丸重9 g。

【贮藏】密封。

《中华人民共和国药典（2020年版）》

1121177 枳实导滞丸
Zhishi Daozhi Wan

【处方】枳实（炒） 大黄 黄连（姜汁炙） 黄芩 六神曲（炒） 白术（炒） 茯苓 泽泻

【性状】本品为浅褐色至深褐色的水丸；气微香，味苦。

【功能与主治】消积导滞，清利湿热。用于饮食积滞、湿热内阻所致的脘腹胀痛、不思饮食、大便秘结、痢疾里急后重。

【用法用量】口服。一次6～9 g，一日2次。

【贮藏】密封。

《中华人民共和国药典（2020年版）》

1121178　四磨汤口服液
Simotang Koufuye

【处方】木香　枳壳　槟榔　乌药

【性状】本品为棕黄色至棕色的澄清液体；气芳香，味甜、微苦。

【功能与主治】顺气降逆，消积止痛。用于婴幼儿乳食内滞证，症见腹胀、腹痛、啼哭不安、厌食纳差、腹泻或便秘；中老年气滞、食积证，症见脘腹胀满、腹痛、便秘；以及腹部手术后促进肠胃功能的恢复。

【用法用量】口服。成人一次 20 ml，一日 3 次，7 天为一疗程；新生儿一次 3 ~ 5 ml，一日 3 次，2 天为一疗程；幼儿一次 10 ml，一日 3 次，3 ~ 5 天为一疗程。

【注意事项】（1）一般手术患者在手术后 12 小时第 1 次服药，再隔 6 小时第 2 次服药，以后常法服用或遵医嘱；（2）冬季服药时，可将药瓶放置于温水中加温 5 ~ 8 分钟后再服用；（3）药液如见有微量沉淀，属正常情况，可摇匀后服用，以保证疗效；（4）孕妇禁用；（5）肠梗阻、肠道肿瘤、消化道术后禁用。

【规格】每支装 10 ml。

【贮藏】密封，置阴凉处。

《中华人民共和国药典临床用药须知·中药成方制剂卷（2020 年版）》

（2）健胃消食

1122179　健胃消食片
Jianwei Xiaoshi Pian

【处方】太子参　陈皮　山药　炒麦芽　山楂

【性状】本品为浅棕黄色的片或薄膜衣片，也可为异形片。薄膜衣片除去包衣后显浅棕黄色；气微香，味微甜、酸。

【功能与主治】健胃消食。用于脾胃虚弱所致的食积，症见不思饮食、嗳腐酸臭、脘腹胀满；消化不良见上述证候者。

【用法用量】口服或咀嚼。一次 3 片，一日 3 次〔规格（1）〕，小儿酌减。成人一次 4 ~ 6 片，儿童二至四岁一次 2 片，五至八岁一次 3 片，九至十四岁一次 4 片〔规格（2）〕；一日 3 次。

【规格】（1）每片重 0. 8 g；（2）每片重 0. 5 g。

【贮藏】密封。

《中华人民共和国药典（2020 年版）》

1122180　枳术丸
Zhizhu Wan

【处方】枳实（炒）　麸炒白术

【性状】本品为褐色的水丸；气微香，味微苦。

【功能与主治】健脾消食，行气化湿。用于脾胃虚弱，食少不化，脘腹痞满。

【用法用量】口服。一次 6 g，一日 2 次。

【贮藏】密封。

《中华人民共和国药典（2020 年版）》

1122181　香砂平胃丸

Xiangsha Pingwei Wan

【处方】苍术　陈皮　姜厚朴　木香　砂仁　甘草

【性状】本品为棕褐色的水丸；气芳香，味辛、苦。

【功能与主治】健胃，舒气，止痛。用于胃肠衰弱，消化不良，胸膈满闷，胃痛呕吐。

【用法用量】口服。一次 6 g，一日 1 ~2 次。

【规格】（1）每瓶装 6 g；（2）每瓶装 60 g。

【贮藏】密封。

《中华人民共和国药典（2020 年版）》

1122182　养胃片

Yangwei Pian

【处方】木香　麦芽　茯苓　甘草　陈皮　砂仁　豆蔻　白术　苍术　香附　厚朴　党参　六神曲　半夏曲　藿香油

【性状】本品为棕褐色的片；气香，味微苦。

【功能与主治】养胃健脾，理气和中。用于脾虚气滞所致的胃痛，症见胃脘不舒，胀满疼痛，嗳气食少；慢性萎缩性胃炎见上述证候者。

【用法用量】口服。一次 4 ~8 片，一日 2 次。

【注意事项】饮食宜清淡，忌食辛辣、生冷、油腻食物。

【规格】每片重 0. 6 g。

【贮藏】密封。

《中华人民共和国药典临床用药须知 · 中药成方制剂卷（2020 年版）》

13. 温里剂

（1）温中散寒

1131183　良附丸

Liangfu Wan

【处方】高良姜　醋香附

【性状】本品为棕黄色至黄褐色的水丸；气微香，味辣。

【功能与主治】温胃理气。用于寒凝气滞，脘痛吐酸，胸腹胀满。

【用法用量】口服。一次 3 ~6 g，一日 2 次。

【贮藏】密闭，防潮。

《中华人民共和国药典（2020 年版）》

1131184 温胃舒胶囊

Wenweishu Jiaonang

【处方】党参 附片（黑顺片） 炙黄芪 肉桂 山药 肉苁蓉（酒蒸） 白术（清炒） 南山楂（炒） 乌梅 砂仁 陈皮 补骨脂

【性状】本品为硬胶囊，内容物为棕黄色至棕褐色的细粉和颗粒；味微酸、苦。

【功能与主治】温中养胃，行气止痛。用于中焦虚寒所致的胃痛，症见胃脘冷痛、腹胀嗳气、纳差食少、畏寒无力；慢性萎缩性胃炎、浅表性胃炎见上述证候者。

【用法用量】口服。一次 3 粒，一日 2 次。

【注意事项】（1）胃大出血时禁用；（2）忌食生冷，油腻及不易消化的食物。

【规格】每粒装 0.4 g。

【贮藏】密封。

《中华人民共和国药典（2020 年版）》

1131185 香砂养胃颗粒

Xiangsha Yangwei Keli

【处方】木香 砂仁 白术 陈皮 茯苓 姜半夏 醋香附 枳实（炒） 豆蔻（去壳） 姜厚朴 广藿香 甘草

【性状】本品为黄棕色至棕色的颗粒；气芳香，味微甜、略苦。

【功能与主治】温中和胃。用于胃阳不足、湿阻气滞所致的胃痛、痞满，症见胃痛隐隐、脘闷不舒、呕吐酸水、嘈杂不适、不思饮食、四肢倦怠。

【用法用量】开水冲服。一次 1 袋，一日 2 次。

【规格】每袋装 5 g。

【贮藏】密封。

《中华人民共和国药典（2020 年版）》

1131186 小建中合剂

Xiaojianzhong Heji

【处方】桂枝 白芍 炙甘草 生姜 大枣

【性状】本品为棕黄色的液体；气微香，味甜、微辛。

【功能与主治】温中补虚，缓急止痛。用于脾胃虚寒，脘腹疼痛，喜温喜按，嘈杂吞酸，食少；胃及十二指肠溃疡见上述证候者。

【用法用量】口服。一次 20 ~ 30 ml，一日 3 次。用时摇匀。

【贮藏】密封，遮光。

《中华人民共和国药典（2020 年版）》

1131187 附子理中丸
Fuzi Lizhong Wan

【处方】附子（制） 党参 炒白术 干姜 甘草

【性状】本品为棕褐色至棕黑色的水蜜丸，或为棕褐色至黑褐色的小蜜丸或大蜜丸；气微，味微甜而辛辣。

【功能与主治】温中健脾。用于脾胃虚寒，脘腹冷痛，呕吐泄泻，手足不温。

【用法用量】口服。水蜜丸一次 6 g，小蜜丸一次 9 g，大蜜丸一次 1 丸，一日 2 ~ 3 次。

【注意事项】孕妇慎用。

【规格】（1）小蜜丸每 100 丸重 20 g；（2）大蜜丸每丸重 9 g。

【贮藏】密封。

《中华人民共和国药典（2020 年版）》

1131188 黄芪建中丸
Huangqi Jianzhong Wan

【处方】黄芪 肉桂（去粗皮） 白芍 甘草（蜜炙） 大枣（去核） 蜂蜜（炼）

【性状】本品为棕黄色至棕褐色的大蜜丸；气香，味甜、微辛。

【功能与主治】补气散寒，健胃和中。用于中气不足，心跳气短，恶寒腹痛，身体衰弱。

【用法用量】口服。一次 1 丸，一日 2 次。

【注意事项】（1）本品宜饭前服用；（2）对本品过敏者禁用，过敏体质者慎用；（3）忌辛辣、生冷、油腻食物；（4）孕妇、糖尿病患者禁用。

【规格】每丸重 9 g。

【贮藏】密封。

《中华人民共和国药典临床用药须知 · 中药成方制剂卷（2020 年版）》

（2）暖肝散寒

1132189 茴香橘核丸
Huixiang Juhe Wan

【处方】盐小茴香 八角茴香 盐橘核 荔枝核 盐补骨脂 肉桂 川楝子 醋延胡索 醋莪术 木香 醋香附 醋青皮 昆布 槟榔 乳香（制） 桃仁 穿山甲（制）

【性状】本品为黄褐色至棕褐色的水丸；气香，味微酸、辛、苦。

【功能与主治】散寒行气，消肿止痛。用于寒凝气滞所致的寒疝，症见睾丸坠胀疼痛。

【用法用量】口服。一次 6 ~9 g，一日 2 次。

【规格】每 100 丸重 6 g。

【贮藏】密闭，防潮。

《中华人民共和国药典（2020 年版）》

1132190　十香丸
Shixiang Wan

【处方】香附（制）　小茴香（炒）　乌药　沉香　丁香　荔枝核（炒）　木香　陈皮　猪牙皂　泽泻（盐水炒）

【性状】本品为棕褐色的大蜜丸；气香，味甜、微苦。

【功能与主治】疏肝行气，散寒止痛。用于气滞寒凝所致的疝气、腹痛。

【用法用量】口服。一次 1 丸，一日 1 ~2 次。

【注意事项】湿热瘀阻，气虚下陷所致的疝气不宜使用。

【规格】每丸重 9 g。

【贮藏】密封。

《中华人民共和国药典临床用药须知 · 中药成方制剂卷（2020 年版）》

（3）回阳救逆

1133191　参附注射液
Shenfu Zhusheye

【处方】红参　附片

【性状】本品为淡黄色或淡黄棕色的澄明液体。

【功能与主治】回阳救逆，益气固脱。主要用于阳气暴脱所致的厥脱症（感染性、失血性、失液性休克等）；也可用于阳虚（气虚）所致的惊悸、怔忡、喘咳、胃疼、泄泻、痹症等。

【用法用量】肌内注射，一次 2 ~4 ml，一日 1 ~2 次；静脉滴注，一次 20 ~100 ml（用 5% ~10% 葡萄糖注射液或氯化钠注射液 250 ~500 ml 稀释后使用）；静脉推注，一次 5 ~20 ml（用 5% ~10% 葡萄糖注射液 20 ml 稀释后使用）；或遵医嘱。

【注意事项】（1）神昏闭证者慎用；（2）本品一般不宜与其他药物同时滴注；（3）过敏体质者慎用；（4）本品含附片，有小毒，过量易致心血管毒性作用，不宜长期使用；（5）治疗期间，心绞痛持续发作，宜加服硝酸酯类药物，如果出现剧烈心绞痛、心肌梗死，应急诊救治；（6）在应用本品同时，应合并治疗原发病症；（7）若发现浑浊、沉淀、变色、漏气或瓶身细微破裂，均不得使用；（8）孕妇禁用。

【规格】（1）每支 2 ml；（2）每支 10 ml。

【贮藏】密封，遮光。

《中华人民共和国药典临床用药须知 · 中药成方制剂卷（2020 年版）》

1133192　四逆汤
Sini Tang

【处方】淡附片　干姜　炙甘草

【性状】本品为棕黄色的液体；气香，味甜、辛。

【功能与主治】温中祛寒，回阳救逆。用于阳虚欲脱，冷汗自出，四肢厥逆，下利清谷，脉微欲绝。

【用法用量】口服。一次 10～20 ml，一日 3 次；或遵医嘱。

【规格】每支装 10 ml。

【贮藏】密封，置阴凉处。

《中华人民共和国药典（2020 年版）》

14. 理气剂

（1）理气疏肝

1141193　柴胡舒肝丸
Chaihu Shugan Wan

【处方】茯苓　麸炒枳壳　豆蔻　酒白芍　甘草　醋香附　陈皮　桔梗　姜厚朴　炒山楂　防风　六神曲（炒）　柴胡　黄芩　薄荷　紫苏梗　木香　炒槟榔　醋三棱　酒大黄　青皮（炒）　当归　姜半夏　乌药　醋莪术

【性状】本品为黑褐色的小蜜丸或大蜜丸；味甜而苦。

【功能与主治】舒肝理气，消胀止痛。用于肝气不舒，胸胁痞闷，食滞不清，呕吐酸水。

【用法用量】口服。小蜜丸一次 10 g，大蜜丸一次 1 丸，一日 2 次。

【规格】（1）小蜜丸每 100 丸重 20 g；（2）大蜜丸每丸重 10 g。

【贮藏】密封。

《中华人民共和国药典（2020 年版）》

1141194　四逆散
Sini San

【处方】柴胡　白芍　枳壳（麸炒）　甘草

【性状】本品为淡黄色的粉末；味苦。

【功能与主治】透解郁热，疏肝理脾。用于肝气郁结所致的胁痛、痢疾，症见脘腹胁痛、热厥手足不温、泻痢下重。

【用法用量】开水冲泡或炖服。一次 9 g，一日 2 次。

【注意事项】（1）肝阴亏虚气郁胁痛者慎用；（2）寒厥所致四肢不温者慎用；（3）孕

妇慎用；（4）忌恼怒劳碌，保持心情舒畅。

【规格】每袋装 9 g。

【贮藏】密闭，防潮。

《中华人民共和国药典临床用药须知·中药成方制剂卷（2020 年版）》

1141195　越鞠丸
Yueju Wan

【处方】醋香附　川芎　炒栀子　苍术（炒）　六神曲（炒）

【性状】本品为深棕色至棕褐色的水丸；气香，味微涩、苦。

【功能与主治】理气解郁，宽中除满。用于胸脘痞闷，腹中胀满，饮食停滞，嗳气吞酸。

【用法用量】口服。一次 6 ~9 g，一日 2 次。

【贮藏】密封。

《中华人民共和国药典（2020 年版）》

1141196　左金丸
Zuojin Wan

【处方】黄连　吴茱萸

【性状】本品为黄褐色的水丸；气特异，味苦、辛。

【功能与主治】泻火，疏肝，和胃，止痛。用于肝火犯胃，脘胁疼痛，口苦嘈杂，呕吐酸水，不喜热饮。

【用法用量】口服。一次 3 ~6 g，一日 2 次。

【贮藏】密封。

《中华人民共和国药典（2020 年版）》

（2）理气和中

1142197　气滞胃痛颗粒
Qizhi Weitong Keli

【处方】柴胡　醋延胡索　枳壳　醋香附　白芍　炙甘草

【性状】本品为淡棕色至棕黄色颗粒；具特异香气，味甜、微苦辛。

【功能与主治】舒肝理气，和胃止痛。用于肝郁气滞，胸痞胀满，胃脘疼痛。

【用法用量】开水冲服。一次 1 袋，一日 3 次。

【注意事项】孕妇慎用。

【规格】每袋装 5 g。

【贮藏】密封。

《中华人民共和国药典（2020 年版）》

1142198　沉香化气丸
Chenxiang Huaqi Wan

【处方】沉香　香附（醋制）　木香　陈皮　六神曲（炒）　麦芽（炒）　广藿香　砂仁　莪术（醋制）　甘草

【性状】本品为灰棕色至黄棕色的水丸；气香，味微甜、苦。

【功能与主治】理气疏肝，消积和胃。用于肝胃气滞，脘腹胀痛，胸膈痞满，不思饮食，嗳气泛酸。

【用法用量】口服。一次3～6 g，一日2次。

【注意事项】（1）脾胃阴虚、气虚体弱者慎用；（2）哺乳期妇女慎用；（3）孕妇禁用。

【贮藏】密封。

《中华人民共和国药典临床用药须知·中药成方制剂卷（2020年版）》

1142199　胃苏颗粒
Weisu Keli

【处方】紫苏梗　香附　陈皮　香橼　佛手　枳壳　槟榔　鸡内金（制）

【性状】本品为棕色的颗粒；味苦。

【功能与主治】疏肝理气，和胃止痛。用于肝胃气滞所致的胃脘痛，症见胃脘胀痛，窜及两胁，得嗳气或矢气则舒，情绪郁怒则加重，胸闷食少，排便不畅，舌苔薄白，脉弦；慢性胃炎及消化性溃疡见上述证候者。

【用法用量】口服。一次15 g，一日3次。15日为一疗程，可服1～3个疗程或遵医嘱。

【注意事项】（1）脾胃阴虚或肝胃郁火胃痛者慎用；（2）孕妇慎用。

【规格】每袋装15 g。

【贮藏】密封。

《中华人民共和国药典临床用药须知·中药成方制剂卷（2020年版）》

1142200　摩罗丹
Moluo Dan

【处方】百合　茯苓　白术（麸炒）　延胡索（醋炙）　乌药　鸡内金（炒香）　川芎　蒲黄　当归　白芍　麦冬　石斛　玄参　三七　地榆　九节菖蒲　茵陈　泽泻

【性状】本品为棕色的蜜丸；味甜、微苦。

【功能与主治】和胃降逆，健脾消胀，通络定痛。用于脾胃虚弱、健运失职所致的胃疼、胀满、痞闷、纳呆、嗳气、烧心；慢性萎缩性胃炎见上述证候者。

【用法用量】口服。大蜜丸一次1～2丸，小蜜丸一次55～110粒，一日3次。饭前用米汤或温开水送下，或遵医嘱。

【注意事项】(1) 湿热中阻胃痛、痞满者慎用；(2) 孕妇慎用。

【规格】(1) 大蜜丸每丸重 9 g；(2) 小蜜丸每 55 粒重 9 g。

【贮藏】密封。

《中华人民共和国药典临床用药须知·中药成方制剂卷（2020 年版）》

1142201　厚朴排气合剂

Houpu Paiqi Heji

【处方】姜厚朴　木香　麸炒枳实　大黄

【性状】本品为棕褐色的液体；气香，味甘、微苦辛。

【功能与主治】行气消胀，宽中除满。用于腹部非胃肠吻合手术后早期肠麻痹，症见腹部胀满，胀痛不适，腹部膨隆，无排气、排便，舌质淡红，舌苔薄白或薄腻。

【用法用量】于术后 6 小时、10 小时各服一次，每次 50 ml。服用时摇匀，稍加热后温服。

【注意事项】(1) 服用时，可将药瓶放置温水中加温 5～10 分钟后服用；(2) 药液如有少量沉淀，属正常现象，为保证疗效，可将其摇匀后服用；(3) 孕妇、肠梗阻、恶性肿瘤、血管供血不足所见肠麻痹禁用。

【规格】(1) 每瓶装 50 ml；(2) 每瓶装 100 ml。

【贮藏】密闭，置阴凉处。

《中华人民共和国药典临床用药须知·中药成方制剂卷（2020 年版）》

15. 理血剂

(1) 活血化瘀

1151202　丹参注射液

Danshen Zhusheye

【处方】丹参

【性状】本品为棕色至棕红色的澄明液体。

【功能与主治】活血化瘀。用于瘀血痹阻所致的胸痹心痛，冠心病心绞痛见上述证候者。

【用法用量】肌内注射，一次 2～4 ml，一日 1～2 次；静脉注射，一次 4 ml（用 50% 葡萄糖注射液 20 ml 稀释后使用），一日 1～2 次；静脉滴注，一次 10～20 ml（用 5% 葡萄糖注射液 100～500 ml 稀释后使用），一日 1 次；或遵医嘱。

【注意事项】(1) 不得与罂粟碱、山梗菜碱、士的宁、喹诺酮类抗生素、细胞色素 C、硫酸庆大霉素、注射用头孢拉定、普萘洛尔、维生素 C 等注射剂混合使用；不宜与川芎嗪、维生素 K、凝血酶类药物、阿托品注射液配伍使用；(2) 服药期间宜清淡饮食；(3) 过敏体质者慎用；(4) 在治疗期间，心绞痛持续发作，宜加用硝酸酯类药，若出现剧烈心绞痛，或见气促、汗出、面色苍白者，心肌梗死，应及时急诊救治；（5）注射用丹参与其他化学药品配伍使用时，如出现浑浊或产生沉淀，则禁止使用；（6）静脉注射慎用；（7）溶解不完全时请勿使用；（8）若发现浑浊、沉淀、变色、漏气或瓶身细微破裂，均不得使用；（9）月经期及有出血倾向者禁用；（10）孕妇禁用。

【规格】（1）每支装 2 ml；（2）每支装 10 ml。

【贮藏】密封，遮光。

《中华人民共和国药典临床用药须知·中药成方制剂卷（2020 年版）》

1151203　银杏叶胶囊
Yinxingye Jiaonang

【处方】银杏叶提取物

【性状】本品为硬胶囊，内容物为浅棕黄色至棕褐色的粉末或颗粒和粉末；味微苦。

【功能与主治】活血化瘀通络。用于瘀血阻络引起的胸痹心痛、中风、半身不遂、舌强语謇；冠心病稳定型心绞痛、脑梗死见上述证候者。

【用法用量】口服。一次 2 粒〔规格（1）〕或一次 1 粒〔规格（2）〕，一日 3 次；或遵医嘱。

【规格】（1）每粒含总黄酮醇苷 9. 6 mg、萜类内酯 2. 4 mg；（2）每粒含总黄酮醇苷 19. 2 mg、萜类内酯 4. 8 mg；（3）每粒装 0. 25 g（含总黄酮醇苷 40 mg、萜类内酯 10 mg）。

【贮藏】密封。

《中华人民共和国药典（2020 年版）》

1151204　灯盏花素片
Dengzhanhuasu Pian

【处方】灯盏花素

【性状】本品为淡黄色的片，或为薄膜衣片，除去包衣后显淡黄色；味淡或味微咸。

【功能与主治】活血化瘀，通经活络。用于脑络瘀阻，中风偏瘫，心脉痹阻，胸痹心痛；中风后遗症及冠心病心绞痛见上述证候者。

【用法用量】口服。一次 2 片〔规格（1）、规格（2）〕，一次 1 片〔规格（3）〕，一日 3 次；或遵医嘱。

【注意事项】（1）不宜用于脑出血急性期或有出血倾向患者；（2）个别患者出现皮肤瘙痒，停药后自行消失。

【规格】（1）素片每片含灯盏花素 20 mg；（2）薄膜衣片每片含灯盏花素 20 mg；（3）薄膜衣片每片含灯盏花素 40 mg。

【贮藏】密闭，避光，置干燥处。

《中华人民共和国药典（2020 年版）》

1151205　血塞通片
Xuesaitong Pian

【处方】三七总皂苷

【性状】本品为糖衣片或薄膜衣片，除去包衣后显白色或微黄色；味苦、微甘。

【功能与主治】活血祛瘀，通脉活络，抑制血小板聚集和增加脑血流量。用于脑络瘀阻，中风偏瘫，心脉瘀阻，胸痹心痛；脑血管病后遗症，冠心病心绞痛属上述证候者。

【用法用量】口服。每次 50～100 mg，一日 3 次。

【规格】（1）每片含三七总皂苷 25 mg；（2）每片含三七总皂苷 50 mg；（3）每片含三七总皂苷 100 mg。

【贮藏】密封。

《中华人民共和国药典（2020 年版）》

1151206　消栓通络胶囊
Xiaoshuan Tongluo Jiaonang

【处方】川芎　丹参　黄芪　泽泻　三七　槐花　桂枝　郁金　木香　冰片　山楂

【性状】本品为硬胶囊，内容物为棕黄色至棕褐色的颗粒和粉末；气香，味微苦。

【功能与主治】活血化瘀，温经通络。用于瘀血阻络所致的中风，症见神情呆滞、言语謇涩、手足发凉、肢体疼痛；缺血性中风及高脂血症见上述证候者。

【用法用量】口服。一次 6 粒，一日 3 次；或遵医嘱。

【注意事项】禁食生冷、辛辣、动物油脂食物。

【规格】每粒装 0. 37 g。

【贮藏】密封。

《中华人民共和国药典（2020 年版）》

1151207　心宝丸
Xinbao Wan

【处方】附子　鹿茸　人参　肉桂　洋金花　三七　麝香　蟾酥　冰片

【性状】本品为黑色的小丸，除去包衣显棕褐色；气香，味甘，微苦，有麻舌感。

【功能与主治】温补心肾，活血通脉。用于心肾阳虚、心脉瘀阻所致的心悸，症见畏寒肢冷、动则喘促、心悸气短、下肢肿胀、脉结代；冠心病、心功能不全、病态窦房结综合征见上述证候者。

【用法用量】口服。慢性心功能不全按心功能 1 级、2 级、3 级一次分别用 120 mg、240 mg、360 mg，一日 3 次，疗程为 2 个月；心功能正常后改为日维持量 60～120 mg。病窦综合征病情严重者一次 300～600 mg，一日 3 次，疗程为 3～6 个月。其他心律失常（期外收缩）及房颤、心肌缺血或心绞痛一次 120～240 mg，一日 3 次，1～2 个月为一疗程。

【注意事项】（1）本品不宜过量、久用；（2）阴虚内热、肝阳上亢、痰火内盛者不宜使用；（3）正在服用洋地黄类药物者慎用；（4）孕妇、经期妇女禁用；（5）青光眼患者禁用。

【规格】每丸重 60 mg。

【贮藏】密封。

《中华人民共和国药典临床用药须知·中药成方制剂卷（2020 年版）》

1151208　银杏酮酯滴丸

Yinxingtongzhi Diwan

【处方】银杏酮酯

【性状】本品为棕色至棕黑色的滴丸；味微苦。

【功能与主治】活血化瘀通络。用于血瘀型胸痹及血瘀型轻度脑动脉硬化引起的眩晕；冠心病，心绞痛。

【用法用量】口服。一次 8 丸，一日 3 次〔规格（1）〕；一次 5 丸，一日 3 次〔规格（2）〕；一次 4 丸，一日 3 次〔规格（3）〕。

【注意事项】（1）心力衰竭者、孕妇及过敏体质者慎用；（2）忌食生冷、辛辣、油腻食物，忌烟酒、浓茶，饮食宜清淡；（3）严格按照说明书用法用量使用，需要长期用药者，应在医师指导下使用；（4）对于有出血倾向或使用抗凝血、抗血小板治疗的患者，应在医师指导下使用；（5）含有银杏叶的制剂可能会增加出血的风险，围手术期应由医师评估后使用。

【规格】（1）每丸含银杏酮酯 5 mg；（2）每丸含银杏酮酯 8 mg；（3）每丸含银杏酮酯 10 mg。

【贮藏】密封，置干燥处。

《中华人民共和国药典临床用药须知·中药成方制剂卷（2020 年版）》

1151209　消炎止痛膏

Xiaoyan Zhitong Gao

【处方】颠茄流浸膏　樟脑　冰片　薄荷脑　麝香草酚　盐酸苯海拉明　水杨酸甲酯　桉油

【性状】本品为淡黄色的片状橡胶膏；气芳香。

【功能与主治】消炎，活血，镇痛。用于神经性疼痛，关节痛，头痛等。

【用法用量】外用，贴于患处。一次 1～2 片，一日 1～2 次。

【注意事项】孕妇慎用。

【规格】（1）4.0 cm×6.5 cm；（2）7.0 cm×10.0 cm。

【贮藏】密封，置阴凉处。

《中华人民共和国药典（2020 年版）》

1151210　消瘀康胶囊
Xiaoyukang Jiaonang

【处方】当归　苏木　木香　赤芍　泽兰　乳香　地黄　泽泻　没药　川芎　川木通　川牛膝　桃仁　续断　甘草　红花　香附

【性状】本品为硬胶囊，内容物为棕褐色至褐色的颗粒和粉末；味甘、苦。

【功能与主治】活血化瘀，消肿止痛。用于治疗颅内血肿吸收期。

【用法用量】口服。一次 3 ~4 粒，一日 3 次，或遵医嘱。

【注意事项】孕妇忌服。

【规格】每粒装 0.4 g。

【贮藏】密封。

《中华人民共和国药典（2020 年版）》

（2）行气活血

1152211　元胡止痛片
Yuanhu Zhitong Pian

【处方】醋延胡索　白芷

【性状】本品为糖衣片或薄膜衣片，除去包衣后，显棕黄色至棕褐色；气香，味苦。

【功能与主治】理气，活血，止痛。用于气滞血瘀的胃痛，胁痛，头痛及痛经。

【用法用量】口服。一次 4 ~6 片，一日 3 次，或遵医嘱。

【规格】（1）薄膜衣片每片重 0.26 g；（2）薄膜衣片每片重 0.31 g；（3）糖衣片片心重 0.25 g；（4）糖衣片片心重 0.3 g。

【贮藏】密封。

《中华人民共和国药典（2020 年版）》

1152212　荜铃胃痛颗粒
Biling Weitong Keli

【处方】荜澄茄　川楝子　醋延胡索　酒大黄　黄连　吴茱萸　醋香附　香橼　佛手　海螵蛸　煅瓦楞子

【性状】本品为棕色至棕褐色的颗粒；味苦。

【功能与主治】行气活血，和胃止痛。用于气滞血瘀所致的胃脘痛；慢性胃炎见有上述证候者。

【用法用量】开水冲服。一次 1 袋，一日 3 次。

【注意】孕妇慎用。

【规格】每袋装 5 g。

【贮藏】密封。

《中华人民共和国药典（2020 年版）》

1152213　荆花胃康胶丸
Jinghua Weikang Jiaowan

【处方】土荆芥　水团花

【性状】本品为透明软胶囊，内容物为淡黄色至黄棕色的油状液体；气特异。

【功能与主治】理气散寒，清热化瘀。用于寒热错杂、气滞血瘀所致的胃脘胀闷疼痛、嗳气、反酸、嘈杂、口苦；十二指肠溃疡见上述证候者。

【用法用量】饭前服。一次 2 粒，一日 3 次；4 周为一疗程，或遵医嘱。

【注意事项】服药期间不宜服辛辣刺激性及寒凉、油腻、不易消化食物。

【规格】每粒装 80 mg。

【贮藏】密封，遮光，置阴凉处。

《中华人民共和国药典临床用药须知・中药成方制剂卷（2020 年版）》

1152214　复方丹参滴丸
Fufang Danshen Diwan

【处方】丹参　三七　冰片

【性状】本品为棕色的滴丸，或为薄膜衣滴丸，除去包衣后显黄棕色至棕色；气香，味微苦。

【功能与主治】活血化瘀，理气止痛。用于气滞血瘀所致的胸痹，症见胸闷、心前区刺痛；冠心病心绞痛见上述证候者。

【用法用量】吞服或舌下含服。一次 10 丸，一日 3 次。28 天为一疗程；或遵医嘱。

【注意事项】孕妇慎用。

【规格】（1）每丸重 25 mg；（2）薄膜衣滴丸每丸重 27 mg。

【贮藏】密封。

《中华人民共和国药典（2020 年版）》

1152215　冠脉宁片
Guanmaining Pian

【处方】丹参　没药（炒）　鸡血藤　血竭　延胡索（醋制）　郁金　当归　制何首乌　炒桃仁　黄精（蒸）　红花　葛根　乳香（炒）　冰片

【性状】本品为棕红色片，或为糖衣片或薄膜衣片，除去包衣后显红棕色；气芳香，味微苦、辛。

【功能与主治】活血化瘀，行气止痛。用于胸部刺痛、固定不移、入夜更甚，心悸不宁，舌质紫黯、脉沉弦；冠心病，心绞痛，冠状动脉供血不足见上述证候者。

【用法用量】口服。小片一次 5 片，大片一次 3 片，一日 3 次，或遵医嘱。

【注意事项】（1）脾胃虚弱、年老体衰者不宜长期服用；（2）有出血倾向或出血性疾病者慎用；（3）忌食生冷、辛辣、油腻食物，忌烟酒、浓茶；（4）在治疗期间，心绞痛持续发作，宜加用硝酸酯类药，如果出现剧烈心绞痛、心肌梗死等，应及时救治；（5）本品含乳香、没药，胃弱者慎用；宜饭后服用；（6）孕妇忌用。

【规格】（1）每粒装 0.33 g；（2）每粒装 0.5 g；（3）每粒装 0.48 g。

【贮藏】密封。

《中华人民共和国药典临床用药须知·中药成方制剂卷（2020 年版）》

1152216 血府逐瘀口服液
Xuefu Zhuyu Koufuye

【处方】柴胡 当归 地黄 赤芍 红花 桃仁 麸炒枳壳 甘草 川芎 牛膝 桔梗

【性状】本品为棕红色的液体；味甜、苦、微辛辣。

【功能与主治】活血祛瘀，行气止痛。用于气滞血瘀所致的胸痹、头痛日久、痛如针刺而有定处、内热烦闷、心悸失眠、急躁易怒。

【用法用量】空腹服。一次 20 ml，一日 3 次。

【注意事项】忌食辛冷食物；孕妇禁用。

【规格】每支装 10 ml。

【贮藏】密封，置阴凉处。

《中华人民共和国药典（2020 年版）》

1152217 麝香保心丸
Shexiang Baoxin Wan

【处方】人工麝香 人参提取物 人工牛黄 肉桂 苏合香 蟾酥 冰片

【性状】本品为黑褐色有光泽的水丸，破碎后断面为棕黄色；味苦、辛凉，有麻舌感。

【功能与主治】芳香温通，益气强心。用于气滞血瘀所致的胸痹，症见心前区疼痛、固定不移；心肌缺血所致的心绞痛、心肌梗死见上述证候者。

【用法用量】口服。一次 1～2 丸，一日 3 次；或症状发作时服用。

【注意事项】孕妇禁用。

【规格】每丸重 22.5 mg。

【贮藏】密封。

《中华人民共和国药典（2020 年版）》

1152218 可达灵片
Kedaling Pian

【处方】延胡索

【性状】本品为糖衣片，除去糖衣后显棕色；味苦。

【功能与主治】活血化瘀，理气止痛。用于气滞血瘀所致的胸痹，症见胸闷、胸痛、心悸；冠心病见上述证候者。

【用法用量】口服。一次 2～3 片，一日 3 次。

【注意事项】（1）寒凝血瘀、阴虚血瘀胸痹心痛者不宜单用；（2）忌食生冷、辛辣、油腻食物，忌烟酒、浓茶；（3）在治疗期间心绞痛持续发作，宜加用硝酸酯类药，如果出现剧烈心绞痛、心肌梗死等，应及时救治；（4）孕妇禁用。

【规格】每片含延胡索生物碱 5 mg。

【贮藏】密封。

《中华人民共和国药典临床用药须知・中药成方制剂卷（2020 年版）》

1152219　乐脉胶囊

Lemai Jiaonang

【处方】丹参　川芎　赤芍　红花　香附　木香　山楂

【性状】本品为硬胶囊，内容物为黄色至棕褐色的颗粒或粉末；气微，味微苦。

【功能与主治】行气活血，化瘀通脉。用于气滞血瘀所致的头痛、眩晕、胸痛、心悸；冠心病心绞痛、多发性脑梗死见上述证候者。

【用法用量】口服。一次 3～6 粒〔规格（1）、规格（2）、规格（3）〕，一次 4～6 粒〔规格（4）〕，一日 3 次。

【规格】（1）每粒装 0.56 g；（2）每粒装 0.5 g；（3）每粒装 0.45 g；（4）每粒装 0.42 g。

【贮藏】密封。

《中华人民共和国药典（2020 年版）》

1152220　速效救心丸

Suxiao Jiuxin Wan

【处方】川芎　冰片

【性状】本品为棕黄色的滴丸；气凉，味微苦。

【功能与主治】行气活血，祛瘀止痛，增加冠脉血流量，缓解心绞痛。用于气滞血瘀型冠心病，心绞痛。

【用法用量】含服。一次 4～6 丸，一日 3 次；急性发作时，一次 10～15 丸。

【注意事项】（1）孕妇禁用；（2）寒凝血瘀、阴虚血瘀胸痹心痛不宜单用；（3）有过敏史者慎用；（4）伴有中重度心力衰竭的心肌缺血者慎用；（5）在治疗期间，心绞痛持续发作，宜加用硝酸酯类药。

【规格】每丸重 40 mg。

【贮藏】密封，置阴凉干燥处。

《中华人民共和国药典（2020 年版）》

1152221　心可舒胶囊

Xinkeshu Jiaonang

【处方】丹参　葛根　三七　山楂　木香

【性状】本品为硬胶囊，内容物为棕色的颗粒和粉末；气微，味酸、涩。

【功能与主治】活血化瘀，行气止痛。用于气滞血瘀引起的胸闷、心悸、头晕、头痛、颈项疼痛；冠心病心绞痛、高血脂、高血压、心律失常见上述证候者。

【用法用量】口服。一次 4 粒，一日 3 次；或遵医嘱。

【注意事项】（1）气虚血瘀、痰瘀互阻之胸痹、心悸者不宜单用；（2）出血性疾病及有出血倾向者慎用；（3）忌食生冷、辛辣、油腻食物，忌烟酒、浓茶；（4）在治疗期间，心绞痛持续发作宜加用硝酸酯类药，如果出现剧烈心绞痛、心肌梗死，应及时救治。

【规格】每粒装 0.3 g。

【贮藏】密封。

《中华人民共和国药典临床用药须知·中药成方制剂卷（2020 年版）》

1152222　香丹注射液

Xiangdan Zhusheye

【处方】降香　丹参

【性状】本品为棕色的澄明液体。

【功能与主治】活血化瘀，理气开窍。用于心绞痛，亦可用于心肌梗死等。

【用法用量】肌内注射。一次 2 ml，一日 1 ~ 2 次；静脉滴注。一次 10 ~ 20 ml，用 5% ~10% 葡萄糖注射液 250 ~ 500 ml 稀释后使用；或遵医嘱。

【注意事项】（1）过敏体质慎用。（2）在治疗期间，心绞痛持续发作，宜加用硝酸酯类药物，若出现剧烈心绞痛，心肌梗死，应及时急诊救治。（3）盐酸左氧氟沙星注射液与香丹注射液存在配伍禁忌。（4）若发现浑浊、沉淀、变色、漏气，或瓶身细微破裂，均不得使用。（5）本品一般不宜与其他药物同时滴注，以免发生不良反应。（6）香丹注射液与 10% 的葡萄糖水、生理盐水和 0.9% 氯化钠注射液配伍时出现不溶微粒倍增现象，因此不宜配伍合用。（7）与喹诺酮类药物配伍后产生淡黄色沉淀，因此严禁直接配伍，并且禁止采用两者前后顺序静脉滴注的合用方法。（8）与盐酸川芎嗪配伍后立即出现乳棕色凝块，临床的确需同时合用时，应分别加入，并在两组液体间加输足量的其他液体。（9）还要特别注意，避免与 pH 较低的注射液混合合用，如环丙沙星注射液、胃复安注射液、心得安注射液、维生素 B_1、维生素 B_6等，否则易产生沉淀。（10）不宜与抗癌药如阿糖胞苷、环磷酰胺、氟尿嘧啶等合用，因其能促进恶性肿瘤的转移，不宜与止血药合用，如维生素 K、凝血酶等；不宜与抗酸药同用，如氧化镁合剂、复方氧化合剂、胃舒平、胃得乐片等；不宜与麻黄碱，山梗菜碱等合用；不宜与阿托品合用；不宜与盐酸利多卡因、肌苷注射液配伍合用。（11）月经期及有出血倾向者禁用。（12）孕妇禁用。

【规格】（1）每支装 2 ml；（2）每支装 10 ml。

【贮藏】密封，遮光。

《中华人民共和国药典临床用药须知·中药成方制剂卷（2020 年版）》

1152223　九味肝泰胶囊
Jiuwei Gantai Jiaonang

【处方】三七　郁金　蒺藜　姜黄　酒大黄　黄芩　蜈蚣　山药　五味子

【性状】本品为硬胶囊，内容物为棕黄色至棕褐色的颗粒；气微，味苦。

【功能与主治】化瘀通络，疏肝健脾。用于气滞血瘀兼肝郁脾虚所致的胁肋痛或刺痛，抑郁烦闷，食欲不振，食后腹胀脘痞，大便不调，或胁下痞块。

【用法用量】口服。一次 4 粒，一日 3 次；或遵医嘱。

【注意事项】孕妇忌用。

【规格】每粒装 0. 35 g。

【贮藏】密封。

《中华人民共和国药典（2020 年版）》

1152224　胃力康颗粒
Weilikang Keli

【处方】柴胡（醋炙）　赤芍　木香　枳壳（麸炒）　莪术　大黄（酒炙）　丹参　延胡索　黄连　吴茱萸　党参　甘草

【性状】本品为棕色的颗粒；气香，味苦、微甜。

【功能与主治】行气活血，泄热和胃。用于胃脘痛气滞血瘀，肝胃郁热证，症见胃脘疼痛、胀闷、灼热、嗳气、泛酸、烦躁易怒、口干口苦；慢性浅表性胃炎及消化性溃疡见上述证候者。

【用法用量】口服。一次 10 g，一日 3 次，6 周为一疗程，或遵医嘱。

【注意事项】（1）脾虚便溏者慎用；（2）孕妇禁用。

【规格】每袋装 10 g。

【贮藏】密封。

《中华人民共和国药典临床用药须知・中药成方制剂卷（2020 年版）》

（3）益气活血

1153225　血栓心脉宁胶囊
Xueshuan Xinmaining Jiaonang

【处方】川芎　槐花　丹参　水蛭　毛冬青　人工牛黄　人工麝香　人参茎叶总皂苷　冰片　蟾酥

【性状】本品为硬胶囊，内容物为黄棕色至棕褐色的粉末；味辛、微苦。

【功能与主治】益气活血，开窍止痛。用于气虚血瘀所致的中风、胸痹，症见头晕目眩、半身不遂、胸闷心痛、心悸气短；缺血性中风恢复期、冠心病心绞痛见上述证候者。

【用法用量】口服。一次 4 粒，一日 3 次。

【注意事项】孕妇忌服。

【规格】每粒装 0.5 g。

【贮藏】密封。

《中华人民共和国药典（2020 年版）》

1153226　山海丹胶囊

Shanhaidan Jiaonang

【处方】三七　人参　黄芪　红花　山羊血　决明子　葛根　佛手　海藻　何首乌　丹参　川芎　麦冬　灵芝　香附　蒲黄

【性状】本品为胶囊剂，内容物为深棕色粉末；味微苦。

【功能与主治】益气活血，宣痹通络。用于气虚血瘀、心脉瘀阻所致的胸痹，症见胸闷心痛、心悸气短；冠心病心绞痛见于上述证候者。

【用法用量】口服，一次 5 粒，一日 3 次；饭后服用。

【注意事项】（1）经期妇女慎用；（2）有出血倾向者慎用；（3）在治疗期间，心绞痛持续发作，应及时就诊；（4）孕妇禁用。

【规格】每粒装 0.5 g。

【贮藏】密封。

《中华人民共和国药典临床用药须知・中药成方制剂卷（2020 年版）》

1153227　通心络胶囊

Tongxinluo Jiaonang

【处方】人参　水蛭　全蝎　赤芍　蝉蜕　土鳖虫　蜈蚣　檀香　降香　乳香（制）　酸枣仁（炒）　冰片

【性状】本品为硬胶囊，内容物为灰棕色至灰褐色的颗粒和粉末；气香、微腥，味微咸、苦。

【功能与主治】益气活血，通络止痛。用于冠心病心绞痛属心气虚乏、血瘀络阻证，症见胸部憋闷，刺痛、绞痛，固定不移，心悸自汗，气短乏力，舌质紫暗或有瘀斑，脉细涩或结代。亦用于气虚血瘀络阻型中风病，症见半身不遂或偏身麻木，口舌歪斜，言语不利。

【用法用量】口服。一次 2 ~4 粒，一日 3 次。

【注意事项】出血性疾患、孕妇及妇女经期及阴虚火旺型中风禁用。

【规格】每粒装 0.26 g。

【贮藏】密封。

《中华人民共和国药典（2020 年版）》

1153228　养心氏片

Yangxinshi Pian

【处方】黄芪　党参　丹参　葛根　淫羊藿　山楂　地黄　当归　黄连　醋延胡索

灵芝　人参　炙甘草

【性状】本品为糖衣片或薄膜衣片，除去包衣后显棕褐色；味苦。

【功能与主治】益气活血，化瘀止痛。用于气虚血瘀所致的胸痹，症见心悸气短、胸闷、心前区刺痛；冠心病心绞痛见于上述证候者。

【用法用量】口服。一次 4 ~6 片〔规格（1）、规格（3）〕；一次 2 ~3 片〔规格（2）〕，一日 3 次。

【注意事项】孕妇慎用。

【规格】（1）薄膜衣片每片重 0.3 g；（2）薄膜衣片每片重 0.6 g；（3）糖衣片片心重 0.3 g。

【贮藏】密封。

《中华人民共和国药典（2020 年版）》

1153229　脑安颗粒

Nao’an Keli

【处方】川芎　当归　红花　人参　冰片

【性状】本品为深棕色的颗粒；气清香，味苦。

【功能与主治】活血化瘀，益气通络。用于脑血栓形成急性期，恢复期属气虚血瘀证候者，症见急性起病、半身不遂、口舌歪斜、舌强语謇、偏身麻木、气短乏力、口角流涎、手足肿胀、舌黯或有瘀斑、苔薄白。

【用法用量】口服。一次 1.2 g，一日 2 次，4 周为一疗程，或遵医嘱。

【注意事项】（1）中风病痰热证、风火上扰者慎用；（2）孕妇慎用；（3）出血性中风禁用。

【规格】每袋装 1.2 g。

【贮藏】密封。

《中华人民共和国药典临床用药须知 · 中药成方制剂卷（2020 年版）》

1153230　复方地龙胶囊

Fufang Dilong Jiaonang

【处方】黄芪　地龙　川芎　牛膝

【性状】本品为硬胶囊，内容物为淡黄色至棕黄色的粉末；味微甜。

【功能与主治】化瘀通络，益气活血。用于缺血性中风中经络恢复期气虚血瘀证，症见半身不遂，口舌歪斜，言语謇涩，或不语，偏身麻木，乏力，心悸，气短，流涎，自汗。

【用法用量】饭后口服，一次 2 粒，一日 3 次。

【注意事项】（1）可结合其他康复治疗；（2）饮食宜清淡；（3）孕妇禁用。

【规格】每粒装 0.28 g。

【贮藏】密封，避光，置阴凉干燥处。

《中华人民共和国药典临床用药须知 · 中药成方制剂卷（2020 年版）》

1153231　中风安口服液
Zhongfeng'an Koufuye

【处方】水蛭　黄芪

【性状】本品为棕红色的液体，久置可有微量沉淀；味苦、咸。

【功能与主治】益气活血。用于脑血栓急性期气虚血瘀证，症见半身不遂、偏身麻木、口舌歪斜、舌强言謇、气短乏力。

【用法用量】口服。一次 10～20 ml，一日 3 次，三周为一疗程。

【注意事项】（1）痰热证及阴虚阳亢证者慎用；（2）有出血倾向者慎用；（3）脑血栓急性期应结合其他疗法综合治疗；（4）孕妇禁用；（5）脑出血急性期患者禁用。

【规格】每支装 10 ml。

【贮藏】密封，置阴凉处。

《中华人民共和国药典临床用药须知·中药成方制剂卷（2020 年版）》

1153232　复方龙血竭胶囊
Fufang Longxuejie Jiaonang

【处方】龙血竭　三七　冰片

【性状】本品为硬胶囊，内容物为红色至红棕色的粉末；气特异，味淡、微涩，嚼之有炭粒感并微粘齿。

【功能与主治】活血化瘀，通窍止痛。用于稳定性劳力性冠心病心绞痛Ⅰ、Ⅱ级，中医辨证为心血瘀阻证，症见胸闷刺痛、绞痛，固定不移，入夜更甚，时或心悸不宁，舌质紫暗，脉沉。

【用法用量】口服。一次 3 粒，一日 3 次。饭后半小时服用。

【注意事项】上消化道疾病的患者应慎服。

【规格】每粒装 0.3 g。

【贮藏】密封，置阴凉干燥处。

《中华人民共和国药典（2020 年版）》

1153233　脑心清片
Naoxinqing Pian

【处方】柿叶提取物

【性状】本品为薄膜衣片，除去包衣后显棕黄色至褐色；味苦。

【功能与主治】活血化瘀，通络。用于脉络瘀阻，眩晕头痛，肢体麻木，胸痹心痛，胸中憋闷，心悸气短；冠心病、脑动脉硬化症见上述证候者。

【用法用量】口服。一次 2～4 片〔规格（1）〕或一次 1～2 片〔规格（2）〕，一日 3 次。

【规格】(1) 每片重 0.41 g (含柿叶提取物 50 mg); (2) 每片重 0.41 g (含柿叶提取物 100 mg)。

【贮藏】密封。

《中华人民共和国药典(2020 年版)》

1153234　麝香通心滴丸

Shexiang Tongxin Diwan

【处方】人工麝香　人参茎叶总皂苷　蟾酥　丹参　人工牛黄　熊胆粉　冰片

【性状】本品为薄膜衣滴丸,除去包衣后显棕红色至棕色;气香,味微苦而有持久的麻辣感。

【功能与主治】芳香益气通脉,活血化瘀止痛。用于冠心病稳定型劳累性心绞痛气虚血瘀证,症见胸痛胸闷,心悸气短,神倦乏力。

【用法用量】口服。一次 2 丸,一日 3 次。

【注意事项】(1) 极个别患者用药后出现身热、颜面潮红、停止服药后很快缓解;极个别患者可出现舌麻辣感;较高剂量服用可导致 ALT 升高。(2) 孕妇禁用。(3) 肝肾功能不全者慎用。(4) 本品含有毒性药材蟾酥,请按说明书规定剂量服用。(5) 临床试验期间,有 1 例出现中度青光眼、眼压增高,1 例轻度身热、颜面潮红,1 例轻度胃脘部胀痛不适;这 3 例受试者均已缓解,认为与试验的药物可能无关。(6) 运动员慎用。

【规格】每丸重 35 mg。

【贮藏】密封,置阴凉处。

《中华人民共和国药典(2020 年版)》

1153235　心悦胶囊

Xinyue Jiaonang

【处方】西洋参茎叶总皂苷

【性状】本品为硬胶囊,内容物为淡黄色粉末;气微,味苦。

【功能与主治】益气养心,和血。用于冠心病心绞痛属于气阴两虚证者。

【用法用量】口服。一次 2 粒,一日 3 次。

【规格】每粒装 0.3 g。

【贮藏】密封。

《中华人民共和国药典(2020 年版)》

(4) 益气养阴活血

1154236　生脉注射液

Shengmai Zhusheye

【处方】红参　麦冬　五味子

【性状】本品为淡黄色或淡黄棕色的澄明液体。

【功能与主治】益气养阴，复脉固脱。用于气阴两虚所致的脱证、心悸、胸痹，症见心悸气短、四肢厥冷、面白汗出、脉微细；休克、心肌梗死、病毒性心肌炎见上述证候者。

【用法用量】肌内注射，一次 2 ~ 4 ml，一日 1 ~ 2 次；静脉滴注，一次 20 ~ 60 ml，用 5% 葡萄糖注射液 250 ~ 500 ml 稀释后使用，或遵医嘱。

【注意事项】（1）本品不良反应包括过敏性休克，应在有抢救条件的医疗机构使用，使用者应接受过过敏性休克抢救培训，用药后出现过敏反应或其他严重不良反应须立即停药并及时救治。（2）严格掌握功能主治、辨证用药。严格按照药品说明书规定的功能主治使用，禁止超功能主治用药。（3）严格掌握用法用量，按照药品说明书推荐剂量、调配要求用药，不得超剂量、高浓度、过快滴注或长期连续用药，儿童、老人应按年龄或体质情况酌情减量；不得使用静脉注射的方法给药。（4）严禁混合配伍，谨慎联合用药；本品应单独使用，禁忌与其他药品混合配伍使用；如确需要联合使用其他药品时，应谨慎考虑与本品的间隔时间以及药物相互作用等问题。输注本品前后，应用适量稀释液对输液管道进行冲洗，避免输液的前后两种药物在管道内混合，引起不良反应。（5）用药前应仔细询问患者情况、用药史和过敏史；寒凝血瘀胸痹心痛者、非气阴两虚病患者不宜使用；对儿童、年老体弱者、高血压患者、心肺严重疾患者、肝肾功能异常者等特殊人群和初次使用本品的患者应慎重使用，加强临床用药监护；对有其他药物过敏史者慎用。（6）加强用药监护；用药过程中，应密切观察用药反应，特别是开始 30 分钟，发现异常，立即停药，采用积极救治措施，救治患者。（7）本品保存不当可能影响药品质量；本品需滴注前新鲜配制。用药前和配制后及使用过程中应认真检查本品及滴注液，发现药液出现浑浊、沉淀、变色、结晶等药物性状改变以及瓶身有漏气、裂纹等现象时，均不得使用。（8）本品有升压反应，高血压患者使用时需注意观察血压变化。（9）本品不宜与中药藜芦、五灵脂及其制剂同时使用。（10）对本品或含有红参、麦冬、五味子制剂及成分中所列辅料过敏或有严重不良反应病史者禁用，过敏体质者禁用。（11）新生儿、婴幼儿禁用。（12）孕妇禁用。（13）对实证及暑热等病热邪尚存者，咳而尚有表证未解者禁用。

【规格】（1）每支装 2 ml；（2）每支装 10 ml；（3）每支装 20 ml。

【贮藏】密封，避光，置阴凉处。

《中华人民共和国药典临床用药须知·中药成方制剂卷（2020 年版）》

1154237　益心舒胶囊

Yixinshu Jiaonang

【处方】人参　麦冬　五味子　黄芪　丹参　川芎　山楂

【性状】本品为硬胶囊，内容物为黄棕色至棕褐色的粉末，气微香，味微苦。

【功能与主治】益气复脉，活血化瘀，养阴生津。用于气阴两虚，瘀血阻脉所致的胸痹，症见胸痛胸闷、心悸气短、脉结代；冠心病心绞痛见上述证候者。

【用法用量】口服。一次 3 粒，一日 3 次。

【规格】每粒装 0.4 g。

【贮藏】密封。

《中华人民共和国药典（2020 年版）》

1154238　稳心颗粒

Wenxin Keli

【处方】党参　黄精　三七　琥珀　甘松

【性状】本品为棕黄色至棕色的颗粒；味甜、微苦或味微苦（无蔗糖）。

【功能与主治】益气养阴，活血化瘀。用于气阴两虚，心脉瘀阻所致的心悸不宁、气短乏力、胸闷胸痛；室性早搏、房性早搏见上述证候者。

【用法用量】开水冲服。一次 1 袋，一日 3 次，或遵医嘱。

【注意事项】（1）孕妇慎用；（2）缓慢性心律失常禁用。

【规格】（1）每袋装 9 g；（2）每袋装 5 g（无蔗糖）。

【贮藏】密封。

《中华人民共和国药典（2020 年版）》

1154239　参松养心胶囊

Shensong Yangxin Jiaonang

【处方】人参　麦冬　山茱萸　桑寄生　土鳖虫　赤芍　黄连　南五味子　龙骨等

【性状】本品为硬胶囊，内容物为黄褐色至棕褐色的颗粒和粉末；味苦。

【功能与主治】益气养阴，活血通络，清心安神。用于治疗冠心病室性早搏属气阴两虚，心络瘀阻证，症见心悸不安，气短乏力，动则加剧，胸部闷痛，失眠多梦，盗汗，神倦懒言。

【用法用量】口服。一次 2～4 粒，一日 3 次。

【注意事项】应注意配合原发性疾病的治疗；个别患者服药期间可出现胃胀。

【规格】每粒装 0.4 g。

【贮藏】密封。

《中华人民共和国药典（2020 年版）》

（5）化瘀消癥

1155240　肝复乐片

Ganfule Pian

【处方】党参　鳖甲（醋制）　重楼　白术（炒）　黄芪　茯苓　薏苡仁　桃仁　土鳖虫　大黄　郁金　苏木　牡蛎　半枝莲　败酱草　陈皮　香附（制）　沉香　木通　茵陈　柴胡

【性状】本品为糖衣片或薄膜衣片，除去包衣后显棕褐色；气香，味苦、微酸。

【功能与主治】健脾理气，化瘀软坚，清热解毒。适用于以肝郁脾虚为主证的原发性肝癌。

【用法用量】口服。一次 10 片〔规格（1）〕或 6 片〔规格（2）〕，一日 3 次。Ⅱ期原发性肝癌的疗程为 2 个月，Ⅲ期患者的疗程为 1 个月；或遵医嘱。

【注意事项】（1）忌食肥甘厚味食物；（2）孕妇禁用。

【规格】（1）糖衣片每片重 0. 3 g；（2）薄膜衣片每片重 0. 5 g。

【贮藏】密封，置阴凉干燥处。

《中华人民共和国药典临床用药须知 · 中药成方制剂卷（2020 年版）》

1155241　槐耳颗粒

Huai'er Keli

【处方】槐耳菌质

【性状】本品为黄棕色或棕色的颗粒；气腥，味甜、微苦。

【功能与主治】扶正固本，活血消癥。适用于不宜手术和化疗的正气虚弱，瘀血阻滞型原发性肝癌的辅助治疗，有改善肝区疼痛、腹胀、乏力的作用。

【用法用量】口服。一次 20 g，一日 3 次。1 个月为一疗程，或遵医嘱。

【注意事项】（1）宜饭后服用；（2）孕妇禁用。

【规格】每袋装 20 g。

【贮藏】密闭，防潮。

《中华人民共和国药典临床用药须知 · 中药成方制剂卷（2020 年版）》

1155242　康莱特注射液

Kanglaite Zhusheye

【处方】注射用薏苡仁油

【性状】本品为水包油型白色乳状液体。

【功能与主治】益气养阴，消癥散结。适用于不宜手术的气阴两虚、脾虚湿困型原发性非小细胞肺癌及原发性肝癌，配合放、化疗有一定的增效作用。对中晚期肿瘤患者具有一定的抗恶病质和止痛作用。

【用法用量】缓慢静脉滴注 200 ml，一日 1 次，21 天为一疗程，间隔 3 ~ 5 天后可进行下一疗程。联合放、化疗时，可酌减剂量。首次使用，滴注速度应缓慢，开始 10 分钟滴速应为 20 滴/分钟，20 分钟后可持续增加，30 分钟后可控制在 40 ~ 60 滴/分钟。

【注意事项】（1）本品对周围血管有刺激作用，首次使用时滴注速度应缓慢，开始 10 分钟滴速，应为 20 滴/分钟，20 分钟后可持续增加，30 分钟后可控制在 40 ~ 60 滴/分钟；（2）本品可能引起血脂增高，高脂血症者慎用，应密切观察血脂变化；（3）本品不宜与其他药物同时滴注，以免发生不良反应；（4）若发现浑浊、沉淀、变色、漏气或瓶身细微破裂，均不得使用；（5）孕妇禁用。

【规格】100 ml：10 g。

【贮藏】密封，避光，置阴凉处，防止冻结。

《中华人民共和国药典临床用药须知 · 中药成方制剂卷（2020 年版）》

1155243　康莱特软胶囊
Kanglaite Ruanjiaonang

【处方】注射用薏苡仁油

【性状】本品为软胶囊，内容物为淡黄色或黄色的油状液体；气微、味淡。

【功能与主治】益气养阴，消癥散结。适用于手术前及不宜手术的脾虚痰湿型、气阴两虚型原发性非小细胞肺癌。

【用法用量】口服。一次 6 粒，一日 4 次。宜联合放、化疗使用。

【注意事项】孕妇忌服。

【规格】每粒装 0.45 g。

【贮藏】遮光、密封，置阴凉干燥处。

《中华人民共和国药典（2020 年版）》

（6）活血化痰息风

1156244　人参再造丸
Renshen Zaizao Wan

【处方】人参　酒蕲蛇　广藿香　檀香　母丁香　玄参　细辛　醋香附　地龙　熟地黄　三七　乳香（醋制）　青皮　豆蔻　防风　制何首乌　川芎　片姜黄　黄芪　甘草　黄连　茯苓　赤芍　大黄　桑寄生　葛根　麻黄　骨碎补（炒）　全蝎　豹骨（制）　炒僵蚕　附子（制）　琥珀　醋龟甲　粉萆薢　白术（麸炒）　沉香　天麻　肉桂　白芷　没药（醋制）　当归　草豆蔻　威灵仙　乌药　羌活　橘红　六神曲（麸炒）　朱砂　血竭　人工麝香　冰片　牛黄　天竺黄　胆南星　水牛角浓缩粉

【性状】本品为黑色的大蜜丸；味甜、微苦。

【功能与主治】益气养血，祛风化痰，活血通络。用于气虚血瘀、风痰阻络所致的中风，症见口眼歪斜、半身不遂、手足麻木、疼痛、拘挛、言语不清。

【用法用量】口服。一次 1 丸，一日 2 次。

【注意事项】孕妇忌服。

【规格】每丸重 3 g。

【贮藏】密封。

《中华人民共和国药典（2020 年版）》

1156245　养血清脑颗粒
Yangxue Qingnao Keli

【处方】当归　川芎　白芍　熟地黄　钩藤　鸡血藤　夏枯草　决明子　珍珠母　延胡索　细辛

【性状】本品为淡棕黄色至棕色的颗粒；味微甜。

【功能与主治】养血平肝，活血通络。用于血虚肝旺所致的头痛眩晕、心烦易怒、失眠多梦。

【用法用量】口服。一次 1 袋，一日 3 次。

【注意事项】本品有轻度降压作用，低血压者慎用；孕妇忌服。

【规格】每袋装 4 g。

【贮藏】密封。

《中华人民共和国药典（2020 年版）》

1156246　丹蒌片
Danlou Pian

【处方】瓜蒌皮　薤白　葛根　川芎　丹参　赤芍　泽泻　黄芪　骨碎补　郁金

【性状】本品为糖衣片或薄膜衣片，除去包衣后显棕褐色；味苦、涩、微酸。

【功能与主治】宽胸通阳，化痰散结，活血化瘀。用于痰瘀互结所致的胸痹心痛，症见胸闷胸痛，憋气，舌质紫黯，苔白腻；冠心病心绞痛见上述证候者。

【用法用量】口服。一次 5 片，一日 3 次，饭后服用。

【注意事项】（1）便溏、泄泻者慎用；（2）孕妇禁用。

【规格】每片重 0.3 g。

【贮藏】密封。

《中华人民共和国药典临床用药须知·中药成方制剂卷（2020 年版）》

1156247　天丹通络胶囊
Tiandan Tongluo Jiaonang

【处方】川芎　豨莶草　丹参　水蛭　天麻　槐花　石菖蒲　人工牛黄　黄芪　牛膝

【性状】本品为胶囊剂，内容物为黄棕色至棕褐色的粉末；味苦、微涩。

【功能与主治】活血通络，熄风化痰。用于中风中经络，风痰瘀血痹阻脉络证，症见半身不遂、偏身麻木、口眼歪斜、语言謇涩；脑梗死急性期、恢复早期见上述证候者。

【用法用量】口服。一次 5 粒，一日 3 次。

【注意事项】（1）脑出血患者急性期禁用；（2）忌食生冷、辛辣、油腻食物。

【规格】每粒装 0.4 g。

【贮藏】密封。

《中华人民共和国药典（2020 年版）》

（7）止血

1157248　云南红药胶囊
Yunnan Hongyao Jiaonang

【处方】三七　重楼　紫金龙　玉葡萄根　滑叶跌打　大麻药　制黄草乌　金铁锁

石菖蒲　西南黄芩

【性状】本品为硬胶囊，内容物为浅黄棕色的粉末；气微香，味苦、微麻。

【功能与主治】散瘀止血，祛风除湿，活血止痛。用于瘀血痹阻或风湿阻络所致的鼻衄、咯血、吐血、痔疮出血、月经过多，痹病，跌打损伤；胃溃疡吐血，支气管扩张咯血，功能性子宫出血，眼底出血，眼结膜出血，风湿性关节炎，风湿性腰腿痛，软组织挫伤见上述证候者。

【用法用量】口服。一次 2 ~ 3 粒，一日 3 次。

【注意事项】(1) 服药期间，忌食蚕豆、荞、酸冷及鱼类；(2) 本品含有乌头碱类成分，应严格在医师指导下服用，服药后如果出现唇舌发麻、头晕、头痛、腹痛、腹泻、心烦欲吐、呼吸困难等情况，应立即停药并到医院救治；(3) 不宜与其他含乌头碱及乌头碱类成分的药物合并使用；(4) 严格按说明书用法用量使用，不得任意增加剂量、长时间服用；(5) 心脏疾病患者慎用；(6) 儿童慎用；(7) 哺乳期妇女慎用；(8) 虚症月经过多者慎用；(9) 不宜与含有以下成分的药物合用：半夏、瓜蒌、瓜蒌子、瓜蒌皮、天花粉、川贝母、浙贝母、平贝母、伊贝母、湖北贝母、白蔹、白及、赤石脂、藜芦，或遵医嘱；(10) 对本品及其组分过敏者禁用。

【规格】每粒装 0.25 g。

【贮藏】密闭，防潮。

《中华人民共和国药典临床用药须知 · 中药成方制剂卷（2020 年版）》

1157249　三七片

Sanqi Pian

【处方】三七

【性状】本品为灰黄色至棕黄色的片；或为薄膜衣片，除去包衣后显灰黄色至棕黄色；味苦而微甜。

【功能与主治】散瘀止血，消肿止痛。用于咯血，吐血，衄血，便血，崩漏，外伤出血，胸腹刺痛，跌扑肿痛。

【用法用量】口服。小片一次 4 ~ 12 片，大片一次 2 ~ 6 片，一日 3 次。

【注意事项】孕妇忌服。

【规格】(1) 每片含三七 0.25 g（小片）；(2) 每片含三七 0.5 g（大片）。

【贮藏】密封。

《中华人民共和国药典（2020 年版）》

1157250　裸花紫珠片

Luohuazizhu Pian

【处方】裸花紫珠干浸膏

【性状】本品为薄膜衣片，除去包衣后显棕黑色；味涩、微苦。

【功能与主治】清热解毒，收敛止血。用于血热毒盛所致的呼吸道、消化道出血及细菌感染性炎症。

【用法用量】口服。一次 2 片，一日 3 次。

【规格】每片含干浸膏 0.5 g。

【贮藏】密封。

《中华人民共和国药典（2020 年版）》

1157251　槐角丸
Huaijiao Wan

【处方】槐角（清炒）　地榆炭　黄芩　麸炒枳壳　当归　防风

【性状】本品为黑褐色至黑色的水蜜丸、小蜜丸或大蜜丸；味苦、涩。

【功能与主治】清肠疏风，凉血止血。用于血热所致的肠风便血、痔疮肿痛。

【用法用量】口服。水蜜丸一次 6 g，小蜜丸一次 9 g，大蜜丸一次 1 丸，一日 2 次。

【规格】大蜜丸每丸重 9 g。

【贮藏】密封。

《中华人民共和国药典（2020 年版）》

1157252　脏连丸
Zanglian Wan

【处方】黄连　黄芩　地黄　赤芍　当归　槐角　槐花　荆芥穗　地榆炭　阿胶

【性状】本品为棕褐色至黑褐色的水蜜丸、黑褐色的小蜜丸或大蜜丸；味苦。

【功能与主治】清肠止血。用于肠热便血，肛门灼热，痔疮肿痛。

【用法用量】口服。水蜜丸一次 6 ~ 9 g，小蜜丸一次 9 g，大蜜丸一次 1 丸，一日 2 次。

【规格】大蜜丸每丸重 9 g。

【贮藏】密封。

《中华人民共和国药典（2020 年版）》

1157253　十灰丸
Shihui Wan

【处方】大蓟（炒炭）　小蓟（炒炭）　茜草（炒炭）　白茅根（炒炭）　荷叶（煅炭）　侧柏叶（炒炭）　棕榈（煅炭）　栀子（炒炭）　大黄（炒炭）　牡丹皮（炒炭）

【性状】本品黑色的水丸；气微，味淡。

【功能与主治】凉血止血。用于血热妄行所致吐血、衄血、血崩。

【用法用量】口服。一次 3 ~ 9 g，一日 1 ~ 2 次。

【注意事项】（1）脾胃虚寒所致出血者慎用。（2）体弱年迈者慎用，不可过服、久服。（3）应结合疾病病因综合诊治。（4）治疗大出血患者，应采用综合疗法；病情危急者，应考虑手术或其他疗法。(5) 服药期间，不宜服用辛辣、油腻食物。(6) 孕妇禁用。

【规格】每 30 丸重 1 g。

【贮藏】密封。

《中华人民共和国药典临床用药须知·中药成方制剂卷（2020 年版）》

16. 补益剂

(1) 益气

1161254 香砂六君丸

Xiangsha Liujun Wan

【处方】木香　砂仁　党参　炒白术　茯苓　炙甘草　陈皮　姜半夏

【性状】本品为黄棕色的水丸；气微香，味微甜、辛。

【功能与主治】益气健脾，和胃。用于脾虚气滞，消化不良，嗳气食少，脘腹胀满，大便溏泻。

【用法用量】口服。一次 6～9 g，一日 2～3 次。

【贮藏】密封。

《中华人民共和国药典（2020 年版）》

1161255 养胃颗粒

Yangwei Keli

【处方】炙黄芪　党参　白芍　甘草　陈皮　香附　乌梅　山药

【性状】本品为棕黄色至棕色的颗粒；气香，味甜、微苦。

【功能与主治】养胃健脾，理气和中。用于脾虚气滞所致的胃痛，症见胃脘不舒、胀满疼痛、嗳气食少；慢性萎缩性胃炎见上述证候者。

【用法用量】开水冲服。一次 1 袋，一日 3 次。

【注意事项】忌生冷、油腻、不易消化及刺激性食物，戒烟酒。

【规格】(1) 每袋装 15 g；(2) 每袋装 5 g（无蔗糖）。

【贮藏】密封。

《中华人民共和国药典（2020 年版）》

1161256 补中益气丸

Buzhong Yiqi Wan

【处方】炙黄芪　党参　炙甘草　炒白术　当归　升麻　柴胡　陈皮

【性状】本品为棕褐色至黑褐色的小蜜丸或大蜜丸；味微甜、微苦、辛。

【功能与主治】补中益气，升阳举陷。用于脾胃虚弱、中气下陷所致的泄泻、脱肛、阴挺，症见体倦乏力、食少腹胀、便溏久泻、肛门下坠或脱肛、子宫脱垂。

【用法用量】口服。小蜜丸一次 9 g，大蜜丸一次 1 丸，一日 2～3 次。

【规格】大蜜丸每丸重 9 g。

【贮藏】密封。

《中华人民共和国药典（2020 年版）》

1161257　启脾口服液
Qipi Koufuye

【处方】人参　白术（麸炒）　茯苓　甘草　陈皮　山药　炒莲子　炒山楂　炒六神曲　炒麦芽　泽泻

【性状】本品为黄棕色至棕色的液体；气香，味甜。

【功能与主治】健脾和胃。用于脾胃虚弱，消化不良，腹胀便溏。

【用法用量】口服。一次 10 ml，一日 2～3 次，三岁以内儿童酌减。

【注意事项】服药期间，忌食生冷、油腻之品。

【规格】（1）每瓶装 10 ml；（2）每瓶装 100 ml；（3）每瓶装 120 ml。

【贮藏】置阴凉干燥处。

《中华人民共和国药典（2020 年版）》

1161258　人参健脾丸
Renshen Jianpi Wan

【处方】人参　白术（麸炒）　茯苓　山药　陈皮　木香　砂仁　炙黄芪　当归　酸枣仁（炒）　远志（制）

【性状】本品为棕褐色至棕黑色的水蜜丸或大蜜丸；气香，味甜、微苦。

【功能与主治】健脾益气，和胃止泻。用于脾胃虚弱所致的饮食不化、脘闷嘈杂、恶心呕吐、腹痛便溏、不思饮食、体弱倦怠。

【用法用量】口服。水蜜丸一次 8 g，大蜜丸一次 2 丸，一日 2 次。

【规格】大蜜丸每丸重 6 g。

【贮藏】密封。

《中华人民共和国药典（2020 年版）》

1161259　参苓白术散
Shenling Baizhu San

【处方】人参　茯苓　白术（炒）　山药　白扁豆（炒）　莲子　薏苡仁（炒）　砂仁　桔梗　甘草

【性状】本品为黄色至灰黄色的粉末；气香，味甜。

【功能与主治】补脾胃，益肺气。用于脾胃虚弱，食少便溏，气短咳嗽，肢倦乏力。

【用法用量】口服。一次 6～9 g，一日 2～3 次。

【贮藏】密封。

《中华人民共和国药典（2020 年版）》

1161260　六君子丸
Liujunzi Wan

【处方】党参　白术（麸炒）　茯苓　姜半夏　陈皮　炙甘草

【性状】本品为浅黄色至棕褐色的水丸，味微苦。

【功能与主治】补脾益气，燥湿化痰。用于脾胃虚弱，食量不多，气虚痰多，腹胀便溏。

【用法用量】口服。一次 9 g，一日 2 次。

【规格】每袋重 9 g。

【贮藏】密闭，防潮。

《中华人民共和国药典（2020 年版）》

1161261　四君子丸
Sijunzi Wan

【处方】党参　炒白术　茯苓　炙甘草

【性状】本品为棕色的水丸；味微甜。

【功能与主治】益气健脾。用于脾胃气虚，胃纳不佳，食少便溏。

【用法用量】口服。一次 3 ~6 g，一日 3 次。

【贮藏】密闭，防潮。

《中华人民共和国药典（2020 年版）》

1161262　参芪五味子胶囊
Shenqiwuweizi Jiaonang

【处方】南五味子　党参　黄芪　炒酸枣仁

【性状】本品为硬胶囊，内容物为棕色至棕褐色的颗粒或粉末；气微，味微苦。

【功能与主治】健脾益气，宁心安神。用于气血不足、心脾两虚所致的失眠、多梦、健忘、乏力、心悸、气短、自汗。

【用法用量】口服。一次 3 ~5 粒，一日 3 次。

【规格】（1）每粒装 0.2 g；（2）每粒装 0.21 g；（3）每粒装 0.25 g。

【贮藏】密封。

《中华人民共和国药典（2020 年版）》

1161263　参一胶囊
Shenyi Jiaonang

【处方】人参皂苷（Rg3）

【性状】本品为硬胶囊，内容物为白色的粉末；味微苦。

【功能与主治】培元固本，补益气血。与化疗配合用药，有助于提高原发性肺癌、肝癌的疗效，可改善肿瘤患者的气虚症状，提高机体免疫功能。

【用法用量】饭前空腹口服。一次 2 粒，一日 2 次，8 周为一疗程。

【注意事项】（1）有出血倾向者禁用；（2）实热证或阴虚内热证者慎用。

【规格】每粒 10 mg。

【贮藏】密封，置干燥处。

《中华人民共和国药典临床用药须知·中药成方制剂卷（2020 年版）》

1161264　安胃疡胶囊
Anweiyang Jiaonang

【处方】甘草黄酮类化合物。本品为安胃疡制成的胶囊剂。含黄酮类化合物应为标示量的 85.0% ~115.0% 。

【性状】本品内容物为黄色或黄棕色至棕褐色的粉末或颗粒；无臭，味微苦、涩，几乎无甜味。

【功能与主治】补中益气，解毒生肌。主治胃及十二指肠球部溃疡，对虚寒型和气滞型患者有较好的疗效。并可用于溃疡愈合后的维持治疗。

【用法用量】口服。一次 2 粒，一日 4 次（三餐后和睡前）。

【注意事项】忌喝烈性酒，酗酒；忌食生冷及过度辛辣刺激食物。

【规格】每粒含黄酮类化合物 0.2 g。

【贮藏】遮光，密闭，置干燥处。

《中华人民共和国药典临床用药须知·中药成方制剂卷（2020 年版）》

（2）助阳

1162265　桂附地黄丸
Guifu Dihuang Wan

【处方】肉桂　附子（制）　熟地黄　酒萸肉　牡丹皮　山药　茯苓　泽泻

【性状】本品为黑棕色的水蜜丸、黑褐色的小蜜丸或大蜜丸；味甜而带酸、辛。

【功能与主治】温补肾阳。用于肾阳不足，腰膝酸冷，肢体浮肿，小便不利或反多，痰饮喘咳，消渴。

【用法用量】口服。水蜜丸一次 6 g，小蜜丸一次 9 g，大蜜丸一次 1 丸，一日 2 次。

【规格】大蜜丸每丸重 9 g。

【贮藏】密封。

《中华人民共和国药典（2020 年版）》

1162266　济生肾气丸
Jisheng Shenqi Wan

【处方】熟地黄　山茱萸（制）　牡丹皮　山药　茯苓　泽泻　肉桂　附子（制）

牛膝　车前子

【性状】本品为棕褐色至黑褐色的水蜜丸、小蜜丸或大蜜丸；味酸而微甘、苦。

【功能与主治】温肾化气，利水消肿。用于肾阳不足、水湿内停所致的肾虚水肿、腰膝酸重、小便不利、痰饮咳喘。

【用法用量】口服。水蜜丸一次 6 g，小蜜丸一次 9 g，大蜜丸一次 1 丸，一日 2 ~3 次。

【规格】大蜜丸每丸重 9 g。

【贮藏】密封。

《中华人民共和国药典（2020 年版）》

1162267　右归丸

Yougui Wan

【处方】熟地黄　炮附片　肉桂　山药　酒萸肉　菟丝子　鹿角胶　枸杞子　当归　盐杜仲

【性状】本品为黑色的小蜜丸或大蜜丸；味甜、微苦。

【功能与主治】温补肾阳，填精止遗。用于肾阳不足，命门火衰，腰膝酸冷，精神不振，怯寒畏冷，阳痿遗精，大便溏薄，尿频而清。

【用法用量】口服。小蜜丸一次 9 g，大蜜丸一次 1 丸，一日 3 次。

【规格】（1）小蜜丸每 10 丸重 1.8 g；（2）大蜜丸每丸重 9 g。

【贮藏】密封。

《中华人民共和国药典（2020 年版）》

1162268　前列舒丸

Qianlieshu Wan

【处方】熟地黄　薏苡仁　冬瓜子　山茱萸　山药　牡丹皮　苍术　桃仁　泽泻　茯苓　桂枝　附子（制）　韭菜子　淫羊藿　甘草

【性状】本品为棕黑色的水蜜丸或大蜜丸；气微，味甘、酸。

【功能与主治】扶正固本，益肾利尿。用于肾虚所致的淋证，症见尿频、尿急、排尿滴沥不尽；慢性前列腺炎及前列腺增生症见上述证候者。

【用法用量】口服。水蜜丸一次 6 ~12 g，大蜜丸一次 1 ~2 丸，一日 3 次，或遵医嘱。

【注意事项】尿闭不通者不宜用本药。

【规格】（1）水蜜丸每 10 丸重 1.3 g；（2）大蜜丸每丸重 9 g。

【贮藏】密封。

《中华人民共和国药典（2020 年版）》

1162269　固本益肠片

Guben Yichang Pian

【处方】党参　麸炒白术　补骨脂　麸炒山药　黄芪　炮姜　酒当归　炒白芍　醋延胡索

煨木香　地榆炭　煅赤石脂　儿茶　炙甘草

【性状】本品为棕色片或薄膜衣片，除去包衣后显棕色；气微香，味微苦。

【功能与主治】健脾温肾、涩肠止泻。用于脾肾阳虚所致的泄泻，症见腹痛绵绵、大便清稀或有黏液及黏液血便、食少腹胀、腰酸乏力、形寒肢冷、舌淡苔白、脉虚；慢性肠炎见上述证候者。

【用法用量】口服。一次小片 8 片，大片 4 片，一日 3 次。

【注意事项】服药期间忌食生冷、辛辣、油腻食物。湿热下痢亦非本方所宜。

【规格】（1）素片每片重 0.32 g（小片）；（2）素片每片重 0.60 g（大片）；（3）薄膜衣片每片重 0.62 g（大片）。

【贮藏】密封。

《中华人民共和国药典（2020 年版）》

1162270　四神丸
Sishen Wan

【处方】肉豆蔻（煨）　补骨脂（盐炒）　五味子（醋制）　吴茱萸（制）　大枣（去核）

【性状】本品为浅褐色至褐色的水丸；气微香，味苦、咸而带酸、辛。

【功能与主治】温肾散寒，涩肠止泻。用于肾阳不足所致的泄泻，症见肠鸣腹胀、五更溏泻、食少不化、久泻不止、面黄肢冷。

【用法用量】口服。一次 9 g，一日 1 ~ 2 次。

【贮藏】密封。

《中华人民共和国药典（2020 年版）》

1162271　五子衍宗丸
Wuzi Yanzong Wan

【处方】枸杞子　菟丝子（炒）　覆盆子　五味子（蒸）　盐车前子

【性状】本品为棕褐色的水蜜丸、棕黑色的小蜜丸或大蜜丸；味甜、酸、微苦。

【功能与主治】补肾益精。用于肾虚精亏所致的阳痿不育、遗精早泄、腰痛、尿后余沥。

【用法用量】口服。水蜜丸一次 6 g，小蜜丸一次 9 g，大蜜丸一次 1 丸，一日 2 次。

【规格】大蜜丸每丸重 9 g。

【贮藏】密封。

《中华人民共和国药典（2020 年版）》

1162272　金匮肾气丸
Jingui Shenqi Wan

【处方】地黄　山茱萸（酒炙）　山药　牡丹皮　泽泻　茯苓　桂枝　附子（制）　牛膝

车前子（盐炙）

【性状】本品为黑褐色的大蜜丸；味酸、微甘、苦。

【功能与主治】温补肾阳，行水化气。用于肾虚水肿，腰膝酸软，小便不利，畏寒肢冷。

【用法用量】口服。水蜜丸一次 4～5 g（20～25 粒），大蜜丸一次 1 丸，一日 2 次。

【注意事项】（1）湿热壅盛，风水泛滥水肿者不宜使用；（2）本品含附子，不可过服、久服；（3）服药期间饮食宜清淡，宜低盐饮食；（4）孕妇禁用。

【规格】（1）大蜜丸每丸重 9 g；（2）水蜜丸每 20 丸重 4 g。

【贮藏】密封。

《中华人民共和国药典临床用药须知·中药成方制剂卷（2020 年版）》

（3）养血

1163273　益血生胶囊

Yixuesheng Jiaonang

【处方】阿胶　龟甲胶　鹿角胶　鹿茸　紫河车　鹿血　牛髓　炙黄芪　党参　茯苓　白术（麸炒）　大枣　熟地黄　何首乌（制）　白芍　当归　麦芽（炒）　鸡内金（炒）　山楂（炒）　大黄（酒制）　花生衣　知母（盐制）

【性状】本品为硬胶囊，内容物为棕褐色的颗粒状粉末；气腥，味微咸。

【功能与主治】健脾补肾，生血填精。用于脾肾两虚，精血不足所致的面色无华、眩晕气短、体倦乏力，腰膝酸软；缺铁性贫血、慢性再生障碍性贫血见上述证候者。

【用法用量】口服。一次 4 粒，一日 3 次；儿童酌减。

【注意事项】（1）阴虚火旺者慎用；（2）感冒者慎用；（3）服药期间，忌食辛辣、油腻不易消化食物；（4）用于缺铁性贫血，可合用铁剂以增强疗效，并应结合病因治疗；（5）用于再生障碍性贫血，必要时采取综合治疗措施。

【规格】每粒装 0.25 g。

【贮藏】密封。

《中华人民共和国药典临床用药须知·中药成方制剂卷（2020 年版）》

1163274　升血灵颗粒

Shengxueling Keli

【处方】黄芪　新阿胶　皂矾　大枣　山楂

【性状】本品为棕黄色的颗粒；味甜、微酸。

【功能与主治】补气养血。用于气血两虚所致的面色淡白、眩晕、心悸、神疲乏力、气短；缺铁性贫血见上述证候者。

【用法用量】口服。小儿周岁以内一次 5 g，1～3 岁一次 10 g，3 岁以上及成人一次 15 g，一日 3 次。

【注意事项】(1) 实热证慎用；(2) 感冒者慎用；(3) 因方中含皂矾，非缺铁性贫血不宜使用；(4) 孕妇慎用；(5) 本方所含皂矾，多服能引起呕吐腹痛，胃弱者慎服；(6) 禁用茶水冲服，服药期间忌食辛辣、油腻、生冷食物；(7) 用于缺铁性贫血，可合用铁剂以增强疗效，并应结合病因治疗。

【规格】(1) 每袋装 5 g；(2) 每袋装 10 g；(3) 每袋装 15 g。

【贮藏】密封。

《中华人民共和国药典临床用药须知·中药成方制剂卷（2020 年版）》

1163275　阿胶补血膏

Ejiao Buxue Gao

【处方】阿胶　熟地黄　党参　黄芪　枸杞子　白术

【性状】本品为棕褐色的黏稠液体；味甜、微苦。

【功能与主治】补益气血，滋阴润肺。用于气血两虚所致的久病体弱、目昏、虚劳咳嗽。

【用法用量】口服。一次 20 g，早晚各一次。

【规格】(1) 每瓶装 100 g；(2) 每瓶装 200 g；(3) 每瓶装 300 g。

【贮藏】密封。

《中华人民共和国药典（2020 年版）》

1163276　补肾养血丸

Bushen Yangxue Wan

【处方】何首乌　当归　黑豆　牛膝（盐制）　茯苓　菟丝子　盐补骨脂　枸杞子

【性状】本品为棕褐色的大蜜丸或黑色的水蜜丸；气微香，味甜、微苦涩。

【功能与主治】补肝肾，益精血。用于身体虚弱，血气不足，遗精，须发早白。

【用法用量】口服。水蜜丸一次 6 g，大蜜丸一次 1 丸，一日 2～3 次。

【规格】(1) 水蜜丸每 100 丸重 7.2 g；(2) 大蜜丸每丸重 9 g。

【贮藏】密封。

《中华人民共和国药典（2020 年版）》

(4) 滋阴

1164277　大补阴丸

Dabuyin Wan

【处方】熟地黄　盐知母　盐黄柏　醋龟甲　猪脊髓

【性状】本品为深棕黑色的水蜜丸；或为黑褐色的大蜜丸；味苦、微甜带涩。

【功能与主治】滋阴降火。用于阴虚火旺，潮热盗汗，咳嗽咯血，耳鸣遗精。

【用法用量】口服。水蜜丸一次 6 g，一日 2～3 次；大蜜丸一次 1 丸，一日 2 次。

【规格】大蜜丸每丸重 9 g。

【贮藏】密封。

《中华人民共和国药典（2020 年版）》

1164278　河车大造丸
Heche Dazao Wan

【处方】熟地黄　龟甲（醋炙）　紫河车　天冬　麦冬　杜仲（盐炒）　牛膝（盐炒）　黄柏（盐炒）

【性状】本品为黑褐色的大蜜丸；气微香，味苦、甘。

【功能与主治】滋阴清热，补肾益肺。用于肺肾两亏，虚劳咳嗽，骨蒸潮热，盗汗遗精，腰膝酸软。

【用法用量】口服。水蜜丸一次 6 g，小蜜丸一次 9 g，大蜜丸一次 1 丸，一日 2 次。

【注意事项】（1）气虚发热汗出者慎服；（2）孕妇慎服；（3）服药期间，忌食辛辣、油腻、生冷食物。

【规格】（1）大蜜丸每丸重 9 g；（2）小蜜丸每瓶装 60 g；（3）水蜜丸每 100 丸重 10 g。

【贮藏】密封。

《中华人民共和国药典临床用药须知 · 中药成方制剂卷（2020 年版）》

1164279　左归丸
Zuogui Wan

【处方】熟地黄　龟甲胶　鹿角胶　枸杞子　菟丝子　山茱萸　山药　牛膝

【性状】本品为黑色的水蜜丸；气微腥，味酸、微甜。

【功能与主治】滋肾补阴。用于真阴不足，腰膝酸软，盗汗遗精，神疲口燥。

【用法用量】口服。一次 9 g，一日 2 次。

【注意事项】（1）肾阳亏虚、命门火衰、阳虚腰痛者慎用；（2）外感寒湿、跌扑外伤、气滞血瘀所致腰痛者慎用；（3）治疗期间不宜食辛辣、油腻食物；（4）孕妇慎用。

【规格】每 10 粒重 1 g。

【贮藏】密闭，防潮。

《中华人民共和国药典临床用药须知 · 中药成方制剂卷（2020 年版）》

1164280　麦味地黄口服液
Maiwei Dihuang Koufuye

【处方】熟地黄　山茱萸（制）　山药　麦冬　牡丹皮　茯苓　泽泻　五味子

【性状】本品为棕黄色的澄清液体；味甜、酸、微苦。

【功能与主治】滋肾养肺。用于肺肾阴亏，潮热盗汗，咽干咳血，眩晕耳鸣，腰膝酸软，消渴。

【用法用量】口服。一次 10 ml，一日 2 次。

【注意事项】(1) 感冒患者慎用；(2) 服药期间，忌食辛辣食物。

【规格】每支装 10 ml。

【贮藏】密封。

《中华人民共和国药典临床用药须知·中药成方制剂卷（2020 年版）》

1164281 二至丸

Erzhi Wan

【处方】酒女贞子 墨旱莲

【性状】本品为黑褐色的浓缩水蜜丸；气微，味甘而苦。

【功能与主治】补益肝肾，滋阴止血。用于肝肾阴虚，眩晕耳鸣，咽干鼻燥，腰膝酸痛，月经量多。

【用法用量】口服。一次 9 g，一日 2 次。

【贮藏】密封。

《中华人民共和国药典（2020 年版）》

1164282 杞菊地黄丸

Qiju Dihuang Wan

【处方】枸杞子 菊花 熟地黄 酒萸肉 牡丹皮 山药 茯苓 泽泻

【性状】本品为棕黑色的水蜜丸、黑褐色的小蜜丸或大蜜丸；味甜、微酸。

【功能与主治】滋肾养肝。用于肝肾阴亏，眩晕耳鸣，羞明畏光，迎风流泪，视物昏花。

【用法用量】口服。水蜜丸一次 6 g，小蜜丸一次 9 g，大蜜丸一次 1 丸，一日 2 次。

【规格】大蜜丸每丸重 9 g。

【贮藏】密封。

《中华人民共和国药典（2020 年版）》

1164283 维血宁颗粒

Weixuening Keli

【处方】虎杖 炒白芍 仙鹤草 地黄 鸡血藤 熟地黄 墨旱莲 太子参

【性状】本品为浅黄棕色至黄棕色的颗粒；味甜、微苦或味微苦（无蔗糖）。

【功能与主治】滋阴养血，清热凉血。用于阴虚血热所致的出血；血小板减少症见上述证候者。

【用法用量】开水冲服。一次 1 袋，一日 3 次。

【规格】(1) 每袋装 20 g；(2) 每袋装 8 g（无蔗糖）。

【贮藏】密封。

《中华人民共和国药典（2020 年版）》

1164284　七宝美髯丸
Qibao Meiran Wan

【处方】制何首乌　枸杞子（酒蒸）　菟丝子（炒）　补骨脂（黑芝麻炒）　当归　牛膝（酒蒸）　茯苓

【性状】本品为棕褐色至黑色的水蜜丸；味微甘、苦。

【功能与主治】滋补肝肾。用于肝肾不足，须发早白，遗精早泄，头眩耳鸣，腰酸背痛。

【用法用量】淡盐汤或温开水送服。一次 1 丸，一日 2 次。

【注意事项】(1）本品脾胃虚弱者慎用；(2）感冒者慎服；(3）孕妇慎用；(4）服药期间，忌食辛辣、油腻之食物。

【规格】每丸重 9 g。

【贮藏】密封。

《中华人民共和国药典临床用药须知·中药成方制剂卷（2020 年版）》

1164285　六味地黄丸
Liuwei Dihuang Wan

【处方】熟地黄　酒萸肉　牡丹皮　山药　茯苓　泽泻

【性状】本品为棕黑色的水丸、水蜜丸、棕褐色至黑褐色的小蜜丸或大蜜丸；味甜而酸。

【功能与主治】滋阴补肾。用于肾阴亏损，头晕耳鸣，腰膝酸软，骨蒸潮热，盗汗遗精，消渴。

【用法用量】口服。水丸一次 5 g，水蜜丸一次 6 g，小蜜丸一次 9 g，大蜜丸一次 1 丸，一日 2 次。

【规格】(1）大蜜丸每丸重 9 g；(2）水丸每袋装 5 g。

【贮藏】密封。

《中华人民共和国药典（2020 年版）》

1164286　知柏地黄丸
Zhibai Dihuang Wan

【处方】知母　黄柏　熟地黄　山茱萸（制）　牡丹皮　山药　茯苓　泽泻

【性状】本品为棕黑色的水蜜丸、黑褐色的小蜜丸或大蜜丸；味甜而带酸苦。

【功能与主治】滋阴降火。用于阴虚火旺，潮热盗汗，口干咽痛，耳鸣遗精，小便短赤。

【用法用量】口服。水蜜丸一次 6 g，小蜜丸一次 9 g，大蜜丸一次 1 丸，一日 2 次。

【规格】大蜜丸每丸重 9 g。

【贮藏】密封。

《中华人民共和国药典（2020年版）》

（5）气血双补

1165287　人参归脾丸

Renshen Guipi Wan

【处方】人参　炙黄芪　当归　龙眼肉　白术（麸炒）　茯苓　远志（去心，甘草炙）　酸枣仁（炒）　木香　炙甘草

【性状】本品为棕黄色的大蜜丸；气微香，味甘。

【功能与主治】益气补血，健脾养心。用于心脾两虚、气血不足所致的心悸、怔忡、失眠健忘、食少体倦、面色萎黄以及脾不统血所致的便血、崩漏、带下。

【用法用量】口服。大蜜丸一次1丸，一日2次；水蜜丸一次6 g，一日2次；小蜜丸一次9 g，一日2次；浓缩丸一次30丸，一日2次。

【注意事项】（1）阴虚、痰湿壅盛者慎用；（2）服药期间应进食营养丰富而易消化吸收的食物，忌食生冷食物，忌烟酒、浓茶；（3）保持精神舒畅，劳逸适度，忌过度思虑，避免恼怒、抑郁、惊恐不良情绪。

【规格】（1）大蜜丸每丸重9 g；（2）水蜜丸每10丸重1.5 g；（3）小蜜丸每10丸重2 g；（4）浓缩丸每10丸重2 g。

【贮藏】密封。

《中华人民共和国药典临床用药须知·中药成方制剂卷（2020年版）》

1165288　八珍颗粒

Bazhen Keli

【处方】党参　炒白术　茯苓　炙甘草　当归　炒白芍　川芎　熟地黄

【性状】本品为浅棕色至棕褐色的颗粒；气微香，味甜、微苦。

【功能与主治】补气益血。用于气血两虚，面色萎黄，食欲不振，四肢乏力，月经过多。

【用法用量】开水冲服。一次1袋，一日2次。

【规格】（1）每袋装8 g；（2）每袋装3.5 g（无蔗糖）。

【贮藏】密封。

《中华人民共和国药典（2020年版）》

1165289　十全大补口服液

Shiquan Dabu Koufuye

【处方】熟地黄　党参　白术（炒）　茯苓　炙黄芪　当归　白芍（酒炒）　肉桂　炙甘草　川芎

【性状】本品为棕红色的液体，放置有微量轻摇易散的沉淀；味甜、微辛。

【功能与主治】温补气血。用于气血两虚，面色苍白，气短心悸，头晕自汗，体倦乏力，四肢不温，月经量多。

【用法用量】口服。一次 1 瓶，一日 2～3 次。

【注意事项】（1）体实有热者慎服；（2）感冒者慎服；（3）本品含有肉桂，孕妇慎服；（4）服药期间饮食宜选清淡易消化食物，忌食辛辣、油腻、生冷食物。

【规格】每瓶 10 ml。

【贮藏】密封。

《中华人民共和国药典临床用药须知·中药成方制剂卷（2020 年版）》

1165290　消疲灵颗粒

Xiaopiling Keli

【处方】人参　当归　黄芪　茯苓　龙眼肉　阿胶　麦冬　五味子　灵芝　鸡血藤　丹参　枣仁　肉桂　山楂

【性状】本品为棕色至棕褐色的颗粒；气微，味甜、微苦。

【功能与主治】益气健脾，养血活血，宁心安神。用于过度疲劳或病后气血两虚所致的心悸气短、四肢酸痛、全身无力、精神疲惫、烦躁失眠、食欲不振。

【用法用量】开水冲服。一次 10～20 g，一日 1～3 次，6 日为一疗程。

【注意事项】（1）体实有热者慎服；（2）感冒者慎服；（3）本品含有肉桂，孕妇慎服；（4）服药期间饮食宜选清淡易消化食物，忌食辛辣、油腻、生冷食物，不宜喝茶和吃萝卜；（5）用于治疗失眠时，睡前勿吸烟，勿喝酒、茶和咖啡。

【规格】每袋装 10 g（相当于原药材 13.2 g）。

【贮藏】密封。

《中华人民共和国药典临床用药须知·中药成方制剂卷（2020 年版）》

1165291　生血宝合剂

Shengxuebao Heji

【处方】制何首乌　女贞子　桑椹　墨旱莲　白芍　黄芪　狗脊

【性状】本品为棕色至棕褐色的液体；气微香，味甜、微苦。

【功能与主治】滋补肝肾，益气生血。用于肝肾不足、气血两虚所致的神疲乏力、腰膝酸软、头晕耳鸣、心悸、气短、失眠、咽干、纳差食少；放、化疗所致的白细胞减少，缺铁性贫血见上述证候者。

【用法用量】口服。一次 15 ml，一日 3 次。

【规格】每瓶装 100 ml。

【贮藏】密封，置阴凉处。

《中华人民共和国药典（2020 年版）》

1165292　复方阿胶浆

Fufang Ejiao Jiang

【处方】阿胶　红参　熟地黄　党参　山楂

【性状】本品为棕褐色至黑褐色的液体；味甜。

【功能与主治】补气养血。用于气血两虚，头晕目眩，心悸失眠，食欲不振及白细胞减少症和贫血。

【用法用量】口服。一次 20 ml，一日 3 次。

【规格】（1）每瓶装 20 ml；（2）每瓶装 200 ml；（3）每瓶装 250 ml；（4）每瓶装 20 ml（无蔗糖）。

【贮藏】密封。

《中华人民共和国药典（2020 年版）》

1165293　生白合剂

Shengbai Heji

【处方】淫羊藿　补骨脂　附子（黑顺片）　枸杞子　黄芪　鸡血藤　茜草　当归　芦根　麦冬　甘草

【性状】本品为棕红色液体；气香，味微苦。

【功能与主治】温肾健脾，补益气血。用于癌症放、化疗引起的白细胞减少属脾肾阳虚，气血不足证候者，症见神疲乏力，少气懒言，畏寒肢冷，纳差便溏，腰膝酸软。

【用法用量】口服。一次 40 ml，一日 3 次，或遵医嘱。

【注意事项】（1）阴虚火旺及有出血倾向者禁用；（2）热毒证禁用；（3）孕妇禁用；（4）个别病人服后有轻度胃脘不适。

【规格】（1）每支装 10 ml；（2）每支装 20 ml；（3）每瓶装 250 ml。

【贮藏】密封，置阴凉干燥处。

《中华人民共和国药典（2020 年版）》

1165294　当归补血口服液

Danggui Buxue Koufuye

【处方】当归　黄芪

【性状】本品为棕黄色至黄棕色的液体；气香，味甜、微辛。

【功能与主治】补养气血。用于气血两虚证。

【用法用量】口服。一次 10 ml，一日 2 次。

【规格】每支装 10 ml。

【贮藏】密封。

《中华人民共和国药典（2020 年版）》

（6）益气养阴

1166295　人参固本丸

Renshen Guben Wan

【处方】人参　熟地黄　地黄　山茱萸（酒炙）　山药　麦冬　天冬　泽泻　牡丹皮　茯苓

【性状】本品为棕褐色的水蜜丸；味甜、微苦。

【功能与主治】滋阴益气，固本培元。用于阴虚气弱，虚劳咳嗽，心悸气短，骨蒸潮热，腰酸耳鸣，遗精盗汗，大便干燥。

【用法用量】口服。丸剂一次 1 丸，一日 2 次；水蜜丸一次 6 g，一日 2 次。

【注意事项】（1）外感咳嗽慎服；（2）忌辛辣刺激、油腻食物。

【规格】（1）丸剂每丸重 9 g；（2）水蜜丸每 100 粒重 10 g。

【贮藏】密闭，防潮。

《中华人民共和国药典临床用药须知·中药成方制剂卷（2020 年版）》

1166296　黄芪生脉饮

Huangqi Shengmai Yin

【处方】炙黄芪　党参　南五味子　麦冬

【性状】本品为淡棕色至红棕色的澄清液体；气香，味甜、微酸。

【功能与主治】益气滋阴，养心补肺。用于气阴两虚，血脉瘀阻引起的胸痹心痛，症见胸痛、胸闷、心悸、气短；冠心病心绞痛见上述证候者。

【用法用量】口服，一次 10 ml，一日 3 次。

【注意事项】（1）宜饭后服用；（2）根据病情需要，必要时，应配合其他治疗措施。

【规格】（1）每支装 10 ml；（2）每瓶装 100 ml。

【贮藏】密封，置阴凉处。

《中华人民共和国药典临床用药须知·中药成方制剂卷（2020 年版）》

1166297　生脉饮

Shengmai yin

【处方】红参　麦冬　五味子

【性状】本品为黄棕色至红棕色的澄清液体；气香，味酸甜、微苦。

【功能与主治】益气复脉，养阴生津。用于气阴两亏，心悸气短，脉微自汗。

【用法用量】口服。一次 10 ml，一日 3 次。

【规格】每支装 10 ml。

【贮藏】密封，置阴凉处。

《中华人民共和国药典（2020 年版）》

1166298　参芪降糖胶囊
Shenqi Jiangtang Jiaonang

【处方】人参茎叶皂苷　黄芪　地黄　山药　天花粉　覆盆子　麦冬　五味子　枸杞子　泽泻　茯苓

【性状】本品为胶囊剂，内容物为浅棕黄色至棕褐色的颗粒或粉末；味甘，微苦涩。

【功能与主治】益气养阴，健脾补肾。用于气阴两虚所致的消渴病，症见咽干口燥、倦怠乏力、口渴多饮、多食多尿、消瘦；2 型糖尿病见上述证候者。

【用法用量】口服。一次 3 粒，一日 3 次；1 个月为一疗程。效果不显著或治疗前症状较重者，每次用量可达 8 粒，一日 3 次。

【注意事项】（1）实热证者禁用；（2）属阴阳两虚消渴者慎用，邪盛实热者慎用，待实热退后方可服用；（3）服药期间忌食肥甘、辛辣食物，控制饮食，注意合理的饮食结构，忌烟酒；（4）避免长期精神紧张，适当进行体育活动；（5）对重症病例，应合用其他降糖药物治疗，以防病情加重；（6）在治疗过程中，尤其是与西药降糖药联合用药时，要及时监测血糖，避免低血糖反应发生；（7）注意早期防治各种并发症，如糖尿病脑病、糖尿病心病、糖尿病肾病，以防病情恶化。

【规格】每粒装 0. 35 g。

【贮藏】密封。

《中华人民共和国药典临床用药须知 · 中药成方制剂卷（2020 年版）》

1166299　消渴丸
Xiaoke Wan

【处方】葛根　地黄　黄芪　天花粉　玉米须　南五味子　山药　格列本脲

【性状】本品为黑色的包衣浓缩水丸；味甘、酸、微涩。

【功能与主治】滋肾养阴，益气生津。用于气阴两虚所致的消渴病，症见多饮、多尿、多食、消瘦、体倦乏力、眠差、腰痛；2 型糖尿病见上述证候者。

【用法用量】口服。一次 5 ~ 10 丸，一日 2 ~ 3 次。饭前用温开水送服。或遵医嘱。

【注意事项】本品含格列本脲，严格按处方药使用，并注意监测血糖。

【规格】每 10 丸重 2. 5 g（含格列本脲 2. 5 mg）。

【贮藏】密封。

《中华人民共和国药典（2020 年版）》

（7）阴阳双补

1167300　生力胶囊
Shengli Jiaonang

【处方】人参　肉苁蓉　熟地黄　枸杞子　淫羊藿　沙苑子　丁香　沉香　荔枝核　远志

【性状】本品为胶囊剂，内容物为棕褐色颗粒；气微香，味微甘涩。

【功能与主治】益气助阳，补肾填精。用于阴阳两虚所致的腰膝酸软、神疲乏力、头晕耳鸣、阳痿早泄。

【用法用量】口服。一次 2 ~ 4 粒，一日 3 次，空腹服用。

【注意事项】（1）肝郁不舒，湿热下注，惊恐伤肾所致阳痿者慎用；（2）服药期间饮食宜清淡，忌食生冷、辛辣食物，忌房事。

【规格】每粒装 0.35 g。

【贮藏】密封。

《中华人民共和国药典临床用药须知・中药成方制剂卷（2020 年版）》

1167301　龟鹿二仙膏

Guilu Erxian Gao

【处方】龟甲　鹿角　党参　枸杞子

【性状】本品为红棕色稠厚的半流体；味甜。

【功能与主治】温肾益精，补气养血。用于肾虚精亏所致的腰膝酸软、遗精、阳痿。

【用法用量】口服。一次 15 ~ 20 g，一日 3 次。

【注意事项】脾胃虚弱者慎用。

【规格】每瓶装 200 g。

【贮藏】密封。

《中华人民共和国药典（2020 年版）》

1167302　固本强身胶囊

Guben Qiangshen Jiaonang

【处方】冬虫夏草　人参　乌鸡（去毛、爪、肠）　淫羊藿　枸杞子　何首乌　花粉

【性状】本品为胶囊剂，内容物为深棕色粉末；味涩、微苦。

【功能与主治】补虚益气，润肺养肝。用于气阴两虚、精血不足所致的神疲乏力、头昏目眩、气短憋闷、腰膝酸软、四肢麻木。

【用法用量】口服。一次 2 粒，一日 2 ~ 3 次。

【注意事项】（1）泄泻便溏，咳嗽痰多者慎用；（2）孕妇慎用。

【规格】每粒装 0.3 g。

【贮藏】密封。

《中华人民共和国药典临床用药须知・中药成方制剂卷（2020 年版）》

1167303　三宝胶囊

Sanbao Jiaonang

【处方】人参　鹿茸　当归　山药　醋龟甲　砂仁（炒）　山茱萸　灵芝　熟地黄　丹参

五味子 菟丝子（炒） 肉苁蓉 何首乌 菊花 牡丹皮 赤芍 杜仲 麦冬 泽泻 玄参

【性状】本品为硬胶囊，内容物为深棕色的粉末；气微，味微酸、甜。

【功能与主治】益肾填精，养心安神。用于肾精亏虚、心血不足所致的腰酸腿软、阳痿遗精、头晕眼花、耳鸣耳聋、心悸失眠、食欲不振。

【用法用量】口服。一次 3 ~5 粒，一日 2 次。

【规格】每粒装 0. 3 g。

【贮藏】密封。

《中华人民共和国药典（2020 年版）》

17. 开窍剂

（1）凉开

1171304 万氏牛黄清心丸

Wanshi Niuhuang Qingxin Wan

【处方】牛黄 朱砂 黄连 栀子 郁金 黄芩

【性状】本品为红棕色至棕褐色的大蜜丸；气特异，味甜、微涩、苦。

【功能与主治】清热解毒，镇惊安神。用于热入心包、热盛动风证，症见高热烦躁、神昏谵语及小儿高热惊厥。

【用法用量】口服。一次 2 丸〔规格（1）〕或一次 1 丸〔规格（2）〕，一日 2 ~3 次。

【注意事项】孕妇慎用。

【规格】（1）每丸重 1. 5 g；（2）每丸重 3 g。

【贮藏】密封。

《中华人民共和国药典（2020 年版）》

1171305 紫雪胶囊

Zixue Jiaonang

【处方】石膏 北寒水石 滑石 磁石 玄参 木香 沉香 升麻 甘草 丁香 芒硝（制） 硝石（精制） 水牛角浓缩粉 羚羊角 人工麝香 朱砂

【性状】本品为胶囊剂，内容物为棕红色至灰棕色的粉末；气芳香，味咸、微苦。

【功能与主治】清热开窍，止痉安神。用于热入心包、热动肝风证，症见高热烦躁、神昏谵语、惊风抽搐、斑疹吐衄、尿赤便秘。

【用法用量】口服，一次 1. 5 ~3 g，一日 2 次；周岁小儿一次 0. 3 g，五岁以内小儿每增一岁，递增 0. 3 g，一日 1 次；五岁以上小儿酌情服用。

【注意事项】（1）本品含朱砂，不宜过量或长期服用，肝肾功能不全者慎用；（2）运动员慎用；（3）孕妇禁用。

【规格】每粒装0.5 g。

【贮藏】密封。

《中华人民共和国药典临床用药须知·中药成方制剂卷（2020年版）》

1171306　安宫牛黄丸

Angong Niuhuang Wan

【处方】牛黄　水牛角浓缩粉　麝香或人工麝香　珍珠　朱砂　雄黄　黄连　黄芩　栀子　郁金　冰片

【性状】本品为黄橙色至红褐色的大蜜丸，或为包金衣的大蜜丸，除去金衣后显黄橙色至红褐色；气芳香浓郁，味微苦。

【功能与主治】清热解毒，镇惊开窍。用于热病，邪入心包，高热惊厥，神昏谵语；中风昏迷及脑炎、脑膜炎、中毒性脑病、脑出血、败血症见上述证候者。

【用法用量】口服。一次2丸〔规格（1）〕或一次1丸〔规格（2）〕，一日1次；小儿三岁以内一次1/2丸〔规格（1）〕或一次1/4丸〔规格（2）〕，四岁至六岁一次1丸〔规格（1）〕或一次1/2丸〔规格（2）〕，一日1次；或遵医嘱。

【注意事项】孕妇慎用。

【规格】（1）每丸重1.5 g；（2）每丸重3 g。

【贮藏】密封。

《中华人民共和国药典（2020年版）》

1171307　局方至宝散

Jufang Zhibao San

【处方】水牛角浓缩粉　牛黄　玳瑁　人工麝香　朱砂　雄黄　琥珀　安息香　冰片

【性状】本品为橘黄色至浅褐色的粉末；气芳香浓郁，味微苦。

【功能与主治】清热解毒，开窍镇惊。用于热病属热入心包、热盛动风证，症见高热惊厥、烦躁不安、神昏谵语及小儿急热惊风。

【用法用量】口服。一次2 g，一日1次；小儿三岁以内一次0.5 g，四至六岁一次1 g；或遵医嘱。

【规格】（1）每瓶装2 g；（2）每袋装2 g。

【贮藏】密封。

《中华人民共和国药典（2020年版）》

1171308　清开灵注射液

Qingkailing Zhusheye

【处方】胆酸　珍珠母（粉）　猪去氧胆酸　栀子　水牛角（粉）　板蓝根　黄芩苷　金银花

【性状】本品为棕黄色或棕红色的澄明液体。

【功能与主治】清热解毒，化痰通络，醒神开窍。用于热病，神昏，中风偏瘫，神志不清；急性肝炎、上呼吸道感染、肺炎、脑血栓形成、脑出血见上述证候者。

【用法用量】肌内注射，一日 2 ~4 ml。重症患者静脉滴注，一日 20 ~40 ml，以 10% 葡萄糖注射液 200 ml 或氯化钠注射液 100 ml 稀释后使用。

【注意事项】(1) 有表证恶寒发热者、药物过敏史者慎用；(2) 如出现过敏反应应及时停药并做脱敏处理；(3) 本品如产生沉淀或浑浊时不得使用，如经 10% 葡萄糖或氯化钠注射液稀释后，出现浑浊亦不得使用；(4) 药物配伍：到目前为止，已确认清开灵注射液不能与硫酸庆大霉素、青霉素 G 钾、肾上腺素、阿拉明、乳糖酸红霉素、多巴胺、山梗菜碱、硫酸美芬丁胺等药物配伍使用；(5) 清开灵注射液稀释以后，必须在 4 小时以内使用；(6) 输液速度：注意滴速勿快，儿童以 20 ~40 滴/分为宜，成年人以 40 ~60 滴/分为宜；(7) 除按【用法用量】中说明使用以外，还可用 5% 葡萄糖注射液、氯化钠注射液按每 10 ml 药液加入 100 ml 溶液稀释后使用。

【规格】(1) 每支装 2 ml；(2) 每支装 10 ml。

【贮藏】密闭。

《中华人民共和国药典（2020 年版）》

（2）温开

1172309　神香苏合丸

Shenxiang Suhe Wan

【处方】人工麝香　冰片　水牛角浓缩粉　乳香（制）　安息香　白术　香附　木香　沉香　丁香　苏合香

【性状】本品为棕褐色的水丸；气香，味苦而辛。

【功能与主治】温通宣痹，行气化浊。用于寒凝心脉、气机不畅所致的胸痹，症见心痛、胸闷、胀满、遇寒加重；冠心病心绞痛见上述证候者。

【用法用量】口服。一次 0. 7 g，一日 1 ~2 次。

【注意事项】孕妇禁用。

【规格】每瓶装 0. 7 g。

【贮藏】密封。

《中华人民共和国药典（2020 年版）》

1172310　苏合香丸

Suhexiang Wan

【处方】苏合香　安息香　冰片　水牛角浓缩粉　人工麝香　檀香　沉香　丁香　香附　木香　乳香（制）　荜茇　白术　诃子肉　朱砂

【性状】本品为赭红色的水蜜丸或赭色的大蜜丸；气芳香，味微苦、辛。

【功能与主治】芳香开窍，行气止痛。用于痰迷心窍所致的痰厥昏迷、中风偏瘫、肢体不利，以及中暑、心胃气痛。

【用法用量】口服。一次 1 丸，一日 1 ~ 2 次。

【注意事项】孕妇禁用。

【规格】（1）水蜜丸每丸重 2.4 g；（2）大蜜丸每丸重 3 g。

【贮藏】密封。

《中华人民共和国药典（2020 年版）》

1172311　十香返生丸

Shixiang Fansheng Wan

【处方】沉香　丁香　檀香　土木香　醋香附　降香　广藿香　乳香（醋炙）　天麻　僵蚕（麸炒）　郁金　莲子心　瓜蒌子（蜜炙）　煅金礞石　诃子肉　甘草　苏合香　安息香　人工麝香　冰片　朱砂　琥珀　牛黄

【性状】本品为深棕色的大蜜丸；气芳香，味甘、苦。

【功能与主治】开窍化痰，镇静安神。用于中风痰迷心窍引起的言语不清、神志昏迷、痰涎壅盛、牙关紧闭。

【用法用量】口服。一次 1 丸，一日 2 次；或遵医嘱。

【注意事项】孕妇忌服。

【规格】每丸重 6 g。

【贮藏】密封。

《中华人民共和国药典（2020 年版）》

1172312　癫痫平片

Dianxianping Pian

【处方】石菖蒲　僵蚕　全蝎　蜈蚣　石膏　白芍　磁石（煅）　牡蛎（煅）　猪牙皂　柴胡　硼砂

【性状】本品为棕褐色片，或为薄膜衣片，除去包衣后显棕褐色；气香，味微咸。

【功能与主治】豁痰开窍，平肝清热，息风定痫。用于风痰痹阻所致癫痫。

【用法用量】口服。一次 5 ~ 7 片，一日 2 次；小儿酌减或遵医嘱。

【注意事项】孕妇忌服。

【规格】每片重 0.3 g。

【贮藏】密封。

《中华人民共和国药典临床用药须知・中药成方制剂卷（2020 年版）》

18. 安神剂

（1）养血宁心

1181313　柏子养心丸

Baizi Yangxin Wan

【处方】柏子仁　党参　炙黄芪　川芎　当归　茯苓　制远志　酸枣仁　肉桂　醋五味子　半夏曲　炙甘草　朱砂

【性状】本品为棕色的水蜜丸、棕色至棕褐色的小蜜丸或大蜜丸；味先甜而后苦、微麻。

【功能与主治】补气，养血，安神。用于心气虚寒，心悸易惊，失眠多梦，健忘。

【用法用量】口服。水蜜丸一次 6 g，小蜜丸一次 9 g，大蜜丸一次 1 丸，一日 2 次。

【规格】大蜜丸每丸重 9 g。

【贮藏】密封。

《中华人民共和国药典（2020 年版）》

1181314　枣仁安神颗粒

Zaoren Anshen Keli

【处方】炒酸枣仁　丹参　醋五味子

【性状】本品为棕黄色至棕色的颗粒；气香，味酸、微苦。

【功能与主治】养血安神。用于心血不足所致的失眠、健忘、心烦、头晕；神经衰弱症见上述证候者。

【用法用量】开水冲服。一次 1 袋，一日 1 次，临睡前服用。

【注意事项】孕妇慎用。

【规格】每袋装 5 g。

【贮藏】密封。

《中华人民共和国药典（2020 年版）》

1181315　安神补脑液

Anshen Bunao Ye

【处方】鹿茸　制何首乌　淫羊藿　干姜　甘草　大枣　维生素 B_1

【性状】本品为黄色至棕黄色的液体，久置有少量沉淀；气芳香，味甜、辛。

【功能与主治】生精补髓，益气养血，强脑安神。用于肾精不足、气血两亏所致的头晕、乏力、健忘、失眠；神经衰弱症见上述证候者。

【用法用量】口服。一次 10 ml，一日 2 次。

【规格】（1）每支装 10 ml（含维生素 B_1 5 mg）；（2）每瓶装 100 ml（含维生素 B_1

50 mg）。

【贮藏】密封。

《中华人民共和国药典（2020 年版）》

1181316　七叶神安片

Qiye Shen'an Pian

【处方】三七叶总皂苷

【性状】本品为糖衣片或薄膜衣片，除去包衣后显浅黄色至棕黄色；味苦、微甜。

【功能与主治】益气安神，活血止痛。用于心气不足、心血瘀阻所致的心悸、失眠、胸痛、胸闷。

【用法用量】口服。一次 50～100 mg，一日 3 次。饭后服或遵医嘱。

【规格】（1）每片含三七叶总皂苷 50 mg；（2）每片含三七叶总皂苷 100 mg。

【贮藏】密封。

《中华人民共和国药典（2020 年版）》

（2）补益心脾

1182317　安神健脑液

Anshen Jiannao Ye

【处方】人参　麦冬　五味子（醋炙）　枸杞子　丹参

【性状】本品为棕色的液体；气微，味酸甜、涩。

【功能与主治】益气养血，滋阴生津，养心安神。用于气血两亏、阴津不足所致的失眠多梦、心悸健忘、头晕头痛、神疲乏力、口干津少。

【用法用量】口服。一次 10 ml，一日 3 次。

【注意事项】（1）严重感冒者慎用；（2）不宜饮用浓茶、咖啡等兴奋性饮品；（3）保持精神舒畅，劳逸适度。

【规格】每支装 10 ml。

【贮藏】密封，置阴凉处。

《中华人民共和国药典临床用药须知·中药成方制剂卷（2020 年版）》

1182318　脑力静糖浆

Naolijing Tangjiang

【处方】小麦　甘草流浸膏　大枣　甘油磷酸钠（50%）　维生素 B_1　维生素 B_2　维生素 B_6

【性状】本品为棕红色的黏稠液体；气香，味甜。

【功能与主治】健脾和中，养心安神。用于心脾不足所致的失眠健忘、心烦易躁、头晕；神经衰弱症见上述证候者。

【用法用量】口服。一次 10～20 ml，一日 3 次。

【注意事项】（1）睡前不宜喝浓茶、咖啡等兴奋性饮料；（2）保持心情舒畅、劳逸适度。

【规格】（1）每瓶装 10 ml；（2）每瓶装 20 ml；（3）每瓶装 100 ml；（4）每瓶装 168 ml。

【贮藏】密封，遮光。

《中华人民共和国药典临床用药须知·中药成方制剂卷（2020 年版）》

1182319　北芪五加片

Beiqi Wujia Pian

【处方】黄芪　刺五加浸膏

【性状】本品为糖衣片或薄膜衣片，除去包衣后显棕色；味微苦。

【功能与主治】益气健脾，宁心安神。用于心脾两虚、心神不宁所致的失眠多梦、体虚乏力、食欲不振。

【用法用量】口服。一次 4～6 片，一日 3 次。

【规格】（1）薄膜衣片每片重 0.3 g；（2）薄膜衣片每片重 0.5 g；（3）糖衣片片心重 0.35 g。

【贮藏】密封。

《中华人民共和国药典（2020 年版）》

（3）补益心肾

1183320　活力源口服液

Huoliyuan Koufuye

【处方】人参茎叶总皂苷　麦冬　五味子　黄芪　附片

【性状】本品为淡黄色或浅棕色的液体，味甘、微苦。

【功能与主治】益气养阴，强心益肾。用于气阴两虚、心肾亏损所致的失眠健忘、记忆力减退。

【用法用量】口服。一次 20 ml，一日 2～3 次。

【注意事项】（1）孕妇慎用；（2）睡前不宜饮用浓茶、咖啡等刺激性饮品；（3）附片有小毒，不宜长期使用。

【规格】每支装 10 ml。

【贮藏】密封，置阴凉处。

《中华人民共和国药典临床用药须知·中药成方制剂卷（2020 年版）》

1183321　健脑安神片

Jiannao Anshen Pian

【处方】酒黄精　淫羊藿　枸杞子　鹿茸　鹿角胶　鹿角霜　红参　大枣（去核）　茯苓

麦冬　龟甲　炒酸枣仁　南五味子　制远志　熟地黄　苍耳子

【性状】本品为糖衣片，除去糖衣后显黄棕色；气香，味甜、微苦。

【功能与主治】滋补强壮，镇静安神。用于神经衰弱，头痛，头晕，健忘失眠，耳鸣。

【用法用量】口服。一次 5 片，一日 2 次。

【注意事项】高血压患者忌服。

【规格】片心重 0.20 g。

【贮藏】密封。

《中华人民共和国药典（2020 年版）》

1183322　天王补心丸

Tianwang Buxin Wan

【处方】丹参　当归　石菖蒲　党参　茯苓　五味子　麦冬　天冬　地黄　玄参　制远志　炒酸枣仁　柏子仁　桔梗　甘草　朱砂

【性状】本品为棕黑色的水蜜丸、褐黑色的小蜜丸或大蜜丸；气微香，味甜、微苦。

【功能与主治】滋阴养血，补心安神。用于心阴不足，心悸健忘，失眠多梦，大便干燥。

【用法用量】口服。水蜜丸一次 6 g，小蜜丸一次 9 g，大蜜丸一次 1 丸，一日 2 次。

【规格】大蜜丸每丸重 9 g。

【贮藏】密封。

《中华人民共和国药典（2020 年版）》

1183323　五味子糖浆

Wuweizi Tangjiang

【处方】五味子

【性状】本品为黄棕色至红棕色的黏稠液体；味甜、微酸。

【功能与主治】益气生津，补肾宁心。用于心肾不足所致的失眠、多梦、头晕；神经衰弱症见上述证候者。

【用法用量】口服。一次 5～10 ml，一日 3 次。

【规格】（1）每瓶装 10 ml；（2）每瓶装 100 ml。

【贮藏】密闭，置阴凉干燥处。

《中华人民共和国药典（2020 年版）》

（4）补脾益肾

1184324　神衰康颗粒

Shenshuaikang Keli

【处方】倒卵叶五加

【性状】本品为棕褐色的颗粒；味甜、酸、微苦。

【功能与主治】益气健脾，补肾安神。用于脾肾阳虚所致的失眠多梦、体虚乏力，食欲不振；神经衰弱症见上述证候者。

【用法用量】开水冲服。一次 5 g，一日 2 次。

【注意事项】睡前不宜饮用咖啡、浓茶等兴奋性饮品。

【规格】每袋装 5 g。

【贮藏】密封。

《中华人民共和国药典临床用药须知·中药成方制剂卷（2020 年版）》

1184325　刺五加脑灵液

Ciwujia Naoling Ye

【处方】刺五加浸膏　五味子流浸膏

【性状】本品为棕褐色的液体；味甘、酸。

【功能与主治】补益心脾，宁心安神。用于心脾两虚所致的失眠多梦、健忘、倦怠乏力、食欲不振。

【用法用量】口服。一次 10 ml，一日 2 次。

【注意事项】睡前不宜引用咖啡、浓茶等兴奋性饮品。

【规格】（1）每瓶装 10 ml；（2）每瓶装 100 ml。

【贮藏】密封，置阴凉处。

《中华人民共和国药典临床用药须知·中药成方制剂卷（2020 年版）》

（5）疏肝解郁

1185326　解郁安神颗粒

Jieyu Anshen Keli

【处方】柴胡　大枣　石菖蒲　姜半夏　炒白术　浮小麦　制远志　炙甘草　炒栀子　百合　胆南星　郁金　龙齿　炒酸枣仁　茯苓　当归

【性状】本品为棕色至棕褐色的颗粒；气微腥，味甜、微苦，或味苦、微甜（无蔗糖）。

【功能与主治】舒肝解郁，安神定志。用于情志不畅、肝郁气滞所致的失眠、心烦、焦虑、健忘；神经官能症、更年期综合征见上述证候者。

【用法用量】开水冲服。一次 1 袋，一日 2 次。

【规格】（1）每袋装 5 g；（2）每袋装 2 g（无蔗糖）。

【贮藏】密封。

《中华人民共和国药典（2020 年版）》

1185327　舒眠胶囊

Shumian Jiaonang

【处方】柴胡（酒炒）　白芍（炒）　酸枣仁（炒）　合欢花　僵蚕（炒）　蝉蜕　灯心草

【性状】本品为硬胶囊，内容物为棕黄色至棕色的粉末；气微，味苦。

【功能与主治】疏肝解郁，宁心安神。用于肝郁伤神所致的失眠症。症见失眠多梦、精神抑郁或急躁易怒、胸胁苦满或胸膈不畅、口苦目眩、舌边尖略红、苔白或微黄、脉弦。

【用法用量】口服。一次3粒，一日1次，临睡前服用。

【注意事项】（1）宜饭后服用；（2）服药期间应调摄情志，舒畅心情；（3）孕妇慎用。

【规格】每粒装0.4 g。

【贮藏】密封。

《中华人民共和国药典临床用药须知·中药成方制剂卷（2020年版）》

（6）重镇安神

1186328　泻肝安神丸

Xiegan Anshen Wan

【处方】龙胆　黄芩　栀子（姜炙）　珍珠母　牡蛎　龙骨　柏子仁　炒酸枣仁　制远志　当归　地黄　麦冬　蒺藜（去刺盐炙）　茯苓　盐车前子　盐泽泻　甘草

【性状】本品为黄棕色至棕褐色的水丸；味微苦。

【功能与主治】清肝泻火，重镇安神。用于肝火亢盛，心神不宁所致的失眠多梦，心烦；神经衰弱症见上述证候者。

【用法用量】口服。一次6 g，一日2次。

【规格】每100丸重6 g。

【贮藏】密封。

《中华人民共和国药典（2020年版）》

1186329　朱砂安神片

Zhusha Anshen Pian

【处方】朱砂　黄连　地黄　当归　甘草

【性状】本品为棕红色的片；气微香、味苦。

【功能与主治】清心养血，镇静安神。用于胸中烦热，心悸不宁，失眠多梦。

【用法用量】口服，一次4～5片，一日2次。

【注意事项】（1）本品含有朱砂，不宜过量或长期服用；（2）用于治疗失眠时，睡前忌吸烟，忌喝酒、茶和咖啡；（3）孕妇慎用。

【规格】每片重0.46 g。

【贮藏】密封。

《中华人民共和国药典临床用药须知·中药成方制剂卷（2020年版）》

19. 固涩剂

(1) 固表止汗

1191330　复芪止汗颗粒
Fuqi Zhihan Keli

【处方】黄芪　党参　麻黄根　炒白术　煅牡蛎　五味子（蒸）

【性状】本品为黄棕色的颗粒；味甜。

【功能与主治】益气，固表，敛汗。用于气虚不固，多汗，倦怠，乏力。

【用法用量】开水冲服。儿童五岁以下一次 1 袋，一日 2 次；五至十二岁一次 1 袋，一日 3 次；成人一次 2 袋，一日 2 次。

【注意事项】佝偻病、结核病、甲状腺功能亢进、更年期综合征等患者，服用本品同时应作病因治疗。

【规格】每袋装 20 g。

【贮藏】密封，置干燥处。

《中华人民共和国药典（2020 年版）》

1191331　玉屏风胶囊
Yupingfeng Jiaonang

【处方】黄芪　防风　炒白术

【性状】本品为胶囊剂，内容物为黄棕色的颗粒和粉末；味苦、微甜。

【功能与主治】益气，固表，止汗。用于表虚不固，自汗恶风，面色㿠白，或体虚易感风邪者。

【用法用量】口服。一次 2 粒，一日 3 次。

【规格】每粒装 0. 5 g。

【贮藏】密封、防潮，在阴凉处。

《中华人民共和国药典（2020 年版）》

(2) 固肾涩精

1192332　金樱子膏
Jinyingzi Gao

【处方】金樱子

【性状】本品为棕黄色稠厚的半流体；味甜、酸、涩。

【功能与主治】补肾固精。用于肾虚不固所致的遗精、遗尿、白带过多。

【用法用量】口服。一次 9 ~ 15 g，一日 2 次。

【注意事项】(1) 肝经湿热所致遗精、遗尿及带下量多者慎用；(2) 服药期间，忌食生冷、油腻、辛辣食物；（3）慎房事。

【贮藏】密封，防热。

《中华人民共和国药典临床用药须知·中药成方制剂卷（2020 年版）》

1192333　金锁固精丸

Jinsuo Gujing Wan

【处方】沙苑子（炒）　芡实（蒸）　莲须　莲子　龙骨（煅）　牡蛎（煅）

【性状】本品为灰棕色的水丸；味微涩。

【功能与主治】固精涩精。用于肾虚不固，遗精滑泄，神疲乏力，四肢酸软，腰痛耳鸣。

【用法用量】口服。淡盐水送服，一次 1 丸，一日 2 次。

【注意事项】（1）湿热下注，扰动精室所致遗精、早泄者慎用；（2）服药期间，不宜进食辛辣、油腻食物及饮酒；（3）慎房事。

【规格】每丸重 9 g。

【贮藏】密闭，防潮。

《中华人民共和国药典临床用药须知·中药成方制剂卷（2020 年版）》

（3）固脬缩尿

1193334　缩泉丸

Suoquan Wan

【处方】山药　益智仁（盐炒）　乌药

【性状】本品为淡棕色的水丸；味微咸。

【功能与主治】补肾缩尿。用于肾虚所致的小便频数、夜间遗尿。

【用法用量】口服。一次 3 ~6 g，一日 3 次。

【规格】每 20 粒重 1 g。

【贮藏】密封。

《中华人民共和国药典（2020 年版）》

1193335　夜尿宁丸

Yeniaoning Wan

【处方】肉桂　桑螵蛸　补骨脂（盐制）　大青盐

【性状】本品为黑褐色的大蜜丸；气微香，味咸而甘。

【功能与主治】补肾散寒，止痒缩尿。适用于小孩尿床症。

【用法用量】温开水送服。一次 1 丸，一日 3 次，10 岁以下减半。

【注意事项】（1）由膀胱炎、肾炎、糖尿病、泌尿系统结核等器质性病变引起的夜尿症，不宜服用；（2）服药期间忌饮凉水，忌食凉食，并应避免着凉和游泳。

【规格】每丸重 9 g。

【贮藏】密封，置阴凉干燥处。

《中华人民共和国药典临床用药须知·中药成方制剂卷（2020 年版）》

（4）固肠止泻

1194336 固肠止泻丸

Guchang zhixie Wan

【处方】乌梅（或乌梅肉） 黄连 干姜 木香 罂粟壳 延胡索

【性状】本品为水丸，呈黄褐色；味苦、微辣。

【功能与主治】调和肝脾，涩肠止痛。用于肝脾不和，泻痢腹痛；慢性非特异性溃疡性结肠炎见上述证候者。

【用法用量】口服。浓缩丸一次 4 g，水丸一次 5 g，一日 3 次。

【注意事项】（1）本品易成瘾，不宜常服；（2）本品湿热或伤食泄泻者慎用；（3）孕妇慎用；（4）忌食生冷、油腻、辛辣刺激性食物；（5）儿童禁用。

【规格】（1）浓缩丸每 9 粒重 1 g；（2）水丸每 12 粒重 1 g。

【贮藏】密封，防潮。

《中华人民共和国药典临床用药须知·中药成方制剂卷（2020 年版）》

1194337 肉蔻四神丸

Roukou Sishen Wan

【处方】补骨脂（盐水制） 木香 肉豆蔻（面粉煨） 罂粟壳 诃子肉 白芍 干姜 白术（麸炒） 吴茱萸（甘草水制）

【性状】本品为棕褐色的水丸；气微香，味苦、辛。

【功能与主治】温中散寒，补脾止泻。用于大便失调，黎明泄泻，不思饮食，面黄体瘦，腰膝酸软。

【用法用量】口服。一次 6 g，一日 2 次。

【注意事项】（1）本品含罂粟壳，长期服用可能会产生依赖性，应在医师指导下服用；（2）服用本品时不宜与其他含罂粟壳、盐酸吗啡、磷酸可待因、盐酸罂粟碱等易产生依赖性的产品同时服用；（3）服用本品时忌食生冷、油腻食物。

【规格】每袋装 6 g。

【贮藏】密闭，防潮。

《中华人民共和国药典临床用药须知·中药成方制剂卷（2020 年版）》

20. 驱虫剂

1200338 驱虫消食片

Quchong Xiaoshi Pian

【处方】槟榔 使君子仁 雷丸 鸡内金 茯苓 牵牛子（炒） 芡实 甘草（蜜炙）

【性状】本品为棕褐色片；味微甜。

【功能与主治】消积杀虫，健脾开胃。用于小儿疳气、虫积，身体偏瘦，不思饮食。

【用法用量】口服。一次 4～5 片，一日 2 次。

【规格】每片重 0.4 g。

【贮藏】密封。

《中华人民共和国药典临床用药须知·中药成方制剂卷（2020 年版）》

1200339　乌梅丸
Wumei　Wan

【处方】乌梅肉　花椒　细辛　黄连　黄柏　干姜　附子（制）　桂枝　人参　当归

【性状】本品为黄褐色的水丸或棕黑色至黑色的大蜜丸；味苦、酸（水丸）；味微甜、苦、酸（大蜜丸）。

【功能与主治】缓肝调中，清上温下。用于蛔厥，久痢，厥阴头痛，症见腹痛下痢、巅顶头痛、时发时止、躁烦呕吐、手足厥冷。

【用法用量】口服。水丸一次 3 g，大蜜丸一次 2 丸，一日 2～3 次。

【注意】孕妇禁服。

【规格】（1）水丸每袋（瓶）装 3 g；（2）大蜜丸每丸重 3 g。

【贮藏】密封。

《中华人民共和国药典（2020 年版）》

二、外科类

21. 解毒消肿

2210340　如意金黄散
Ruyi Jinhuang San

【处方】姜黄　大黄　黄柏　苍术　厚朴　陈皮　甘草　生天南星　白芷　天花粉

【性状】本品为黄色至金黄色的粉末；气微香，味苦、微甘。

【功能与主治】清热解毒，消肿止痛。用于热毒瘀滞肌肤所致疮疡肿痛、丹毒流注，症见肌肤红、肿、热、痛，亦可用于跌打损伤。

【用法用量】外用。红肿，烦热，疼痛，用清茶调敷；漫肿无头，用醋或葱酒调敷，亦可用植物油或蜂蜜调敷。一日数次。

【注意事项】外用药，不可内服。

【贮藏】密封。

《中华人民共和国药典（2020 年版）》

2210341　牛黄醒消丸

Niuhuang Xingxiao Wan

【处方】牛黄　麝香　乳香（制）　没药（制）　雄黄

【性状】本品为棕黄色至暗黄色的水丸；气芳香，味微苦。

【功能与主治】清热解毒，活血祛瘀，消肿止痛。用于热毒郁滞、痰瘀互结所致的痈疽发背、瘰疬流注、乳痈乳岩、无名肿毒。

【用法用量】用黄酒或温开水送服。一次 3 g，一日 1～2 次。患在上部，临睡前服；患在下部，空腹时服。

【注意事项】（1）孕妇禁用；（2）疮疡阴证者慎用；（3）脾胃虚弱、身体虚者慎用；（4）不宜长期使用；（5）若用药后出现皮肤过敏反应应及时停用；（6）忌食辛辣、海鲜、油腻及刺激性食物。

【规格】（1）每瓶装 3 g；（2）每瓶装 18 g；（3）每瓶装 60 g。

【贮藏】密闭，防潮。

《中华人民共和国药典临床用药须知·中药成方制剂卷（2020 年版）》

2210342　季德胜蛇药片

Jidesheng Sheyao Pian

【处方】重楼　干蟾皮　蜈蚣　地锦草等

【性状】本品为棕褐色的片；或薄膜衣片，除去包衣后显棕褐色；味辛、苦。

【功能与主治】清热解毒，消肿止痛。用于毒蛇、毒虫咬伤。

【用法用量】口服。第一次 20 片，以后每隔 6 小时续服 10 片，危急重症者将剂量增加 10～20 片并适当缩短服药间隔时间。不能口服药者，可行鼻饲法给药。外用。被毒虫咬伤后，以本品和水外搽，即可消肿止痛。

【注意事项】（1）孕妇忌用；（2）脾胃虚寒者慎用；（3）肝肾功能不全者慎用；（4）本品不可过服久服；（5）若用药后出现皮肤过敏反应需及时停用；（6）忌食辛辣、油腻食物。

【规格】每片重 0.4 g。

【贮藏】密封。

《中华人民共和国药典（2020 年版）》

2210343　活血解毒丸

Huoxue Jiedu Wan

【处方】乳香（醋炙）　没药（醋炙）　黄米（蒸熟）　石菖蒲　雄黄粉　蜈蚣

【性状】本品为黄褐色的糊丸；气微香，味辛、苦。

【功能与主治】解毒消肿，活血止痛。用于热毒瘀滞肌肤所致的疮疡、乳痈，症见肌肤红、肿、热、痛、未溃破。

【用法用量】温黄酒或温开水送服。一次 3 g，一日 2 次。

【注意事项】(1) 孕妇禁用；(2) 疮疡成脓期或已破溃者慎用；(3) 疮疡阴证者慎用；(4) 脾胃虚弱者慎用；(5) 不可久用；(6) 忌食辛辣、海鲜、油腻及刺激性食物。

【规格】每 100 粒重 5 g。

【贮藏】密封，防潮。

《中华人民共和国药典临床用药须知·中药成方制剂卷（2020 年版）》

2210344　京万红软膏

Jingwanhong Ruangao

【处方】地榆　地黄　当归　桃仁　黄连　木鳖子　罂粟壳　血余　棕榈　半边莲　土鳖虫　白蔹　黄柏　紫草　金银花　红花　大黄　苦参　五倍子　槐米　木瓜　苍术　白芷　赤芍　黄芩　胡黄连　川芎　栀子　乌梅　冰片　血竭　乳香　没药

【性状】本品为深棕红色的软膏；具特殊的油腻气。

【功能与主治】活血解毒，消肿止痛，去腐生肌。用于轻度水、火烫伤、疮疡肿痛、创面溃烂。

【用法用量】用生理盐水清理创面，涂敷本品或将本品涂于消毒纱布上，敷盖创面，用消毒纱布包扎，一日 1 次。

【注意事项】孕妇慎用。

【规格】(1) 每支装 10 g；(2) 每支装 20 g；(3) 每瓶装 30 g；(4) 每瓶装 50 g。

【贮藏】密封，遮光，置阴凉干燥处。

《中华人民共和国药典（2020 年版）》

2210345　外用紫金锭

Waiyong Zijin Ding

【处方】山慈菇　朱砂（水飞）　五倍子　雄黄（水飞）　红大戟（醋制）　穿心莲　千金子　三七　冰片　丁香罗勒油

【性状】本品为暗棕色至褐色的圆柱形的锭；有丁香、冰片香气。

【功能与主治】解毒，消炎。用于痈疽疮毒，虫咬损伤，无名肿毒。

【用法用量】外用。洗净患处，将药锭研碎，用温水或白醋调敷。

【注意事项】不可久用。

【规格】每锭重 0.25 g（含生药 0.16 g）。

【贮藏】密闭，置阴凉干燥处。

《中华人民共和国药典临床用药须知·中药成方制剂卷（2020 年版）》

2210346　牛黄化毒片
Niuhuang Huadu Pian

【处方】制天南星　连翘　金银花　白芷　甘草　乳香　没药　人工牛黄

【性状】本品为糖衣片或薄膜衣片，除去包衣后显棕黄色至黄棕色；味苦、辛。

【功能与主治】解毒消肿，散结止痛。用于疮疡、乳痈红肿疼痛。

【用法用量】口服。糖衣片一次 8 片，薄膜衣片一次 4 片，一日 3 次；小儿酌减。

【规格】(1) 糖衣片片心重 0.3 g；(2) 薄膜衣片每片重 0.62 g。

【贮藏】密封，置阴凉干燥处。

《中华人民共和国药典（2020 年版）》

2210347　西黄丸
Xihuang Wan

【处方】牛黄或体外培育牛黄　麝香或人工麝香　醋乳香　醋没药

【性状】本品为棕褐色至黑褐色的糊丸；气芳香，味微苦。

【功能与主治】清热解毒，消肿散结。用于热毒壅结所致的痈疽疔毒、瘰疬，流注、癌肿。

【用法用量】口服。一次 3 g，一日 2 次。

【注意事项】孕妇禁服。

【规格】每 20 丸重 1 g。

【贮藏】密封。

《中华人民共和国药典（2020 年版）》

22. 生肌敛疮

2220348　生肌玉红膏
Shengji Yuhong Gao

【处方】轻粉　紫草　白芷　当归　血竭　甘草　虫白蜡

【性状】本品为紫红色的软膏；气微。

【功能与主治】解毒，祛腐，生肌。用于热毒壅盛所致的疮疡，症见疮面色鲜、脓腐将尽或久不收口；亦用于乳痈。

【用法用量】疮面洗清后外涂本膏，一日 1 次。

【注意事项】(1) 孕妇禁用；(2) 溃疡脓腐未清者慎用；(3) 不可久用；(4) 不可内服；(5) 若用药后出现皮肤过敏反应需及时停用；(6) 忌食辛辣、海鲜、油腻及刺激性食物。

【规格】每盒装 12 g。

【贮藏】密闭，防潮。

《中华人民共和国药典临床用药须知·中药成方制剂卷（2020 年版）》

2220349　九一散
Jiuyi San

【处方】石膏（煅）　红粉

【性状】本品为浅橙色或浅粉红色的细腻粉末。

【功能与主治】提脓拔毒，去腐生肌。用于热毒壅盛所致的溃疡，症见疮面鲜活、脓腐将尽。

【用法用量】外用。取本品适量均匀地撒于患处，对深部疮口及瘘管，可用含本品的纸捻条插入，疮口表面均用油膏或敷料盖贴。每日换药一次或遵医嘱。

【注意事项】（1）本品专供外用，不可入口；（2）凡肌薄无肉处不能化脓，或仅有稠水者忌用。

【规格】每瓶装 1.5 g。

【贮藏】密封，避光，防潮。

《中华人民共和国药典（2020 年版）》

2220350　拔毒生肌散
Badu Shengji San

【处方】黄丹　红粉　轻粉　龙骨（煅）　炉甘石（煅）　石膏（煅）　冰片　虫白蜡

【性状】本品为粉红色的粉末；气香。

【功能与主治】拔毒生肌。用于热毒内蕴所致的溃疡，症见疮面脓液稠厚、腐肉未脱、久不生肌。

【用法用量】外用适量。撒布疮面，或以膏药护之。每日换药一次。

【注意事项】（1）孕妇禁用；（2）溃疡过大、过深者不可久用；（3）溃疡无脓者慎用；（4）皮肤过敏者慎用；（5）不可久用；（6）不可内服；（7）忌食辛辣、海鲜、油腻及刺激性食物。

【规格】每瓶装 3 g。

【贮藏】密闭，防潮。

《中华人民共和国药典临床用药须知·中药成方制剂卷（2020 年版）》

2220351　紫草膏
Zicao Gao

【处方】紫草　当归　地黄　白芷　防风　乳香　没药

【性状】本品为紫红色的软膏；具特殊的油腻气。

【功能与主治】化腐生肌，解毒止痛。用于热毒蕴结所致的溃疡，症见疮面疼痛、疮色鲜活、脓腐将尽。

【用法用量】外用。摊于纱布上贴患处，每隔 1 ~2 日换药一次。

【注意事项】（1）孕妇禁用；（2）肿疡未溃、溃疡腐肉未尽者慎用；（3）若用药后出现皮肤过敏反应需及时停用；（4）不可内服；（5）忌食辛辣、海鲜、油腻及刺激性食物。

【贮藏】密闭，遮光。

《中华人民共和国药典临床用药须知·中药成方制剂卷（2020 年版）》

2220352　烫伤油
Tangshang You

【处方】马尾连　紫草　黄芩　冰片　地榆　大黄

【性状】本品为棕红色的油状液体。

【功能与主治】清热解毒，凉血祛腐止痛。用于Ⅰ、Ⅱ度烧烫伤和酸碱灼伤。

【用法用量】外用。创面经消毒清洗后，用棉球将药涂于患处，盖于伤面，必要时可用纱布浸药盖于创面。

【注意事项】（1）孕妇慎用；（2）忌食辛辣食物。

【规格】每瓶装 30 g。

【贮藏】密封。

《中华人民共和国药典（2020 年版）》

2220353　康复新液
Kangfuxin Ye

【处方】康复新（美洲大蠊提取物）

【性状】本品为淡棕色的液体；气微腥臭，味甜。

【功能与主治】通利血脉，养阴生肌。用于金创、外伤、溃疡、瘘管、烧伤、烫伤、压疮之创面。

【用法用量】外用，用纱布浸透药液敷于患处，对深部创面需清创后，再用本品冲洗并用浸透本品的纱布填塞。

【注意事项】（1）孕妇禁用；（2）使用灭菌医用纱布浸透药液覆盖创面，也可直接向创面滴用，或用含药纱布塞进窦道，每天换药一次为宜；（3）大面积烧伤、烫伤以浸透药液纱布覆盖为宜，换药时患者略有疼痛，属正常；（4）创面较大时，应结合用抗生素治疗；（5）使用后应将瓶盖及时盖紧，谨防污染；（6）过敏体质者慎用；（7）对本品及所含成分过敏者禁用；（8）哮喘患者禁用。

【规格】（1）每瓶装 100 ml；（2）每瓶装 50 ml。

【贮藏】密封，置阴凉处。

《中华人民共和国药典临床用药须知·中药成方制剂卷（2020 年版）》

2220354 珍珠散
Zhenzhu San

【处方】珍珠 石决明（煅） 石膏（煅） 龙骨（煅） 冰片 麝香 白石脂（煅）

【性状】本品为白色的粉末；气香。

【功能与主治】收湿敛疮，生肌长肉。用于热毒蕴结所致的溃疡，症见创面鲜活、脓腐将尽。

【用法用量】外用。取药粉适量，敷患处。

【注意事项】（1）肿疡未溃，溃疡腐肉未尽者慎用；（2）若用药后出现皮肤过敏反应需及时停用；（3）不可内服；（4）忌食辛辣、海鲜、油腻及刺激性食物；（5）孕妇禁用。

【规格】每瓶装 1.5 g。

【贮藏】密封。

《中华人民共和国药典临床用药须知·中药成方制剂卷（2020 年版）》

23. 清肠化痔

2230355 消痔丸
Xiaozhi Wan

【处方】地榆（炒炭） 牡丹皮 三颗针皮（炒炭） 大黄（酒炒） 黄芪 白及 槐角（蜜炙） 防己 白术（炒） 当归（酒炒） 火麻仁（炒黄） 动物大肠

【性状】本品为黑褐色的大蜜丸；味甘、苦。

【功能与主治】消肿生肌，清热润便，补气固脱，止血，止痛。用于痔疾肿痛，便秘出血，脱肛不收以及肠风下血，积滞不化。

【用法用量】口服。一次 1 丸，一日 3 次，小儿酌减。

【注意事项】孕妇禁用。

【规格】每丸重 9 g。

【贮藏】密闭，防潮。

《中华人民共和国药典临床用药须知·中药成方制剂卷（2020 年版）》

2230356 痔疮栓
Zhichuang Shuan

【处方】柿蒂 大黄 冰片 芒硝 田螺壳 橄榄核（炒炭）

【性状】本品为黑褐色的鱼雷形栓剂。

【功能与主治】清热通便，止血，消肿止痛，收敛固脱。用于各期内痔、混合痔之内痔部分，轻度脱垂等。

【用法用量】直肠给药。一次 1 粒，一日 2～3 次，使用前可以花椒水或温开水坐浴，7

天为一疗程或遵医嘱。

【注意事项】（1）本品为直肠给药，不可内服；（2）忌烟酒及辛辣、油腻、刺激性食物；（3）过敏体质者慎用，对本品过敏者停用。

【规格】每粒重 2 g（含芒硝 46 mg）。

【贮藏】密闭，置凉暗处。

《中华人民共和国药典临床用药须知·中药成方制剂卷（2020 年版）》

2230357　马应龙麝香痔疮膏
Mayinglong Shexiang Zhichuang Gao

【处方】人工麝香　人工牛黄　珍珠　煅炉甘石粉　硼砂　冰片　琥珀

【性状】本品为浅灰黄色或粉红色的软膏；气香，有清凉感。

【功能与主治】清热燥湿，活血消肿，去腐生肌。用于湿热瘀阻所致的各类痔疮、肛裂，症见大便出血，或疼痛、有下坠感；亦用于肛周湿疹。

【用法用量】外用。涂擦患处。

【注意事项】孕妇禁用。

【贮藏】遮光，密闭。

《中华人民共和国药典（2020 年版）》

24. 清热凉血

2240358　九华痔疮栓
Jiuhua Zhichuang Shuan

【处方】大黄　厚朴　侧柏叶（炒）　紫草　浙贝母　白及　冰片

【性状】本品为棕褐色至棕黑色的长圆锥形栓剂；气特异。

【功能与主治】清热凉血，化瘀止血，消肿止痛。用于血热毒盛所致的痔疮、肛裂等肛肠疾患。

【用法用量】外用。大便后或临睡前用温水洗净肛门，塞入栓剂 1 粒，一日 1 次；痔疮严重或出血量较多者，早晚各塞 1 粒。

【注意事项】（1）孕妇禁用；（2）本品不可内服；（3）忌食辛辣、海鲜、油腻及刺激性食物。

【规格】每粒重 2.1 g。

【贮藏】密闭，置阴凉干燥处。

《中华人民共和国药典临床用药须知·中药成方制剂卷（2020 年版）》

2240359　地榆槐角丸
Diyu Huaijiao Wan

【处方】地榆炭　蜜槐角　炒槐花　大黄　黄芩　地黄　当归　赤芍　红花　防风

荆芥穗　麸炒枳壳

【性状】本品为黑色的大蜜丸或水蜜丸；气微，味苦、涩。

【功能与主治】疏风凉血，泻热润燥。用于脏腑实热、大肠火盛所致的肠风便血、痔疮肛瘘、湿热便秘，肛门肿痛。

【用法用量】口服。水蜜丸一次 5 g，大蜜丸一次 1 丸，一日 2 次。

【注意事项】（1）忌食辛辣；（2）孕妇忌服。

【规格】（1）水蜜丸每 100 丸重 10 g；（2）大蜜丸每丸重 9 g。

【贮藏】密闭，防潮。

《中华人民共和国药典（2020 年版）》

2240360　肛泰软膏

Gangtai Ruangao

【处方】地榆炭　盐酸小檗碱　五倍子　盐酸罂粟碱　冰片

【性状】本品为黄褐色至深褐色的软膏；气香。

【功能与主治】凉血止血，清热解毒，燥湿敛疮，消肿止痛。用于湿热瘀阻所引起的内痔、外痔、混合痔所出现的便血、肿胀、疼痛。

【用法用量】肛门给药。一次 1 g，一日 1～2 次，或遵医嘱，睡前或便后外用。使用时先将患部用温水洗净，擦干，然后将药管上的盖拧下，揭掉封口膜，用药前取出给药管，套在药管上拧紧，插入肛门内适量给药或外涂于患部。

【注意事项】孕妇禁用。

【规格】每支装 10 g。

【贮藏】遮光，密闭。

《中华人民共和国药典（2020 年版）》

2240361　五福化毒丸

Wufu Huadu Wan

【处方】水牛角浓缩粉　连翘　青黛　黄连　炒牛蒡子　玄参　地黄　桔梗　芒硝　赤芍　甘草

【性状】本品为黑色的水蜜丸、小蜜丸或大蜜丸；味甜、微苦、咸。

【功能与主治】清热解毒，凉血消肿。用于血热毒盛，小儿疮疖，痱毒，咽喉肿痛，口舌生疮，牙龈出血，痄腮。

【用法用量】口服。水蜜丸一次 2 g，小蜜丸一次 3 g（15 丸），大蜜丸一次 1 丸，一日 2～3 次。

【规格】（1）水蜜丸每 100 粒重 10 g；（2）小蜜丸每 100 丸重 20 g；（3）大蜜丸每丸重 3 g。

【贮藏】密封。

《中华人民共和国药典（2020 年版）》

25. 消核散结

2250362　乳增宁胶囊
Ruzengning Jiaonang

【处方】艾叶　淫羊藿　柴胡　川楝子　天冬　土贝母

【性状】本品为硬胶囊，内容物为棕黄色至棕褐色的粉末；气微，味苦。

【功能与主治】疏肝散结，调理冲任。用于冲任失调、气郁痰凝所致乳癖，症见乳房结节、一个或多个、大小形状不一、质柔软，或经前胀痛、腰酸乏力、经少色淡；乳腺增生病见上述证候者。

【用法用量】口服。一次 4 粒，一日 3 次。

【注意事项】孕妇慎用。

【规格】每粒装 0.5 g。

【贮藏】密封。

《中华人民共和国药典（2020 年版）》

2250363　乳块消胶囊
Rukuaixiao Jiaonang

【处方】橘叶　丹参　皂角刺　王不留行　川楝子　地龙

【性状】本品为硬胶囊，内容物为棕色至棕褐色颗粒，味苦。

【功能与主治】疏肝理气，活血化瘀，消散乳块。用于肝气郁结，气滞血瘀，乳腺增生，乳房胀痛。

【用法用量】口服。一次 4 ~6 粒，一日 3 次。

【注意事项】孕妇忌服。

【规格】每粒装 0.3 g。

【贮藏】密封。

《中华人民共和国药典（2020 年版）》

2250364　乳癖散结胶囊
Rupi Sanjie Jiaonang

【处方】夏枯草　川芎（酒炙）　僵蚕（麸炒）　鳖甲（醋制）　柴胡（醋制）　赤芍（酒炒）　玫瑰花　莪术（醋制）　当归（酒炙）　延胡索（醋制）　牡蛎

【性状】本品为硬胶囊，内容物为灰褐色至棕褐色的颗粒和粉末；气微、味苦、微咸。

【功能与主治】行气活血，软坚散结。用于气滞血瘀所致的乳腺增生病，症见乳房疼痛、乳房肿块、烦躁易怒、胸胁胀满。

【用法用量】口服。一次 4 粒，一日 3 次；45 天为一疗程，或遵医嘱。

【注意事项】（1）孕妇忌服；（2）月经量过多者，经期慎服；（3）偶见口干、恶心、便秘，一般不影响继续治疗，必要时对症处理。

【规格】每粒装 0.53 g。

【贮藏】密封，置阴凉干燥处。

《中华人民共和国药典（2020 年版）》

2250365　复方夏枯草膏

Fufang Xiakucao Gao

【处方】夏枯草　香附（制）　甘草　僵蚕（麸炒）　白芍（麸炒）　当归　陈皮　桔梗　川芎　红花　昆布（漂）　浙贝母　玄参　乌药

【性状】本品为棕褐色稠膏，味甜而微咸。

【功能与主治】清火散结，用于瘿瘤瘰疬，结核作痛。

【用法用量】温开水冲服。一次 9 ~ 15 g，一日 2 次。

【注意事项】感冒时暂停服用。

【贮藏】密封，置阴凉处。

《中华人民共和国药典临床用药须知・中药成方制剂卷（2020 年版）》

2250366　小金胶囊

Xiaojin Jiaonang

【处方】人工麝香　木鳖子（去壳去油）　制草乌　枫香脂　醋乳香　醋没药　醋五灵脂　酒当归　地龙　香墨

【性状】本品为硬胶囊，内容物为黑褐色的颗粒或黄褐色至棕褐色的粉末；气香，味微苦。

【功能与主治】散结消肿，化瘀止痛。用于阴疽初起，皮色不变，肿硬作痛，多发性脓肿，瘿瘤，瘰疬，乳岩，乳癖。

【用法用量】口服。一次 3 ~ 7 粒〔规格（1）〕，一次 4 ~ 10 粒〔规格（2）〕，一日 2 次；小儿酌减。

【注意事项】孕妇禁用。

【规格】（1）每粒装 0.35 g；（2）每粒装 0.30 g。

【贮藏】密封。

《中华人民共和国药典（2020 年版）》

26. 活血通脉

2260367　脉络宁注射液

Mailuoning Zhusheye

【处方】牛膝　玄参　金银花　石斛

【性状】本品为黄棕色至红棕色的澄明液体。

【功能与主治】养阴清热，活血祛瘀。用于阴虚内热、血脉瘀阻所致的脱疽，症见患肢红肿热痛、破溃；血栓闭塞性脉管炎、动脉硬化性闭塞症、静脉血栓形成见上述证候者。亦用于脑梗死阴虚风动、瘀毒阻络证，症见半身不遂、口舌歪斜、偏身麻木、语言不利。

【用法用量】静脉滴注。一次 10～20 ml，一日一次；用5%葡萄糖注射液或氯化钠注射液 250～500 ml 稀释后使用，10～14 天为一疗程，重症患者可连续使用 2～3 个疗程。

【注意事项】（1）孕妇禁用；（2）用药过程中出现过敏反应需及时停药；（3）忌食辛辣、海鲜、油腻及刺激性食物；（4）若发现浑浊、沉淀、变色、漏气或瓶身细微破裂，均不得使用。

【规格】每支装 10 ml（相当于总药材 100 g）。

【贮藏】密封，遮光。

《中华人民共和国药典临床用药须知·中药成方制剂卷（2020 年版）》

2260368　脉络舒通颗粒

Mailuoshutong Keli

【处方】黄芪　金银花　黄柏　苍术　薏苡仁　玄参　当归　白芍　甘草　水蛭　蜈蚣　全蝎

【性状】本品为浅黄棕色至棕褐色的颗粒；气微腥，味甜、微苦。

【功能与主治】清热解毒，化瘀通络，祛湿消肿。用于湿热瘀阻脉络所致的血栓性浅静脉炎，非急性期深静脉血栓形成所致的下肢肢体肿胀、疼痛、肤色暗红或伴有条索状物。

【用法用量】口服。一次 1 袋，一日 3 次。

【注意事项】（1）孕妇禁用；（2）肝肾功能不全者及有出血性疾病或凝血机制障碍者慎用；（3）深静脉血栓形成初发一周内的患者勿用；（4）忌食辛辣及刺激性食物。

【规格】每袋装 20 g（无蔗糖）。

【贮藏】密封。

《中华人民共和国药典（2020 年版）》

2260369　脉管复康胶囊

Maiguanfukang Jiaonang

【处方】丹参　鸡血藤　郁金　乳香　没药

【性状】本品为硬胶囊，内容物为棕褐色的粉末；味甘、微苦，气微香。

【功能与主治】活血化瘀、通经活络。用于瘀血阻滞，脉管不通引起的脉管炎、硬皮病、动脉硬化性下肢血管闭塞症，对冠心病、脑血栓后遗症也有一定治疗作用。

【用法用量】口服，一次 4 粒，一日 3 次。

【注意事项】（1）经期减量，孕妇及肺结核患者慎用；（2）本品宜饭前服用；（3）孕妇禁用。

【规格】每粒装 0.45 g。

【贮藏】密封。

《中华人民共和国药典临床用药须知·中药成方制剂卷（2020年版）》

2260370　长春红药片

Changchun Hongyao Pian

【处方】三七　草乌　制川乌　莲子心　当归　骨碎补（烫）　石菖蒲　蒲公英　小蓟　乳香（炒）　没药（炒）　仙鹤草　冰片　红花　菊花　栀子　重楼　朱砂　延胡索（醋制）

【性状】本品为糖衣片，除去包衣后显棕黄色；具冰片气，味微苦。

【功能与主治】活血化瘀，消肿止痛。用于跌打损伤，瘀血作痛。

【用法用量】黄酒或温开水送服。一次5~6片，一日3次。

【注意事项】(1) 孕妇及哺乳期妇女禁用；(2) 肝肾功能不全、造血系统疾病患者禁用；(3) 本品含朱砂，不宜长期服用；(4) 本品不宜饭后使用；(5) 服用本品超过1周者，应检查血、尿中汞离子浓度，检查肝、肾功能，超过规定限度者立即停用。

【贮藏】密闭，防潮。

《中华人民共和国药典临床用药须知·中药成方制剂卷（2020年版）》

2260371　脉络宁口服液

Mailuoning Koufuye

【处方】牛膝　玄参　金银花　石斛

【性状】本品为棕褐色澄清液体；味苦、微甜。

【功能与主治】养阴清热，活血祛瘀。用于阴虚内热、血脉瘀阻所致的脱疽，症见患肢红肿热痛、破溃、持续性静止痛，夜间为甚，兼见腰膝酸软、口干欲饮；血栓闭塞性脉管炎、动脉硬化性闭塞症见上述证候者。亦用于脑梗死阴虚风动、瘀毒阻络证，症见半身不遂、口舌歪斜、偏身麻木、语言不利。

【用法用量】口服。一次20 ml，一日3次。

【注意事项】(1) 孕妇禁用；(2) 属阴寒证者慎用；(3) 脑出血患者慎用；(4) 有出血倾向的患者慎用；(5) 下肢深静脉血栓形成性期7天内慎用；(6) 忌食辛辣、海鲜、油腻及刺激性食物。

【规格】(1) 每支装10 ml；(2) 每支装20 ml。

【贮藏】密封。

《中华人民共和国药典临床用药须知·中药成方制剂卷（2020年版）》

27. 息风解毒

2270372　玉真散

Yuzhen San

【处方】生白附子　防风　生天南星　白芷　天麻　羌活

【性状】本品为淡黄色至淡黄棕色的粉末；气香，味麻辣。

【功能与主治】熄风，镇痉，解痛。用于金创受风所致的破伤风，症见筋脉拘急、手足抽搐，亦可外治跌扑损伤。

【用法用量】口服。一次 1～1.5 g，或遵医嘱。外用，取适量敷于患处。

【注意事项】孕妇禁用。

【规格】每瓶装 1.5 g。

【贮藏】密封，防潮。

《中华人民共和国药典（2020 年版）》

三、皮肤科类

28. 清热消痤

3280373　金花消痤丸
Jinhua Xiaocuo Wan

【处方】黄芩（炒）　黄连　黄柏　栀子（炒）　大黄（酒炙）　金银花　薄荷　桔梗　甘草

【性状】本品为黑色的浓缩水丸，丸心为黑褐色；味苦。

【功能与主治】清热泻火，解毒消肿。用于肺胃热盛所致的粉刺、口舌生疮、胃火牙痛、咽喉肿痛、目赤、便秘、尿黄赤。

【用法用量】口服。一次 4 g，一日 3 次。

【注意事项】（1）孕妇禁用；（2）脾胃虚寒者慎用；（3）哺乳期慎用；（4）饮食宜清淡，忌食辛辣食物。

【规格】（1）每袋装 4 g；（2）每瓶装 72 g。

【贮藏】密封。

《中华人民共和国药典临床用药须知·中药成方制剂卷（2020 年版）》

3280374　清热暗疮片
Qingre Anchuang Pian

【处方】金银花　穿心莲　蒲公英　栀子　山豆根　大黄　牛黄　珍珠层粉　甘草

【性状】本品为糖衣片，除去糖衣后呈棕褐色；气微，味苦。

【功能与主治】清热解毒，泻火通腑。用于肺胃积热所致的粉刺、疖，症见颜面部粉刺、脓疱、皮肤硬结、疼痛、顶部有脓头、大便干、小便黄。

【用法用量】口服。一次 2～4 片，一日 3 次。14 天为一疗程。

【注意事项】(1) 孕妇禁用；(2) 脾胃虚寒症见腹痛、喜暖、泄泻者禁用；(3) 对本品及所含成分过敏者禁用；(4) 保持面部卫生，切忌以手挤压患处。不宜滥用化妆品及外涂药物；(5) 哺乳期妇女慎用；(6) 严格按用法用量服用，本品不宜长期服用；(7) 服药后出现胃脘不适，食欲减少，大便溏稀者应停用；(8) 对本品过敏者禁用，过敏体质者慎用。

【规格】每片重 0.21 g。

【贮藏】密闭，防潮。

《中华人民共和国药典临床用药须知·中药成方制剂卷（2020 年版）》

3280375　化瘀祛斑胶囊

Huayu Quban Jiaonang

【处方】柴胡　薄荷　黄芩　当归　红花　赤芍

【性状】本品为硬胶囊，内容物为黄棕色至棕褐色的颗粒和粉末；味辛、微苦。

【功能与主治】疏风清热，活血化瘀。用于黄褐斑、酒齇、粉刺属风热瘀阻证者。

【用法用量】口服。一次 5 粒，一日 2 次。

【规格】每粒装 0.32 g。

【贮藏】密封。

《中华人民共和国药典（2020 年版）》

3280376　当归苦参丸

Danggui Kushen Wan

【处方】当归　苦参

【性状】本品为黄褐色的大蜜丸；气微，味苦。

【功能与主治】活血化瘀，燥湿清热。用于湿热瘀阻所致的粉刺、酒皶，症见颜面、胸背粉刺疙瘩，皮肤红赤发热，或伴脓头、硬结、酒皶鼻、鼻赤。

【用法用量】口服。一次 1 丸，一日 2 次。

【注意事项】(1) 孕妇禁用；(2) 脾胃虚寒者慎用；(3) 忌食辛辣、油腻及海鲜食物；(4) 切忌用手挤压患处，特别是鼻唇周围。

【规格】每丸重 9 g。

【贮藏】密封。

《中华人民共和国药典临床用药须知·中药成方制剂卷（2020 年版）》

29. 清热祛湿

3290377　皮肤康洗液

Pifukang Xiye

【处方】金银花　蒲公英　马齿苋　土茯苓　蛇床子　白鲜皮　地榆　大黄　赤芍　甘草

【性状】本品为棕褐色的略黏稠液体，气香。

【功能与主治】清热解毒，除湿止痒。用于湿热蕴结所致的湿疮、阴痒，症见皮肤红斑、丘疹、水疱、糜烂、瘙痒或白带量多、阴部瘙痒；急性湿疹、阴道炎见上述证候者。

【用法用量】急性湿疹：一次适量，外搽皮损处，有糜烂面者可稀释5倍后湿敷，一日2次。妇科：用药前，先用水洗净局部后，用蒸馏水将10 ml药液稀释5倍，用带尾线的棉球浸泡药液后置于阴道内，每晚换药一次，或遵医嘱。

【注意事项】(1) 孕妇禁用；(2) 阴性疮疡禁用；(3) 皮肤干燥、肥厚伴有裂口者不宜使用；(4) 月经期、患有重度宫颈糜烂者禁用；(5) 用药部位出现烧灼感、瘙痒、红肿时应立即停用，并用清水洗净；(6) 治疗阴痒（阴道炎）期间每日应清洁外阴，并忌房事。

【规格】每瓶装50 ml。

【贮藏】密闭，置阴凉处。

《中华人民共和国药典临床用药须知·中药成方制剂卷（2020年版）》

3290378 甘霖洗剂

Ganlin Xiji

【处方】甘草 苦参 土荆皮 白鲜皮 薄荷脑 冰片

【性状】本品为棕黄色液体，气香。

【功能与主治】清热除湿，祛风止痒。用于风湿热蕴肌肤所致皮肤瘙痒和下焦湿热导致的外阴瘙痒。

【用法用量】外用。皮肤瘙痒：取本品适量，稀释20倍，外搽患处，一日3次。外阴瘙痒：取本品适量，稀释10倍，冲洗外阴和阴道，再用带尾线的棉球浸稀释5倍的药液，置于阴道内，次日取出，一日1次。患者使用本品后，无须再用水冲洗。

【注意事项】(1) 对酒精过敏者禁用；(2) 月经期不宜使用；(3) 孕妇慎用；(4) 局部皮肤有明显破损者不宜使用。

【规格】(1) 每瓶装80 ml；(2) 每瓶装150 ml。

【贮藏】密封。

《中华人民共和国药典临床用药须知·中药成方制剂卷（2020年版）》

3290379 湿疹散

Shizhen San

【处方】黄柏 大黄 苦参 蛇床子 侧柏叶 马齿苋 芙蓉叶 炉甘石（制） 陈小麦粉（炒黄） 珍珠母（煅） 枯矾 冰片 甘草

【性状】本品为淡黄绿色粉末，气芳香，味苦。

【功能与主治】清热解毒，祛风止痒，收湿敛疮。用于急、慢性湿疹，脓疱疮。

【用法用量】取少许外敷患处。

【注意事项】(1) 饮食宜清淡，忌食辛辣食物；(2) 避免热水烫洗、搔抓、过度洗拭。

【规格】每袋装 30 g。

【贮藏】密封。

《中华人民共和国药典临床用药须知·中药成方制剂卷（2020 年版）》

3290380 湿毒清胶囊

Shiduqing Jiaonang

【处方】地黄 当归 丹参 蝉蜕 苦参 白鲜皮 甘草 黄芩 土茯苓

【性状】本品为硬胶囊，内容物为浅黄棕色至棕褐色的粉末；味微苦。

【功能与主治】养血润肤，祛风止痒。用于血虚风燥所致的风瘙痒，症见皮肤干燥、脱屑、瘙痒，伴有抓痕、血痂、色素沉着；皮肤瘙痒症见上述证候者。

【用法用量】口服。一次 3 ~4 粒，一日 3 次。

【注意事项】（1）孕妇及过敏体质者慎用；（2）忌食辛辣、海鲜之品。

【规格】每粒装 0.5 g。

【贮藏】密封。

《中华人民共和国药典（2020 年版）》

30. 活血祛风

3300381 白灵片

Bailing Pian

【处方】当归 赤芍 牡丹皮 三七 桃仁 红花 防风 白芷 苍术 黄芪 马齿苋

【性状】本品为糖衣片，除去糖衣后显棕褐色；气微香，味微苦。

【功能与主治】活血化瘀，祛风通络。用于经络阻隔、气血不和所致白癜风，症见白斑散在不对称、边界较清楚、皮色苍白。

【用法用量】口服。一次 4 片，一日 3 次；同时使用外搽白灵酊涂患处，一日 3 次。3 个月为一疗程。

【注意事项】（1）孕妇禁用；（2）阴血亏虚者慎用；（3）月经量多者，经期应停用。

【贮藏】密封。

《中华人民共和国药典临床用药须知·中药成方制剂卷（2020 年版）》

3300382 白蚀丸

Baishi Wan

【处方】紫草 灵芝 降香 盐补骨脂 丹参 红花 制何首乌 海螵蛸 牡丹皮 黄药子 苍术（泡） 甘草 蒺藜 龙胆

【性状】本品为黑色的包衣浓缩水丸，除去包衣后显棕褐色；味苦。

【功能与主治】补益肝肾，活血祛瘀，养血驱风。用于肝肾不足、血虚风盛所致的白癜风，症见白斑色乳白、多有对称、边界清楚，病程较久，伴有头晕目眩、腰膝酸痛。

【用法用量】口服。一次 2.5 g，10 岁以下小儿服量减半，一日 3 次。

【注意事项】（1）孕妇及肝肾功能不全者禁用；（2）服药过程患部宜常日晒。

【规格】每袋装 2.5 g。

【贮藏】密封。

《中华人民共和国药典（2020 年版）》

3300383　生发酊

Shengfa Ding

【处方】补骨脂　闹羊花　生姜

【性状】本品为棕色澄清液体；气香。

【功能与主治】温经通脉。用于经络阻隔、气血不畅所致的油风，症见头部毛发成片脱落、头皮光亮、无痛痒；斑秃见上述证候者。

【用法用量】外用。涂擦患处。一日 2～3 次。

【注意事项】（1）孕妇禁用；（2）局部皮肤有破损时不宜使用；（3）发生过敏反应时应停用；（4）切忌口服及误入眼内。

【规格】每瓶装 20 ml。

【贮藏】密封，置阴凉处。

《中华人民共和国药典临床用药须知·中药成方制剂卷（2020 年版）》

3300384　克银丸

Keyin Wan

【处方】土茯苓　白鲜皮　北豆根　拳参

【性状】本品为棕褐色的水蜜丸；味甜、微苦。

【功能与主治】清热解毒，祛风止痒。用于银屑病，血热风燥证。

【用法用量】口服。浓缩大蜜丸一次 2 丸；浓缩水蜜丸一次 10 g（100 粒），一日 2 次。

【注意事项】（1）肝功能异常者禁用；（2）饮食宜清淡，忌食辛辣食物。

【规格】（1）浓缩大蜜丸每丸重 6 g；（2）浓缩水蜜丸每 100 粒重 10 g。

【贮藏】密封。

《中华人民共和国药典临床用药须知·中药成方制剂卷（2020 年版）》

3300385　鱼鳞病片

Yulinbing Pian

【处方】当归　地黄　火麻仁　白鲜皮　苦参　威灵仙　苍术　防风　蝉蜕　地肤子　麻黄　红花　川芎　桂枝　甘草

【性状】本品为糖衣片，除去糖衣后显棕褐色；味苦。

【功能与主治】养血，祛风，通络。用于鱼鳞病。

【用法用量】口服。一次 6～8 片，一日 3 次，饭后半小时服。小儿酌减。半年为一疗程。

【注意事项】（1）孕妇禁用；（2）饮食宜清淡，忌食辛辣发物。

【规格】每片重 0.3 g。

【贮藏】密封。

《中华人民共和国药典临床用药须知·中药成方制剂卷（2020 年版）》

3300386　白癜风胶囊
Baidianfeng Jiaonang

【处方】补骨脂　黄芪　红花　川芎　当归　香附　桃仁　丹参　乌梢蛇　紫草　白鲜皮　山药　干姜　龙胆　蒺藜

【性状】本品为硬胶囊，内容物为棕黄色至棕褐色的粉末；味辛、微苦。

【功能与主治】活血行滞，祛风解毒。用于经络阻隔、气血不畅所致的白癜风，症见白斑散在分布、色泽苍白、边界较明显。

【用法用量】口服。一次 3～4 粒，一日 2 次。

【注意事项】孕妇慎用。

【规格】每粒装 0.45 g。

【贮藏】密封。

《中华人民共和国药典（2020 年版）》

31. 凉血活血

3310387　狼疮丸
Langchuang Wan

【处方】金银花　连翘　蒲公英　黄连　地黄　大黄（酒炒）　甘草　蜈蚣（去头尾足）　赤芍　当归　丹参　玄参　炒桃仁　红花　蝉蜕　浙贝母

【性状】本品为黑色的包衣水蜜丸，除去包衣显棕褐色至黑褐色；或为黑褐色的小蜜丸或大蜜丸；气微，味辛、涩、微苦。

【功能与主治】清热解毒，凉血活血。用于热毒壅滞、气滞血瘀所致的系统性红斑狼疮。

【用法用量】口服。水蜜丸一次 5.4 g，小蜜丸一次 10 g，大蜜丸一次 2 丸，一日 2 次；系统性红斑狼疮急性期：一次服用量加 1 倍，一日 3 次。

【注意事项】孕妇禁用。

【规格】水蜜丸每 100 丸重 30 g；大蜜丸每丸重 5 g。

【贮藏】密封。

《中华人民共和国药典（2020 年版）》

3310388 消银胶囊
Xiaoyin Jiaonang

【处方】地黄 牡丹皮 赤芍 当归 苦参 金银花 玄参 牛蒡子 蝉蜕 白鲜皮 防风 大青叶 红花

【性状】本品为硬胶囊，内容物为棕褐色的颗粒及粉末；味苦。

【功能与主治】清热凉血，养血润肤，祛风止痒。用于血热风燥型白疕和血虚风燥型白疕，症见皮疹为点滴状、基底鲜红色、表面覆有银白色鳞屑或皮疹表面覆有较厚的银白色鳞屑、较干燥、基底淡红色、瘙痒较甚。

【用法用量】口服。一次 5 ~7 粒，一日 3 次。一个月为一疗程。

【规格】每粒装 0. 3 g。

【贮藏】密封，置阴凉处。

《中华人民共和国药典（2020 年版）》

3310389 复方青黛胶囊
Fufang Qingdai Jiaonang

【处方】青黛 紫草 土茯苓 萆薢 蒲公英 马齿苋 绵马贯众 丹参 白鲜皮 白芷 乌梅 南五味子（酒蒸） 建曲 焦山楂

【性状】本品为胶囊剂，内容物为灰褐色至紫褐色的颗粒和粉末；气微，味微苦、酸。

【功能与主治】清热凉血，解毒消斑。用于血热所致的白疕、血风疮，症见皮疹色鲜红、筛状出血明显、鳞屑多、瘙痒明显，或皮疹为圆形、椭圆形红斑，上附糠状鳞屑、有母斑；银屑病进行期、玫瑰糠疹见上述证候者。

【用法用量】口服。一次 4 粒，一日 3 次。

【注意事项】（1）孕妇禁用；（2）脾胃虚寒者慎用；（3）忌食白酒、辛辣、厚味及刺激性食物；（3）老年体弱及哺乳期妇女慎用；（4）儿童药量不宜过大；（5）过敏体质者慎用；（6）本品含青黛，连服四周以上应定期检查血象及肝功能。

【规格】每粒装 0. 5 g。

【贮藏】密封。

《中华人民共和国药典临床用药须知·中药成方制剂卷（2020 年版）》

32. 养血生发

3320390 养血生发胶囊
Yangxue Shengfa Jiaonang

【处方】熟地黄 当归 羌活 木瓜 川芎 白芍 菟丝子 天麻 制何首乌

【性状】本品为硬胶囊，内容物为深棕色的颗粒和粉末；味辛、微苦。

【功能与主治】养血祛风，益肾填精。用于血虚风盛、肾精不足所致的脱发，症见毛发松动或呈稀疏状脱落、毛发干燥或油腻、头皮瘙痒；斑秃、全秃、脂溢性脱发与病后、产后脱发见上述证候者。

【用法用量】口服。一次4粒，一日2次。

【规格】每粒装0.5 g。

【贮藏】密封。

《中华人民共和国药典（2020年版）》

3320391　滋补生发片
Zibu Shengfa Pian

【处方】当归　地黄　川芎　桑椹　黄芪　黑芝麻　桑叶　制何首乌　菟丝子　枸杞子　侧柏叶　熟地黄　女贞子　墨旱莲　鸡血藤

【性状】本品为糖衣片或薄膜衣片，除去包衣后显棕色至黑褐色；气微，味苦。

【功能与主治】滋补肝肾，益气养荣，活络生发。用于脱发症。

【用法用量】口服。一次6~8片，一日3次，小儿酌减。

【注意事项】孕妇及合并其他疾病者遵医嘱。

【规格】（1）糖衣片片心重0.30 g；（2）糖衣片片心重0.38 g；（3）薄膜衣片每片重0.31 g；（4）薄膜衣片每片重0.38 g。

【贮藏】密封。

《中华人民共和国药典（2020年版）》

3320392　斑秃丸
Bantu Wan

【处方】地黄　熟地黄　制何首乌　当归　丹参　炒白芍　五味子　羌活　木瓜

【性状】本品为棕黑色的水蜜丸或黑褐色的大蜜丸；味甜而后涩。

【功能与主治】补益肝肾，养血生发。用于肝肾不足、血虚风盛所致的油风，症见毛发成片脱落或至全部脱落，多伴有头晕失眠、目眩耳鸣、腰膝酸软；斑秃、全秃、普秃见上述证候者。

【用法用量】口服。水蜜丸一次5 g；大蜜丸一次1丸，一日3次。

【注意事项】（1）本品不适用假发斑秃（患处头皮萎缩，不见毛囊口）及脂溢性皮炎；（2）忌食辛辣食品。

【规格】（1）水蜜丸每10丸重1 g；（2）大蜜丸每丸重9 g。

【贮藏】密封。

《中华人民共和国药典（2020年版）》

33. 祛风止痒

3330393 乌蛇止痒丸
Wushe Zhiyang Wan

【处方】乌梢蛇（白酒炙） 防风 蛇床子 关黄柏 苍术（泡） 红参须 牡丹皮 蛇胆汁 苦参 人工牛黄 当归

【性状】本品为黑色的包衣浓缩水丸，除去包衣后显棕褐色；气香，味苦、辛。

【功能与主治】养血祛风，燥湿止痒。用于风湿热邪蕴于肌肤所致的瘾疹、风瘙痒，症见皮肤风团色红、时隐时现、瘙痒难忍，或皮肤瘙痒不止、皮肤干燥、无原发皮疹；慢性荨麻疹、皮肤瘙痒症见上述证候者。

【用法用量】口服。一次 2.5 g，一日 3 次。

【注意事项】孕妇慎用。

【规格】每 10 丸重 1.25 g。

【贮藏】密封。

《中华人民共和国药典（2020 年版）》

3330394 消风止痒颗粒
Xiaofeng Zhiyang Keli

【处方】地黄 苍术（炒） 石膏 地骨皮 木通 亚麻子 荆芥 防风 蝉蜕 当归 甘草

【性状】本品为浅棕色颗粒或方形块状；气香，味甜。

【功能与主治】清热除湿，消风止痒。用于风湿热邪蕴阻肌肤所致的湿疮、风瘙痒、小儿瘾疹，症见皮肤丘疹、水疱、抓痕、血痂，或见梭形或纺锤形水肿性风团、中央出现小水疱、瘙痒剧烈；湿疹、皮肤瘙痒症、丘疹性荨麻疹见上述证候者。

【用法用量】口服。周岁以内一日 15 g，1 ~ 4 岁一日 30 g；5 ~ 9 岁一日 45 g；10 ~ 14 岁一日 60 g；15 岁以上一日 90 g。分 2 ~ 3 次服用；或遵医嘱。

【注意事项】（1）孕妇禁用；（2）阴血亏虚者不宜服用；（3）饮食宜清淡，易消化，忌辛辣、海鲜食物；（4）服药期间出现胃脘疼痛或腹泻时应及时停用。

【规格】（1）每袋装 15 g；（2）每块重 15 g。

【贮藏】密闭，防潮。

《中华人民共和国药典临床用药须知 · 中药成方制剂卷（2020 年版）》

3330395 冰黄肤乐软膏
Binghuang Fule Ruangao

【处方】大黄 姜黄 硫黄 黄芩 甘草 冰片 薄荷脑

【性状】本品为灰黄色的乳剂型软膏，具有冰片的特殊气。

【功能与主治】清热燥湿，活血祛风，止痒消炎。用于湿热蕴结或血热风燥引起的皮肤瘙痒；神经性皮炎、湿疹、足癣及银屑病瘙痒性皮肤病见上述证候者。

【用法用量】外用，涂搽患处。一日 3 次。

【规格】每支装 15 g。

【贮藏】遮光，密闭，置阴凉处。

《中华人民共和国药典（2020 年版）》

34. 杀虫止痒

3340396　癣湿药水

Xuanshi Yaoshui

【处方】土荆皮　蛇床子　大风子仁　百部　防风　当归　凤仙透骨草　侧柏叶　吴茱萸　花椒　蝉蜕　斑蝥

【性状】本品为深黄绿色的澄清液体；具醋酸的特臭。

【功能与主治】祛风除湿，杀虫止痒。用于风湿虫毒所致的鹅掌风、脚湿气，症见皮肤丘疹、水疱、脱屑，伴有不同程度瘙痒。

【用法用量】外用。擦于洗净的患处，一日 3～4 次；治疗灰指甲应先除去空松部分，使药易渗入。

【注意事项】切忌入口，严防触及眼、鼻、口腔等黏膜处。

【贮藏】密封。

《中华人民共和国药典（2020 年版）》

3340397　复方土槿皮酊

Fufang Tujinpi Ding

【处方】土槿皮　苯甲酸　水杨酸

【性状】本品为棕红色的透明液体。

【功能与主治】杀菌，止痒。适用于趾痒、皮肤瘙痒、一般癣疾。

【用法用量】外用。用软毛刷蘸药涂皮肤与皮损部位。涂药后用聚乙烯塑料薄膜包封。每 5 天换药一次（详细用法遵医嘱）。

【注意事项】（1）皮肤局部如有继发性感染破裂或溃烂者，不宜使用；（2）有强烈刺激性，外阴部慎用，勿使药液进入体腔和眼睛；（3）小儿勿用；（4）用后密闭保存。

【规格】每瓶装 15 ml（每 1 ml 的总酸量为 187.5 mg）。

【贮藏】密封。

《中华人民共和国药典临床用药须知·中药成方制剂卷（2020 年版）》

3340398　脚气散
Jiaoqi San

【处方】枯矾　白芷　荆芥穗

【性状】本品为浅土黄色的粉末；气芳香。

【功能与主治】燥湿收敛，祛风止痒。用于湿热浸淫肌肤所致的脚湿气，症见趾缝湿烂浸渍、瘙痒难忍。

【用法用量】外用。取本品适量撒于患处。

【注意事项】（1）不适宜鳞屑角化型足癣；（2）饮食宜清淡，忌食辛辣、油腻食物；（3）使用本品若出现恶寒发热、患肢肿胀、触之灼热、痒痛、附近淋巴结肿大者，应采用其他适当方法治疗；（4）切忌内服；（5）使用前应清洗患处，忌用热水洗烫。

【规格】每袋装 12 g。

【贮藏】密闭，防潮。

《中华人民共和国药典临床用药须知·中药成方制剂卷（2020 年版）》

四、妇科类

35. 调经剂

（1）活血调经

4351399　益母草胶囊
Yimucao Jiaonang

【处方】益母草

【性状】本品为硬胶囊，内容物为浅棕黄色至黄褐色的粉末；味苦。

【功能与主治】活血调经。用于血瘀所致的月经不调、产后恶露不绝，症见经水量少，淋漓不净、产后出血时间过长；产后子宫复旧不全见上述证候者。

【用法用量】口服。一次 2 ~ 4 粒，一日 3 次。

【注意事项】孕妇禁用。

【规格】每粒装 0.36 g（相当于饮片 2.5 g）。

【贮藏】密封。

《中华人民共和国药典（2020 年版）》

4351400　妇科通经丸
Fuke Tongjing Wan

【处方】巴豆（制）　干漆（炭）　醋香附　红花　大黄（醋炙）　沉香　木香　醋莪术

醋三棱　郁金　黄芩　艾叶（炭）　醋鳖甲　硇砂（醋制）　醋山甲

【性状】本品为朱红色的蜡丸，除去包衣后显黄褐色；气微，味微咸。

【功能与主治】破瘀通经，软坚散结。用于气血瘀滞所致的闭经、痛经、癥瘕，症见经水日久不行、小腹疼痛、拒按、腹有癥块、胸闷、喜叹息。

【用法用量】每早空腹，小米汤或黄酒送服。一次 3 g，一日 1 次。

【注意事项】（1）气血虚弱引起的经闭腹痛，便溏及孕妇忌服；（2）服药期间，忌食生冷、辛辣食物及荞麦面等。

【规格】每 10 丸重 1 g。

【贮藏】密封。

《中华人民共和国药典（2020 年版）》

4351401　大黄䗪虫丸

Dahuang Zhechong Wan

【处方】熟大黄　土鳖虫（炒）　水蛭（制）　虻虫（去翅足，炒）　蛴螬（炒）　干漆（煅）　桃仁　炒苦杏仁　黄芩　地黄　白芍　甘草

【性状】本品为黑色的水蜜丸、小蜜丸或大蜜丸；气浓，味甘、微苦。

【功能与主治】活血破瘀，通经消癥。用于瘀血内停所致的癥瘕、闭经，症见腹部肿块、肌肤甲错、面色黯黑、潮热羸瘦、经闭不行。

【用法用量】口服。水蜜丸一次 3 g，小蜜丸一次 3 ~ 6 丸，大蜜丸一次 1 ~ 2 丸，一日 1 ~ 2 次。

【注意事项】孕妇禁用；皮肤过敏者停服。

【规格】大蜜丸每丸重 3 g。

【贮藏】密封。

《中华人民共和国药典（2020 年版）》

4351402　当归芍药颗粒

Danggui Shaoyao Keli

【处方】白芍　当归　川芎　白术　茯苓　泽泻

【性状】本品为浅黄色至棕黄色颗粒；气微，味甜、微苦。

【功能与主治】养血疏肝，健脾利湿，活血调经。用于血虚、肝郁、脾虚型的原发性痛经。

【用法用量】口服。一次 3 g，一日 3 次。经前 3 天开始服药，连服 10 天，3 个月经周期为一疗程。

【注意事项】孕妇慎用。

【规格】每袋装 3 g。

【贮藏】密封。

《中华人民共和国药典临床用药须知・中药成方制剂卷（2020 年版）》

（2）行气活血

4352403　复方益母口服液

Fufang Yimu Koufuye

【处方】益母草　当归　川芎　木香

【性状】本品为黄棕色至棕色液体；味甜，微苦、辛。

【功能与主治】活血行气，化瘀止痛。用于气滞血瘀所致的痛经，症见月经期小腹胀痛拒按、经血不畅、血色紫黯成块、乳房胀痛、腰部疼痛。

【用法用量】口服。一次 20 ml，一日 2 次。

【注意事项】（1）孕妇禁用；（2）感冒时禁用；（3）气虚血瘀者慎用；（4）服药期间忌食辛凉、油腻食物。

【规格】每支 10 ml。

【贮藏】密封。

《中华人民共和国药典临床用药须知・中药成方制剂卷（2020 年版）》

4352404　七制香附丸

Qizhi Xiangfu Wan

【处方】醋香附　地黄　茯苓　当归　熟地黄　川芎　炒白术　白芍　益母草　艾叶（炭）　黄芩　酒萸肉　天冬　阿胶　炒酸枣仁　砂仁　醋延胡索　艾叶　粳米　盐小茴香　人参　甘草

【性状】本品为黄棕色至棕色的水丸；味咸、苦。

【功能与主治】舒肝理气，养血调经。用于气滞血虚所致的痛经、月经量少、闭经，症见胸胁胀痛、经行量少、行经小腹胀痛、经前双乳胀痛、经水数月不行。

【用法用量】口服。一次 6 g，一日 2 次。

【规格】每袋装 6 g。

【贮藏】密闭，防潮。

《中华人民共和国药典（2020 年版）》

4352405　妇科十味片

Fuke Shiwei Pian

【处方】醋香附　川芎　当归　醋延胡索　白术　甘草　大枣　白芍　赤芍　熟地黄　碳酸钙

【性状】本品为黄褐色的片或薄膜衣片，薄膜衣片除去包衣后显黄褐色；气微香，味微苦。

【功能与主治】养血舒肝，调经止痛。用于血虚肝郁所致月经不调、痛经、月经前后诸证，症见行经后错，经水量少、有血块，行经小腹疼痛，血块排出痛减，经前双乳胀痛、烦躁、食欲不振。

【用法用量】口服。一次 4 片，一日 3 次。

【规格】（1）素片每片重 0.3 g；（2）薄膜衣片每片重 0.33 g。

【贮藏】密封。

《中华人民共和国药典（2020 年版）》

4352406　香附丸

Xiangfu Wan

【处方】醋香附　当归　川芎　炒白芍　熟地黄　炒白术　砂仁　陈皮　黄芩

【性状】本品为棕褐色的水蜜丸或大蜜丸；气香，味微甘、微苦辛。

【功能与主治】舒肝健脾，养血调经。用于肝郁血虚、脾失健运所致的月经不调、月经前后诸症，症见经行前后不定期、经量或多或少、有血块，经前胸闷、心烦、双乳胀痛、食欲不振。

【用法用量】用黄酒或温开水送服。水蜜丸一次 9 ~ 13 g，大蜜丸一次 1 ~ 2 丸，一日 2 次。

【规格】（1）水蜜丸每 10 丸重 1 g；（2）大蜜丸每丸重 9 g。

【贮藏】密封。

《中华人民共和国药典（2020 年版）》

4352407　坤宁口服液

Kunning Koufuye

【处方】益母草　当归　赤芍　丹参　郁金　牛膝　枳壳　木香　荆芥炭　姜炭　茜草

【性状】本品为棕褐色的澄清液体，久置有轻微浑浊；味甘、苦、微辛。

【功能与主治】活血行气，止血调经。用于气滞血瘀所致的妇女月经过多，经期延长。

【用法用量】经期或阴道出血期间服用。口服。一次 20 ml，一日 3 次。

【注意事项】急性大出血者慎用。

【规格】每支装 10 ml。

【贮藏】密封，置阴凉处。

《中华人民共和国药典（2020 年版）》

（3）养血活血

4353408　当归流浸膏

Danggui Liujingao

【处方】当归

【性状】本品为棕褐色的液体；气特异，味先微甜后转苦麻。

【功能与主治】养血调经。用于血虚血瘀所致的月经不调、痛经。

【用法用量】口服。一次 3 ~ 5 ml，一日 9 ~ 15 ml。

【注意事项】（1）孕妇禁用；（2）湿热蕴结所致月经不调、痛经者不宜使用。

【贮藏】密封，置阴凉处。

《中华人民共和国药典临床用药须知·中药成方制剂卷（2020 年版）》

4353409　妇痛宁滴丸
Futongning Diwan

【处方】当归油

【性状】本品为肠溶滴丸，除去包衣后显棕黄色。

【功能与主治】养血，活血，止痛。用于血虚夹瘀所致痛经、产后腹痛，症见经行不畅、血色紫黯、小腹隐痛、产后小腹绵绵作痛。

【用法用量】口服。一次 10 ~ 15 粒，一日 1 ~ 2 次。

【注意事项】（1）湿热证者不宜使用；（2）孕妇慎用；（3）不宜食用寒凉食物。

【规格】（1）丸心重 20 mg；（2）丸心重 10 mg。

【贮藏】密封。

《中华人民共和国药典临床用药须知·中药成方制剂卷（2020 年版）》

4353410　安坤颗粒
Ankun Keli

【处方】牡丹皮　栀子　当归　白芍　墨旱莲　女贞子　白术　茯苓　益母草

【性状】本品为黄棕色或棕色的颗粒；味甜、微苦。

【功能与主治】滋阴清热，养血调经。用于阴虚血热所致的月经先期、月经量多、经期延长，症见月经期提前、经水量较多、行经天数延长、经色红质稀、腰膝酸软、五心烦热；放节育环后出血见上述证候者。

【用法用量】开水冲服。一次 10 g，一日 2 次。

【注意事项】（1）孕妇禁用；（2）脾胃虚寒者不宜使用；（3）服药期间饮食宜清淡易消化，忌食辛辣刺激食物；（4）本药中病即止，不可过量、久用。

【规格】每袋装 10 g。

【贮藏】密封。

《中华人民共和国药典临床用药须知·中药成方制剂卷（2020 年版）》

4353411　四物胶囊
Siwu Jiaonang

【处方】熟地黄　当归　白芍　川芎

【性状】本品为胶囊剂，内容物为棕色至棕褐色的粉末；气芳香，味微苦。

【功能与主治】调经养血。用于血虚所致的面色萎黄、头晕眼花、心悸气短及月经不调。

【用法用量】口服。一次 4 ~6 粒，一日 3 次。

【注意事项】(1) 孕妇禁用；(2) 血热所致月经提前、月经过多者不宜使用；(3) 服药时忌食生冷、油腻食物。

【规格】每粒装 0.5 g。

【贮藏】密封，置阴凉处。

《中华人民共和国药典临床用药须知·中药成方制剂卷（2020 年版）》

(4) 益气养血

4354412　八珍益母丸

Bazhen Yimu Wan

【处方】益母草　党参　麸炒白术　茯苓　甘草　当归　酒白芍　川芎　熟地黄

【性状】本品为棕黑色的水蜜丸、小蜜丸或大蜜丸；微有香气，味甜而微苦。

【功能与主治】益气养血，活血调经。用于气血两虚兼有血瘀所致的月经不调，症见月经周期错后、行经量少、淋漓不净、精神不振、肢体乏力。

【用法用量】口服。水蜜丸一次 6 g，小蜜丸一次 9 g，大蜜丸一次 1 丸，一日 2 次。

【规格】(1) 大蜜丸每丸重 9 g；(2) 水蜜丸每 10 丸重 1 g。

【贮藏】密封。

《中华人民共和国药典（2020 年版）》

4354413　当归养血丸

Danggui Yangxue Wan

【处方】当归　白芍（炒）　地黄　炙黄芪　阿胶　牡丹皮　香附（制）　茯苓　杜仲（炒）　白术（炒）

【性状】本品为暗棕色的水蜜丸；味甜、微苦。

【功能与主治】益气养血调经。用于气血两虚所致的月经不调，症见月经提前、经血量少或量多、经期延长、肢体乏力。

【用法用量】口服。一次 9 g，一日 3 次。

【贮藏】密封。

《中华人民共和国药典（2020 年版）》

4354414　乌鸡白凤丸

Wuji Baifeng Wan

【处方】乌鸡（去毛爪肠）　鹿角胶　醋鳖甲　煅牡蛎　桑螵蛸　人参　黄芪　当归　白芍　醋香附　天冬　甘草　地黄　熟地黄　川芎　银柴胡　丹参　山药　芡实（炒）　鹿角霜

【性状】本品为黑褐色至黑色的水蜜丸、小蜜丸或大蜜丸；味甜、微苦。

【功能与主治】补气养血，调经止带。用于气血两虚，身体瘦弱，腰膝酸软，月经不调，崩漏带下。

【用法用量】口服。水蜜丸一次 6 g，小蜜丸一次 9 g，大蜜丸一次 1 丸，一日 2 次。

【规格】大蜜丸每丸重 9 g。

【贮藏】密封。

《中华人民共和国药典（2020 年版）》

4354415　女金胶囊

Nüjin Jiaonang

【处方】当归　白芍　川芎　熟地黄　党参　麸炒白术　茯苓　甘草　肉桂　益母草　牡丹皮　醋没药　醋延胡索　藁本　白芷　黄芩　白薇　醋香附　砂仁　陈皮　煅赤石脂　鹿角霜　阿胶

【性状】本品为硬胶囊，内容物为棕色至棕褐色的颗粒或粉末；气香，味微苦。

【功能与主治】益气养血，理气活血，止痛。用于气血两虚、气滞血瘀所致的月经不调，症见月经提前、月经错后、月经量多、神疲乏力、经水淋漓不净、行经腹痛。

【用法用量】口服。一次 3 粒，一日 2 次。30 天为一疗程。

【注意事项】（1）对本品过敏者禁用，过敏体质者慎用；（2）孕妇慎用；（3）湿热蕴结者不宜使用；忌食辛辣、生冷食物；（4）感冒时不宜服用；（5）平素月经正常，突然出现月经过少，或经期错后，或阴道不规则出血者应去医院就诊；治疗痛经，宜在经前 3 ~ 5 天开始服药，连服 1 周；服药后痛经不减轻，或重度痛经者，应到医院诊治。

【规格】每粒装 0.38 g。

【贮藏】密封。

《中华人民共和国药典（2020 年版）》

4354416　定坤丹

Dingkun Dan

【处方】红参　鹿茸　西红花　三七　白芍　熟地黄　当归　白术　枸杞子　黄芩　香附　茺蔚子　川芎　鹿角霜　阿胶　延胡索等

【性状】本品为棕褐色至黑褐色的大蜜丸；气微，味先甜而后苦、涩。

【功能与主治】滋补气血，调经舒郁。用于气血两虚、气滞血瘀所致的月经不调、行经腹痛、崩漏下血、赤白带下、血晕血脱、产后诸虚、骨蒸潮热。

【用法用量】口服。一次半丸至 1 丸，一日 2 次。

【注意事项】忌食生冷油腻及刺激性食物；伤风感冒时停服。

【规格】每丸重 10.8 g。

【贮藏】密封。

《中华人民共和国药典（2020 年版）》

4354417　当归调经颗粒

Danggui Tiaojing Keli

【处方】当归　熟地黄　川芎　党参　白芍　甘草　黄芪

【性状】本品为棕黄色至棕褐色的颗粒；气香，味甜、辛、微苦。

【功能与主治】补血助气，调经。用于贫血衰弱，病后、产后血虚以及月经不调，痛经。

【用法用量】口服。一次1袋，一日2～3次。

【规格】每袋装10 g。

【贮藏】密封，防潮。

《中华人民共和国药典（2020年版）》

（5）温经活血

4355418　痛经宝颗粒

Tongjingbao Keli

【处方】红花　当归　肉桂　三棱　莪术　丹参　五灵脂　木香　延胡索（醋制）

【性状】本品为黄色至棕黄色的颗粒，或为黄棕色至棕色的颗粒（无蔗糖）；气香，味甜、微苦，或味微甜、微苦（无蔗糖）。

【功能与主治】温经化瘀，理气止痛。用于寒凝气滞血瘀，妇女痛经，少腹冷痛，月经不调，经色暗淡。

【用法用量】温开水冲服。一次1袋，一日2次，于月经前一周开始，持续至月经来三天后停服，连续服用3个月经周期。

【规格】（1）每袋装10 g；（2）每袋装4 g（无蔗糖）。

【贮藏】密封。

《中华人民共和国药典（2020年版）》

4355419　少腹逐瘀颗粒

Shaofu Zhuyu Keli

【处方】当归　蒲黄　五灵脂（醋炒）　赤芍　延胡索（醋制）　没药（炒）　川芎　肉桂　炮姜　小茴香（盐炒）

【性状】本品为黄棕色至棕褐色的颗粒；气香，味甜，微苦。

【功能与主治】温经活血，散寒止痛。用于寒凝血瘀所致的月经后期、痛经、产后腹痛，症见经行后错、经行小腹冷痛、经血紫黯、有血块、产后小腹疼痛喜热、拒按。

【用法用量】用温黄酒或温开水送服。一次5 g，一日3次，或遵医嘱。

【注意事项】（1）孕妇禁用；（2）湿热为患、阴虚有热者慎用；（3）治疗产后腹痛应排除胚胎或胎盘组织残留，服药后腹痛不减轻时应请医师诊治；（4）服药期间忌食生冷食物。

【规格】每袋装 5 g。

【贮藏】密封，置阴凉干燥处。

《中华人民共和国药典临床用药须知·中药成方制剂卷（2020 年版）》

4355420　复方益母草膏

Fufang Yimucao Gao

【处方】益母草　当归　川芎　白芍　地黄　木香

【性状】本品为棕黑色的稠厚半流体；气微香，味苦、甜。

【功能与主治】调经活血，祛瘀生新。用于瘀血所致月经过多、过少及经期延长，产后子宫复旧不全引起的恶露不绝。

【用法用量】口服。一次 10 ~ 20 g，一日 2 ~ 3 次。

【注意事项】(1) 孕妇禁用；(2) 产后腹痛因瘀热所致者，应配合清热解毒药物使用；(3) 服药期间少食生冷食物。

【规格】每瓶装 100 g。

【贮藏】密封，置阴凉处。

《中华人民共和国药典临床用药须知·中药成方制剂卷（2020 年版）》

4355421　艾附暖宫丸

Aifu Nuangong Wan

【处方】艾叶（炭）　醋香附　制吴茱萸　肉桂　当归　川芎　白芍（酒炒）　地黄　炙黄芪　续断

【性状】本品为深褐色至黑色的小蜜丸或大蜜丸；气微，味甘而后苦、辛。

【功能与主治】理气养血，暖宫调经。用于血虚气滞、下焦虚寒所致的月经不调、痛经，症见行经后错、经量少、有血块、小腹疼痛、经行小腹冷痛喜热、腰膝酸痛。

【用法用量】口服。小蜜丸一次 9 g，大蜜丸一次 1 丸，一日 2 ~ 3 次。

【规格】大蜜丸每丸重 9 g。

【贮藏】密封。

《中华人民共和国药典（2020 年版）》

（6）固崩止血

4356422　固经丸

Gujing Wan

【处方】盐关黄柏　酒黄芩　麸炒椿皮　醋香附　炒白芍　醋龟甲

【性状】本品为黄色至黄棕色的水丸；味苦。

【功能与主治】滋阴清热，固经止带。用于阴虚血热，月经先期，经血量多、色紫黑，赤白带下。

【用法用量】口服。一次 6 g，一日 2 次。

【贮藏】密闭，防潮。

《中华人民共和国药典（2020 年版）》

4356423　断血流胶囊

Duanxueliu Jiaonang

【处方】断血流

【性状】本品为硬胶囊，内容物为棕褐色的粉末；味苦、微涩。

【功能与主治】凉血止血。用于血热妄行所致的月经过多、崩漏、吐血、衄血、咯血，尿血、便血，血色鲜红或紫红；功能失调性子宫出血、子宫肌瘤出血及多种出血症、单纯性紫癜、原发性血小板减少性紫癜见上述证候者。

【用法用量】口服。一次 3 ~ 6 粒，一日 3 次。

【规格】每粒装 0. 35 g。

【贮藏】密封。

《中华人民共和国药典（2020 年版）》

4356424　宫血宁胶囊

Gongxuening Jiaonang

【处方】重楼

【性状】本品为硬胶囊，内容物为浅黄棕色至灰棕色的粉末；味苦。

【功能与主治】凉血止血，清热除湿，化瘀止痛。用于崩漏下血，月经过多，产后或流产后宫缩不良出血及子宫功能性出血属血热妄行证者，以及慢性盆腔炎之湿热瘀结所致的少腹痛、腰骶痛、带下增多。

【用法用量】月经过多或子宫出血期：口服。一次 1 ~ 2 粒，一日 3 次，血止停服。慢性盆腔炎：口服。一次 2 粒，一日 3 次，4 周为一疗程。

【规格】每粒装 0. 13 g。

【贮藏】密封。

《中华人民共和国药典（2020 年版）》

36. 止带剂

（1）健脾胜湿

4361425　除湿白带丸

Chushi Baidai Wan

【处方】党参　炒白术　山药　白芍　芡实　车前子（炒）　当归　苍术　陈皮　白果仁

荆芥炭　柴胡　黄柏炭　茜草　海螵蛸　煅牡蛎

【性状】本品为灰褐色的水丸；气微，味淡。

【功能与主治】健脾益气，除湿止带。用于脾虚湿盛所致带下病，症见带下量多、色白质稀、纳少、腹胀、便溏。

【用法用量】口服。一次 6 ~ 9 g，一日 2 次。

【规格】每 20 丸重 1 g。

【贮藏】密封。

《中华人民共和国药典（2020 年版）》

4361426　千金止带丸
Qianjin Zhidai Wan

【处方】党参　炒白术　当归　白芍　川芎　醋香附　木香　砂仁　小茴香（盐炒）　醋延胡索　盐杜仲　续断　盐补骨脂　鸡冠花　青黛　椿皮（炒）　煅牡蛎

【性状】水丸：本品为灰黑色的水丸；气微香，味涩、微苦。大蜜丸：本品为黑褐色的大蜜丸；气微香，味甜、涩、微苦。

【功能与主治】健脾补肾，调经止带。用于脾肾两虚所致的月经不调、带下病，症见月经先后不定期、量多或淋漓不净、色淡无块，或带下量多、色白清稀、神疲乏力、腰膝酸软。

【用法用量】水丸：口服。一次 6 ~ 9 g，一日 2 ~ 3 次。大蜜丸：口服。一次 1 丸，一日 2 次。

【规格】大蜜丸每丸重 9 g。

【贮藏】水丸：密闭，防潮。大蜜丸：密封。

《中华人民共和国药典（2020 年版）》

4361427　妇良片
Fuliang Pian

【处方】当归　熟地黄　续断　白芍　山药　白术　地榆炭　白芷　煅牡蛎　海螵蛸　阿胶珠　血余炭

【性状】本品为糖衣片，除去糖衣后显棕黑色；气微臭，味苦。

【功能与主治】补血健脾，固经止带。用于血虚脾弱所致月经不调、带下病，症见月经过多、持续不断、崩漏色淡、经后少腹隐痛、头晕目眩、面色无华或带多清稀。

【用法用量】口服。一次 4 ~ 6 片，一日 3 次。

【注意事项】带下腥臭、色红暴崩、紫色成块及经前、经期腹痛患者慎服。

【规格】片心重 0. 3 g。

【贮藏】密封。

《中华人民共和国药典（2020 年版）》

（2）清热化湿

4362428 白带丸

Baidai Wan

【处方】黄柏（酒炒） 椿皮 白芍 当归 醋香附

【性状】本品为黄棕色至黑棕色的浓缩水丸；味苦。

【功能与主治】清热，除湿，止带。用于湿热下注所致的带下病，症见带下量多、色黄、有味。

【用法用量】口服。一次 6 g，一日 2 次。

【贮藏】密封。

《中华人民共和国药典（2020 年版）》

4362429 妇科千金片

Fuke Qianjin Pian

【处方】千斤拔 金樱根 穿心莲 功劳木 单面针 当归 鸡血藤 党参

【性状】本品为糖衣片或薄膜衣片，除去包衣后显灰褐色；味苦。

【功能与主治】清热除湿，益气化瘀。用于湿热瘀阻所致的带下病、腹痛，症见带下量多、色黄质稠、臭秽，小腹疼痛，腰骶酸痛，神疲乏力；慢性盆腔炎、子宫内膜炎、慢性宫颈炎见上述证候者。

【用法用量】口服。一次 6 片，一日 3 次。

【贮藏】密封。

《中华人民共和国药典（2020 年版）》

4362430 宫炎平片

Gongyanping Pian

【处方】地稔 两面针 当归 五指毛桃 柘木

【性状】本品为糖衣片或薄膜衣片，除去包衣后显浅棕褐色至棕黑色；气微，味苦、酸、微涩。

【功能与主治】清热利湿，祛瘀止痛，收敛止带。用于湿热瘀阻所致带下病，症见小腹隐痛，经色紫暗、有块，带下色黄质稠；慢性盆腔炎见上述证候者。

【用法用量】口服。一次 3 ~4 片，一日 3 次。

【规格】（1） 薄膜衣片每片重 0. 26 g；（2） 糖衣片片心重 0. 25 g。

【贮藏】密封。

《中华人民共和国药典（2020 年版）》

4362431 金鸡胶囊

Jinji Jiaonang

【处方】金樱根 鸡血藤 千斤拔 功劳木 穿心莲 两面针

【性状】本品为胶囊剂，内容物为棕色至黑褐色的粉末和颗粒，味苦。

【功能与主治】清热化湿，活血通络。用于湿热瘀阻所致的带下病，症见带下量多色黄，少腹疼痛拒按；慢性盆腔炎见上述证候者。

【用法用量】口服。一次 4 粒，一日 3 次。

【注意事项】（1）孕妇禁用；（2）血虚失荣腹痛及寒湿带下者慎用；（3）饮食宜营养丰富，忌食生冷及辛辣食物；（4）糖尿病患者慎用。

【规格】每粒装 0.35 g。

【贮藏】密封。

《中华人民共和国药典临床用药须知・中药成方制剂卷（2020 年版）》

4362432　妇乐颗粒

Fule Keli

【处方】忍冬藤　大青叶　蒲公英　牡丹皮　赤芍　川楝子　醋延胡索　大血藤　熟大黄　甘草

【性状】本品为棕色至棕褐色颗粒；味甜、微苦。

【功能与主治】清热凉血，化瘀止痛。用于瘀热蕴结所致的带下病，症见带下量多、色黄，少腹疼痛；慢性盆腔炎见上述证候者。

【用法用量】开水冲服。一次 12 g，一日 2 次。

【注意事项】（1）孕妇禁用；（2）气血虚弱所致腹痛、带下者慎用；（3）饮食宜营养丰富，忌食生冷、厚味及辛辣食物。

【规格】（1）每袋装 6 g；（2）每袋装 12 g。

【贮藏】密封。

《中华人民共和国药典临床用药须知・中药成方制剂卷（2020 年版）》

4362433　保妇康栓

Baofukang Shuan

【处方】莪术油　冰片

【性状】本品呈乳白色、乳黄色或棕黄色的子弹形。

【功能与主治】行气破瘀，生肌止痛。用于湿热瘀滞所致的带下病，症见带下量多、色黄、时有阴部瘙痒；霉菌性阴道炎、老年性阴道炎、宫颈糜烂见上述证候者。

【用法用量】洗净外阴部，将栓剂塞入阴道深部；或在医师指导下用药。每晚 1 粒。

【注意事项】孕妇禁用，哺乳期妇女在医师指导下用药。

【规格】每粒重 1.74 g。

【贮藏】密闭，避光，在 30℃以下保存。

《中华人民共和国药典（2020 年版）》

4362434 洁尔阴洗液
Jie’eryin Xiye

【处方】黄芩 苦参 金银花 栀子 土荆皮 黄柏 茵陈 地肤子 蛇床子 薄荷 艾叶 独活 苍术 石菖蒲

【性状】本品为棕色至深棕色液体；气芳香。

【功能与主治】清热燥湿，杀虫止痒。用于妇女湿热带下，症见阴部瘙痒红肿，带下量多、色黄或如豆渣状，口苦口干，尿黄便结；霉菌性、滴虫性及细菌性阴道病见上述证候者。

【用法用量】外阴、阴道炎：用 10% 浓度洗液（即取本品 10 ml 加温开水至 100 ml 混匀），擦洗外阴，用冲洗器将 10% 的洁尔阴洗液送至阴道深部冲洗阴道，一日 1 次。7 天为一疗程。

【注意事项】(1) 孕妇禁用；(2) 寒湿带下者慎用；(3) 月经期前至经净 3 天内停用；(4) 饮食宜清淡，忌食辛辣食物；(5) 注意保持冲洗器的清洁。

【规格】(1) 每瓶装 60 ml；(2) 每瓶装 120 ml；(3) 每瓶装 220 ml。

【贮藏】密闭，置阴凉处。

《中华人民共和国药典临床用药须知・中药成方制剂卷（2020 年版）》

(3) 益肾止带

4363435 妇宝颗粒
Fubao Keli

【处方】地黄 忍冬藤 盐续断 杜仲叶（盐炙） 麦冬 炒川楝子 酒白芍 醋延胡索 甘草 侧柏叶（炒） 莲房炭 大血藤

【性状】本品为棕黄色至棕色的颗粒；味甜、微苦或味苦、微甜（无蔗糖）。

【功能与主治】益肾和血，理气止痛。用于肾虚夹瘀所致的腰酸腿软、小腹胀痛、白带、经漏；慢性盆腔炎、附件炎见上述证候者。

【用法用量】开水冲服。一次 2 袋，一日 2 次。

【规格】(1) 每袋装 10 g；(2) 每袋装 5 g（无蔗糖）。

【贮藏】密封。

《中华人民共和国药典（2020 年版）》

4363436 愈带丸
Yudai Wan

【处方】当归 白芍 熟地黄 香附（醋炙） 木香 艾叶（炒炭） 干姜（微炒） 肉桂（炒焦） 知母 黄柏 牛膝 蒲黄（炒） 棕榈炭 百草霜 鸡冠花 芍药花 炙甘草

【性状】本品为黑色的水丸；气香，味苦。

【功能与主治】养血柔肝，固经止带。用于血虚肝郁所致月经不调、带下病，症见月经先后不定期、赤白带下、头晕目眩、神疲乏力、胸闷不舒。

【用法用量】口服。一次 6 g，一日 2 次。

【注意事项】（1）脾肾两虚证者慎用；（2）孕妇慎用；（3）忌食生冷、油腻食物。

【规格】每 100 粒重 6 g。

【贮藏】密闭，防潮。

《中华人民共和国药典临床用药须知・中药成方制剂卷（2020 年版）》

37. 安胎剂

4370437　滋肾育胎丸
Zishen Yutai Wan

【处方】熟地黄　人参　杜仲　何首乌　枸杞子　阿胶（炒）　鹿角霜　巴戟天　菟丝子　桑寄生　续断　党参　白术　艾叶　砂仁

【性状】本品为黑色的包衣浓缩水蜜丸，除去包衣后显深棕色；气微香，味微苦。

【功能与主治】补肾健脾，养血安胎。用于脾肾两虚，冲任不固所致的胎漏、胎动不安、滑胎，症见妊娠少量下血、小腹坠痛，或屡次流产、神疲乏力、腰膝酸软；先兆流产、复发性流产见上述证候者。

【用法用量】口服。一次 5 g，一日 3 次，淡盐水或蜂蜜水送服。

【注意事项】（1）血热证者慎用；（2）服药期间饮食宜清淡，忌食辛辣食物；（3）宜卧床休息，禁房事。

【贮藏】密闭，防潮。

《中华人民共和国药典临床用药须知・中药成方制剂卷（2020 年版）》

4370438　孕康糖浆
Yunkang Tangjiang

【处方】菟丝子　黄芪　桑寄生　续断　山药　党参　当归　狗脊（去毛）　杜仲（炒）　补骨脂　地黄　山茱萸　茯苓　白术（焦）　阿胶　枸杞子　白芍　乌梅　砂仁　益智　苎麻根　黄芩　艾叶

【性状】本品为棕褐色的黏稠液体；气微、味甜。

【功能与主治】健脾固肾，养血安胎。用于肾虚型和气血虚弱型先兆流产和习惯性流产。

【用法用量】早、中、晚空腹口服。一次 20 ml，一日 3 次。

【注意事项】（1）服药期间，忌食辛辣刺激性食物；（2）避免剧烈运动以及重体力劳动；（3）凡异位妊娠、葡萄胎非本品适用范围；（4）肝、肾功能不全者禁用。

【规格】每瓶装 180 ml。

【贮藏】密封，避光，置阴凉处。

《中华人民共和国药典临床用药须知·中药成方制剂卷（2020 年版）》

4370439　参茸保胎丸

Shenrong Baotai Wan

【处方】党参　龙眼肉　菟丝子（盐炙）　香附（醋制）　茯苓　山药　艾叶（醋制）　白术（炒）　黄芩　熟地黄　白芍　阿胶　炙甘草　当归　桑寄生　川芎（酒制）　羌活　续断　鹿茸　杜仲　川贝母　砂仁　化橘红

【性状】本品为深褐色的水蜜丸；味甜、微辛。

【功能与主治】滋养肝肾，补血安胎。用于肝肾不足，营血亏虚，身体虚弱，腰膝酸痛，少腹坠胀，妊娠下血，胎动不安。

【用法用量】口服。一次 15 g，一日 2 次。

【贮藏】密封。

《中华人民共和国药典（2020 年版）》

38. 化瘀生新剂

4380440　妇康丸

Fukang Wan

【处方】当归（酒炙）　白芍（酒炙）　川芎（酒炙）　熟地黄　山茱萸（蒸）　党参　白术（土炒）　茯苓　苍术（米泔水炙）　甘草　益母草　桃仁（去皮尖，炒）　蒲黄　五灵脂（醋炙）　延胡索（醋炙）　乳香（麸炒）　没药（麸炒）　川牛膝　三棱（醋炙）　大黄（制）　香附　木香　陈皮　青皮（醋炙）　乌药（醋炙）　高良姜　羌活　木瓜　地榆（炭）

【性状】本品为黑色的水蜜丸和大蜜丸；气香，味苦。

【功能与主治】益气养血，行气化瘀。用于气血不足、虚中夹瘀、寒热错杂所致的腹痛、产后恶露不绝，症见产后小腹疼痛、胁痛、胁胀、恶露不止、大便秘结。

【用法用量】口服。一日 2 次，首次服通气丸一袋，以后 5 次，每次服妇康丸蜜丸 2 丸，或水蜜丸 1 袋，温开水或黄酒送服。

【注意事项】（1）恶露不绝血热证者慎用；（2）产后大出血者慎用；（3）服药期间忌食辛辣、生冷、腥荤食物。

【规格】蜜丸每丸重 9 g；水蜜丸每袋装 9 g。

【贮藏】密闭，防潮。

《中华人民共和国药典临床用药须知·中药成方制剂卷（2020 年版）》

4380441　生化丸

Shenghua Wan

【处方】当归　川芎　桃仁　干姜（炒炭）　甘草

【性状】本品为棕褐色的水蜜丸；气微香，味微辛。

【功能与主治】养血祛瘀。用于产后受寒，寒凝血瘀所致的产后恶露不行或行而不畅、夹有血块、小腹冷痛。

【用法用量】口服。一次 1 丸，一日 3 次。

【注意事项】(1) 血热证者不宜使用；(2) 产后出血量多者慎用。

【规格】每丸重 9 g。

【贮藏】密封。

《中华人民共和国药典临床用药须知・中药成方制剂卷（2020 年版）》

4380442　茜芷胶囊

Qianzhi Jiaonang

【处方】茜草（制）　白芷　川牛膝　三七

【性状】本品为胶囊剂，内容物为褐色的粉末；气芳香，味辛，微苦。

【功能与主治】活血止血，祛瘀生新，消肿止痛。用于气滞血瘀所致子宫出血过多，时间延长，淋漓不止，小腹疼痛；药物流产后子宫出血量多见上述证候者。

【用法用量】饭后温开水送服。一次 5 粒，一日 3 次，连服 9 天为一疗程，或遵医嘱。

【注意事项】孕妇禁用。

【规格】每袋装 0.4 g。

【贮藏】密封。

《中华人民共和国药典临床用药须知・中药成方制剂卷（2020 年版）》

39. 养血通乳剂

4390443　下乳涌泉散

Xiaru Yongquan San

【处方】柴胡　当归　白芍　地黄　川芎　王不留行（炒）　穿山甲（烫）　通草　漏芦　麦芽　天花粉　白芷　桔梗　甘草

【性状】本品为粗粉；气微，味微苦。

【功能与主治】疏肝养血，通乳。用于肝郁气滞所致的产后乳汁过少，症见产后乳汁不行、乳房胀硬作痛、胸闷胁胀。

【用法用量】水煎服。一次 1 袋，水煎 2 次，煎液混合后分 2 次服。

【注意事项】(1) 孕妇禁用；(2) 产后缺乳属气血虚弱者慎用；(3) 调和情志，保持心情舒畅，以免郁怒伤肝，影响泌乳；(4) 饮食宜营养丰富，忌食生冷、辛辣食物。

【规格】每袋装 30 g。

【贮藏】密闭，防潮。

《中华人民共和国药典临床用药须知・中药成方制剂卷（2020 年版）》

4390444　生乳灵
Shengruling

【处方】炙黄芪　党参　当归　地黄　玄参　麦冬　知母　穿山甲（砂烫醋淬）

【性状】本品为黑棕色的黏稠液体；味甜。

【功能与主治】滋补气血，通络下乳。用于气血两虚所致的产后乳汁过少，症见产后乳汁过少或全无，乳房柔软、无胀感、神疲乏力、面色白、头晕耳鸣。

【用法用量】口服。一次 100 ml，一日 2 次。

【注意事项】（1）孕妇禁用；（2）产后缺乳属肝郁气滞证者慎用；（3）调和情志，保持心情舒畅，以免郁怒伤肝，影响泌乳；（4）饮食宜营养丰富，忌食生冷及辛辣食物；（5）糖尿病患者慎用。

【规格】每瓶装 100 ml。

【贮藏】密封，置阴凉处。

《中华人民共和国药典临床用药须知·中药成方制剂卷（2020 年版）》

4390445　通乳颗粒
Tongru Keli

【处方】黄芪　熟地黄　通草　瞿麦　路路通　天花粉　党参　漏芦　川芎　当归　白芍（酒炒）　王不留行　柴胡　穿山甲（烫）　鹿角霜

【性状】本品为棕黄色至棕褐色的颗粒；味甜或味微苦（无蔗糖）。

【功能与主治】益气养血，通络下乳。用于产后气血亏损，乳少，无乳，乳汁不通。

【用法用量】口服。一次 30 g 或 10 g（无蔗糖），一日 3 次。

【规格】（1）每袋装 15 g；（2）每袋装 30 g；（3）每袋装 5 g（无蔗糖）。

【贮藏】密封。

《中华人民共和国药典（2020 年版）》

40. 活血消癥剂

4400446　桂枝茯苓胶囊
Guizhi Fuling Jiaonang

【处方】桂枝　茯苓　牡丹皮　桃仁　白芍

【性状】本品为硬胶囊，内容物为棕黄色至棕褐色的颗粒和粉末；气微香，味微苦。

【功能与主治】活血，化瘀，消癥。用于妇人瘀血阻络所致癥块、经闭、痛经、产后恶露不尽；子宫肌瘤，慢性盆腔炎包块，痛经，子宫内膜异位症，卵巢囊肿见上述证候者；也可用于女性乳腺囊性增生病属瘀血阻络证，症见乳房疼痛、乳房肿块、胸胁胀闷；或用于前列腺增生属瘀阻膀胱证，症见小便不爽、尿细如线或点滴而下、小腹胀痛者。

【用法用量】口服。一次 3 粒，一日 3 次；饭后服。前列腺增生疗程 8 周，其余适应证疗程 12 周，或遵医嘱。

【注意事项】孕妇忌服，或遵医嘱；经期停服；偶见药后胃脘不适、隐痛，停药后可自行消失。

【规格】每粒装 0.31 g。

【贮藏】密封。

《中华人民共和国药典（2020 年版）》

4400447　散结镇痛胶囊
Sanjie Zhentong Jiaonang

【处方】龙血竭　三七　浙贝母　薏苡仁

【性状】本品为硬胶囊，内容物为红褐色的颗粒及粉末；气香，味甘、苦。

【功能与主治】软坚散结，化瘀定痛。用于痰瘀互结兼气滞所致的继发性痛经、月经不调、盆腔包块、不孕；子宫内膜异位症见上述证候者。

【用法用量】口服。一次 4 粒，一日 3 次。于月经来潮第一天开始服药，连服 3 个月经周期为一疗程，或遵医嘱。

【规格】每粒装 0.4 g。

【贮藏】密封，置阴凉处。

《中华人民共和国药典（2020 年版）》

4400448　丹黄祛瘀胶囊
Danhuang Quyu Jiaonang

【处方】黄芪　丹参　党参　山药　土茯苓　当归　鸡血藤　芡实　鱼腥草　三棱　莪术　全蝎　败酱草　肉桂　白术　炮姜　土鳖虫　延胡索　川楝子　苦参

【性状】本品为胶囊剂，内容物为棕黄色至棕褐色粉末；气微香，味苦、微咸。

【功能与主治】活血止痛，软坚散结。用于气虚血瘀、痰湿凝滞引起的慢性盆腔炎、盆腔包块，症见白带增多者。

【用法用量】口服。一次 2 ~4 粒，一日 2 ~3 次。

【注意事项】（1）孕妇禁用；（2）忌食辛辣、生冷、油腻食物。

【规格】每粒装 0.4 g。

【贮藏】密封。

《中华人民共和国药典临床用药须知·中药成方制剂卷（2020 年版）》

41. 安坤除烦剂

4410449　坤宝丸
Kunbao Wan

【处方】酒女贞子　覆盆子　菟丝子　枸杞子　制何首乌　龟甲　地骨皮　南沙参　麦冬

炒酸枣仁　地黄　白芍　赤芍　当归　鸡血藤　珍珠母　石斛　菊花　墨旱莲　桑叶　白薇　知母　黄芩

【性状】本品为深棕色的水蜜丸；味甘、微苦。

【功能与主治】滋补肝肾，养血安神。用于肝肾阴虚所致绝经前后诸证，症见烘热汗出、心烦易怒、少寐健忘、头晕耳鸣、口渴咽干、四肢酸楚；更年期综合征见上述证候者。

【用法用量】口服。一次 50 丸，一日 2 次；连续服用 2 个月或遵医嘱。

【规格】每 100 丸重 10 g。

【贮藏】密封。

《中华人民共和国药典（2020 年版）》

4410450　更年宁心胶囊

Gengnian Ningxin Jiaonang

【处方】熟地黄　黄芩　黄连　白芍　阿胶　茯苓

【性状】本品为胶囊剂，内容物为棕黄色粉末；味苦。

【功能与主治】滋阴清热、安神除烦。用于绝经前后诸证之阴虚火旺证，症见潮热面红、自汗盗汗、心烦不宁、失眠多梦、头晕耳鸣、腰膝酸软、手足心热；更年期综合征见上述证候者。

【用法用量】口服。一次 4 粒，一日 3 次。4 周为一疗程。

【注意事项】（1）脾肾阳虚者慎用；（2）服药期间应忌食辛辣食物。

【规格】每粒装 0.5 g。

【贮藏】密封。

《中华人民共和国药典临床用药须知・中药成方制剂卷（2020 年版）》

4410451　龙凤宝胶囊

Longfengbao Jiaonang

【处方】淫羊藿　白附片　肉苁蓉　党参　黄芪　牡丹皮　冰片　玉竹　山楂

【性状】本品为胶囊剂，内容物为棕褐色的粉末；气香。

【功能与主治】补肾温阳，健脾益气。用于脾肾阳虚所致绝经前后诸证，症见腰膝酸软、烘热汗出、神疲乏力、畏寒肢冷；更年期综合征见上述证候者。

【用法用量】口服。一次 2 粒，一日 3 次。

【注意事项】（1）孕妇禁用；（2）阴虚火旺证者慎用。

【规格】每粒装 0.5 g。

【贮藏】密封。

《中华人民共和国药典临床用药须知・中药成方制剂卷（2020 年版）》

五、儿科类

42. 解表剂

5420452　小儿清感灵片
Xiao’er Qingganling Pian

【处方】羌活　黄芩　荆芥穗　防风　苍术（炒）　白芷　川芎　葛根　牛黄　地黄　苦杏仁（炒）　甘草

【性状】本品为黄棕色的片；气微香；味微苦。

【功能与主治】发汗解肌，清热透表。用于风寒感冒，症见发热怕冷、肌表无汗、头痛口渴、咽痛鼻塞、咳嗽痰多、体倦。

【用法用量】口服。周岁以内一次 1 ~ 2 片，一岁至三岁一次 2 ~ 3 片，三岁以上一次 3 ~ 5 片，一日 2 次。

【注意事项】（1）忌食生冷、辛辣及不消化食物；（2）高热不退或咳嗽、气促、鼻扇者，应及时到医院就诊。

【规格】每片重 0. 23 g。

【贮藏】密闭，防潮。

《中华人民共和国药典临床用药须知 · 中药成方制剂卷（2020 年版）》

5420453　小儿感冒宁糖浆
Xiao’er Ganmaoning Tangjiang

【处方】薄荷　荆芥穗　苦杏仁　牛蒡子　黄芩　桔梗　前胡　白芷　炒栀子　焦山楂　六神曲（焦）　焦麦芽　芦根　金银花　连翘

【性状】本品为深棕色的液体；味甜、微苦。

【功能与主治】疏散风热，清热止咳。用于小儿外感风热所致的感冒，症见发热、汗出不爽、鼻塞流涕、咳嗽咽痛。

【用法用量】口服。初生儿至一岁，一次 5 ml，二至三岁，一次 5 ~ 10 ml，四至六岁，一次 10 ~ 15 ml，七至十二岁，一次 15 ~ 20 ml，一日 3 ~ 4 次，或遵医嘱。

【规格】（1）每瓶装 100 ml；（2）每瓶装 120 ml。

【贮藏】密封，置阴凉处。

《中华人民共和国药典（2020 年版）》

5420454　小儿清咽颗粒
Xiao'er Qingyan Keli

【处方】玄参　蒲公英　连翘　薄荷　蝉蜕　牛蒡子（炒）　板蓝根　青黛　牡丹皮

【性状】本品为棕色的颗粒；味甜、微苦。

【功能与主治】清热解表，解毒利咽。用于小儿外感风热所致的感冒，症见发热头痛、咳嗽喑哑、咽喉肿痛。

【用法用量】开水冲服。一岁以内一次 3 g；一岁至五岁一次 6 g；五岁以上一次 9 ~ 12 g；一日 2 ~ 3 次。

【注意事项】（1）风寒感冒者慎用；（2）肺肾阴虚，虚火慢喉痹者慎用；（3）忌服生冷、辛辣及油腻食物；（4）夏季暑热重时，可加服化湿祛暑药；（5）服药后症状未见好转者应及时到医院就诊。

【规格】每袋装 6 g。

【贮藏】密封，防潮。

《中华人民共和国药典临床用药须知・中药成方制剂卷（2020 年版）》

5420455　小儿退热合剂
Xiao'er Tuire Heji

【处方】大青叶　板蓝根　金银花　连翘　栀子　牡丹皮　黄芩　淡竹叶　地龙　重楼　柴胡　白薇

【性状】本品为红褐色的液体；气芳香，味苦、辛、微甜。

【功能与主治】疏风解表，解毒利咽。用于小儿外感风热所致的感冒，症见发热恶风、头痛目赤、咽喉肿痛；上呼吸道感染见上述证候者。

【用法用量】口服。五岁以下一次 10 ml，五至十岁一次 20 ~ 30 ml，一日 3 次；或遵医嘱。

【规格】（1）每支装 10 ml；（2）每瓶装 100 ml。

【贮藏】密封。

《中华人民共和国药典（2020 年版）》

5420456　小儿热速清颗粒
Xiao'er Resuqing Keli

【处方】柴胡　黄芩　板蓝根　葛根　金银花　水牛角　连翘　大黄

【性状】本品为棕黄色至棕褐色的颗粒；味甜或味微苦。

【功能与主治】清热解毒，泻火利咽。用于小儿外感风热所致的感冒，症见高热、头痛、咽喉肿痛、鼻塞流涕、咳嗽、大便干结。

【用法用量】口服。周岁以内，一次 1.5 ~ 3 g〔规格（1）〕或 0.5 ~ 1 g〔规格（2）〕；一至三岁，一次 3 ~ 6 g〔规格（1）〕或 1 ~ 2 g〔规格（2）〕；三至七岁，一次 6 ~ 9 g〔规格（1）〕或 2 ~ 3 g〔规格（2）〕；七至十二岁，一次 9 ~ 12 g〔规格（1）〕或 3 ~ 4 g

〔规格（2）〕；一日 3～4 次。

【注意事项】如病情较重或服药 24 小时后疗效不明显者，可酌情增加剂量。

【规格】（1）每袋装 6 g；（2）每袋装 2 g。

【贮藏】密封。

《中华人民共和国药典（2020 年版）》

5420457　小儿宣肺止咳颗粒

Xiao'er Xuanfei Zhike Keli

【处方】麻黄　防风　西南黄芩　桔梗　白芥子　苦杏仁　葶苈子　马蓝　黄芪　淮山药　山楂　甘草

【性状】本品为棕黄色至棕色的颗粒；味甜、微苦。

【功能与主治】宣肺解表，清热化痰。用于小儿外感咳嗽，痰热壅肺所致的咳嗽痰多、痰黄黏稠、咳痰不爽。

【用法用量】用温开水冲服，1 岁以内一次 1/3 袋，一岁至三岁一次 2/3 袋，四岁至七岁一次 1 袋，八岁至十四岁一次 1.5 袋，一日 3 次，3 天为一疗程；或遵医嘱。

【注意事项】（1）风寒咳嗽者慎用；（2）忌食生冷食物。

【规格】每袋装 8 g。

【贮藏】密封。

《中华人民共和国药典临床用药须知・中药成方制剂卷（2020 年版）》

5420458　小儿柴桂退热颗粒

Xiao'er Chaigui Tuire Keli

【处方】柴胡　桂枝　葛根　浮萍　黄芩　白芍　蝉蜕

【性状】本品为浅棕黄色至棕黄色的颗粒；气香，味甜、微苦。

【功能与主治】发汗解表，清里退热。用于小儿外感发热。症见发热，头身痛，流涕，口渴，咽红，溲黄，便干。

【用法用量】开水冲服。周岁以内，一次 0.5 袋；一至三岁，一次 1 袋；四至六岁，一次 1.5 袋；七至十四岁，一次 2 袋；一日 4 次，3 天为一疗程。

【规格】（1）每袋装 4 g；（2）每袋装 5 g。

【贮藏】密封。

《中华人民共和国药典（2020 年版）》

43. 清热剂

5430459　金银花露

Jinyinhua Lu

【处方】金银花

【性状】本品为无色至淡黄色的透明液体；气芳香，味微甜或甜。

【功能与主治】清热解毒。用于暑热内犯肺胃所致的中暑、痱疹、疖肿，症见发热口渴、咽喉肿痛、痱疹鲜红、头部疖肿。

【用法用量】口服。一次 60～120 ml，一日 2～3 次。

【规格】（1）每瓶装 60 ml、100 ml、150 ml、340 ml（无蔗糖）；（2）每瓶装 60 ml、100 ml、150 ml、340 ml（含蔗糖）；（3）每瓶装 100 ml、300 ml（含蔗糖）。

【贮藏】密封，置阴凉处。

《中华人民共和国药典（2020 年版）》

5430460 万应锭

Wanying Ding

【处方】胡黄连　黄连　儿茶　冰片　香墨　熊胆粉　人工麝香　牛黄　牛胆汁

【性状】本品为黑色光亮的球形小锭；气芳香，味苦，有清凉感。

【功能与主治】清热，解毒，镇惊。用于邪毒内蕴所致的口舌生疮、牙龈咽喉肿痛、小儿高热、烦躁易惊。

【用法用量】口服。一次 2～4 锭，一日 2 次；三岁以内小儿酌减。

【注意事项】孕妇慎用。

【规格】每 10 锭重 1.5 g

【贮藏】密封。

《中华人民共和国药典（2020 年版）》

5430461 小儿清热宁颗粒

Xiao'er Qingrening Keli

【处方】板蓝根　金银花　黄芩　牛黄　羚羊角粉　水牛角浓缩粉　冰片　柴胡

【性状】本品为黄褐色的颗粒；味甜、微苦。

【功能与主治】清热解毒。用于外感温邪、脏腑实热所致的壮热、高热不退、咽喉肿痛、烦躁不安、大便干结。

【用法用量】开水冲服。一岁至二岁一次 4 g，一日 2 次；三岁至五岁一次 4 g，一日 3 次；六岁至十四岁一次 8 g，一日 2～3 次。

【注意事项】（1）脾胃虚弱、体质弱者慎用；（2）病情较重者可酌情增加剂量，或到医院就诊；（3）饮食宜清淡，忌食辛辣、油腻食物。

【规格】每袋装 8 g。

【贮藏】密封。

《中华人民共和国药典临床用药须知·中药成方制剂卷（2020 年版）》

5430462 小儿咽扁颗粒

Xiaoer Yanbian Keli

【处方】金银花　射干　金果榄　桔梗　玄参　麦冬　人工牛黄　冰片

【性状】本品为黄棕色至棕褐色的颗粒；味甜、微苦，或味微甜、微苦（无蔗糖）。

【功能与主治】清热利咽，解毒止痛。用于小儿肺卫热盛所致的喉痹、乳蛾，症见咽喉肿痛、咳嗽痰盛、口舌糜烂；急性咽炎、急性扁桃腺炎见上述证候者。

【用法用量】开水冲服。一至二岁一次 4 g 或 2 g（无蔗糖），一日 2 次；三至五岁一次 4 g 或 2 g（无蔗糖），一日 3 次；六至十四岁一次 8 g 或 4 g（无蔗糖），一日 2～3 次。

【规格】（1）每袋装 8 g（2）每袋装 4 g（无蔗糖）。

【贮藏】密封。

《中华人民共和国药典（2020 年版）》

44. 止泻剂

5440463　小儿止泻安颗粒
Xiao'er Zhixie'an Keli

【处方】茯苓　陈皮　木香（煨）　砂仁　肉豆蔻（煅）　赤石脂（煅）　伏龙肝

【性状】本品为棕黄色的颗粒；气香，味甜、微苦、辛凉。

【功能与主治】健脾和胃，固肠止泻。用于脾胃虚弱所致的泄泻，症见大便溏泻、纳少倦怠；小儿消化不良见上述证候者。

【用法用量】开水冲服。周岁以内一次 3 g，一岁至二岁一次 6 g，一日 3 次；二岁至三岁一次 12 g，一日 2 次；或遵医嘱。

【注意事项】（1）不宜用于合并其他感染的小儿腹泻；（2）外感寒热、内蕴湿热腹泻不宜服用；（3）若久泻不止、伤津失水者，应及时去医院诊治；（4）饮食宜清淡，忌生冷、辛辣食物。

【规格】每袋装 12 g。

【贮藏】密封。

《中华人民共和国药典临床用药须知・中药成方制剂卷（2020 年版）》

5440464　幼泻宁颗粒
Youxiening Keli

【处方】白术（焦）　炮姜　车前草

【性状】本品为黄棕色至深棕色的颗粒；味甜、微辣。

【功能与主治】健脾化湿，温中止泻。用于脾胃虚寒所致的泄泻、消化不良。

【用法用量】口服。六个月以内一次 3～6 g，六个月至一岁一次 6 g，一岁至六岁一次 12 g，一日 3 次。

【注意事项】（1）湿热蕴结、积滞胃肠或久泻伤阴者慎用；（2）若久泻不止、亡津脱水者，应及时送医院诊治；（3）饮食宜清淡，忌食辛辣、油腻食物。

【规格】每袋装 6 g。

【贮藏】密封，防潮。

《中华人民共和国药典临床用药须知·中药成方制剂卷（2020 年版）》

5440465 小儿敷脐止泻散
Xiao'er Fuqi Zhixie San

【处方】黑胡椒

【性状】本品为暗灰色的粉末；气芳香。

【功能与主治】温中散寒，止泻。用于小儿中寒、腹泻、腹痛。

【用法用量】外用，贴敷肚脐。一次 1 袋，一日 1 次。

【注意事项】脐部皮肤破损及有炎症者，大便有脓血者忌用；敷药期间忌食生冷油腻。

【规格】每袋装 0.3 g。

【贮藏】密封。

《中华人民共和国药典（2020 年版）》

5440466 小儿健脾贴膏
Xiao'er Jianpi Tiegao

【处方】吴茱萸　丁香　五倍子　磁石　麝香　冰片

【性状】本品为涂于胶布上的棕黑色圆形膏状物；具丁香香气。

【功能与主治】温中健脾，和胃止泻。用于脾胃虚寒所致的小儿消化不良，症见大便次数增多、内含不消化物。

【用法用量】穴位贴敷。取足三里、天枢、中脘、关元，久泄者加贴脾俞穴。一日 1 次。

【注意事项】（1）湿热泄泻者慎用；（2）外用贴敷时间不宜过长，须按用药要求按时更换使用；（3）腹泻加重者应随时到医院诊治；（4）有皮肤过敏史者禁用。

【规格】每贴 0.4 g。

【贮藏】密闭，置阴凉干燥处。

《中华人民共和国药典临床用药须知·中药成方制剂卷（2020 年版）》

5440467 醒脾养儿颗粒
Xingpi Yang'er Keli

【处方】蜘蛛香　一点红　毛大丁草　山栀茶

【性状】本品为黄褐色至棕褐色的颗粒；味甜，微苦。

【功能与主治】醒脾开胃，养血安神，固肠止泻。用于脾气虚所致的儿童厌食，腹泻便溏，烦躁盗汗，遗尿夜啼。

【用法用量】温开水冲服。一岁以内一次 2 g，一日 2 次；一岁至二岁一次 4 g，一日 2 次；三岁至六岁一次 4 g，一日 3 次；七岁至十四岁一次 6 ~ 8 g，一日 2 次。

【注意事项】(1) 长期厌食、体弱消瘦者，及腹胀重、腹泻次数增多者应去医院就诊；(2) 服药7天症状无缓解，应去医院就诊；(3) 忌食生冷、油腻及不易消化食物。

【规格】每袋装2 g。

【贮藏】密封。

《中华人民共和国药典临床用药须知·中药成方制剂卷（2020年版）》

5440468　小儿泻速停颗粒
Xiao'er Xiesuting Keli

【处方】地锦草　儿茶　乌梅　焦山楂　茯苓　白芍　甘草

【性状】本品为棕黄色的颗粒；味甜、微涩。

【功能与主治】清热利湿，健脾止泻，缓急止痛。用于小儿湿热壅遏大肠所致的泄泻，症见大便稀薄如水样、腹痛、纳差；小儿秋季腹泻及迁延性、慢性腹泻见上述证候者。

【用法用量】口服。六个月以下，一次1.5～3 g，六个月至一岁以内，一次3～6 g，一至三岁，一次6～9 g，三至七岁，一次10～15 g，七至十二岁，一次15～20 g，一日3～4次；或遵医嘱。

【注意事项】(1) 忌食生冷油腻；(2) 腹泻严重，有较明显脱水表现者应及时就医。

【规格】(1) 每袋装3 g；(2) 每袋装5 g；(3) 每袋装10 g。

【贮藏】密封。

《中华人民共和国药典（2020年版）》

45. 消导剂

5450469　小儿消食片
Xiao'er Xiaoshi Pian

【处方】炒鸡内金　山楂　六神曲（炒）　炒麦芽　槟榔　陈皮

【性状】本品为浅棕色的片；或为异型薄膜衣片，除去包衣后显浅棕色；气微，味甘、微酸。

【功能与主治】消食化滞，健脾和胃。用于食滞肠胃所致积滞，症见食少、便秘、脘腹胀满、面黄肌瘦。

【用法用量】口服或咀嚼。一至三岁一次2～4片，三至七岁一次4～6片，成人一次6～8片〔规格（1）〕或一至三岁一次2～3片，三至七岁一次3～5片，成人一次5～6片〔规格（2）〕；一日3次。

【规格】(1) 每片重0.3 g；(2) 薄膜衣片每片重0.4 g。

【贮藏】密封。

《中华人民共和国药典（2020年版）》

5450470　一捻金

Yinianjin

【处方】大黄　炒牵牛子　槟榔　人参　朱砂

【性状】本品为黄棕色至黄褐色的粉末；气微，味微苦而涩。

【功能与主治】消食导滞，祛痰通便。用于脾胃不和、痰食阻滞所致的积滞，症见停食停乳、腹胀便秘、痰盛喘咳。

【用法用量】口服。一岁以内一次 0.3 g，一岁至三岁一次 0.6 g，四岁至六岁一次 lg，一日 1～2 次。或遵医嘱。

【注意事项】（1）脾胃虚弱，内无痰食积滞者慎用；（2）本品中含有朱砂，不宜久用，肝肾功能不全者慎用；（3）不宜过食生冷、肥腻食物。

【规格】每袋装 1.2 g。

【贮藏】密封。

《中华人民共和国药典临床用药须知·中药成方制剂卷（2020 年版）》

5450471　健儿消食口服液

Jian'er Xiaoshi Koufuye

【处方】黄芪　炒白术　陈皮　麦冬　黄芩　炒山楂　炒莱菔子

【性状】本品为棕黄色至棕褐色的液体，久置有少量沉淀；味甜、微苦。

【功能与主治】健脾益胃，理气消食。用于小儿饮食不节损伤脾胃引起的纳呆食少，脘胀腹满，手足心热，自汗乏力，大便不调，以至厌食、恶食。

【用法用量】口服。三岁以内一次 5～10 ml，三岁以上一次 10～20 ml，一日 2 次，用时摇匀。

【规格】每支装 10 ml。

【贮藏】密封，置阴凉处。

《中华人民共和国药典（2020 年版）》

5450472　小儿肠胃康颗粒

Xiao'er Changweikang Keli

【处方】鸡眼草　地胆草　谷精草　夜明砂　蝉蜕　赤芍　蚕沙　党参　玉竹　麦冬　谷芽　木香　甘草　盐酸小檗碱

【性状】本品为红棕色的颗粒；气香，味甜、微苦。

【功能与主治】清热平肝，调理脾胃。用于肝热脾虚引起的食欲不振、面色无华、精神烦扰、夜寐哭啼、腹泻、腹胀；小儿营养不良见上述证候者。

【用法用量】开水冲服。一次 5～10 g，一日 3 次。

【注意事项】（1）脏腑虚寒者慎用；（2）建立良好的生活制度，纠正不良饮食习惯。

【规格】每袋装 5 g。

【贮藏】密封。

《中华人民共和国药典临床用药须知·中药成方制剂卷（2020 年版）》

5450473　儿宝颗粒
Erbao Keli

【处方】太子参　北沙参　茯苓　山药　炒山楂　炒麦芽　陈皮　炒白芍　炒白扁豆　麦冬　葛根（煨）

【性状】本品为淡黄色至棕黄色的颗粒；味甜、微酸。

【功能与主治】健脾益气，生津开胃。用于脾气虚弱、胃阴不足所致的纳呆厌食、口干燥渴、大便久泻、面黄体弱、精神不振、盗汗。

【用法用量】开水冲服。一至三岁一次 5 g 或 4.5 g（低蔗糖型），四至六岁一次 7.5 g 或 6.8 g（低蔗糖型），六岁以上一次 10 g 或 9 g（低蔗糖型），一日 2 ~ 3 次。

【规格】（1）每袋装 4.5 g（低蔗糖型）；（2）每袋装 5 g；（3）每袋装 9 g（低蔗糖型）；（4）每袋装 10 g；（5）每袋装 15 g。

【贮藏】密封。

《中华人民共和国药典（2020 年版）》

5450474　化积口服液
Huaji Koufuye

【处方】茯苓（去皮）　海螵蛸　炒鸡内金　醋三棱　醋莪术　红花　槟榔　雷丸　鹤虱　使君子仁

【性状】本品为黄棕色的澄清液体；气清香，味甜、微苦。

【功能与主治】健脾导滞，化积除疳。用于脾胃虚弱所致的疳积，症见面黄肌瘦、腹胀腹痛、厌食或食欲不振、大便失调。

【用法用量】口服。周岁以内一次 5 ml，一日 2 次；二至五岁，一次 10 ml，一日 2 次；五岁以上，一次 10 ml，一日 3 次；或遵医嘱。

【规格】每支装 10 ml。

【贮藏】密封，置阴凉处。

《中华人民共和国药典（2020 年版）》

5450475　小儿七星茶颗粒
Xiao’er Qixingcha Keli

【处方】薏苡仁　稻芽　山楂　淡竹叶　钩藤　蝉蜕　甘草

【性状】本品为浅黄棕色至红棕色的颗粒；气微，味甜、微苦。

【功能与主治】开胃消滞，清热定惊。用于小儿积滞化热，消化不良，不思饮食，烦躁易惊，夜寐不安，大便不畅，小便短赤。

【用法用量】开水冲服。一次 3.5 ~7 g，一日 3 次。

【规格】(1) 每袋装 3.5 g；(2) 每袋装 7 g。

【贮藏】密封。

《中华人民共和国药典（2020 年版）》

46. 止咳平喘剂

5460476　小儿清肺化痰口服液
Xiao'er Qingfei Huatan Koufuye

【处方】麻黄　前胡　黄芩　炒紫苏子　石膏　炒苦杏仁　葶苈子　竹茹

【性状】本品为黄棕色至棕红色的液体；味甜、微苦。

【功能与主治】清热化痰，止咳平喘。用于小儿风热犯肺所致的咳嗽，症见呼吸气促、咳嗽痰喘、喉中作响。

【用法用量】口服。周岁以内一次 3 ml，一至五岁一次 10 ml，五岁以上一次 15 ~ 20 ml，一日 2 ~3 次，用时摇匀。

【注意事项】脾虚泄泻者慎用。

【规格】每支装 10 ml。

【贮藏】密封。

《中华人民共和国药典（2020 年版）》

5460477　小儿消积止咳口服液
Xiao'er Xiaoji Zhike Koufuye

【处方】炒山楂　槟榔　枳实　蜜枇杷叶　瓜蒌　炒莱菔子　炒葶苈子　桔梗　连翘　蝉蜕

【性状】本品为棕红色的液体；味甜、微苦。

【功能与主治】清热肃肺，消积止咳。用于小儿饮食积滞、痰热蕴肺所致的咳嗽、夜间加重、喉间痰鸣、腹胀、口臭。

【用法用量】口服。周岁以内一次 5 ml，一至二岁一次 10 ml，三至四岁一次 15 ml，五岁以上一次 20 ml，一日 3 次；5 天为一疗程。

【规格】每支装 10 ml。

【贮藏】密封。

《中华人民共和国药典（2020 年版）》

5460478　小儿肺热咳喘颗粒
Xiao'er Feire Kechuan Keli

【处方】石膏　知母　金银花　连翘　黄芩　鱼腥草　板蓝根　麦冬　麻黄　苦杏仁　甘草

【性状】本品为棕黄色的颗粒；味甜。

【功能与主治】清热解毒，宣肺止咳，化痰平喘。用于小儿风热犯肺所致的感冒、咳嗽、气喘，症见发热、咳嗽、咯痰、气急、喘嗽；支气管炎及支气管肺炎见上述证候者。

【用法用量】开水冲服。三岁以下一次 3 g，一日 3 次；三岁以上一次 3 g，一日 4 次；七岁以上一次 6 g，一日 3 次。

【注意事项】（1）风寒感冒，风寒闭肺喘咳慎用；（2）饮食宜清淡，忌食油腻腥荤、辛辣刺激食物；（3）对于支气管肺炎服药后病情未见减轻，咳喘加重者，应及时就医。

【规格】每袋装 3 g。

【贮藏】密封。

《中华人民共和国药典临床用药须知·中药成方制剂卷（2020 年版）》

5460479　小儿止咳糖浆
Xiao'er Zhike Tangjiang

【处方】甘草流浸膏　桔梗流浸膏　氯化铵　橙皮酊

【性状】本品为红棕色的半透明黏稠液体；味甜。

【功能与主治】祛痰，镇咳。用于小儿感冒引起的咳嗽。

【用法用量】口服。二至五岁一次 5 ml，五岁以上一次 5 ~ 10 ml，二岁以下酌减，一日 3 ~ 4 次。

【规格】（1）每瓶装 60 ml；（2）每瓶装 100 ml；（3）每瓶装 120 ml。

【贮藏】密封。

《中华人民共和国药典（2020 年版）》

5460480　金振口服液
Jinzhen Koufuye

【处方】山羊角　平贝母　大黄　黄芩　青礞石　石膏　人工牛黄　甘草

【性状】本品为棕黄色至棕红色的液体；气芳香，味甜、微苦。

【功能与主治】清热解毒，祛痰止咳。用于小儿痰热蕴肺所致的发热、咳嗽、咳吐黄痰、咳吐不爽、舌质红、苔黄腻；小儿急性支气管炎见上述证候者。

【用法用量】口服。六个月至一岁，一次 5 ml，一日 3 次；二至三岁，一次 10 ml，一日 2 次；四至七岁，一次 10 ml，一日 3 次；八至十四岁，一次 15 ml，一日 3 次。疗程 5 ~ 7 天，或遵医嘱。

【注意事项】（1）偶见用药后便溏，停药后即可复常；（2）风寒咳嗽或体虚久咳者忌服。

【规格】每支装 10 ml。

【贮藏】密封，置阴凉处。

《中华人民共和国药典（2020 年版）》

5460481 小儿咳喘颗粒
Xiao'er Kechuan Keli

【处方】麻黄 川贝母 苦杏仁（炒） 黄芩 天竺黄 紫苏子（炒）僵蚕（炒） 山楂（炒） 莱菔子（炒） 石膏 鱼腥草 细辛 茶叶 甘草 桔梗

【性状】本品为黄棕色至棕色的颗粒；气微凉，味甜、微苦。

【功能与主治】清热宣肺，化痰止咳，降逆平喘。用于小儿痰热壅肺所致的咳嗽、发热、痰多、气喘。

【用法用量】温开水冲服。周岁以内一次 2～3 g，一至五岁，一次 3～6 g，六岁以上，一次 9～12 g，一日 3 次。

【规格】每袋装 6 g。

【贮藏】密封。

《中华人民共和国药典（2020 年版）》

5460482 鹭鸶咯丸
Lusika Wan

【处方】麻黄 苦杏仁 石膏 甘草 细辛 炒紫苏子 炒芥子 炒牛蒡子 瓜蒌皮 射干 青黛 蛤壳 天花粉 栀子（姜炙） 人工牛黄

【性状】本品为黑绿色的大蜜丸；气微，味甜、苦。

【功能与主治】宣肺、化痰、止咳。用于痰浊阻肺所致的顿咳、咳嗽，症见咳嗽阵作、痰鸣气促、咽干声哑；百日咳见上述证候者。

【用法用量】梨汤或温开水送服。一次 1 丸，一日 2 次。

【规格】每丸重 1.5 g。

【贮藏】密封。

《中华人民共和国药典（2020 年版）》

5460483 小儿肺咳颗粒
Xiao'er Feike Keli

【处方】人参 茯苓 白术 陈皮 鸡内金 酒大黄 鳖甲 地骨皮 北沙参 炙甘草 青蒿 麦冬 桂枝 干姜 淡附片 瓜蒌 款冬花 紫菀 桑白皮 胆南星 黄芪 枸杞子

【性状】本品为黄棕色至棕褐色的颗粒；味甜。

【功能与主治】健脾益肺，止咳平喘。用于肺脾不足，痰湿内壅所致咳嗽或痰多稠黄，咳吐不爽，气短，喘促，动辄汗出，食少纳呆，周身乏力，舌红苔厚；小儿支气管炎见上述证候者。

【用法用量】开水冲服。周岁以内一次 2 g，一至四岁一次 3 g，五至八岁一次 6 g，一日 3 次。

【注意事项】高热咳嗽慎用。

【规格】（1）每袋装 2 g；（2）每袋装 3 g；（3）每袋装 6 g。

【贮藏】密封。

《中华人民共和国药典（2020 年版）》

5460484　小儿咳喘灵颗粒
Xiao'er Kechuanling Keli

【处方】麻黄　金银花　苦杏仁　板蓝根　石膏　甘草　瓜蒌

【性状】本品为黄棕色的颗粒；味甜、微苦、辛。

【功能与主治】宣肺、清热。止咳，祛痰。用于上呼吸道感染引起的咳嗽。

【用法用量】开水冲服。二岁以内一次 lg，三岁至四岁一次 1.5 g，五岁至七岁一次 2 g；一日 3 ~4 次。

【注意事项】（1）风寒感冒者慎用；（2）高热喘憋、鼻翼扇动加剧者，应及时到医院诊治；（3）忌食生冷、辛辣、油腻食物。

【规格】每袋装 10 g。

【贮藏】密封。

《中华人民共和国药典临床用药须知・中药成方制剂卷（2020 年版）》

47. 补益剂

（1）健脾益气

5470485　健脾康儿片
Jianpi Kang'er Pian

【处方】人参　白术（麸炒）　茯苓　山药（炒）　山楂（炒）　鸡内金（醋炙）　木香　陈皮　使君子肉（炒）　黄连　甘草

【性状】本品为黄棕色片；气微香，味苦。

【功能与主治】健脾养胃，消食止泻。用于脾胃气虚所致的泄泻，症见腹胀便泻、面黄肌瘦、食少倦怠、小便短少。

【用法用量】口服。周岁以内一次 1 ~2 片，一岁至三岁一次 2 ~4 片，三岁以上一次 5 ~6 片；一日 2 次。

【注意事项】（1）湿热泄泻者慎用；（2）饮食宜清淡，选择易消化食物，注意补充体液，防止脱水。

【规格】每片重 0.2 g。

【贮藏】密闭，防潮。

《中华人民共和国药典临床用药须知・中药成方制剂卷（2020 年版）》

5470486　婴儿健脾颗粒
Ying'er Jianpi Keli

【处方】白扁豆（炒）　白术（炒）　山药（炒）　木香　鸡内金（炒）　川贝母　人工牛黄

碳酸氢钠

【性状】本品为淡黄色的颗粒；气香，味甜。

【功能与主治】健脾，消食，止泻。用于脾虚夹滞所致的泄泻，症见大便次数增多、质稀气臭、消化不良、面色不华、乳食少进、腹胀腹痛、睡眠不宁；婴儿非感染性腹泻见上述证候者。

【用法用量】口服。周岁以内一次 lg，一岁至三岁一次 4 g，四岁至七岁一次 8 g；一日 2 次。

【注意事项】(1) 风寒泄泻、湿热泄泻者慎用；(2) 泄泻患儿服药后腹泻不止，出现脱水征象者，应及时采取相应治疗措施；(3) 应注意调摄饮食，不宜食肥甘黏腻食物。

【规格】每袋装 2 g。

【贮藏】密封，防潮，置阴凉处。

《中华人民共和国药典临床用药须知·中药成方制剂卷（2020 年版）》

(2) 益气养阴

5470487 龙牡壮骨颗粒

Longmu Zhuanggu Keli

【处方】党参　黄芪　山麦冬　醋龟甲　炒白术　山药　醋南五味子　龙骨　煅牡蛎　茯苓　大枣　甘草　乳酸钙　炒鸡内金　维生素 D_2　葡萄糖酸钙

【性状】本品为淡黄色至黄棕色的颗粒；气香，味甜。

【功能与主治】强筋壮骨，和胃健脾。用于治疗和预防小儿佝偻病、软骨病；对小儿多汗、夜惊、食欲不振、消化不良、发育迟缓也有治疗作用。

【用法用量】开水冲服。二岁以下一次 5 g 或 3 g（无蔗糖），二至七岁一次 7.5 g 或 4.5 g（无蔗糖），七岁以上一次 10 g 或 6 g（无蔗糖），一日 3 次。

【规格】(1) 每袋装 5 g；(2) 每袋装 3 g（无蔗糖）。

【贮藏】密封。

《中华人民共和国药典（2020 年版）》

5470488 小儿智力糖浆

Xiao'er Zhili Tangjiang

【处方】龟甲　雄鸡　石菖蒲　远志　龙骨

【性状】本品为棕褐色黏稠液体；气微香、味甜、微辛。

【功能与主治】调补阴阳，开窍益智。用于儿童多动症。

【用法用量】口服。一次 10～15 ml，一日 3 次。

【注意事项】(1) 痰热内扰所致多动症不宜使用；(2) 饮食宜清淡，忌辛辣、油腻食物。

【规格】每支装 10 ml。

【贮藏】密封，置阴凉处。

《中华人民共和国药典临床用药须知·中药成方制剂卷（2020 年版）》

（3）补气养血

5470489　健脾生血颗粒

Jianpi Shengxue Keli

【处方】党参　茯苓　炒白术　甘草　黄芪　山药　炒鸡内金　醋龟甲　山麦冬　醋南五味子　龙骨　煅牡蛎　大枣　硫酸亚铁（$FeSO_4 \cdot 7H_2O$）

【性状】本品为灰黄色至棕色的颗粒；气微，味甜、微腥酸。

【功能与主治】健脾和胃，养血安神。用于小儿脾胃虚弱及心脾两虚型缺铁性贫血；成人气血两虚型缺铁性贫血。症见面色萎黄或㿠白，食少纳呆，腹胀脘闷，大便不调，烦躁多汗，倦怠乏力，舌胖色淡，苔薄白，脉细弱。

【用法用量】饭后用开水冲服。周岁以内一次 2.5 g（半袋），一至三岁一次 5 g（1 袋），三至五岁一次 7.5 g（1.5 袋），五至十二岁一次 10 g（2 袋），成人一次 15 g（3 袋），一日 3 次或遵医嘱。

【注意事项】（1）忌茶；（2）勿与含鞣酸类药物合用；（3）服药期间，部分患儿可出现牙齿颜色变黑，停药后可逐渐消失；（4）少数患儿服药后，可见短暂性食欲下降，恶心，呕吐，轻度腹泻，多可自行缓解。

【规格】每袋装 5 g。

【贮藏】密封。

《中华人民共和国药典（2020 年版）》

5470490　蚝贝钙片

Haobeigai Pian

【处方】牡蛎

【性状】本品为薄膜衣片，除去包衣后显类白色；具橙香、味微甜。

【功能与主治】补肾壮骨。用于儿童钙质缺乏及老年骨质疏松症的辅助治疗。

【用法用量】嚼服。一次一片，一日 3 次，儿童酌减或遵医嘱。

【注意事项】（1）感冒时不宜服用；（2）高血压、心脏病、肝病、肾病等慢性病严重者应在医师指导下服用；（3）服药 2 周症状无缓解，应去医院就诊；（4）忌食生冷、油腻食物。

【规格】每片重 1.60 g［每片含钙（Ca）量 300 mg］。

【贮藏】密封，防潮。

《中华人民共和国药典临床用药须知·中药成方制剂卷（2020 年版）》

48. 镇静息风剂

5480491 琥珀抱龙丸
Hupo Baolong Wan

【处方】山药（炒） 朱砂 甘草 琥珀 天竺黄 檀香 枳壳（炒）茯苓 胆南星 枳实（炒） 红参

【性状】本品为棕红色的小蜜丸或大蜜丸；味甘、微苦、辛。

【功能与主治】清热化痰，镇静安神。用于饮食内伤所致的痰食型急惊风，症见发热抽搐、烦躁不安、痰喘气急、惊痫不安。

【用法用量】口服。小蜜丸一次 1.8 g（9 丸），大蜜丸一次 1 丸，一日 2 次；婴儿小蜜丸每次 0.6 g（3 丸），大蜜丸每次 1/3 丸，化服。

【注意事项】慢惊及久病、气虚者忌服。

【规格】（1）小蜜丸每 100 丸 20 g；（2）大蜜丸每丸重 1.8 g。

【贮藏】密封。

《中华人民共和国药典（2020 年版）》

5480492 羚羊角注射液
Lingyangjiao Zhusheye

【处方】羚羊角水解液

【性状】本品为微黄色的澄明液体。

【功能与主治】清热解毒，镇惊息风。用于高热神昏，惊痫抽搐；流行性感冒，上呼吸道感染，扁桃体炎，麻疹，小儿肺炎见上述表现者。

【用法用量】肌内注射。一次 2～4 ml，一日 2 次；小儿酌减。

【注意事项】（1）脾虚慢惊风慎用；（2）过敏体质者慎用；（3）对于脾胃虚寒，脾虚胃弱者因高热惊厥时，不宜久用；（4）小儿高热惊厥抽搐不止，应及时送医院抢救；（5）不宜与其他注射液混合使用；（6）饮食宜清淡，忌食辛辣、油腻食物；（7）孕妇禁用。

【规格】每支 2 ml。

【贮藏】密封，避光，置阴凉处。

《中华人民共和国药典临床用药须知·中药成方制剂卷（2020 年版）》

5480493 牛黄抱龙丸
Niuhuang Baolong Wan

【处方】牛黄 胆南星 天竺黄 茯苓 琥珀 人工麝香 全蝎 炒僵蚕 雄黄 朱砂

【性状】本品为黄棕色至红棕色的大蜜丸；气微香，味略苦。

【功能与主治】清热镇惊，祛风化痰。用于小儿风痰壅盛所致的惊风，症见高热神昏、惊风抽搐。

【用法用量】口服。一次 1 丸，一日 1 ~2 次；周岁以内小儿酌减。

【规格】每丸重 1. 5 g。

【贮藏】密封。

《中华人民共和国药典（2020 年版）》

5480494　八宝惊风散

Babao Jingfeng San

【处方】人工牛黄　黄芩　栀子　天竺黄　川贝母　金礞石（煅）　胆南星　天麻（制）　钩藤　防风　全蝎（制）　珍珠　龙齿　茯苓　丁香　沉香　薄荷　麝香　冰片

【性状】本品为黄棕色的粉末；气芳香，味苦。

【功能与主治】祛风化痰，退热镇惊。用于小儿痰热内蕴所致的急热惊风，症见发热咳嗽、呕吐痰涎、大便不通；高热惊厥见上述证候者。

【用法用量】口服。一次 0. 52 g，一日 3 次。周岁以内遵医嘱酌减。

【注意事项】（1）脾虚慢惊风者慎用；（2）寒痰停饮咳嗽者慎用；（3）不宜久用、过量服用；（4）小儿急惊风不宜单用本品；（5）饮食宜清淡，忌食辛辣、油腻食物。

【规格】每瓶装 0. 26 g。

【贮藏】密封。

《中华人民共和国药典临床用药须知 · 中药成方制剂卷（2020 年版）》

六、眼科类

49. 退翳明目

6490495　马应龙八宝眼膏

Mayinglong Babao Yangao

【处方】煅炉甘石　琥珀　人工麝香　人工牛黄　珍珠　冰片　硼砂　硇砂

【性状】本品为浅黄色至浅黄棕色的软膏；气香，有清凉感。

【功能与主治】清热退赤，止痒去翳。用于风火上扰所致的眼睛红肿痛痒、流泪、眼睑红烂；沙眼见上述证候者。

【用法用量】点入眼睑内。一日 2 ~3 次。

【注意事项】（1）孕妇慎用；（2）忌食辛辣油腻食物。

【规格】每支装 2 g。

【贮藏】遮光，密封，置凉暗处。

《中华人民共和国药典（2020 年版）》

6490496　拨云退翳丸

Boyun Tuiyi Wan

【处方】密蒙花　蒺藜（盐炙）　菊花　木贼　蛇蜕　蝉蜕　荆芥穗　蔓荆子　薄荷　当归　川芎　黄连　地骨皮　花椒　楮实子　天花粉　甘草

【性状】本品为黑褐色至黑色的大蜜丸；气芳香，味苦。

【功能与主治】散风清热，退翳明目。用于风热上扰所致的目翳外障、视物不清、隐痛流泪。

【用法用量】口服。一次 1 丸，一日 2 次。

【注意事项】忌食辛辣食物。

【规格】每丸重 9 g。

【贮藏】密封。

《中华人民共和国药典（2020 年版）》

6490497　珍珠明目滴眼液

Zhenzhu Mingmu Diyanye

【处方】珍珠液　冰片

【性状】本品为无色澄明液体；有冰片香气。

【功能与主治】清肝，明目，止痛。能改善眼胀、眼痛、干涩不舒、不能持久阅读等。用于早期老年性白内障、慢性结膜炎、视疲劳见上述证候者。

【用法用量】滴入眼睑内，滴后闭目片刻。一次 1～2 滴，一日 3～5 次。

【注意事项】（1）使用本品时，要排除物理或化学方面的刺激；（2）检查是否需要佩戴合适的眼镜；（3）检查是否有其他慢性全身性疾病的存在，如糖尿病等。

【规格】每支装（1）10 ml；（2）8 ml。

【贮藏】密闭。

《中华人民共和国药典临床用药须知・中药成方制剂卷（2020 年版）》

6490498　明目蒺藜丸

Mingmu Jili Wan

【处方】蒺藜（盐水炙）　蔓荆子（微炒）　菊花　蝉蜕　防风　荆芥　薄荷　白芷　木贼　决明子（炒）　密蒙花　石决明　黄连、栀子（姜水炙）　连翘　黄芩　黄柏　当归　赤芍　地黄　川芎　旋覆花　甘草

【性状】本品为黄褐色的水丸；气微，味微辛、苦。

【功能与主治】清热散风，明目退翳。用于上焦火盛引起的暴发火眼、云蒙障翳、羞明多眵、眼边赤烂、红肿痛痒、迎风流泪。

【用法用量】口服。一次 9 g，一日 2 次。

【注意事项】（1）本品阴虚火旺者慎用；（2）服药期间忌食辛辣、肥甘厚味食物，禁烟酒；（3）本品年老体弱者慎用。

【规格】每 20 粒重 lg。

【贮藏】密封，防潮。

《中华人民共和国药典临床用药须知·中药成方制剂卷（2020 年版）》

50. 清肝明目

6500499　明目上清片
Mingmu Shangqing Pian

【处方】桔梗　熟大黄　天花粉　石膏　麦冬　玄参　栀子　蒺藜　蝉蜕　甘草　陈皮　菊花　车前子　当归　黄芩　赤芍　黄连　枳壳　薄荷脑　连翘　荆芥油

【性状】本品为棕色至棕褐色的片；或为薄膜衣片，除去包衣后显棕色至棕褐色；味苦。

【功能与主治】清热散风，明目止痛。用于外感风热所致的暴发火眼、红肿作痛、头晕目眩、眼边刺痒、大便燥结、小便赤黄。

【用法用量】口服。一次 4 片，一日 2 次。

【注意事项】（1）孕妇慎用；（2）忌食辛辣油腻食物。

【规格】（1）素片每片重 0.6 g；（2）薄膜衣片每片重 0.63 g。

【贮藏】密封。

《中华人民共和国药典（2020 年版）》

6500500　和血明目片
Hexue Mingmu Pian

【处方】蒲黄　丹参　地黄　墨旱莲　菊花　黄芩（炒炭）　决明子　车前子　茺蔚子　女贞子　夏枯草　龙胆　郁金　木贼　赤芍　牡丹皮　山楂　当归　川芎

【性状】本品为糖衣片或薄膜衣片，除去包衣后显棕褐色；气微香，味苦、辛。

【功能与主治】凉血止血、滋阴化瘀、养肝明目。用于阴虚肝旺，热伤络脉所引起的眼底出血。

【用法用量】口服。一次 5 片，一日 3 次。

【规格】（1）糖衣片片心重 0.3 g；（2）薄膜衣片每片重 0.31 g。

【贮藏】密封。

《中华人民共和国药典（2020 年版）》

6500501　双黄连滴眼液
Shuanghuanglian Diyanye

【处方】金银花　连翘　黄芩　氯化钠

【性状】本品为棕黄色的粉末，有引湿性；味苦、涩。滴眼溶剂为无色的澄明液体。

【功能与主治】驱风清热，解毒退翳。用于风邪热毒性单纯疱疹病毒性树枝状角膜炎。

【用法用量】滴入眼睑内。临用前将本品与一支溶剂配制成溶液，使充分溶解后使用。一次1~2滴，一日4次。疗程为4周。

【注意事项】(1) 如药液发生浑浊，应停止使用。配制好的滴眼液，应连续用完，不宜存放后使用，在使用过程中如药液发生浑浊，应停止使用。(2) 药粉与溶剂混匀后，残留于玻璃瓶内的药液量在计量范围之外，请勿刻意取净。(3) 取塞、扣接、混合过程中避免瓶口污染。

【规格】每支装60 mg，滴眼溶剂每支装5 ml。

【贮藏】密封，置阴凉处。

《中华人民共和国药典临床用药须知·中药成方制剂卷（2020年版）》

6500502　黄连羊肝丸
Huanglian Yanggan Wan

【处方】黄连　龙胆　胡黄连　黄芩　黄柏　密蒙花　木贼　茺蔚子　夜明砂　决明子（炒）　石决明（煅）　柴胡　青皮（醋炒）　鲜羊肝

【性状】本品为黑褐色的大蜜丸；味苦。

【功能与主治】泻肝明目。用于肝火旺盛，目赤肿痛，视物昏暗，羞明流泪，胬肉攀睛。

【用法用量】口服。一次1丸，一日1~2次。

【注意事项】(1) 本品阴虚火旺、体弱年迈、脾胃虚寒者慎用；(2) 服药期间忌食辛辣、肥甘食物；(3) 本品不可过服或久服。

【规格】每丸重9 g。

【贮藏】密封。

《中华人民共和国药典临床用药须知·中药成方制剂卷（2020年版）》

51. 化瘀明目

6510503　夏天无眼药水
Xiatianwu Yanyaoshui

【处方】夏天无提取物

【性状】本品为淡黄色或黄棕色澄明液体。

【功能与主治】活血明目舒筋。用于血瘀筋脉阻滞所致的青少年远视力下降、不能久视；青少年假性近视症见上述证候者。

【用法用量】滴眼睑内。一次 1 ~2 滴，一日 3 ~5 次。

【注意事项】（1）青光眼患者或疑似青光眼患者不宜使用；（2）本品含有原阿片碱成分，不宜滴眼药量过多、次数过频。

【规格】每支装（1）5 ml（含原阿片碱 1. 875 mg）；（2）10 ml（含原阿片碱 3. 75 mg）。

【贮藏】遮光，密闭。

《中华人民共和国药典临床用药须知 · 中药成方制剂卷（2020 年版）》

6510504　血栓通注射液

Xueshuantong Zhusheye

【处方】三七总皂苷

【性状】本品为淡黄色至黄色的澄明液体。

【功能与主治】活血祛瘀，通脉活络。用于中风偏瘫，瘀血阻络证；动脉粥样硬化性血栓性脑梗死、脑栓塞、视网膜中央静脉阻塞见瘀血阻络证者。

【用法用量】静脉注射，一次 2 ~5 ml，以氯化钠注射液 20 ~40 ml 稀释后使用，一日 1 ~2 次。静脉滴注，一次 2 ~5 ml，用 10% 葡萄糖注射液 250 ~500 ml 稀释后使用，一日 1 ~2 次。肌内注射，一次 2 ~5 ml，一日 1 ~2 次。理疗，一次 2 ml，加注射用水 3 ml，从负极导入。

【注意事项】（1）严格按照药品说明书规定的功能主治使用，禁止超功能主治范围用药；（2）严格掌握用法用量，按照药品说明书推荐剂量、调配要求用药，不得超剂量、过快滴注或长期连续用药；（3）严格掌握用法用量及疗程，按照药品说明书推荐剂量、调配要求用药，不得超剂量、过快滴注或长期连续用药；（4）加强用药监护，用药过程中，应密切观察用药反应，特别是开始用药 30 分钟内，发现异常立即停药，采用积极救治措施，救治患者；（5）本品保存不当可能影响药品质量，用药前和配制后及使用过程中应认真检查本品及滴注液，发现药液出现浑浊、沉淀、变色、结晶等药物性状改变以及瓶身有漏气、裂纹等现象时，均不得使用。

【规格】（1）2 ml：70 mg；（2）5 ml：175 mg。

【贮藏】密封，避光。

《中华人民共和国药典临床用药须知 · 中药成方制剂卷（2020 年版）》

6510505　复方血栓通胶囊

Fufang Xueshuantong Jiaonang

【处方】三七　黄芪　丹参　玄参

【性状】本品为硬胶囊，内容物为灰黄色至灰褐色的粉末；味苦、微甘。

【功能与主治】活血化瘀，益气养阴。用于血瘀兼气阴两虚证的视网膜静脉阻塞，症见视力下降或视觉异常、眼底瘀血征象、神疲乏力、咽干、口干；以及用于血瘀兼气阴两虚的稳定性劳累型心绞痛，症见胸闷、胸痛、心悸、心慌、气短、乏力、心烦、口干。

【用法用量】口服。一次 3 粒，一日 3 次。

【注意事项】孕妇慎用。

【规格】每粒装 0.5 g。

【贮藏】密封，置阴凉干燥处。

《中华人民共和国药典（2020 年版）》

52. 益肾明目

6520506　琥珀还睛丸

Hupo Huanjing Wan

【处方】琥珀　菊花　青葙子　黄连　黄柏　知母　石斛　地黄　麦冬　天冬　党参（去芦）　麸炒枳壳　茯苓　炙甘草　山药　炒苦杏仁　当归　川芎　熟地黄　枸杞子　沙苑子　菟丝子　酒肉苁蓉　杜仲（炭）　羚羊角粉　水牛角浓缩粉

【性状】本品为黄褐色至黑褐色的大蜜丸；味甘、微苦。

【功能与主治】补益肝肾，清热明目。用于肝肾两亏、虚火上炎所致的内外翳障、瞳孔散大、视力减退、夜盲昏花、目涩羞明、迎风流泪。

【用法用量】口服。一次 2 丸，一日 2 次。

【注意事项】忌食辛辣油腻食物。

【规格】每丸重 6 g。

【贮藏】密封。

《中华人民共和国药典（2020 年版）》

6520507　明目地黄丸

Mingmu Dihuang Wan

【处方】熟地黄　山茱萸（制）　枸杞子　山药　当归　白芍　蒺藜　石决明（煅）　牡丹皮　茯苓　泽泻　菊花

【性状】本品为黑色的大蜜丸；气微香，味先甜而后苦、涩。

【功能与主治】滋肾，养肝，明目。用于肝肾阴虚，目涩畏光，视物模糊，迎风流泪。

【用法用量】口服。水蜜丸一次 6 g，小蜜丸一次 9 g，大蜜丸一次 1 丸，一日 2 次。

【注意事项】（1）肝经风热、肝胆湿热、肝火上扰者慎用；（2）脾胃虚弱，运化失调者慎用；（3）服药期间忌油腻肥甘、辛辣燥热食物。

【规格】大蜜丸每丸重 9 g。

【贮藏】密封。

《中华人民共和国药典临床用药须知 · 中药成方制剂卷（2020 年版）》

6520508　石斛夜光丸
Shihu Yeguang Wan

【处方】石斛　人参　山药　茯苓　甘草　肉苁蓉　枸杞子　菟丝子　地黄　熟地黄　五味子　天冬　麦冬　苦杏仁　防风　川芎　麸炒枳壳　黄连　牛膝　菊花　盐蒺藜　青葙子　决明子　水牛角浓缩粉　山羊角

【性状】本品为棕色的水蜜丸、棕黑色的小蜜丸或大蜜丸；味甜而苦。

【功能与主治】滋阴补肾，清肝明目。用于肝肾两亏，阴虚火旺，内障目暗，视物昏花。

【用法用量】口服。水蜜丸一次 7.3 g，小蜜丸一次 11 g，大蜜丸一次 2 丸，一日 2 次。

【规格】大蜜丸每丸重 5.5 g。

【贮藏】密封。

《中华人民共和国药典（2020 年版）》

6520509　复明片
Fuming Pian

【处方】山茱萸（制）　枸杞子　菟丝子　女贞子　熟地黄　地黄　石斛　决明子　木贼　夏枯草　黄连　菊花　谷精草　牡丹皮　羚羊角　蒺藜　石决明　车前子　木通　泽泻　茯苓　槟榔　人参　山药

【性状】本品为糖衣片，除去包衣后显黄棕色至棕褐色；气微香，味微苦。

【功能与主治】滋补肝肾，养阴生津，清肝明目。用于肝肾阴虚所致的羞明畏光、视物模糊；青光眼，初、中期白内障见上述证候者。

【用法用量】口服。一次 5 片，一日 3 次。每疗程为 30 天。

【注意事项】(1) 本品脾胃虚寒者慎用；(2) 本品孕妇慎用；(3) 服药期间忌食辛辣食物。

【规格】每片重 0.3 g。

【贮藏】密封，防潮。

《中华人民共和国药典临床用药须知·中药成方制剂卷（2020 年版）》

七、耳鼻喉科类

53. 耳科类

(1) 解毒利耳

7531510　滴耳油
Di’er You

【处方】黄柏　冰片　五倍子　薄荷油　核桃油

【性状】本品为棕黄色澄清的液体；具冰片香气，味辛、凉。

【功能与主治】清热解毒，燥湿消肿。用于肝经湿热蕴结所致的耳鸣耳聋、听力下降、耳内生疮、肿痛刺痒、破流脓水、久不收敛。

【用法用量】滴耳用。先搽净脓水，一次 2 ~3 滴，一日 3 ~5 次。

【注意事项】（1）虚证或虚实夹杂者慎用；（2）服药期间忌食辛辣、油腻食物；（3）用药前清洁外耳道。

【规格】每瓶装 3 g。

【贮藏】密封，避光。

《中华人民共和国药典临床用药须知·中药成方制剂卷（2020 年版）》

7531511　耳聋胶囊

Erlong Jiaonang

【处方】龙胆　黄芩　栀子　泽泻　木通　地黄　当归　九节菖蒲　羚羊角　甘草

【性状】本品为胶囊剂，内容物为棕黄色至棕褐色的粉末；气香，味苦。

【功能与主治】清肝泻火，利湿通窍。用于肝胆湿热所致的头晕头痛、耳聋耳鸣、耳内流脓。

【用法用量】口服。一次 3 粒，一日 2 次。

【注意事项】（1）脾胃虚寒者慎用；（2）服药期间忌食辛辣、油腻食物；（3）孕妇慎用。

【规格】每粒装 0. 42 g。

【贮藏】密封。

《中华人民共和国药典临床用药须知·中药成方制剂卷（2020 年版）》

7531512　通窍耳聋丸

Tongqiao Erlong Wan

【处方】北柴胡　芦荟　龙胆　熟大黄　黄芩　青黛　天南星（矾炙）　木香　醋青皮　陈皮　当归　栀子（姜炙）

【性状】本品为白色光亮的水丸，除去包衣后呈绿褐色；味苦。

【功能与主治】清肝泻火，通窍润便。用于肝经热盛，头目眩晕，耳聋蝉鸣，耳底肿痛，目赤口苦，胸膈满闷，大便燥结。

【用法用量】口服。一次 6 g，一日 2 次。

【注意事项】（1）忌食辛辣；（2）孕妇忌服。

【规格】每 100 粒重 6 g。

【贮藏】密封，防潮。

《中华人民共和国药典（2020 年版）》

7531513　泻青丸
Xieqing Wan

【处方】龙胆　酒大黄　防风　羌活　栀子　川芎　当归　青黛

【性状】本品为黑褐色的大蜜丸或水蜜丸；味苦。

【功能与主治】清肝泻火。用于肝火上炎所致耳鸣耳聋，口苦头晕，两胁疼痛，小便赤涩。

【用法用量】口服，水蜜丸一次 7 g，大蜜丸一次 1 丸，一日 2 次。

【注意事项】孕妇忌服。

【规格】（1）水蜜丸每 100 丸重 10 g；（2）大蜜丸每丸重 10 g。

【贮藏】密封。

《中华人民共和国药典（2020 年版）》

（2）益肾聪耳

7532514　耳聋左慈丸
Erlong Zuoci Wan

【处方】煅磁石　熟地黄　山茱萸（制）　牡丹皮　山药　茯苓　泽泻　竹叶柴胡

【性状】本品为棕黑色的水蜜丸，或为黑褐色的大蜜丸；味甜、微酸。

【功能与主治】滋肾平肝。用于肝肾阴虚，耳鸣耳聋，头晕目眩。

【用法用量】口服。水蜜丸一次 6 g；大蜜丸一次 1 丸，一日 2 次。

【规格】（1）水蜜丸每 10 丸重 1 g；（2）水蜜丸每 15 丸重 3 g；（3）大蜜丸每丸重 9 g。

【贮藏】密封。

《中华人民共和国药典（2020 年版）》

54. 鼻科类

（1）祛风通窍

7541515　辛芩颗粒
Xinqin Keli

【处方】细辛　黄芩　荆芥　防风　白芷　苍耳子　黄芪　白术　桂枝　石菖蒲

【性状】本品为灰黄色至棕黄色的颗粒，味甜、微苦［规格（1）］；或为棕黄色至棕褐色的颗粒，味微甜、微苦［规格（2）、规格（3）］。

【功能与主治】益气固表，祛风通窍。用于肺气不足、风邪外袭所致的鼻痒、喷嚏、流清涕，易感冒；过敏性鼻炎见上述证候者。

【用法用量】开水冲服。一次 1 袋，一日 3 次。20 日为一疗程。

【注意事项】儿童及老年人慎用，孕妇、婴幼儿及肾功能不全者禁用。

【规格】（1）每袋装 20 g；（2）每袋装 10 g；（3）每袋装 5 g（无蔗糖）。

【贮藏】密封。

《中华人民共和国药典（2020 年版）》

7541516　鼻炎片

Biyan Pian

【处方】苍耳子　辛夷　防风　连翘　野菊花　五味子　桔梗　白芷　知母　荆芥　甘草　黄柏　麻黄　细辛

【性状】本品为糖衣片或薄膜衣片，除去包衣后显棕色；气香，味苦。

【功能与主治】祛风宣肺，清热解毒。用于急、慢性鼻炎风热蕴肺证，症见鼻塞、流涕、发热、头痛。

【用法用量】口服。一次 3～4 片（糖衣片）或一次 2 片（薄膜衣片），一日 3 次。

【规格】薄膜衣片每片重 0.5 g。

【贮藏】密封。

《中华人民共和国药典（2020 年版）》

7541517　通窍鼻炎颗粒

Tongqiao Biyan Keli

【处方】炒苍耳子　防风　黄芪　白芷　辛夷　炒白术　薄荷

【性状】本品为棕色至棕褐色的颗粒，气微香，味微苦。

【功能与主治】散风固表，宣肺通窍。用于风热蕴肺、表虚不固所致的鼻塞时轻时重、鼻流清涕或浊涕、前额头痛；慢性鼻炎、过敏性鼻炎、鼻窦炎见上述证候者。

【用法用量】开水冲服。一次 1 袋，一日 3 次。

【规格】每袋装 2 g。

【贮藏】密封。

《中华人民共和国药典（2020 年版）》

7541518　鼻窦炎口服液

Bidouyan Koufuye

【处方】辛夷　荆芥　薄荷　桔梗　竹叶柴胡　苍耳子　白芷　川芎　黄芩　栀子　茯苓　川木通　黄芪　龙胆草

【性状】本品为深棕黄色至深棕褐色的液体；气芳香，味苦。

【功能与主治】疏散风热，清热利湿，宣通鼻窍。用于风热犯肺、湿热内蕴所致的鼻塞不通、流黄稠涕；急慢性鼻炎、鼻窦炎见上述证候者。

【用法用量】口服。一次 10 ml，一日 3 次；20 天为一疗程。

【规格】每支装 10 ml。

【贮藏】密封，遮光，置阴凉处。

《中华人民共和国药典（2020 年版）》

7541519　鼻渊通窍颗粒
Biyuan Tongqiao Keli

【处方】辛夷　炒苍耳子　麻黄　白芷　薄荷　藁本　黄芩　连翘　野菊花　天花粉　地黄　丹参　茯苓　甘草

【性状】本品为棕色至棕褐色的颗粒；气微香，味甜、微苦。

【功能与主治】疏风清热，宣肺通窍。用于急鼻渊（急性鼻窦炎）属外邪犯肺证，症见前额或颧骨部压痛，鼻塞时作，流涕黏白或黏黄，或头痛，或发热，苔薄黄或白，脉浮。

【用法用量】开水冲服。一次 1 袋，一日 3 次。

【注意事项】偶见腹泻。

【规格】每袋装 15 g。

【贮藏】密闭，防潮。

《中华人民共和国药典（2020 年版）》

（2）清热通窍

7542520　千柏鼻炎片
Qianbai Biyan Pian

【处方】千里光　卷柏　羌活　决明子　麻黄　川芎　白芷

【性状】本品为糖衣片或薄膜衣片，除去包衣后显棕褐色至棕黑色；味苦。

【功能与主治】清热解毒，活血祛风，宣肺通窍。用于风热犯肺、内郁化火、凝滞气血所致的鼻塞、鼻痒气热、流涕黄稠，或持续鼻塞、嗅觉迟钝；急慢性鼻炎、急慢性鼻窦炎见上述证候者。

【用法用量】口服。一次 3 ~ 4 片，一日 3 次。

【规格】薄膜衣片每片重 0. 44 g。

【贮藏】密封。

《中华人民共和国药典（2020 年版）》

7542521　鼻炎康片
Biyankang Pian

【处方】广藿香　苍耳子　鹅不食草　麻黄　野菊花　当归　黄芩　猪胆粉　薄荷油　马来酸氯苯那敏

【性状】本品为薄膜衣片，除去包衣后显浅褐色至棕褐色；味微甘而苦涩，有凉感。

【功能与主治】清热解毒，宣肺通窍，消肿止痛。用于风邪蕴肺所致的急、慢性鼻炎，过敏性鼻炎。

【用法用量】口服。一次4片，一日3次。

【注意事项】(1) 孕妇及高血压患者慎用；(2) 用药期间不宜驾驶车辆、管理机器及高处作业等；(3) 忌食辛辣食物；(4) 不宜过量、久服。

【规格】片剂。每片重0.37 g（含马来酸氯苯那敏1 mg）。

【贮藏】密封。

《中华人民共和国药典（2020年版）》

7542522　鼻咽清毒剂

Biyan Qingdu Ji

【处方】野菊花　重楼　两面针　苍耳子　夏枯草　蛇泡勒　龙胆　党参

【性状】本品为棕褐色的颗粒；味先甜后苦。

【功能与主治】清热解毒，化痰散结。用于痰热毒瘀蕴结所致的鼻咽部慢性炎症，鼻咽癌放射治疗后分泌物增多。

【用法用量】口服。一次20 g，一日2次。30天为一疗程。

【注意事项】(1) 外感风寒、肺脾气虚或气滞血瘀者慎用；(2) 服药期间戒烟酒，忌辛辣食物；(3) 本品含苍耳子，不宜过服和久服。

【规格】(1) 每袋装10 g；(2) 每袋装20 g。

【贮藏】密封。

《中华人民共和国药典临床用药须知·中药成方制剂卷（2020年版）》

7542523　藿胆丸

Huodan Wan

【处方】藿香叶　猪胆粉

【性状】本品为黑色的包衣水丸，除去包衣后显灰棕色至棕褐色；气特异，味苦。

【功能与主治】芳香化浊，清热通窍。用于湿浊内蕴、胆经郁火所致的鼻塞、流清涕或浊涕、前额头痛。

【用法用量】口服。一次4~6粒，一日2次。

【注意事项】(1) 忌烟酒、辛辣、鱼腥食物；(2) 不宜在服药期间同时服用温补性中药；(3) 孕妇慎用；(4) 脾虚大便溏者慎用。

【规格】每粒重36 g。

【贮藏】密封，防潮。

《中华人民共和国药典临床用药须知·中药成方制剂卷（2020年版）》

7542524　鼻渊片

Biyuan Pian

【处方】苍耳子　辛夷　金银花　茜草　野菊花

【性状】本品为糖衣片或薄膜衣片，除去包衣后显褐色；气微香，味微苦、辛、涩。

【功能与主治】祛风宣肺，清热解毒，通窍止痛。用于鼻塞鼻渊，通气不畅，流涕黄浊，嗅觉不灵，头痛，眉棱骨痛。

【用法用量】口服。一次6~8片［规格（1）、规格（2）］或一次3~4片［规格（3）］，一日3次。

【规格】（1）糖衣片片心重0.32 g、0.1g；（2）薄膜衣片每片重0.36 g；（3）薄膜衣片每片重0.515 g。

【贮藏】密封。

《中华人民共和国药典（2020年版）》

55. 咽喉科类

（1）疏风利咽

7551525　银黄含片

Yinhuang Hanpian

【处方】金银花提取物　黄芩提取物

【性状】本品为浅棕色片或可溶性薄膜衣片，薄膜衣片除去包衣后，显浅棕色；味微甜。

【功能与主治】清热疏风、利咽解毒。用于外感风热、肺胃热盛所致的咽干、咽痛、喉核肿大、口渴、发热；急慢性扁桃体炎、急慢性咽炎、上呼吸道感染见上述证候者。

【用法用量】含服。一次2片，一日10~20片，分次含服。5天为一疗程，或遵医嘱。

【注意事项】（1）素体脾胃虚寒者慎用；（2）服药期间忌食辛辣、厚味、油腻食物。

【规格】每片重0.65 g。

【贮藏】密封，置阴凉干燥处。

《中华人民共和国药典临床用药须知·中药成方制剂卷（2020年版）》

7551526　复方鱼腥草片

Fufang Yuxingcao Pian

【处方】鱼腥草　黄芩　板蓝根　连翘　金银花

【性状】本品为糖衣片或薄膜衣片，除去包衣后显棕褐色；味微涩。

【功能与主治】清热解毒。用于外感风热所致的急喉痹、急乳蛾，症见咽部红肿、咽痛；急性咽炎、急性扁桃体炎见上述证候者。

【用法用量】口服。一次4~6片，一日3次。

【规格】薄膜衣片每片重0.35 g。

【贮藏】密封。

《中华人民共和国药典（2020年版）》

7551527　复方瓜子金颗粒
Fufang Guazijin Keli

【处方】瓜子金　大青叶　野菊花　海金沙　白花蛇舌草　紫花地丁

【性状】本品为棕色至棕褐色的颗粒；味甜、微苦或味微甜、微苦（无蔗糖）。

【功能与主治】清热利咽，散结止痛，祛痰止咳。用于风热袭肺或痰热壅肺所致的咽部红肿、咽痛、发热、咳嗽；急性咽炎、慢性咽炎急性发作及上呼吸道感染见上述证候者。

【用法用量】开水冲服。一次 20 g［规格（1）、规格（2）］，一次 14 g［规格（3）］或一次 5 g［规格（4）］，一日 3 次；儿童酌减。

【规格】（1）每袋装 10 g（相当于饮片 14 g）；（2）每袋装 20 g（相当于饮片 28 g）；（3）每袋装 7 g（相当于饮片 14 g）；（4）每袋装 5 g（无蔗糖，相当于饮片 28 g）。

【贮藏】密封。

《中华人民共和国药典（2020 年版）》

7551528　桂林西瓜霜
Guilin Xiguashuang

【处方】西瓜霜　煅硼砂　黄柏　黄连　山豆根　射干　浙贝母　青黛　冰片　无患子果（炭）　大黄　黄芩　甘草　薄荷脑

【性状】本品为灰黄绿色的粉末；气香，味咸、甜、微苦而辛凉。

【功能与主治】清热解毒，消肿止痛。用于风热上攻、肺胃热盛所致的乳蛾、喉痹、口糜，症见咽喉肿痛、喉核肿大、口舌生疮、牙龈肿痛或出血；急、慢性咽炎，扁桃体炎，口腔炎，口腔溃疡，牙龈炎见上述证候者及轻度烫伤（表皮未破）者。

【用法用量】外用，喷、吹或敷于患处，一次适量，一日数次；重症者兼服，一次 1 ~ 2 g，一日 3 次。

【规格】（1）每瓶装 1 g；（2）每瓶装 2 g；（3）每瓶装 2.5 g；（4）每瓶装 3 g。

【贮藏】密闭。

《中华人民共和国药典（2020 年版）》

7551529　清咽滴丸
Qingyan Diwan

【处方】人工牛黄　薄荷脑　青黛　冰片　诃子　甘草

【性状】本品为棕褐色至黑褐色的滴丸；味微苦涩，气辛凉。

【功能与主治】疏风清热，解毒利咽。用于外感风热所致的急喉痹。症见咽痛、咽干、口渴，或微恶风、发热、咽部红肿、舌边尖红、苔薄白或薄黄、脉浮数或滑数；急性咽炎见上述证候者。

【用法用量】含服。一次4～6粒，一日3次。

【注意事项】（1）虚火喉痹者慎用；（2）服药期间忌食辛辣油腻食物；（3）老人、儿童及素体脾胃虚弱者慎用；（4）孕妇慎用。

【规格】每丸重20 mg。

【贮藏】密封，置阴凉干燥处。

《中华人民共和国药典临床用药须知·中药成方制剂卷（2020年版）》

7551530　复方草珊瑚含片
Fufang Caoshanhu Hanpian

【处方】肿节风浸膏　薄荷脑　薄荷素油

【性状】本品为粉红色至棕色的片，或为薄膜衣片，除去包衣后显浅棕色至棕色；气香，味甜、清凉。

【功能与主治】疏风清热，消肿止痛，清利咽喉。用于外感风热所致的喉痹，症见咽喉肿痛、声哑失音；急性咽喉炎见上述证候者。

【用法用量】含服。一次2片［规格（1）］或一次1片［规格（2）］，每隔2小时1次，一日6次。

【规格】（1）每片重0.44 g；（2）每片重1.0 g。

【贮藏】密封。

《中华人民共和国药典（2020年版）》

7551531　金喉健喷雾剂
Jinhoujian Penwuji

【处方】艾纳香油　大果木姜子油　薄荷脑　甘草酸单铵盐

【性状】本品为喷雾剂，容器中的药液为无色至淡黄色澄清液体；气芳香。

【功能与主治】祛风解毒，消肿止痛，清咽利喉。用于风热所致咽痛、咽干、咽喉红肿、牙龈肿痛、口腔溃疡等症。

【用法用量】喷患处。每次适量，一日数次。

【注意事项】（1）忌辛辣、鱼腥食物；（2）使用时应避免接触眼睛；（3）不宜在服药期间同时服用温补性中药；（4）孕妇慎用，儿童应在医师指导下使用；（5）属风寒感冒咽痛者，症见恶寒发热、无汗、鼻流清涕者慎用；（6）切勿置本品于近火及高温处并严禁剧烈碰撞，使用时勿近明火。

【规格】每瓶装20 ml。

【贮藏】密闭，置阴凉处。

《中华人民共和国药典临床用药须知·中药成方制剂卷（2020年版）》

（2）解毒利咽

7552532　六应丸
Liuying Wan

【处方】丁香　蟾酥　雄黄　牛黄　珍珠　冰片

【性状】本品为黑色有光泽的水丸，除去包衣显深黄色；味苦、辛，有麻舌感。

【功能与主治】清热，解毒，消肿，止痛。用于火毒内盛所致的喉痹、乳蛾，症见咽喉肿痛、口苦咽干、喉核红肿；咽喉炎、扁桃体炎见上述证候者。亦用于疖痈疮疡及虫咬肿痛。

【用法用量】饭后服。一次 10 丸，儿童一次 5 丸，婴儿一次 2 丸，一日 3 次；外用。以冷开水或醋调敷患处。

【规格】每 5 丸重 19 mg。

【贮藏】密封。

《中华人民共和国药典（2020 年版）》

7552533　梅花点舌丸
Meihua Dianshe Wan

【处方】牛黄　珍珠　人工麝香　蟾酥（制）　熊胆粉　雄黄　朱砂　硼砂　葶苈子　乳香（制）　没药（制）　血竭　沉香　冰片

【性状】本品为朱红色的包衣水丸，除去包衣后显棕黄色至棕色；气香，味苦、麻舌。

【功能与主治】清热解毒，消肿止痛。用于火毒内盛所致的疔疮痈肿初起、咽喉牙龈肿痛、口舌生疮。

【用法用量】口服。一次 3 丸，一日 1～2 次；外用，用醋化开，敷于患处。

【注意事项】孕妇忌服。

【规格】每 10 丸重 1 g。

【贮藏】密封。

《中华人民共和国药典（2020 年版）》

7552534　金莲花颗粒
Jinlianhua Keli

【处方】金莲花

【性状】本品为浅棕黄色的颗粒；味甜、微苦［规格（1）］。本品为棕黄色的颗粒；味甜、微苦［规格（2）］（无蔗糖）。

【功能与主治】清热解毒。用于风热邪毒袭肺，热毒内盛引起的上呼吸道感染、咽炎、扁桃体炎。

【用法用量】开水冲服。一次 1 袋，一日 2～3 次，小儿酌减。

【规格】（1）每袋装 8 g；（2）每袋装 3 g（无蔗糖）。

【贮藏】密封。

《中华人民共和国药典（2020 年版）》

7552535　蓝芩口服液
Lanqin Koufuye

【处方】板蓝根　黄芩　栀子　黄柏　胖大海

【性状】本品为棕红色澄清液体；味甜、微苦。

【功能与主治】清热解毒，利咽消肿。用于肺胃实热所致的咽痛、咽干、咽部灼热；急性咽炎见上述证候者。

【用法用量】口服。一次 20 ml，一日 3 次。

【注意事项】（1）虚火喉痹者慎用；（2）服药期间忌食辛辣、油腻、鱼腥食物，戒烟酒；（3）老人、儿童及素体脾胃虚弱者慎用。

【规格】每支装 10 ml。

【贮藏】密封，置阴凉处，在贮藏期间允许有少量轻摇易散的沉淀。

《中华人民共和国药典临床用药须知 · 中药成方制剂卷（2020 年版）》

7552536　冰硼散
Bingpeng San

【处方】冰片　硼砂（煅）　朱砂　玄明粉

【性状】本品为粉红色的粉末；气芳香，味辛凉。

【功能与主治】清热解毒，消肿止痛。用于热毒蕴结所致的咽喉疼痛、牙龈肿痛、口舌生疮。

【用法用量】吹敷患处。每次少量，一日数次。

【注意事项】（1）孕妇及哺乳期妇女禁用；（2）虚火上炎者慎用；（3）服药期间忌油腻食物，戒烟酒；（4）不宜长期大剂量使用，以免引起蓄积中毒。

【规格】每瓶装 6 g。

【贮藏】密封。

《中华人民共和国药典临床用药须知 · 中药成方制剂卷（2020 年版）》

7552537　新癀片
Xinhuang Pian

【处方】人工牛黄　肿节风　猪胆汁膏　肖梵天花　珍珠层粉　水牛角浓缩粉　三七　红曲　吲哚美辛

【性状】本品为淡棕灰色的片；气香、微腥，味苦。

【功能与主治】清热解毒，活血化瘀，消肿止痛。用于热毒瘀血所致的咽喉肿痛、牙痛、痹痛、胁痛、黄疸、无名肿毒。

【用法用量】口服。一次 2 ~ 4 片，一日 3 次；小儿酌减。外用。用冷开水调化，敷患处。

【注意事项】(1) 虚火喉痹、牙痛、风寒湿痹、外伤胁痛、阴疽漫肿者慎用；(2) 服药期间忌食辛辣油腻食物；(3) 老人、儿童及素体脾胃虚弱者慎用；(4) 本品含吲哚美辛，应参照该药注意事项；(5) 孕妇慎用。

【规格】每片重 0. 32 g。

【贮藏】密封。

《中华人民共和国药典临床用药须知 · 中药成方制剂卷（2020 年版）》

7552538　珍黄丸

Zhenhuang Wan

【处方】珍珠　人工牛黄　黄芩浸膏粉　猪胆粉　冰片　三七　薄荷素油

【性状】本品为硬胶囊，内容物为黄色至深黄色粉末；气香，味辛凉而苦。

【功能与主治】清热解毒，消肿止痛。用于肺胃热盛所致的咽喉肿痛、疮疡热疖。

【用法用量】口服，一次 2 粒、一日 3 次。外用，取药粉用米醋或冷开水调成糊状，敷患处。

【注意事项】(1) 孕妇禁用；(2) 虚火喉痹、阴疽漫肿者慎用；(3) 服药期间忌食辛辣油腻食物；(4) 老人、儿童及素体脾胃虚弱者慎用。

【规格】每粒装 0. 2 g。

【贮藏】密封。

《中华人民共和国药典临床用药须知 · 中药成方制剂卷（2020 年版）》

7552539　六神丸

Liushen Wan

【处方】麝香等

【性状】本品为黑色有光泽的小水丸；味辛辣。

【功能与主治】清热解毒，消肿利咽，化腐止痛。用于烂喉丹痧，咽喉肿痛，喉风喉痈，单双乳蛾，小儿热疖，痈疡疔疮，乳痈发背，无名肿毒。

【用法用量】口服，一日 3 次，温开水吞服；一岁一次服 1 粒，二岁一次服 2 粒，三岁一次服 3 ~ 4 粒，四岁至八岁一次服 5 ~ 6 粒，九岁至十岁一次服 8 ~ 9 粒，成人一次服 10 粒。另可外敷，在皮肤红肿处，以丸十数粒，用冷开水或米醋少许，盛食匙中化散，敷搽四周，每日数次，常保潮湿，直至肿退为止。如红肿已将出脓或已穿烂，切勿再敷。

【注意事项】(1) 孕妇禁用；(2) 阴虚火旺者慎用；(3) 服药期间进食流质或半流质饮食，忌食辛辣、油腻、鱼腥食物，戒烟酒；(4) 老人、儿童及素体脾胃虚弱者慎用；(5) 本品含蟾酥、雄黄等有毒药物，不宜过量、久用；(6) 本品外用不可入眼。

【规格】每1000粒重3.125 g。

【贮藏】密封。

《中华人民共和国药典临床用药须知·中药成方制剂卷（2020年版）》

7552540　冰硼咽喉散
Bingpeng Yanhou San

【处方】冰片　硼砂（煅）　青黛　玄明粉　石膏

【性状】本品为蓝灰色的粉末；气香，味清凉。

【功能与主治】清热解毒，消肿止痛。用于肺胃热盛，上攻咽喉及口齿所致的咽喉、齿龈肿痛、口舌生疮。

【用法用量】外用。取少量，吹敷患处，一日3~4次。

【注意事项】（1）忌辛辣、鱼腥食物；（2）本品为局部用药，请按说明书规定用量应用，不宜内服；（3）不宜在用药期间同时服用温补性中成药；（4）大便溏之脾胃虚者慎用；（5）用药三天后症状无改善，或出现其他症状，应去医院就诊；（6）注意喷药时不要吸气，以防药粉进入呼吸道而引起呛咳；（7）按照用法用量使用，儿童应在医师指导下使用；（8）对本品过敏者禁用，过敏体质者慎用；（9）本品性状发生改变时禁止使用；（10）儿童必须在成人的监护下使用；（11）请将本品放在儿童不能接触的地方；（12）如正在使用其他药品，使用本品前请咨询医师或药师。

【规格】每瓶装1.5 g。

【贮藏】密闭，防潮。

《中华人民共和国药典临床用药须知·中药成方制剂卷（2020年版）》

7552541　开喉剑喷雾剂
Kaihoujian Penwuji

【处方】八爪金龙　山豆根　蝉蜕　薄荷脑

【性状】本品为喷雾剂，内容物为浅棕色至棕色液体；味甜、微苦，有薄荷的清凉感。

【功能与主治】清热解毒，消肿止痛。用于肺胃蕴热所致的咽喉肿痛，口干口苦，牙龈肿痛以及口腔溃疡，复发性口疮见上述证候者。

【用法用量】喷患处。每次适量，一日数次。

【注意事项】（1）孕妇禁用；（2）忌辛辣、鱼腥食物；（3）使用时应避免接触眼睛；（4）不宜在服药期间同时服用温补性中药；（5）孕妇慎用，儿童应在医师指导下使用；（6）属风寒感冒咽痛者，症见恶寒发热、无汗、鼻流清涕者慎用；（7）切勿置本品于近火及高温处并严禁剧烈碰撞，使用时勿近明火。

【规格】（1）每瓶装10 ml；（2）每瓶装20 ml；（3）每瓶装30 ml。

【贮藏】密封，置阴凉干燥处。

《中华人民共和国药典临床用药须知·中药成方制剂卷（2020年版）》

7552542　蒲地蓝消炎口服液

Pudilan Xiaoyan Koufuye

【处方】蒲公英　板蓝根　苦地丁　黄芩

【性状】本品为棕红色至深棕色的液体；气微香，味甜、微苦。

【功能与主治】清热解毒，消肿利咽。用于疖肿、腮腺炎、咽炎、扁桃体炎。

【用法用量】口服。一次 10 ml，一日 3 次，小儿酌减。如有沉淀，摇匀后服用。

【规格】每支装 10 ml。

【贮藏】密封。

《中华人民共和国药典（2020 年版）》

（3）润燥利咽

7553543　金参润喉合剂

Jinshen Runhou Heji

【处方】玄参　地黄　金银花　连翘　板蓝根　桔梗　射干　冰片　蜂蜜　甘草

【性状】本品为深棕色的液体，有少量易摇匀的沉淀；气清凉，味甜。

【功能与主治】养阴生津，清热解毒，化痰利咽。用于肺胃阴虚或痰热蕴肺所致的咽喉疼痛、咽痒、咽干、异物感；慢性咽炎见上述证候者。

【用法用量】口服。一次 20 ml，一日 4 次。20 天为一疗程，可服用 1 ~ 2 个疗程。

【注意事项】（1）风热或风寒喉痹者慎用；（2）服药期间忌食辛辣、油腻、鱼腥食物，戒烟酒。

【规格】每瓶装 20 ml。

【贮藏】密封置阴凉处。

《中华人民共和国药典临床用药须知·中药成方制剂卷（2020 年版）》

7553544　玄麦甘桔含片

Xuanmai Ganjie Hanpian

【处方】玄参　麦冬　甘草　桔梗

【性状】本品为浅棕色至棕色的片或薄膜衣片，薄膜衣片除去包衣后显浅棕色至棕色；味甜，有清凉感。

【功能与主治】清热滋阴，祛痰利咽。用于阴虚火旺，虚火上浮，口鼻干燥，咽喉肿痛。

【用法用量】含服。一次 1 ~ 2 片，一日 12 片，随时服用。

【规格】（1）每片重 1.0 g；（2）薄膜衣片每片重 1.0 g。

【贮藏】密封。

《中华人民共和国药典（2020 年版）》

7553545　金鸣片
Jinming Pian

【处方】地黄　玄明粉　硼砂（煅）　人工牛黄　珍珠粉　冰片　玄参　麦冬　丹参　薄荷脑　乌梅

【性状】本品为淡棕色片；有薄荷香气，味甘、微酸咸。

【功能与主治】清热生津，开音利咽。用于肺热伤阴所致的咽部红肿、咽痛、声哑失音；慢性咽炎、慢性喉炎见上述证候者。亦用于用声过度引起的咽干、喉痒、发声费力、起声困难。

【用法用量】含化。一次1～2片，一日3～4次。

【注意事项】（1）孕妇禁用；（2）风热喉痹、喉喑者慎用；（3）脾胃虚寒者慎用；（4）服药期间忌食辛辣油腻食物，戒烟酒。

【规格】每片重0.6 g。

【贮藏】密闭，防潮。

《中华人民共和国药典临床用药须知·中药成方制剂卷（2020年版）》

7553546　慢咽宁袋泡茶
Manyanning Daipaocha

【处方】太子参　生地黄　玄参　麦冬　浙贝母　蒲公英　薄荷

【性状】本品为白色包装的茶包，内容物为棕褐色的颗粒；气香，味甘凉、微涩。

【功能与主治】养阴清热，消肿利咽。用于慢性咽炎属于阴虚痰热证，症见咽痛，咽干，咽赤灼热或痰黏者。

【用法用量】开水泡服。一次2袋，一日2次。

【注意事项】（1）脾肾阳虚体质者慎用；（2）服药期间忌食辛辣、油腻食物。

【规格】每袋4 g。

【贮藏】密封。

《中华人民共和国药典临床用药须知·中药成方制剂卷（2020年版）》

（4）化腐利咽

7554547　珠黄吹喉散
Zhuhuang Chuihou San

【处方】珍珠　人工牛黄　硼砂（煅）　西瓜霜　雄黄　儿茶　黄连　黄柏　冰片

【性状】本品为淡黄色的粉末；气香，味苦，有清凉感。

【功能与主治】解毒化腐生肌。用于热毒内蕴所致的咽喉口舌肿痛、糜烂。

【用法用量】外用，吹于患处。一日3～5次。

【贮藏】密封。

《中华人民共和国药典（2020年版）》

7554548 锡类散
Xilei San

【处方】牛黄 象牙屑 青黛 珍珠 壁钱炭 人指甲（滑石粉制） 冰片

【性状】本品为灰蓝色的粉末；具冰片的香气。

【功能与主治】解毒化腐，敛疮。用于心胃火盛所致的咽喉糜烂肿痛。

【用法用量】每用少许，吹敷患处，一日 1 ~2 次。

【注意事项】(1) 虚火上炎者慎用；(2) 服药期间忌食辛辣油腻食物；(3) 老人、儿童及素体脾胃虚弱者慎用。

【规格】每瓶装 0.5 g。

【贮藏】密封。

《中华人民共和国药典临床用药须知·中药成方制剂卷（2020 年版）》

7554549 珠黄散
Zhuhuang San

【处方】人工牛黄 珍珠

【性状】本品为淡黄色的粉末；气腥。

【功能与主治】清热解毒，祛腐生肌。用于热毒内蕴所致的咽痛、咽部红肿、糜烂、口腔溃疡久不收敛。

【用法用量】取药少许吹患处，一日 2 ~3 次。

【注意事项】忌食辛辣、油腻、厚味食物。

【贮藏】密封。

《中华人民共和国药典（2020 年版）》

(5) 开音爽咽

7555550 黄氏响声丸
Huangshi Xiangsheng Wan

【处方】薄荷 浙贝母 连翘 蝉蜕 胖大海 酒大黄 川芎 方儿茶 桔梗 诃子肉 甘草 薄荷脑

【性状】本品为糖衣或炭衣浓缩水丸，除去包衣后显褐色或棕褐色；味苦、清凉。

【功能与主治】疏风清热，化痰散结，利咽开音。用于风热外束、痰热内盛所致的急、慢性喉喑，症见声音嘶哑、咽喉肿痛、咽干灼热、咽中有痰，或寒热头痛，或便秘尿赤；急慢性喉炎及声带小结、声带息肉初起见上述证候者。

【用法用量】口服。一次 8 丸［规格（1）］或一次 6 丸［规格（2）］，或一次 20 丸［规格（3）］，一日 3 次，饭后服用；儿童减半。

【注意事项】胃寒便溏者慎用。

【规格】(1) 炭衣丸每丸重 0.1 g；(2) 炭衣丸每丸重 0.133 g；(3) 糖衣丸每瓶装 400 丸。

【贮藏】密封。

《中华人民共和国药典（2020 年版）》

7555551　金嗓散结胶囊
Jinsang Sanjie Jiaonang

【处方】金银花　丹参　板蓝根　马勃　蒲公英　桃仁　红花　醋三棱　醋莪术　玄参　麦冬　浙贝母　泽泻　炒鸡内金　蝉蜕　木蝴蝶

【性状】本品为硬胶囊，内容物为棕褐色的颗粒及粉末；气微，味微苦。

【功能与主治】清热解毒，活血化瘀，利湿化痰。用于热毒蕴结、气滞血瘀所致的声音嘶哑、声带充血、肿胀；慢性喉炎、声带小结、声带息肉见上述证候者。

【用法用量】口服。一次 2 ~4 粒，一日 2 次。

【注意事项】(1) 孕妇禁用；(3) 虚火喉痹者慎用；(3) 服药期间忌食辛辣油腻食物，忌烟酒，以免生痰生湿。

【规格】每粒装 0. 4 g。

【贮藏】密封。

《中华人民共和国药典临床用药须知 · 中药成方制剂卷（2020 年版）》

7555552　铁笛丸
Tiedi Wan

【处方】麦冬　玄参　瓜蒌皮　诃子肉　青果　凤凰衣　桔梗　浙贝母　茯苓　甘草

【性状】本品为褐色的大蜜丸；味甘、苦、酸。

【功能与主治】润肺利咽，生津止渴。用于阴虚肺热津亏引起的咽干声哑、咽喉疼痛、口渴烦躁

【用法用量】口服或含化。一次 2 丸，一日 2 次。

【注意事项】忌烟、酒及辛辣食物。

【规格】每丸重 3 g。

【贮藏】密闭，防潮。

《中华人民共和国药典（2020 年版）》

八、口腔科类

56. 疏风清热

8560553　齿痛消炎灵颗粒
Chitong Xiaoyanling Keli

【处方】石膏　荆芥　防风　青皮　牡丹皮　地黄　青黛　细辛　白芷　甘草

【性状】本品为黄棕色至棕褐色的颗粒；味甜、微苦或味微苦（无蔗糖）。

【功能与主治】疏风清热，凉血止痛。用于脾胃积热、风热上攻所致的头痛身热、口干口臭、便秘燥结、牙龈肿痛；急性齿根尖周炎、智齿冠周炎、急性牙龈（周）炎、急性牙髓炎见上述证候者。

【用法用量】开水冲服。一次1袋，一日3次，首次加倍。

【注意事项】服药期间忌食酒和辛辣之物。

【规格】（1）每袋装20 g；（2）每袋装10 g（无蔗糖）。

【贮藏】密封。

《中华人民共和国药典（2020年版）》

8560554　黄连上清胶囊

Huanglian Shangqing Jiaonang

【处方】黄连　栀子（姜制）　连翘　炒蔓荆子　防风　荆芥穗　白芷　黄芩　菊花　薄荷　酒大黄　黄柏（酒炙）　桔梗　川芎　石膏　旋覆花　甘草

【性状】本品为硬胶囊，内容物为棕黄色至棕褐色的颗粒和粉末；气微香，味苦。

【功能与主治】散风清热、泻火止痛。用于风热上攻、肺胃热盛所致的头晕目眩、暴发火眼、牙齿疼痛、口舌生疮、咽喉肿痛、耳痛耳鸣、大便秘结、小便短赤。

【用法用量】口服。一次2粒，一日2次。

【注意事项】（1）忌食辛辣食物；（2）孕妇慎用；（3）脾胃虚寒者禁用。

【规格】每粒装0.4 g。

【贮藏】密封。

《中华人民共和国药典（2020年版）》

57. 清热解毒

8570555　牙痛一粒丸

Yatong Yili Wan

【处方】蟾酥　朱砂　雄黄　甘草

【性状】本品为黄褐色的水丸；气微，味辛、有麻舌感。

【功能与主治】解毒消肿，杀虫止痛。用于火毒内盛所致的牙龈肿痛、龋齿疼痛。

【用法用量】每次取1～2丸，填入龋齿洞内或肿痛的齿缝处，外塞一块消毒棉花，防止药丸滑脱。

【注意事项】将含药后渗出的唾液吐出，不可咽下。

【规格】每125丸重0.3 g。

【贮藏】密封。

《中华人民共和国药典（2020年版）》

8570556　口腔溃疡散

Kouqiang Kuiyang San

【处方】青黛　枯矾　冰片

【性状】本品为淡蓝色的粉末；气芳香，味涩。

【功能与主治】清热，消肿，止痛。用于火热内蕴所致的口舌生疮、黏膜破溃、红肿灼痛；复发性口疮、急性口炎见上述证候者。

【用法用量】用消毒棉球蘸药擦患处。一日 2 ~ 3 次。

【规格】每瓶装 3 g。

【贮藏】密封。

《中华人民共和国药典（2020 年版）》

8570557　栀子金花丸

Zhizi Jinhua Wan

【处方】栀子　黄连　黄芩　黄柏　金银花　知母　天花粉　大黄

【性状】本品为黄色至黄褐色的水丸；味苦。

【功能与主治】清热泻火，凉血解毒。用于肺胃热盛，口舌生疮，牙龈肿痛，目赤眩晕，咽喉肿痛，吐血衄血，大便秘结。

【用法用量】口服。一次 9 g，一日 1 次。

【注意事项】（1）孕妇禁用；（2）阴虚火旺者慎用；（3）服药期间忌食辛辣食物；（4）体弱年迈者慎用。

【规格】每袋装 3 g。

【贮藏】密封。

《中华人民共和国药典临床用药须知 · 中药成方制剂卷（2020 年版）》

8570558　口炎清颗粒

Kouyanqing Keli

【处方】天冬　麦冬　玄参　山银花　甘草

【性状】本品为棕黄色至棕褐色的颗粒；味甜、微苦；或味甘、微苦（无蔗糖）。

【功能与主治】滋阴清热，解毒消肿。用于阴虚火旺所致的口腔炎症。

【用法用量】口服。一次 2 袋，一日 1 ~ 2 次。

【规格】（1）每袋装 10 g；（2）每袋装 3 g（无蔗糖）。

【贮藏】密封。

《中华人民共和国药典（2020 年版）》

8570559　复方牛黄清胃丸

Fufang Niuhuang Qingwei Wan

【处方】大黄　炒牵牛子　栀子（姜炙）　石膏　芒硝　黄芩　黄连　连翘　炒山楂　陈皮

姜厚朴　枳实　香附　猪牙皂　荆芥穗　薄荷　防风　菊花　白芷　桔梗　玄参　甘草　人工牛黄　冰片

【性状】本品为黄褐色的大蜜丸；气香，味苦，微凉。

【功能与主治】清热泻火，解毒通便。用于胃肠实热所致的口舌生疮、牙龈肿痛、咽膈不利、大便秘结、小便短赤。

【用法用量】口服。一次 2 丸，一日 2 次。

【注意事项】(1) 孕妇禁用；(2) 老人、儿童及脾胃虚弱者慎用；(3) 忌食辛辣油腻之品。

【规格】每丸重 4.5 g。

【贮藏】密封。

《中华人民共和国药典（2020 年版）》

58. 滋阴清热

8580560　补肾固齿丸

Bushen Guchi Wan

【处方】熟地黄　紫河车　盐骨碎补　地黄　鸡血藤　山药　枸杞子　炙黄芪　酒丹参　醋郁金　酒五味子　茯苓　盐泽泻　牛膝　漏芦　牡丹皮　野菊花　肉桂

【性状】本品为薄膜衣水丸，除去包衣后显棕褐色；味咸、微苦、辛。

【功能与主治】补肾固齿，活血解毒。用于肾虚火旺所致的牙齿酸软、咀嚼无力、松动移位、龈肿齿衄；慢性牙周炎见上述证候者。

【用法用量】口服。一次 4 g，一日 2 次。

【注意事项】实热证牙宣者慎用。

【规格】每 30 丸重 1 g。

【贮藏】密闭。

《中华人民共和国药典临床用药须知 · 中药成方制剂卷（2020 年版）》

九、骨伤科类

59. 疗伤止痛

9590561　骨友灵搽剂

Guyouling Chaji

【处方】红花　延胡索　鸡血藤　制川乌　威灵仙　蝉蜕　防风　续断　制何首乌

【性状】本品为棕色的溶液；气特异，并有醋的气味。

【功能与主治】活血化瘀，消肿止痛。用于瘀血阻络所致的骨性关节炎、软组织损伤，症见关节肿胀、疼痛、活动受限。

【用法用量】外用。涂于患处，热敷 20 ~ 30 分钟，一次 2 ~ 5 ml、一日 2 ~ 3 次。14 日为一疗程，间隔 1 周，一般用药 2 疗程或遵医嘱。

【注意事项】（1）孕妇禁用；（2）本品应在医师指导下使用，不可久用。

【规格】（1）每瓶装 10 ml；（2）每瓶装 20 ml；（3）每瓶装 40 ml；（4）每瓶装 50 ml；（5）每瓶装 60 ml；（6）每瓶装 100 ml。

【贮藏】密闭，置阴凉处。

《中华人民共和国药典临床用药须知·中药成方制剂卷（2020 年版）》

9590562　九分散
Jiufen San

【处方】马钱子粉　麻黄　乳香（制）　没药（制）

【性状】本品为黄褐色至深黄褐色的粉末，遇热或重压易粘结；气微香，味微苦。

【功能与主治】活血散瘀，消肿止痛。用于跌打损伤，瘀血肿痛。

【用法用量】口服。一次 2. 5 g，一日 1 次，饭后服用；外用，创伤青肿未破者以酒调敷患处。

【注意事项】（1）本品含毒性药，不可多服；（2）孕妇禁用；（3）小儿及体弱者遵医嘱服用；（4）破伤出血者不可外敷。

【规格】每袋装 2. 5 g。

【贮藏】密闭，防热，防潮。

《中华人民共和国药典（2020 年版）》

9590563　独一味胶囊
Duyiwei Jiaonang

【处方】独一味

【性状】本品为硬胶囊，内容物为深棕色的颗粒和粉末；味微苦。

【功能与主治】活血止痛，化瘀止血。用于多种外科手术后的刀口疼痛、出血，外伤骨折，筋骨扭伤，风湿痹痛以及崩漏、痛经、牙龈肿痛、出血。

【用法用量】口服。一次 3 粒，一日 3 次。7 日为一疗程；或必要时服。

【注意事项】孕妇慎用。

【规格】每粒装 0. 3 g。

【贮藏】密封。

《中华人民共和国药典（2020 年版）》

9590564　神农镇痛膏
Shennong Zhentong Gao

【处方】三七　红花　川芎　当归　血竭　乳香　没药　重楼　土鳖虫　胆南星　石菖蒲

羌活　白芷　防风　升麻　狗脊　马钱子　樟脑　薄荷脑　冰片　麝香　熊胆粉　丁香罗勒油　颠茄流浸膏　水杨酸甲酯

【性状】本品为棕黑色的片状橡胶膏；气芳香。

【功能与主治】活血散瘀，消肿止痛。用于跌打损伤，风湿关节痛，腰背痛。

【用法用量】外用。贴患处。

【注意事项】（1）孕妇禁用。（2）婴幼儿禁用。（3）皮肤破溃、皮损或感染处禁用。（4）对本品及所含成分（包括辅料）过敏者禁用。（5）对橡胶膏过敏者禁用。（6）本品为外用药。（7）切勿接触眼睛、口腔等黏膜处，使用后立即洗手。（8）忌食生冷、油腻食物。（9）有出血倾向者慎用。（10）糖尿病严重者慎用，以防止使用不当引起皮肤损伤。（11）运动员慎用，且应在医师指导下使用。（12）青光眼、前列腺肥大患者应在医师指导下使用。（13）经期及哺乳期妇女慎用。儿童、年老体弱者应在医师指导下使用。（14）本品含马钱子，不宜长期或大面积使用。自行用药宜在 7 天以内，如用药超过 7 天，应向医师咨询。（15）用药后局部皮肤如有出现瘙痒、刺痛、皮疹时，应立即取下，停止使用，症状严重者应及时就医。如出现皮肤以外的全身不适，应立即停用，严重者应及时就医。（16）用药 3 天症状无缓解，应去医院就诊。（17）对本品过敏者禁用，过敏体质者慎用。（18）本品性状发生改变时禁止使用。（19）请将本品放在儿童不能接触的地方。（20）如正在使用其他药品，使用本品前请咨询医师或药师。

【规格】每片 7 cm × 10 cm。

【贮藏】密封，置阴凉处。

《中华人民共和国药典临床用药须知·中药成方制剂卷（2020 年版）》

9590565　七厘散
Qili San

【处方】血竭　乳香（制）　没药（制）　红花　儿茶　冰片　人工麝香　朱砂

【性状】本品为朱红色至紫红色的粉末或易松散的块；气香，味辛、苦，有清凉感。

【功能与主治】化瘀消肿，止痛止血。用于跌扑损伤，血瘀疼痛，外伤出血。

【用法用量】口服。一次 1～1.5 g，一日 1～3 次；外用，调敷患处。

【注意事项】孕妇禁用。

【规格】（1）每瓶装 1.5 g；（2）每瓶装 3 g。

【贮藏】密封，置阴凉处。

《中华人民共和国药典（2020 年版）》

9590566　麝香祛痛搽剂
Shexiang Qutong Chaji

【处方】麝香、红花　三七　龙血竭　冰片　薄荷脑　独活　地黄　樟脑

【性状】本品为橙黄色至棕黄色的澄清液体；气芳香。

【功能与主治】活血祛瘀，舒经活络，消肿止痛。用于各种跌打损伤，瘀血肿痛，风湿瘀阻，关节疼痛。

【用法用量】外用。涂搽或喷涂患处，按摩5～10分钟至患处发热，一日2～3次；软组织扭伤严重或有出血者，将药液浸（喷）湿的棉垫敷于患处。

【注意事项】（1）孕妇禁用；（2）风湿热痹，关节红肿热痛者慎用；（3）酒精过敏者慎用。

【规格】每瓶装56 ml。

【贮藏】密封，遮光。

《中华人民共和国药典临床用药须知·中药成方制剂卷（2020年版）》

9590567 愈伤灵胶囊

Yushangling Jiaonang

【处方】三七 当归 红花 黄瓜子（炒） 落新妇提取物 土鳖虫 自然铜（煅） 续断 冰片。

【性状】本品为硬胶囊，内容物为棕色至棕褐色的粉末；气香，味苦、微辛、凉。

【功能与主治】活血散瘀，消肿止痛。用于跌打挫伤，瘀血阻络所致的筋骨肿痛；亦可用于骨折的辅助治疗。

【用法用量】口服。一次4～5粒，一日3次。

【注意事项】（1）孕妇禁用；（2）骨折患者应先行复位后，再用药物治疗。

【规格】每粒装0.3 g。

【贮藏】密封。

《中华人民共和国药典临床用药须知·中药成方制剂卷（2020年版）》

9590568 三七伤药颗粒

Sanqi Shangyao Keli

【处方】三七 制草乌 雪上一枝蒿 冰片 骨碎补 红花 接骨木 赤芍

【性状】本品为棕色至棕褐色的颗粒；味微苦。

【功能与主治】舒筋活血，散瘀止痛。用于跌打损伤，风湿瘀阻，关节痹痛；急慢性扭挫伤、神经痛见上述证候者。

【用法用量】口服。一次1袋，一日3次；或遵医嘱。

【注意事项】（1）本品药性强烈，应按规定量服用；（2）孕妇忌用；（3）心血管疾病患者慎用。

【规格】每袋装1 g。

【贮藏】密封。

《中华人民共和国药典（2020年版）》

9590569　云南白药胶囊

Yunnan Baiyao Jiaonang

【处方】国家保密方

【性状】本品为硬胶囊，内容物为灰黄色至浅棕黄色的粉末；具特异香气，味略感清凉，并有麻舌感。保险子为红色的球形或类球形水丸，剖面呈棕色或棕褐色，气微，味微苦。

【功能与主治】化瘀止血，活血止痛，解毒消肿。用于跌打损伤，瘀血肿痛，吐血、咳血、便血、痔血、崩漏下血，手术出血，疮疡肿毒及软组织挫伤，闭合性骨折，支气管扩张及肺结核咳血，溃疡病出血，以及皮肤感染性疾病。

【用法用量】刀、枪、跌打诸伤，无论轻重，出血者用温开水送服；瘀血肿痛与未流血者用酒送服；妇科各症，用酒送服；但月经过多、红崩，用温水送服。毒疮初起，服 1 粒，另取药粉，用酒调匀，敷患处，如已化脓，只需内服。其他内出血各症均可内服。

口服。一次 1 ~2 粒，一日 4 次（二至五岁按 1/4 剂量服用；六至十二岁按 1/2 剂量服用）。凡遇较重的跌打损伤可先服保险子 1 粒，轻伤及其他病症不必服。

【注意事项】(1) 孕妇忌用；(2) 服药一日内，忌食蚕豆、鱼类及酸冷食物。

【规格】每粒装 0. 25 g。

【贮藏】密封，置干燥处。

《中华人民共和国药典（2020 年版）》

9590570　云南白药膏

Yunnan Baiyao Gao

【处方】国家保密方

【性状】本品为淡灰黄色的橡胶膏剂；气特异。

【功能与主治】活血散瘀，消肿止痛，祛风除湿。用于跌打损伤，瘀血肿痛，风湿疼痛等症。

【用法用量】贴患处。

【注意事项】(1) 孕妇禁用；(2) 皮肤破损处不宜用；(3) 经期及哺乳期妇女慎用；(4) 皮肤过敏者停用；(5) 每次贴于皮肤的时间少于 12 小时，使用中发生皮肤发红、瘙痒等轻微反应时可适当减少粘贴时间。

【规格】(1) 6. 5 cm ×10 cm；(2) 6. 5 cm ×4 cm。

【贮藏】密闭，置阴凉处。

《中华人民共和国药典临床用药须知 · 中药成方制剂卷（2020 年版）》

9590571　云南白药酊

Yunnan Baiyao Ding

【处方】国家保密方

【性状】本品为红棕色的液体；气香，味辛麻、微苦。

【功能与主治】活血散瘀，消肿止痛。用于跌打损伤，风湿麻木，筋骨及关节疼痛，肌肉酸痛及冻伤等症。

【用法用量】口服，常用量一次3～5 ml，一日3次；极量一次10 ml。外用，取适量擦揉患处，每次3分钟左右，一日3～5次，可止血消炎；风湿筋骨疼痛，蚊虫叮咬，Ⅰ、Ⅱ度冻伤可擦揉患处数分钟，一日3～5次。

【注意事项】（1）孕妇禁用；（2）酒精过敏者禁用；（3）皮肤破损处不宜用；（4）经期及哺乳期妇女慎用；（5）皮肤过敏者停用；（6）服药后1日内，忌食蚕豆、鱼类及酸冷食物。

【规格】（1）每瓶装30 ml；（2）每瓶装50 ml；（3）每瓶装100 ml。

【贮藏】遮光，密封。

《中华人民共和国药典临床用药须知·中药成方制剂卷（2020年版）》

9590572 云南白药气雾剂
Yunnan Baiyao Qiwuji

【处方】国家保密方

【性状】本品为非定量阀门气雾剂，在耐压容器中的药液为淡黄色至黄棕色的液体；喷射时，有特异香气。云南白药气雾剂保险液为黄色至黄棕色的液体；喷射时，有特异香气。

【功能与主治】活血散瘀，消肿止痛。用于跌打损伤，瘀血肿痛，肌肉酸痛及风湿性关节疼痛等症。

【用法用量】外用，喷于伤患处，一日3～5次。

【注意事项】（1）孕妇禁用；（2）酒精过敏者禁用；（3）本品只限于外用，切勿喷入口、眼、鼻；（4）皮肤过敏者停用；（5）皮肤破损处不宜用；（6）使用云南白药气雾剂保险液时先振摇，喷嘴离皮肤5～10 cm，喷射时间应限制在3～5秒钟，以防止局部冻伤；（7）使用时勿近明火，切勿受热，应置于阴凉处保存。

【规格】（1）每瓶装60 ml；（2）每瓶装100 ml

【贮藏】密封，置阴凉处。

《中华人民共和国药典临床用药须知·中药成方制剂卷（2020年版）》

9590573 活血止痛散
Huoxue Zhitong San

【处方】当归 三七 醋乳香 冰片 土鳖虫 煅自然铜

【性状】本品为灰褐色的粉末；气香，味辛、苦、凉。

【功能与主治】活血散瘀，消肿止痛。用于跌打损伤，瘀血肿痛。

【用法用量】用温黄酒或温开水送服。一次1.5 g，一日2次。

【注意事项】（1）对本品及所含成分过敏者禁用；（2）本品建议饭后服用；（3）肝肾

功能异常者慎用；(4) 当使用本品出现不良反应时，应停药并及时就医；(5) 服药期间注意监测肝生化指标，如发现肝生化指标异常或出现全身乏力、食欲不振、厌油、恶心、上腹胀痛、尿黄、目黄、皮肤黄染等可能与肝损伤有关的临床表现时，应立即停药并就医；(6) 应避免与其他有肝肾毒性药物、抗凝药物、抗血小板聚集药物联合使用。

【贮藏】密封。

《中华人民共和国药典临床用药须知·中药成方制剂卷（2020 年版）》

9590574　正红花油

Zhenghonghua You

【处方】桂叶油　丁香油　水杨酸甲酯　肉桂油　香茅油　松节油　血竭

【性状】本品为红色澄明液体，具特异香气。

【功能与主治】活血祛风，舒筋止痛。用于风湿骨痛，肢体麻木，跌打损伤，蚊虫叮咬。

【用法用量】外用，将适量的药液涂于患处。

【注意事项】(1) 皮肤破损者禁用；(2) 皮肤过敏者停用。

【规格】(1) 每瓶装 2 ml；(2) 每瓶装 5 ml；(3) 每瓶装 20 ml；(4) 每瓶装 25 ml；(5) 每瓶装 35 ml。

【贮藏】密闭。

《中华人民共和国药典临床用药须知·中药成方制剂卷（2020 年版）》

9590575　消痛贴膏

Xiaotong Tiegao

【处方】独一味　姜黄等

【性状】本品为附在胶布上的药芯袋，内容物为黄色至黄褐色的粉末；具特殊香气。润湿剂为黄色至橙黄色的液体；气芳香。

【功能与主治】活血化瘀，消肿止痛。用于急慢性扭挫伤、跌打瘀痛、骨质增生、风湿及类风湿疼痛、落枕、肩周炎、腰肌劳损和陈旧性伤痛。

【用法用量】外用。将小袋内润湿剂均匀涂于药芯袋表面，润湿后直接敷于患处或穴位。每贴敷 24 小时。

【规格】(1) 药芯袋每贴装 1.2 g；(2) 药芯袋每贴装 1 g；(3) 润湿剂每袋装 2.5 ml；(4) 润湿剂每袋装 2.0 ml。

【贮藏】密封。

《中华人民共和国药典（2020 年版）》

9590576　致康胶囊

Zhikang Jiaonang

【处方】大黄　黄连　三七　白芷　阿胶　龙骨（煅）　白及　醋没药　海螵蛸　茜草

龙血竭　甘草　珍珠　冰片

【性状】本品为硬胶囊，内容物为浅灰棕色至棕褐色的颗粒及粉末；气微香，味辛凉，微苦。

【功能与主治】清热凉血止血，化瘀生肌定痛。用于创伤性出血，崩漏、呕血及便血等。

【用法用量】口服。一次 2 ~4 粒，一日 3 次；或遵医嘱。

【注意事项】(1) 孕妇禁服；(2) 过敏体质者慎用。

【规格】每粒装 0.3 g。

【贮藏】密闭，置阴凉干燥处。

《中华人民共和国药典（2020 年版）》

60. 接骨续筋

9590577　骨折挫伤胶囊

Guzhecuoshang Jiaonang

【处方】猪骨　炒黄瓜子　煅自然铜　红花　大黄　当归　醋乳香　醋没药　血竭　土鳖虫

【性状】本品为硬胶囊，内容物为黄棕色至棕褐色的粉末；味辛辣。

【功能与主治】舒筋活络，消肿散瘀，接骨止痛。用于跌打损伤，扭腰岔气，筋伤骨折属于瘀血阻络者。

【用法用量】用温黄酒或温开水送服。一次 4 ~6 粒，一日 3 次；小儿酌减。

【注意事项】孕妇禁服。

【规格】每粒装 0.29 g。

【贮藏】密封。

《中华人民共和国药典（2020 年版）》

9590578　接骨七厘片

Jiegu Qili Pian

【处方】自然铜（煅）　土鳖虫　骨碎补（烫）　乳香（炒）　没药（炒）　大黄（酒炒）　血竭　当归　硼砂

【性状】本品为薄膜衣片，除去包衣后显棕褐色；味微苦、微涩。

【功能与主治】活血化瘀，接骨续筋。用于跌打损伤，闪腰岔气，骨折筋伤，瘀血肿痛。

【用法用量】口服，一次 5 片，一日 2 次。黄酒送下。

【注意事项】(1) 孕妇禁用；(2) 骨折、脱臼者先复位，再行药物治疗；(3) 脾胃虚弱者慎用。

【规格】每素片重 0.3 g。

【贮藏】密封。

《中华人民共和国药典临床用药须知·中药成方制剂卷（2020年版）》

9590579　接骨丸
Jiegu Wan

【处方】土鳖虫　自然铜（煅醋淬）　续断　骨碎补　桂枝（炒）　马钱子粉　甜瓜子　郁金　地龙（广地龙）

【性状】本品为黑褐色的水丸；味苦。

【功能与主治】活血散瘀，消肿止痛。用于跌打损伤，闪腰岔气，筋伤骨折，瘀血肿痛。

【用法用量】口服。一次3 g，一日2次。

【注意事项】（1）孕妇禁用；（2）骨折、脱臼应先行复位后，再用药物治疗；（3）本品应在医师指导下使用，勿过量、久服；（4）高血压、癫痫患者慎用；（5）过敏体质者慎用；（6）肝肾功能不全者慎用。

【规格】每100粒重12 g。

【贮藏】密闭，防潮。

《中华人民共和国药典临床用药须知·中药成方制剂卷（2020年版）》

9590580　伤科接骨片
Shangke Jiegu Pian

【处方】红花　土鳖虫　朱砂　马钱子粉　炙没药　三七　炙海星　炙鸡骨　冰片　煅自然铜　炙乳香　甜瓜子

【性状】本品为糖衣片或薄膜衣片，除去包衣后显灰褐色至棕褐色；味苦、腥。

【功能与主治】活血化瘀，消肿止痛，舒筋壮骨。用于跌打损伤，闪腰岔气，筋伤骨折，瘀血肿痛。

【用法用量】口服。成人一次4片，十至十四岁儿童一次3片，一日3次，以温开水或温黄酒送服。

【注意事项】（1）本品不可随意增加服量，增加时，需遵医嘱；（2）孕妇忌服；（3）十岁以下儿童禁服。

【规格】（1）薄膜衣片每片重0.33 g；（2）糖衣片片心重0.33 g。

【贮藏】密封。

《中华人民共和国药典（2020年版）》

61. 通络止痛

9590581　骨刺宁胶囊
Gucining Jiaonang

【处方】三七　土鳖虫

【性状】本品为硬胶囊，内容物为浅黄棕色至黄棕色的颗粒；气腥，味苦、微甜。

【功能与主治】活血化瘀，通络止痛。用于瘀阻脉络所致骨性关节炎，症见关节疼痛、肿胀、麻木、活动受限。

【用法用量】口服。一次 4 粒，一日 3 次，饭后服。

【注意事项】孕妇禁用。

【规格】每粒装 0.3 g。

【贮藏】密封。

《中华人民共和国药典（2020 年版）》

9590582　颈痛颗粒

Jingtong Keli

【处方】三七　川芎　延胡索　羌活　白芍　威灵仙　葛根

【性状】本品为黄棕色的颗粒；气香，味辛、微苦。

【功能与主治】活血化瘀、行气止痛。用于神经根型颈椎病属血瘀气滞、脉络闭阻证。症见颈、肩及上肢疼痛，发僵或窜麻、窜痛。

【用法用量】开水冲服。一次 1 袋，一日 3 次，饭后服用。2 周为一疗程。

【注意事项】（1）孕妇忌服；（2）消化道溃疡及肝肾功能减退者慎用；（3）长期服用应向医师咨询，定期监测肝肾功能；（4）忌与茶同饮；（5）过敏体质者在用药期间可能有皮疹、瘙痒出现，停药后会逐渐消失，一般不需要做特殊处理。

【规格】每袋装 4 g。

【贮藏】密封。

《中华人民共和国药典（2020 年版）》

9590583　颈复康颗粒

Jingfukang Keli

【处方】羌活　川芎　葛根　秦艽　威灵仙　麸炒苍术　丹参　白芍　地龙（酒炙）　红花　乳香（制）　黄芪　党参　地黄　石决明　煅花蕊石　关黄柏　炒王不留行　焯桃仁　没药（制）　土鳖虫（酒炙）

【性状】本品为黄褐色至棕褐色的颗粒；味微苦。

【功能与主治】活血通络，散风止痛。用于风湿瘀阻所致的颈椎病，症见头晕、颈项僵硬、肩背酸痛、手臂麻木。

【用法用量】60℃以下温开水冲服。一次 1～2 袋，一日 2 次。饭后服用。

【注意事项】（1）孕妇忌服；（2）消化道溃疡、肾性高血压患者慎服或遵医嘱；（3）如有感冒、发烧、鼻咽痛等患者，应暂停服用。

【规格】每袋装 5 g。

【贮藏】密封。

《中华人民共和国药典（2020 年版）》

9590584 麝香镇痛膏
Shexiang Zhentong Gao

【处方】人工麝香 生川乌 水杨酸甲酯 颠茄流浸膏 辣椒 红茴香根 樟脑

【性状】本品为淡棕色的片状橡胶膏；气芳香。

【功能与主治】散寒，活血，镇痛。用于风湿性关节痛，关节扭伤。

【用法用量】贴患处。

【注意事项】（1）孕妇及皮肤破损处禁用；（2）使用中如皮肤发痒或变红，应立即停用。

【规格】7 cm×10 cm。

【贮藏】密闭，避热。

《中华人民共和国药典（2020 年版）》

9590585 附桂骨痛胶囊
Fugui Gutong Jiaonang

【处方】附子（制） 制川乌 肉桂 党参 当归 炒白芍 淫羊藿 醋乳香

【性状】本品为硬胶囊，内容物为黄棕色至棕褐色的粉末；气微香，味微苦。

【功能与主治】温阳散寒，益气活血，消肿止痛。用于阳虚寒湿所致的颈椎及膝关节增生性关节炎。症见骨关节疼痛、屈伸不利、麻木肿胀、遇热则减、畏寒肢冷。

【用法用量】口服。一次 6 粒（或 4～6 粒），一日 3 次，饭后服。3 个月为一疗程；如需继续治疗，必须停药一个月后遵医嘱服用。

【注意事项】（1）服药后少数可见胃脘不舒，停药后可自行消除；（2）服药期间注意血压变化；（3）高血压、严重消化道疾病慎用；（4）孕妇及有出血倾向者，阴虚内热者禁用。

【规格】每粒装 0. 33 g。

【贮藏】密封。

《中华人民共和国药典（2020 年版）》

9590586 腰痛宁胶囊
Yaotongning Jiaonang

【处方】马钱子粉（调制） 土鳖虫 川牛膝 甘草 麻黄 乳香（醋制） 没药（醋制） 全蝎 僵蚕（麸炒） 麸炒苍术

【性状】本品为硬胶囊，内容物为黄棕色至黄褐色的粉末；气微香，味微苦。

【功能与主治】消肿止痛，疏散寒邪，温经通络。用于寒湿瘀阻经络所致的腰椎间盘突出症、坐骨神经痛、腰肌劳损、腰肌纤维炎、风湿性关节痛，症见腰腿痛、关节痛及肢体活动受限者。

【用法用量】黄酒兑少量温开水送服。一次 4 ~6 粒，一日 1 次。睡前半小时服或遵医嘱。

【注意事项】（1）孕妇及儿童禁用；（2）心脏病、高血压及脾胃虚寒者慎用；（3）不可过量久服。

【规格】每粒装 0. 3 g。

【贮藏】密封。

《中华人民共和国药典（2020 年版）》

9590587 抗骨增生胶囊

Kanggu Zengsheng Jiaonang

【处方】熟地黄 酒肉苁蓉 狗脊（盐制） 女贞子（盐制） 淫羊藿 鸡血藤 炒莱菔子 骨碎补 牛膝

【性状】本品为硬胶囊，内容物为棕黄色至棕褐色的颗粒和粉末；味甜、微涩，或味微苦涩。

【功能与主治】补腰肾，强筋骨，活血止痛。用于骨性关节炎肝肾不足、瘀血阻络证，症见关节肿胀、麻木、疼痛、活动受限。

【用法用量】口服。一次 5 粒，一日 3 次。

【规格】每粒装 0. 35 g。

【贮藏】密封。

《中华人民共和国药典（2020 年版）》

9590588 颈痛灵药酒

Jingtongling Yaojiu

【处方】熟地黄 何首乌 白芍 黑芝麻 枸杞子 骨碎补 狗脊 槲寄生 黄芪 人参 山药 鹿茸 当归 丹参 牛膝 乳香 没药 天麻 葛根 千年健 蛇蜕 地枫皮 威灵仙 桂枝 木瓜 麝香 甘草

【性状】本品为棕黄色微有混浊的液体；味微甜、略苦。

【功能与主治】滋补肝肾，活血止痛。用于肝肾不足、瘀血阻络所致的颈椎病，症见颈部疼痛、活动不利。

【用法用量】口服。一次 10 ~15 ml，一日 2 次。

【注意事项】（1）孕妇禁用；（2）酒精过敏者禁用；（3）高血压患者慎用；（4）脾胃虚弱者慎用。

【规格】（1）每瓶装 100 ml；（2）每瓶装 250 ml。

【贮藏】密封，置阴凉处。

《中华人民共和国药典临床用药须知 · 中药成方制剂卷（2020 年版）》

9590589　腰痹通胶囊

Yaobitong Jiaonang

【处方】三七　川芎　延胡索　白芍　牛膝　狗脊　熟大黄　独活

【性状】本品为硬胶囊，内容物为棕黄色至棕褐色的颗粒；气香，味辛、微苦。

【功能与主治】活血化瘀，祛风除湿，行气止痛。用于血瘀气滞、脉络闭阻所致腰痛，症见腰腿疼痛、痛有定处、痛处拒按、轻者俯仰不便、重者剧痛不能转侧；腰椎间盘突出症见上述证候者。

【用法用量】口服。一次 3 粒，一日 3 次，宜饭后服用。30 天为一疗程。

【注意事项】（1）孕妇忌服；（2）消化性溃疡患者慎服或遵医嘱。

【规格】每粒装 0.42 g。

【贮藏】密封。

《中华人民共和国药典（2020 年版）》

9590590　复方杜仲健骨颗粒

Fufang Duzhong Jiangu Keli

【处方】杜仲　续断　枸杞子　黄芪　人参　当归　三七　黄柏　白芍　牛膝　鸡血藤　威灵仙

【性状】本品为红棕色的颗粒；味微苦。

【功能与主治】补益肝肾，养血荣筋，通络止痛。用于肝肾不足、筋脉瘀滞所致的膝关节骨性关节炎，症见关节肿胀、疼痛、功能障碍。

【用法用量】开水冲服。一次 12 g，一日 3 次。1 个月为一疗程，或遵医嘱。

【注意事项】孕妇禁用。

【规格】每支装 12 g。

【贮藏】密封。

《中华人民共和国药典临床用药须知·中药成方制剂卷（2020 年版）》

9610591　舒筋活血胶囊

Shujin Huoxue Jiaonang

【处方】红花　鸡血藤　络石藤　伸筋草　泽兰叶　香附（制）　槲寄生　狗脊（制）　香加皮　自然铜（煅）

【性状】本品为硬胶囊，内容物为黄棕色至黄褐色的颗粒和粉末；味苦。

【功能与主治】舒筋活络，活血散瘀。用于筋骨疼痛，肢体拘挛，腰背疼痛，跌打损伤。

【用法用量】口服。一次 5 粒，一日 3 次。

【注意事项】（1）孕妇禁用；（2）过敏体质者和对本品过敏者慎用；（3）本品含香加

皮有毒，不可过量、久服。

【规格】每粒装 0.35 g。

【贮藏】密封。

《中华人民共和国药典临床用药须知·中药成方制剂卷（2020 年版）》

9610592　藤黄健骨丸
Tenghuang Jiangu Wan

【处方】熟地黄　肉苁蓉　鸡血藤　淫羊藿　鹿衔草　骨碎补（烫）　莱菔子（炒）　蜂蜜（炼）

【性状】本品为黑褐色的水蜜丸；味甜、微苦。

【功能与主治】补肾，活血，止痛。用于肥大性脊椎炎，颈椎病，跟骨刺，增生性关节炎，大骨节病。

【用法用量】口服。浓缩水蜜丸一次 10～15 丸，浓缩大蜜丸一次 1～2 丸，一日 2 次。

【注意事项】孕妇禁用。

【规格】（1）浓缩水蜜丸每 10 丸重 1.25 g；（2）浓缩大蜜丸每丸重 3 g。

【贮藏】密封。

《中华人民共和国药典临床用药须知·中药成方制剂卷（2020 年版）》

62. 补肾壮骨

9620593　骨疏康颗粒
Gushukang Keli

【处方】淫羊藿　熟地黄　骨碎补　黄芪　丹参　木耳　黄瓜子

【性状】本品为深棕色至棕褐色的颗粒；味甜、微苦。

【功能与主治】补肾益气，活血壮骨。用于肾虚气血不足所致的中老年人骨质疏松症，症见腰脊酸痛、胫膝酸软、神疲乏力。

【用法用量】口服。一次 1 袋，一日 2 次，饭后开水冲服。

【注意事项】偶有轻度胃肠反应，一般不影响继续服药。

【规格】每袋装 10 g。

【贮藏】密封。

《中华人民共和国药典（2020 年版）》

9620594　仙灵骨葆胶囊
Xianling Gubao Jiaonang

【处方】淫羊藿　续断　补骨脂　丹参　地黄　知母

【性状】本品为硬胶囊，内容物为棕黄色至棕褐色的颗粒及粉末；味微苦。

【功能与主治】滋补肝肾，活血通络，强筋壮骨。用于肝肾不足、瘀血阻络所致骨质疏松症。

【用法用量】口服。一次3粒，一日2次。

【注意事项】（1）孕妇禁用；（2）肝功能不全者禁用；（3）感冒时不宜服用；（4）过敏体质者慎用；（5）服药期间忌生冷、油腻食物。

【规格】每粒装0.5 g。

【贮藏】密封。

《中华人民共和国药典临床用药须知·中药成方制剂卷（2020年版）》

9620595　强骨胶囊

Qianggu Jiaonang

【处方】骨碎补总黄酮

【性状】本品为胶囊剂，内容物为棕红色至棕褐色粉末；无臭，味苦、微涩。

【功能与主治】补肾，强骨，止痛。用于肾阳虚所致的骨痿，症见骨脆易折腰背，或四肢关节疼痛、畏寒肢冷或抽筋、下肢无力、夜尿频多；原发性骨质疏松症、骨量减少见上述证候者。

【用法用量】饭后用温开水送服。一次1粒，一日3次。3个月为一疗程。

【注意事项】（1）服药期间忌辛辣食物；（2）宜餐后服用。

【规格】每粒装0.25 g。

【贮藏】密封。

《中华人民共和国药典临床用药须知·中药成方制剂卷（2020年版）》

9620596　恒古骨伤愈合剂

Henggu Gushangyu Heji

【处方】陈皮　红花　三七　杜仲　人参　黄芪　洋金花　钻地风　鳖甲

【性状】本品为棕褐色液体；味辛、微苦。

【功能与主治】活血益气、补肝肾、接骨续筋、消肿止痛、促进骨折愈合。用于新鲜骨折及陈旧骨折、股骨头坏死、骨关节病、腰椎间盘突出症。

【用法用量】口服。成人一次25 ml，六至十二岁一次12.5 ml，每2日服用1次。饭后一小时服用，12天为一疗程。

【注意事项】（1）骨折患者需固定复位后再用药；（2）心、肺、肾功能不全者慎用；（3）精神病史者、青光眼、孕妇忌用；（4）少数患者服药后出现口干、轻微头晕，可自行缓解。

【规格】（1）每瓶12.5 ml；（2）每瓶25 ml；（3）每瓶50 ml。

【贮藏】密封，置阴凉处。

《中华人民共和国药典（2020年版）》

索引一

按拼音索引

D

E

F

G

H

M

N

P

Q

Y

Z

索引二

按剂型索引

8. 煎膏剂

9. 胶囊剂

10. 颗粒剂

11. 口服液

12. 喷剂

13. 喷雾剂

14. 片剂

15. 气雾剂

16. 散剂

17. 栓剂

18. 糖浆剂

19. 贴膏剂

20. 丸剂

21. 洗剂

22. 眼用制剂

23. 油剂

24. 注射剂

附录

【思考与练习】参考答案

模块一　中成药商品基础

项目一　中成药商品及品类管理

任务一　认识中成药商品

一、名词解释：略

二、多项选择题：1. ABCDE；2. ABCD；3. ABCDE；4. ABCDE；5. ABC；6. ABCDE

任务二　中成药商品学的发展

一、单项选择题：1. B；2C

二、多项选择题：ABCDE

任务三　中成药商品品类管理

一、名词解释：略

二、单项选择题：1. C；2. A

三、多项选择题：ABC

项目二　中成药商品分类

任务一　常见中成药商品分类

一、单项选择题

1. D；2. A；3. B

二、多项选择题

1. ABCD；2. BC

任务二　中成药商品目录与编码

一、单项选择题：1. A；2. B

二、多项选择题：1. ABCD；2. ABCD；3. ABCD

任务三　中成药商品分类管理

略

项目三　中成药商品包装

任务一　认识中成药商品包装

一、单项选择题：1. A；2. C；3. B；4. A；5. B；6. D

二、多项选择题：1. ABCD；2. ABCDE；3. ABCD

任务二　中成药商品包装标志

一、单项选择题：1. A；2. C；3. A；4. B；5. A；6. A

二、多项选择题：1. ABC；2. ABCD；3. ABCDE

任务三　中成药商品商标识别

一、单项选择题：1. C；2. D；3. C；4. A；5. A；6. B

二、多项选择题：1. ABCD；2. ABCDE；3. ABCE

项目四　中成药商品质量管理

任务一　中成药商品质量监督

一、单项选择题：1. B；2. D；3. C

二、多项选择题：1. ABC；2. ABCE；3. ABCD

任务二　中成药商品信息化追溯

一、单项选择题：1. A；2. D；3. B

二、多项选择题：1. ABCD；2. ABCDE；3. ABD

任务三　中成药商品不良反应监测

一、单项选择题：1. A；2. D；3. C

二、多项选择题：1. ABCDE；2. ABCD；3. ABCDE

模块二　中成药商品流通

项目五　中成药商品采购与入库

任务一　中成药商品采购

一、单项选择题：1. D；2. C；3. C；4. C；5. A；6. C

二、多项选择题：1. ABCD；2. ABD；3. ABCD

任务二　中成药商品收货

一、单项选择题：1. A　2. A　3. A　4. B

二、多项选择题：1. ABCDE；2. ABCDE；3. ABD　4. ABCE

三、判断题：1. ×　2. ×　3. ×　4. √

任务三　中成药商品验收

一、单项选择题：1. B；2. A

二、多项选择题：1. BCDE；2. ABCE；3. ABCDE；4. ACD；5. ABCDE；6. ABDE；7. ABCD

项目六　中成药商品储存与养护

任务一　中成药商品储存与养护期间的质量变化

一、单项选择题：1. A；2. B

二、多项选择题：ABCD

任务二 中成药商品质量变化因素与分析

一、名词解释：略

二、多项选择题：1. ABCD；2. ABCD；3. ABCD

任务三 中成药商品养护

一、名词解释：略

二、多项选择题：1. ABCD；2. ABCD；3. ACD；4. ACD

项目七 中成药商品陈列及销售

任务一 中成药商品陈列

略

任务二 中成药商品销售

一、单项选择题：1. A；2. B；3. C

二、简答题：略

任务三 中成药商品药学服务

单项选择题：1. C；2. D；3. D